간신
奸臣

간신론
奸臣論

간신론
奸臣論

한국사마천학회 김영수 지음

창해

奸臣

일러두기

- 이 책은 간신이란 큰 제목 아래 모두 3부로 이루어져 있다.
- 제1부 〈간신론〉은 간신의 개념 정의부터 부류, 특성, 역사, 해악과 방비책, 역대 기록 등을 살핀 '이론편'이다.
- 제2부 〈간신전〉은 역대 가장 악랄했던 간신 18명의 행적을 상세히 다룬 '인물편'이다.
- 제3부 〈간신학〉은 간신의 수법만을 따로 모은 '수법편'이다. 이와 함께 역대 간신 약 100명의 엽기 변태적인 간행을 모아 보았다.
- 3부 모두를 관통하고 있는 핵심은 간신의 간악한 행적을 통해 이들이 인류와 역사에 얼마나 큰 해악을 끼쳤는지 정확하게 인식하고, 지금 우리 사회에 횡행하고 있는 현대판 간신들과 간신현상에 대한 경각심을 높이는 것은 물론 나아가 이를 뿌리 뽑을 수 있는 방법을 마련하자는 데 있다.
- 이 책은 중국 역사상 간신에 관한 기록과 그들의 행적 및 수법을 소개하고 분석했지만 가리키고자 하는 대상은 지금 우리 사회를 좀먹고 있는 다양한 부류의 간신들임을 밝혀둔다.
- 이 책은 지난 20년 넘게 간신과 관련한 기록과 학문적 성과를 꾸준히 공부해온 마지막 결과물이다. 그사이 몇 권의 관련 대중서를 출간한 바 있고, 이번에 이 모든 자료들을 다시 검토하고 다듬어 이 세 권의 책으로 만들었다.
- 역사의 법정에는 공소시효가 없다. 간신들이 남긴 추악한 행적과 그 해악은 지금도 우리의 발목을 강하게 잡고 있다. 이 간신현상을 철저하게 청산하지 않는 한 미래가 저당 잡힌다. 최악의 간신 유형인 매국노이자 민족반역자인 이른바 '친일파'를 제대로 청산하지 못한 대가가 얼마나 큰가를 보면 이를 실감할 수 있다.
- 역사는 그 자체로 뒤끝이다. 역사와 역사의 평가를 두려워해야 하는 까닭이다. 간신에게 역사의 평가와 심판이 얼마나 무서운 것인가를 이 책을 통해 경고하고자 한다.

　지금으로부터 약 2,600년 전 춘추시대 초나라의 궁중 악사 우맹 (優孟)은 재상을 지낸 청백리 손숙오(孫叔敖)의 아들이 생계가 어려워 땔나무를 해서 시장에 팔러 나온 모습에 충격을 받았다. 궁중으로 돌아온 우맹은 손숙오 분장을 하고는 장왕(莊王) 앞에 나타나 이런 노래를 부르며 춤을 추었다.

　탐관오리 노릇은 해서는 안 되는 데도 하고,
　청백리는 할 만한 데도 하지 않는구나.
　탐관오리가 되면 안 되는 것은 더럽고 비천해서인데
　그래도 하려는 까닭은 자손들의 배를 불릴 수 있기 때문이지.
　청백리가 되려는 것은 고상하고 깨끗해서인데,
　그래도 하지 않으려는 것은 자손이 배를 곯기 때문이라네.
　그대여, 초나라 재상 손숙오를 보지 못했는가?

　이 노래의 탐관오리가 곧 간신이다. 우맹의 노래에서 보다시피 역사상 충신보다는 간신이, 청백리보다는 탐관오리가 훨씬 많았다. 왜? 그편이 자신은 물론 자손들까지 잘 먹고 잘살 수 있기 때문이다. 그러나 그 피해는 고스란히 수많은 백성에게 돌아갔고, 심하

6

면 나라까지 망했다. '간신은 하나의 역사현상'이었다는 점에서 문제의 심각성이 크고 깊다!

책의 내용이 무겁고 심각한 만큼 꽤 긴 서문이 될 것이라 독자들께 미리 양해를 구한다. 호흡을 가다듬고 들어주시면 더 좋겠다. 글에 두서가 없고 감정적인 부분도 적지 않다. 책을 준비하면서 떠오르는 생각들을 놓치지 않으려고 급하게 붙들어두었기 때문이다. 이 점도 양해하시고 읽어 주셨으면 좋겠다.

1.

이 책은 중국 역사의 '간신(奸臣)'에 대한 다소 전문적인 대중 역사서이지만 최종적으로는 우리 사회에 창궐하고 있는 '신종 간신 부류'를 겨냥하고 있다. 독자들께서는 필자가 가리키는 손가락을 따라 손가락이 아닌 달을 바로 봐주셨으면 한다.

이 책에서 필자는 간신이란 개별적 존재와 이 간신들이 떼를 지어 벌이는 짓, 즉 '간행(奸行)' 때문에 간신이 하나의 현상으로 역사에 아주 짙은 그림자를 드리우고 있음을 누누이 강조했다. 즉, 이를 역사현상의 하나로 보고 '간신현상'으로 규정했다. 그리고 이 현상이 지금 우리 사회 곳곳에 침투해 있음도 지적하여, '간신현상'이 그저 지나간 과거사가 아닌 미래를 위해 마땅히 청산해야 할 심각한 문제로 인식했다.

간신에 대한 필자의 관심 역시 《사기(史記)》로부터 비롯되었다. 필자는 《사기》로부터 몇 개의 연구 영역을 선물 받았다. 큰 산을 오르고 바다를 헤엄치다 보면 그 끝을 헤아릴 수 없는 깊은 계곡(溪谷)과 심연(深淵)을 만나는 것은 필연이다. 그 과정에서 기암절벽, 나무, 풀, 꽃, 온갖 생명들을 만난다. 이처럼 《사기》라는 바다를 헤엄치고 사마천(司馬遷)이라는 높은 산을 오르면서 뜻하지 않게 부전공(?)이 몇 개 생겼다. 첩자(諜者), 모략(謀略), 그리고 지금 이야기하고 있는 간신이 그것이다. 대부분 관심을 받지 못하고 있는 분야들이다.

첩자는 《사기》 곳곳에 기록되어 있어 일찍부터 눈여겨보고 있었다. 7세기 한국사는 첩자의 세기라 해도 좋을 정도로 첩자의 활약이 두드러졌다. 이에 착안하여 관련 논문을 네 편 썼고, 단행본 한 권, 논문집 한 권, 편역서 한 권을 냈다. 모략에 관해서는 1996년 번역서 《모략고》 세 권을 비롯하여 《모략가》, 《모략학》을 번역하여 출간한 바 있다.

이 책의 주제인 간신에 대한 관심은 《사기》 권125 〈영행열전(佞幸列傳)〉 때문이었다. 이 기록에 대해서는 본문에 상세히 분석했지만 간략하게 소개하면 이렇다. 〈영행열전〉은 간신의 표지라 할 수 있는 아부(阿附)와 아첨(阿諂) 따위로 권력자의 사랑을 받은 자들에 대한 기록이다. 이 기록은 훗날 역대 역사서에 '간신열전'을 편입시키게 만들었다. 말하자면 역사에 간신에 대한 인식을 갖게 만든 원인 제공자였다.

1997년 필자는 편역서 《간신열전》을 출간했다. 우리 쪽에는 간신에 대한 책은 물론 연구도 거의 없었기 때문에 중국 학계로 눈을 돌렸고, 《변간신론(辨奸新論)》이라는 상당히 묵직하고 전문적인 대중 역사서를 발견했다. 이 책을 기본적으로 번역하고 다듬어 낸 것이 《간신열전》이다. 이 책은 그 뒤 《간신론》, 《간신론, 인간의 부조리를 묻다》로 개정을 거듭했다.

2001년 필자는 간신들에 관한 동서양의 역대 문장들과 정치인이나 기득권층의 변절 행태를 신랄한 어조로 비판한 현대 문인들의 글을 모아 논평한 책 《간신은 비를 세워 영원히 기억하게 하라》를 편저로 출간하여 간신 공부와 연구에 한 걸음 더 다가갔다.

2009년에는 중국 역대 대표적인 간신들의 행적을 정리한 《치명적인 내부의 적, 간신》이란 대중 역사서를 냈고, 이 책은 베스트셀러 대열에 오르기도 했다. 이 책은 2012년 《간신은 어떻게 정치를 농락하는가》라는 제목으로 다시 출간되었다.

2017년 필자는 《역사의 경고 – 우리 안의 간신현상》이란 책을 내면서 간신을 하나의 '역사현상'으로 확고하게 인식하고 역대 간신들의 간행을 심층 분석했다. 아울러 간신을 '간(奸)', '탐(貪)', '치(恥)'의 관계 속에서 그 간행의 본질까지 파악하려고 시도했다. 관련한 참고서 목록도 정리해놓았다.

필자는 이렇게 1997년 《간신열전》 이후 20년에 걸친 '간신'과 '간신현상'에 대한 관심을 놓치지 않고 관련한 책을 내왔지만 전면적이지 못했을 뿐만 아니라 안일하기까지 했다. 촛불혁명으로 국민의 염원대로 민주정부가 들어서면서 한국 현대사에서 간신현상이란 어두운 면이 어느 정도 걷힌 것이라 판단했기 때문이다. 이는 아주 잘못된, 너무 안이한 판단이었다. 무엇보다 간신에 대한 소홀한 방비책 부분과 간신에 대한 순진한, 아니 무지한 인식에 가슴을 쳐야 했다.

2022년 3월 9일은 필자의 이러한 안일한 판단에 사형을 내린 날이었다. 상당 기간 충격 속에서 정신을 못 차렸다. 그로부터 한 달 남짓 4월 16일 18시 48분, 필자는 기어이 다시 붓을 들 수밖에 없었다. 다시는 간신에 대한 글과 책은 쓰지 않길 간절히 바랐고, 또 쓰지 않겠노라 다짐했지만 이를 어기는 순간이었다. 그때 메모에 필자는 이렇게 썼다.

"기어이 다시 들고 말았다. 종합 정리해서 한 권으로(양이 얼마가 되었건) 남겨야겠다. 가능한 빨리 작업을 마무리한다."

메모를 위한 수첩 표지 앞에는 "간신은 하나의 역사현상이자 사회현상이다"라고 썼고, 뒤에는 "나라 흥하는 데는 열 충신으로도 모자라지만 나라 망치는 데는 간신 하나면 충분하다"라고 썼다. 그리고 지금 우리는 필자의 이 메모를 아주 뼈저리게 실감하고 있다.

2.

나치가 공산주의자들을 덮쳤을 때 나는 침묵했다.
나는 공산주의자가 아니었기 때문이다.
그다음 그들이 사민당원들을 가두었을 때 나는 침묵했다.
나는 사민당원이 아니었기 때문이다.
그다음 그들이 노동조합원을 덮쳤을 때 나는 침묵했다.
나는 노동조합원이 아니었기 때문이다.
그들이 내게 닥쳤을 때
나를 위해 말해 줄 이들이 아무도 남아 있지 않았다.

나치 통치기 반(反) 나치 투쟁을 이끌었던 마르틴 니묄러(1892~1984) 목사의 〈그들이 처음 왔을 때〉라는 글(시)이다. 나치의 만행에 동조하지 않았지만 무관심으로 방조한, 소위 침묵하는 다수를 비판한 글이다. 3월 9일, 침묵한 다수와 나 하나만 잘되면 그만이라는 탐욕에 찌든 자들의 준동으로 현대판 신종 간신 부류의 우두머리로서의 간군(奸君)과 그 졸개 간신들이 우리 사회 전면으로 등장했다. 그리고 우리는 다시 '간신, 간신현상과의 정치투쟁과 역사전쟁'에 돌입했다.

역사, 기록으로 남은 역사는 완전하지도 온전하지도 않다. 온 몸에 상처투성이인 오욕의 시간들이었다. 가까스로 남은 기록도 그 시간들이 침통함 그 자체였음을 여실히 보여준다. 실제 상황은 더욱더 암울했을 것이다.

역사를 이렇듯 만신창이로 만든 자들은 누구였나? 두말할 것도 없이 못난 통치자와 그에 빌붙어 백성의 고혈을 빨았던 간신들이 단연 그 주역들이었다. 간신배는 수천 년에 걸쳐 그 간악한 짓거리를 하나의 특수하면서 보편적인 현상으로까지 만들었다. 지금 우리 사회에 이 추악한 간신배와 간신현상이 곳곳을 누비고 있다. 과거 간신이 남긴 해악이 고스란히 재연되고 있을 뿐만 아니라 대물림이라는 현상까지 나타나고 있다. 다시 간신과 투쟁을 벌여야 하는 기가 막힌 상황이 펼쳐지고 있다.

간신이란 망령이 우리 사회 구석구석을 배회하고 있다. 망령으로 떠돌기만 하는 것이 아니라 우리 사회 전체를 갉아먹고 있다. 사람들을 해치는 것은 기본이다. 선량한 사람들이 알게 모르게 죽어나간다. 봉건시대의 찌꺼기가 어째서 지금 우리 사회를 좀먹고 있는 것인가?

역사현상으로서 '간신현상'은 여전히 잔존(殘存)하고 있다. 부분적 잔존에만 머무르지 않고 사회 전반에 악영향을 끼친다. 그 본질적 원인을 역사적으로 현실적으로 따져야 한다. 특히 신종 간신 부류는 학력과 스펙(spec)을 기반으로 부와 권력, 기득권, 시스템과 정보를 독점하여 부도덕한 사이비 '엘리트 카르텔'을 형성하고 있다. 인맥과 피를 섞는 혼맥(婚脈)으로 기득권을 다지는 것은 물론, 이렇게 해서 탈취하고 갈취한 부와 권력을 세습하고 있다는 점에서 그 심각함은 상상을 초월한다.

3.

중국사의 간신현상을 통해 이 문제를 들여다보려 한다. 다른 나라 사례가 우리 실정과 완벽하게 맞아떨어지지는 않겠지만 보편적이면서 특수한 역사현상으로서 그 성질과 본질은 완전히 같다. 간행의 수법은 깜짝 놀랄 만큼 판박이며, 간신의 특성과 공통점도 완벽하게 일치한다. 어쩌면 과거 간신들이 남긴 심각한 현상과 피해의 총합을 훨씬 뛰어넘을 수도 있기 때문에 이 작업을 다시 시작했다. 무엇보다 '간신 집단의 대물림'은 상상하기조차 끔찍하다. 미래가 걸려 있기 때문이다.

간신현상은 특수하면서 보편적인 그 자체로 '모순'적인 면이 없지 않다. 그만큼 복잡하고 복합적이다. 변태적이고 병적이며, 치료가 불가능하다. 박멸해야 한다. 상대적으로 소수이지만 전방위적이고, 소수지만 그 위력과 폐단은 막강하다. 실로 역사의 공해요, 사회의 전염병이요, 경제의 해충이요, 정치의 기생충이다.

간신의 간행과 그에 동원된 수법은 정말이지 역겹고 변태적이며 병적이다. 학자들이나 연구자들이 이 문제를 건드리길 꺼려 하는 가장 중대한 까닭이다. 정말이지 큰마음 먹지 않으면 안 되고, 각오하지 않으면 안 된다. 우리의 경우는 뿌리 깊은 혈연의 족보, 가문, 종친 때문에 간신에 대한 연구 자체가 아예 불가능할 정도다. 이 낡은 풍토도 바로잡아야 한다.

간신은 사람(국민)에 결코 충성하지 않는다. '나는 사람에 충성하지 않는다'는 교활한 말로 어리석은 대중을 속인 자의 정체를 보라. 그자가 거간(巨奸) 아니던가? 간신은 오로지 사리사욕, 재물, 권력, 자리에만 충성할 뿐이다. 간신은 내 것을 가져간다. 빼앗아 가고 훔쳐 간다. 간신은 내 자식 것을 훔쳐 간다. 내 이웃의 것, 이 사회 선량한 보통 시민의 것을 훔쳐 간다. 그것을 합하면 크게는 나라 전체가 된다. 간신은 나의 현재와 미래, 자식의 현재와 미래, 보통 시민의 현재와 미래를 망친다. 결국 나라의 현재와 미래를 망친다. 간신은 나라를 훔친다. 나라를 판다.

간신을 깔보고, 간신을 무시하고, 간신을 피하고, 간신을 두려워하면 나와 후손, 나라의 현재와 미래를 빼앗긴다. 도둑맞는다. 알고 인식하고 깨달아 힘을 합치면 막고 처벌할 수 있다. 역사의 치욕스러운 기둥에 영원히 못 박을 수 있다.

간신 박멸에서 가장 중요한 것은 내 안에 잠복해 있는 간성(奸性)을 극복하는 일이다. 내 안의 탐욕(貪欲)이 곧 간성의 뿌리이자 간행의 씨앗이기 때문이다. 이성(理性)에 굴복할 줄 아는 냉철함이 요구된다. 철저한 분석과 구석구석 비교하고 검증하는 탐구정신으로 무장하고, 뜨거운 가슴과 차가운 머리로 맞서야 한다. 스스로 격려하고 학습하고 자각하고 실천하고 나누어야 한다. 그런 자신을 자랑스럽게 여길 줄 알아야 한다. 그것이 곧 나이다.

역사는 이제 기록보다는 집단기억이 되어 가고 있다. 과거 기록은 승자의 선택적 기록이었지만 다수와 집단의 기억은 기억 그 자체에 머무르지 않고 변형되어 그 자체로 엄청난 위력을 발휘한다. 기록으로는 도저히 할 수 없는 일이자 새로운 형식의 역사 기억이다. 과거처럼 힘들게 역사의 법정에 세울 것 없이 집단기억의 법정에 수시로 소환하여 질타한다. 뭇매는 기본이다. 역사는 더 무서워졌다. 기억하라. 역사의 배신자 간신과 간신현상이라는 이 엄연한 지금 우리 현실을!

4.

간신들은 예외 없이 남다른 장점(?)을 갖고 있다. 그들은 사물에 대해, 인간에 대해 별다른 선입견을 갖지 않는다. 오로지 내게 이익이 되는지, 오로지 내게 유리한 지, 오로지 내가 이용할 수 있는지만 따진다. 그것도 철저하게!

그들에는 정해진 적이 없다. 대신 자신의 이익, 자리, 권력에 위협이 되면 누구든 적이 된다. 누구하고든 손잡고, 누구든 이용한다. 그들은 원수라도 필요하면 기꺼이 동침한다. 그들에게는 이념, 신념, 소신, 철학, 지조 따위는 애초에 안중에도 없다. 이런 것들이 간신의 본성이다. 간신은 정상적인 인간이 아니다.

이들과 싸우는 선량하고 양심적이고 충직한 사람들이 당연히 절대 불리하다. 그래서 공부하고, 철저한 이론과 실천으로 단단히 무장하여 물러섬 없이 죽기 살기로 싸워야 한다. 이 책은 간신과 제대로 싸우기 위한 이론적 무기의 하나이고, 실천경험의 종합이라는 타격술이다. 분노에 내 장점이 묻히지 않게 하라.

역사는 그 자체로 뒤끝이다. 마치 갚지 않은 빚을 독촉하듯 우리를 다그친다. 왜 빚을 냈으며, 그 돈으로 무얼 얼마나 제대로 했으며, 그래서 그 결과로 빚을 갚았는지 하나하나 따진다. 빚이 청산되지 않았으면 엄청난 이자까지 물려 갚게 한다. 심지어 그 이자는 대물림된다. 자식 세대는 물론 손자, 그 아들의 그 손자까지 갚을 때까지 독촉한다. 청산하지 못한 빚, 과거사가 무시무시한 까닭이 바로 이 때문이다. 우리 모두의 미래를 사로잡고 놓아주지 않기 때문이다. 역사는 냉혹하다.

청산하지 못한 과거사가 남긴 큰 부채의 하나로서 필자는 간신과 간신현상에 주목했고, 이에 대한 공부와 정리, 그리고 대책이 필요하다고 판단했다. 비록 우리보다 연구가 많이 되어 있는 중국의 연구 성과와 비교적 공부가 많아 되어 있는 중국 역사에 기대긴 했지만 우리 과거사와 현실에 적용해도 하나 이상할 것 없을 만큼 절실하다. 우리 사회에 만연해 있는 간신과 간신현상의 뿌리를 당겨보면 가깝게는 일제에 빌붙어 나라를 팔아 부귀영화를 누렸고, 지금도 기득권이 되어 여전히 권세와 부귀를 누리고 있는 반민족 부일(附日), 종일(從日) 분자들과 만나게 된다. 물론 그 위의 또 한 뿌리는 봉건 왕조 체제의 찌꺼기다. 여기에 이것들과 끈끈하게 달라붙어 있는 부미(附美), 종미(從日) 분자, 쿠데타 독재 권력의 잔재 세력 등 청산하지 못한 또 다른 역사와 만나게 된다. 이 청산하지 못한 과거사의 찌꺼기는 이제 단순히 찌꺼기가 아니라 쌓이고 쌓여 치우기가 엄두가 안 날 거대한 쓰레기 더미가 되었다.

과거사 청산의 방법으로 우리는 지금까지 거창한 거대담론에 집착했고, 그것이 청산 실패의 한 원인이기도 했다. '노력보다 방법이 중요하다'는 말이 있듯이 치밀하게 그 뿌리, 그 뿌리에 매달려 있는 벌레 한 마리 한 마리를 박멸해 나가는 정성이 필요하다.

독자들께서는 중국과 중국사를 한국과 한국사로 바꿔 읽고, 간신 하나하나의 간행을 읽으면서 지금 어떤 자와 같은 지를 유추하면서 읽기를 권한다. 독자가 떠올리는 그자, 그놈이 바로 현대판 간신 부류들에 속하는 신종 간신이다.

간신은 개별적 존재가 아니다. 떼거리를 지어 온갖 해악을 끼치는 집단에 속한 자들이며, 그 악행 때문에 사회와 나라가 망가진다. 하나의 현상, 역사현상이다. 그 영향력이 실로 막강하기 때문에 필자는 이를 간신현상이라 부른다.

이 현상은 전염성까지 막강해서 사회 곳곳을 좀먹는다. 단순 현상을 넘어 너나 할 것 없이 따라하게 만드는 하나의 병적인 신드롬(syndrome)이 될 수 있기 때문에 그 심각성이 남다르다. 이 현상을 직시하고 대책을 마련하여 일소하지 않으면 간신들의 전면적인 공격에 나라가 망할 수 있다. 실제 경험했지 않나!

촛불이란 대지진으로 판을 뒤집었고 의회 권력까지 손에 쥐어 주는 엄청난 여진까지 선사했음에도 그 여진의 시간을 허비했고, 그 결과 말도 안 되는 역풍을 맞이했다. 진보의 탈을 쓴 내간(內奸)들이자 역사의 죄인들은 자진해서 죄를 자백하고 석고대죄하라!

역사의 법정에 연좌제 따위는 없다. 한비자는 간신과 관련하여 다음과 같은 단호한 척결을 강조한 바 있다. 긴 서문의 끝을 이 대목으로 대신한다.

"부간(夫奸), 필지즉비(必知則備), 필주즉지(必誅則止) ; 부지즉사(不知則肆), 불주즉행(不誅則行)."

"간신은 반드시 알아야만 대비할 수 있고, 반드시 없애야만 끝낼 수 있다. 모르면 방자해지고, 없애지 않으면 멋대로 설친다."《《한비자》〈육반六反〉)

2022년 10월 1일 14:49 처음 정리하다.
2023년 1월 9일 08:58 두 번째 읽고 고치다.
2023년 8월 21일 05:56 세 번째 읽고 고치다.
2023년 11월 6일 마지막 교정으로 마무리하다.

※ 뱀의 다리

여러 차례 말했듯이 이 책은 중국의 간신을 대상으로 한다. 그러나 초점은 우리 사회를 크게 좀먹으면서 모든 곳에서 악취를 풍기고 있는 간신 부류에 맞추어져 있음을 다시 한 번 강조한다.

독자들께서는 이 책에 등장하는 간신들이 우리 사회의 어떤 인간에 해당하며, 또 간신들이 보여준 짓거리와 같거나 비슷한 짓거리를 벌이고 있는 우리 사회 간신들을 찾아내서 비교하시길 바란다. 수천 년, 수백 년 전 간신들의 모습과 짓거리가 지금 우리 주위에 널려 있는 간신들의 그것과 하나 다를 것 없음을 실감하게 될 것이다. 역사는 이렇게 무섭다. 역사의 평가를 두려워해야 까닭이기도 하다.

간신(奸臣)과 관련한 단어들과 현대판 간신 부류

간행(奸行)을 이루기 위한 수법(手法)으로 본 간신의 특성과 공통점

간신의 해악과 교훈, 그리고 방비책

간신(奸臣)에 관한 역대 전적(典籍)들의 인식과 한계

간신 방비를 위한
선현들의 검증법에 대한 분석

최초의 간신(奸臣)은?

간신(奸臣)의 글자와 뜻풀이 및 관련 용어

간신의 어원과 뜻풀이

'간신'이란 단어는 언제 생겼을까? 이 질문부터 풀어간다. 간신과 간신현상이란 이 심각한 역사현상의 뿌리부터 철저하게 캐서 미래를 위한 역사 법정의 생생하고 처절한 증언 자료로 삼고자 하기 때문이다.

간신이란 단어를 알자면 먼저 '간(奸)'이란 한자부터 살펴야 한다. 그리고 한자의 기원을 따지고 올라가려면 현재로서는 적어도 3천 년이 훨씬 넘은 가장 오랜 '갑골문(甲骨文)'의 글자들을 보아야한다. 갑골문에 새겨져 있거나 쓰여 있는 문자들은 상(商) 왕조(기원전 1600~기원전 1046년)가 사용한 문자인데, 상나라의 마지막 도읍인 은(殷)의 유적지에서 다량 발견되고 발굴되었다. 상이 은으로 천도한 것은 제20대 국왕인 반경(盤庚) 때였다. 반경 이후로도 11명의왕이 더 있었기 때문에 상은 반경 이후로도 200년 넘게 더 존속했던 것으로 추정된다. 반경은 대체로 기원전 14세기 초·중반에 활동했다. 그렇다면 갑골문의 역사는 약 3,300년 전으로 거슬러 올라가고, 글자와 문장의 구조 등으로 볼 때 처음 사용된 시기는 그보다훨씬 더 이전일 것이다.

이 갑골문에 과연 '간(奸)'이란 글자가 있을까? 결론부터 말하자면현재까지 갑골문에 '간'자는 보이지 않는다. 대신 '다투다' '시끄럽게 하다' '송사를 벌이다'는 뜻을 가진 '난(奻)'이란 글자는 확인되었다. '간'자가 갑골문에는 보이지 않지만 상나라 때 청동기에 주조되어 있는 글자, 즉 금문(金文)에는 보인다. 이 청동기의 연대는 알 수 없지만 상나라 시기는 분명하기 때문에 역시 3천 년 이상 전에 이미 '간'이란 글자가 있었던 것만은 틀림없어 보인다. 그 뜻은 '여자를 범하다'로 풀이하며, 이후 여성이 간여되어 있는 일로서 간음이나 간통 등을 가리키는 것으로 그 뜻이 넓어졌다.

'간'과 같은 뜻으로 쓰이는 또 다른 글자로 '간(姦)'이 있다. 이 글자로 '간신(姦臣)'이라 쓰기도 한다. 글자 모양에서 보다시피 여자가 많다는 뜻인데, 아내 외에 다른 여자들과 관계를 했다는, 즉 음란(淫亂)하다는 뜻을 갖고 있다. 이렇게 해서 '奸'과 '姦'은 두 글자 모두 간사한 행위, 교활, 속임수 등의 뜻을 두루 아우르게 되었고, 여기에 남에게 차마 드러내놓고 할 수 없는 은밀한 행위도 이 글자의 뜻에 포함되었다. 간신의 가장 큰 특성이자 특징이 이 글자에 담겼다.

'신(臣)'도 갑골문에 이미 보인다. 갑골문에는 눈 '목(目)'과 비슷한 모양으로 나오고 있으며, 그 뜻 또한 눈으로 해석한다. 고증에 따르면 신(臣)과 민(民)은 모두 노예를 나타내는 글자라고 한다. 이후 관직 이름에 차용되어 군주를 모시는 신하를 나타내게 되었다.

다음으로 이 두 글자가 붙어 '간신(奸臣)'으로 사용된 것은 언제부터일까? 남아 있는 기록으로 보면 춘추시대 제나라의 재상을 지낸 관중(管仲, 기원전 약 730~기원전 645)의 저작으로 알려진 《관자(管子)》가 가장 이르다.(물론 이 책이 지금의 형태로 완성된 시기를 관중이 죽고 200년이 넘어 지난 기원전 5세기 전국시대로 보고 있지만, 최근에는 그 내용에 관중의 사상이 반영되어 있다는 주장들이 많이 나오고 있다.) 이 책 제52편 〈칠신칠주(七臣七主)〉에 일곱 가지 유형의 신하들 중 하나로 소개되어 있다. '칠신칠주'는 일곱 유형의 군주와 신하의 모습을 구체적으로 제시하고 있는데, 흥미롭게도 올바른 군주와 신하는 단 한 가지 유형에 불과하고 나머지 여섯은 모두 잘못된 나쁜 군주와 신하들이다. 관중은 일곱 유형의 군주와 신하 각각의 특징을 상당히 구체적으로 비교하여 군주와 신하의 올바른 길을 밝히고 있다. 일단 주제와 직결되어 있는 '간신' 부분만 인용해 본다.(《관자》에는 '간신姦臣'으로 나온다.)

"간사한 신하 '간신'은 백성의 실정을 몹시 고통스럽게 말하여 군주를 놀라게 하고, 반대의 무리에게 죄를 주는 옥사를 일으켜서 (같은 패거리를 위해) 길을 청소한다. (같은 패거리를 위해) 길을 청소하면 무고한 사람에게 죄를 주고, 무고한 사람에게 죄를 주면 같은 패끼리 편안히 산다. 그러므로 (간신은) 다른 사람의 잘못을 교묘히 떠벌여서 자기 세력을 확장하고, 군주는 친한 신하를 잃게 된다."

나머지 다섯 유형의 잘못된 신하들은 꾸미기를 잘하는 '식신(飾臣)', 법도를 어기는 '침신(侵臣)', 아첨하는 '첨신(諂臣)', 우매한 '우신(愚臣)', 어지럽히는 '난신(亂臣)'이다.

《관자》의 '간신'에 대한 인식은 꽤 구체적이어서 역대 간신들이 갖고 있는 공통된 특징들을 여럿 발견할 수 있다. 군주를 겁주고, 패거리를 짓고, 옥사를 일으키고, 반대파들을 제거하고, 반대파의 잘못을 확대하고, 자기 세력을 확장하는 등의 행태는 간신들의 일반적인 행태와 정확하게 일치한다. 이에 대해서는 뒤에서 상세히 분석할 것이다. 또 나머지 다섯 유형의 신하들 역시 크게 보면 간신에 포함될 수 있을 뿐만 아니라 이들의 특징 역시 간신들에게서 나타나는 전형적인 특징들이다.

여기서 한 가지 지적할 것은 《관자》의 '간신'은 여러 유형의 신하들 중 하나에 지나지 않는다는 점이다. 이는 달리 말해 간신의 존재와 그로 인한 폐해가 나라와 백성들 전반에 미칠 정도로 크지 않았을 수도 있고, 또 간신에 대한 인식이 심각하지 못했을 수도 있기 때문이다. 즉, 하나의 역사적 현상으로서 '간신 현상'에 대한 문제의식과 인식이 그 당시만 해도 철저하게 갖추어져 있지 않았다. 물론 오늘날이라 해서 '간신 현상'에 대한 문제의식과 인식이 그 옛날보다 철저하다고 심각하다고 단정할 수는 결코 없다. 지금 우리에게 벌어지고 있는 보편적이고 전반적인 '간신 현상'을 볼 때 결코 자신할 수 없기 때문이다. '간신'에 대한 역대의 인식과 이론에 대해서는 별도의 탐구가 있을 예정이므로 이 정도로 그친다.

참고로 간신의 영어 표현에 대해 알아본다. 대부분의 사전에는 traitor, 즉 반역자 또는 배신자로 나와 있고, 간혹 불충한 신하라는 뜻의 disloyal subject, 또는 기만적이고 신뢰할 수 없는 신하를 뜻하는 treacherous subject로 나와 있다. 간신의 전형적인 특성을 반영하고 있는 단어이자 뜻풀이라 할 수 있다. 필요할 경우 우리는 익숙한 'traitor'를 쓰고, '간신 현상'도 'traitor phenomenon' 또는 'traitor syndrome'을 쓰고자 한다. 역사가 생생하게 보여주듯 간신이 득세하여 설치면 이 '간신'이란 악성 바이러스가 사회를 전염시켜 이른바 '현상'으로 발전하는데, 심하면 단순 현상인 phenomenon을 넘어 심각한 syndrome으로까지 발전하기 때문이다.

신하들의 일곱 유형 중 하나로 '간신'을 분류하고 그 특징을 상당히 구체적으로 소개하고 있는 《관자》의 판본이다.

이상을 요약하자면 이렇다. '간신'의 '간'이란 글자는 늦어도 3천 년 이상 이전에 이미 있었다. 당연히 부정적인 뜻으로 쓰였다. '간신'이 하나의 단어로 붙어 나온 시기는 약 2,700년 전이고, 출처는 제자백가의 원조로 불리는 관중의 《관자》라는 책이다. 이 책에는 '간신'의 일반적인 특징이 꽤나 구체적으로 제시되어 있고, 관련한 올바르지 못한 다섯 유형의 신하들이 보여주는 특징도 간신과 밀접하게 연관되어 있다. '간신'을 이해하고 분석하는데 기준이 되는 가장 오래된 기록으로 그 의미가 상당하다 하겠다. 《관자》의 '간신'은 간신과 그 범주에 드는 존재들을 기록으로 남긴 전적들을 검토하면서 다시 살펴보겠다.

관련 용어 검토

참고로 역대 기록에 보이는 '간신'과 관련된 용어들을 하나의 표로 정리해보고자 한다. 우리는 이 책에서 '간신'을 역사에 부정적인 영향을 남긴 모든 부류의 존재들이 갖고 있는 특징을 모두 합친 개념으로 사용하고 있기 때문에 먼저 이들을 가리키는 여러 관련 용어와 그 뜻을 정리할 필요가 있어서이다. 아울러 '간신'과 대척점에 있는 '충신'과 관련한 용어들도 함께 정리했다. 즉, 간신과 충신 두 개념을 기준으로 관련한 부류의 용어들을 표로 정리한 것이다. 역대 기록들에는 또 '군주'의 유형도 다양하게 분류해 놓았는데 이 부분도 '간군(奸君) 부류'와 '명군(明君) 부류'로 나누어 정리해두었다. 각각의 관련 용어들에 대한 보다 상세한 정보는 바로 앞에서 말한 대로 관련 기록들을 검토하면서 제공하도록 하겠다(출처는 우선은 가장 이른 기록, 구체적 분류와 설명이 있는 기록들 중심으로 밝혀 두었다).

분류	종류(용어)	내용(정의)	출처
간신 부류	간(奸), 간(姦)	여자를 범하다, 음란하다는 뜻에서 간사한 행위, 교활, 교활한 속임수 등의 뜻을 두루 아우르고, 여기에 남에게 차마 드러내놓고 할 수 없는 은밀한 행위도 이 글자의 뜻에 포함.	청동기 금문 서주시대
	간인(奸人)	"나라가 망하려면 반드시 간인이 기용된다." 후대의 '간신'과 같은 뜻을 가진 단어.	〈초어〉(하)
	간신(奸臣) 간신(姦臣)	백성의 실정을 과장하여 군주를 놀라게 하고, 남의 잘못을 교묘히 떠벌리며, 같은 패거리를 위해 반대하는 무리를 해치는 신하. 패거리를 지어 세력을 확장하고, 군주는 가까운 신하를 잃음.	《관자》 〈칠신칠주〉; 《설원》 〈육정육사〉; 《사기》〈조세가〉
	간민(奸民)	자신의 이익을 위해 법을 어지럽히거나 어기면서 공공의 이익을 해치는 자.	《관자》 〈오제〉 외
	간상(奸商)	부당한 방법, 불법 등과 같은 수단으로 폭리를 취하는 상인으로 간신과 결탁하는 경우도 많다.	《오잡조 (五雜俎)》
	간상(奸相)	권력을 농단하여 나라를 그르치는 재상으로 흔히 음험하고 교활한 모습으로 묘사된다. 당의 이임보, 송의 진회, 명의 엄숭을 대표로 꼽는다.	《고금소설》

간신 부류	간적(奸賊)	"큰 문과 작은 문을 겹겹으로 달아 '간교한 적'을 피하며"(《회남자》) 후대 문헌에서는 나라를 훔치고 권력을 농단하며 군주를 속이고 흘리는 신하, 사악하고 직분에 충실하지 못한 자를 두루 가리키는 용어가 됨.	《회남자》 〈주술훈〉 ; 《후한서》 〈동탁전〉 외
	국간적 (國奸賊)	동한 시기의 거간(巨奸) 양기(梁冀)에 대해 또 다른 간신들이 부른 호칭으로 '나라의 간적'이란 뜻이다. 한 나라를 망치는 국가급 간신으로 이해하면 된다.	《후한서》 〈양통열전〉
	소인(小人)	식견과 안목이 천박하고 비루한 자. 《역》의 '관(觀)'괘에 대한 설명의 일부로 훗날 군자·소인론의 기초가 됨. 《시》의 소인은 간신에 가까운 표현임.	《역》, 《시》, 《논어》, 《사기》 외
	탐관(貪官)	벼슬과 뇌물을 탐하고 법을 어기는 등 추잡한 짓을 저지르는 관리.	《논형》 〈문공〉 외
	오리(汚吏)	탐관과 같은 부류로 뇌물 따위를 탐내는 추한 관리를 가리키는 단어다.	《맹자》 〈등문공〉(상)
	탐관오리 (貪官汚吏)	'탐관'과 '오리'의 합성어로 뇌물을 탐하고 법을 어기는 관리를 두루 일컫는 단어이다. "탐관오리는 먼저 목을 베고 나중에 보고하도록 허용해야 한다."	원, 《원앙피(鴛鴦被)》 제4절
	탐묵(貪墨)	탐관에 대한 형벌의 하나로 탐관오리를 가리키는 용어이기도 함. 기록상 최초의 탐관 양설부(羊舌鮒)가 이 죄목으로 처형당함.	《좌전》 소공 14년
	묵리(墨吏)	탐관오리의 심장은 틀림없이 시커멓다고 여겨 탐욕스럽고 부패한 관리를 이렇게 비유한 것이다. "탐욕으로 더러워진 관리를 '묵'이라 한다."	《좌전》 소공 14년
	역신(逆臣)	명령을 어기거나 반역을 꾀하는 신하.	《공총자(孔叢子)》 〈공의(公儀)〉 외
	권신(權臣)	권세를 쥐고 함부로 제 마음대로 권력을 휘두르는 신하.	《안자춘추》 〈간상(諫上)〉(10)
	국간(國奸)	나라를 혼란에 빠뜨리고 군주를 위태롭게 만드는 자.	《삼략》〈상략〉
	영신(佞臣)	간사하고 아첨을 일삼는 신하로 '영인(佞人)'으로도 나옴.	동상

간신 부류	간웅(奸雄)	간사한 자.	동상
	사신(邪臣)	사악한 신하.	동상 〈하략〉
	중간(衆奸)	간사한 무리들.	동상
	장관(贓官)	탐관의 다른 표현이다. '장(贓)'은 뇌물, 장물이란 뜻.	《금사》 〈선거지〉
	식신(飾臣)	귀천으로 빈 명성을 추구하고, 고고한 척 꾸미기를 일삼는 신하로 통제하기 어려움.	《관자》 〈칠신칠주〉
	침신(侵臣)	법도를 어기고 패거리를 지으며 사사로운 청탁을 일삼는 신하로 법도가 손상되고 민심을 잃음.	동상
	첨신(諂臣)	각종 오락과 여자로 군주를 꼬드기고 아첨을 일삼아 헛되이 녹봉만 누리는 신하로 군주를 고립시킴.	동상
	우신(愚臣)	형벌을 남발하고 세금을 많이 거두는 것을 자랑으로 삼는 신하로 남의 미움을 사고 군주는 비방을 당함.	동상
	난신(亂臣)	시비를 과장하는 위선으로 명성을 훔치고, 보이지 않는 곳에서 군주를 비방하여 군주를 손상시키는 신하로 안 보이는 곳에서 군주를 공격하여 어지럽힘.	동상
	육적칠해 (六賊七害)	나라에 해악을 끼치는 여섯 종류의 도적과 같은 자들과 나라에 해악을 끼치는 일곱 종류의 인간.	《육도》 〈문도〉 '상현'
	태신(態臣)	안으로 백성을 통일할, 밖으로 외적을 물리칠 능력도 없으며, 백성과 친하지도 못하고 제후의 신임도 받지 못하지만 빈틈없이 영리하고 약고 잽싸서 군주의 총애를 받는 신하.	《순자》 〈신도〉
	찬신(簒臣)	충절도 없고, 교묘하게 명성을 얻고, 공정한 도의는 무시하고, 당파를 짓고, 군주를 꼬드겨 사리사욕을 채우는 자로 군주의 권리를 찬탈하는 신하.	동상
	구신(具臣)	자리와 녹봉만 차지하고, 사익만 꾀하며, 인재는 기용하지 않고, 직책을 다하지 않고 구차하게 부귀영화만 좇이 왔디 갔디 하는 신하로, 주관 없이 좌우만 살피며 자리만 채우는 자.	《설원》 '육사'의 하나

간신 부류	유신(諛臣)	무엇이든 권력자의 뜻에만 맞추고, 결과는 아랑곳 않고 한껏 권력자를 쾌락으로 유혹하는 신하로, 권력자와 함께 쾌락을 누리는 자.	동상
	간신(奸臣)	겉과 속이 다르며, 오로지 조심스럽게 좋은 말과 표정으로 인재 기용의 기준을 잃게 하는 신하로, 상벌과 명령이 옳지 않게 시행되게 하는 자.	동상
	참신(讒臣)	잘못을 감추고도 남는 꾀, 남을 감동시키는 말재주로 시비선악을 뒤바꾸는 능력을 가진 신하로, 안팎으로 골육과 조정을 이간하고 어지럽히는 자.	동상
	적신(賊臣)	권세로 나라의 큰일을 이용하여 집안의 권세를 높이고, 당파를 지어 부유하게 만드는 신하로, 권력자의 명을 빙자하여 자신과 권세를 높이는 자.	동상
	망국신 (亡國臣)	사악하게 권력자에 아첨하여 옳지 않은 길로 이끌고, 권력자의 눈과 귀를 가리며, 그 말이 권력자가 있을 때와 없을 때가 다르고, 흑백과 시비를 가릴 줄 모르는 신하로, 기회가 되면 이 모든 것을 권력자에게 떠넘겨 타국과 백성들이 권력자의 죄악을 다 알게 하는 자.	동상；《사기》 〈소진열전〉의 '망국지신'
	난신(亂臣)	나라를 어지럽히는 신하로 나라를 쇠퇴하게 만들거나 망하게 만드는 자.	《관자》；《사기》
	난신적자 (亂臣賊子)	마음에 다른 뜻을 품고 있는 자로 나라를 어지럽히는 도적과 같은 자.	《맹자》 〈등문공〉(하)
	국적(國賊)	군주의 영예나 치욕은 돌아보지 않고, 국가의 흥망에도 개의치 않으며, 오로지 비위를 맞추어 녹이나 먹고 사교나 하며 지내는 자.	《순자》〈신도〉
	매국적 (賣國賊)	나라를 파는, 즉 조국과 백성의 이익을 다른 나라에 팔아넘기는 반역자로 반국적(叛國賊)이라고도 함.	《삼국연의》 외
	한간(漢奸)	당초 한족 간신을 가리켰으나 뜻이 넓어져 매국적과 비슷하게 중국을 배반하고 적에 투항한 용서할 수 없는 자를 가리킴.	《주역연의 (周易衍義)》(원)

충신 부류	충(忠)	마음이 가운데에 놓여 있어 어디에도 치우치지 않고, 어디에도 의지하지 않고 마음과 힘을 다한다는 뜻.	《상서(尚書)》 〈중훼지고 (仲虺之誥)〉
	충신(忠臣)	'간신'과 상대되는 단어로 원래 군주에 충성하고 군주를 위해 힘을 다하는 관리를 가리키는 용어.	《안자춘추》 외
	법신(法臣)	법에 따르고 비방도 찬양도 하지 않으므로 뇌물이 사라지고, 백성의 간사함이 없어지게 하는 신하로 《관자》에서 가장 바람직한 신하로 분류.	《관자》 〈칠신칠주〉
	공신(功臣)	백성을 통일할 능력, 외적을 물리칠 능력을 가지고 있으며, 백성과 친하고 제후의 신임을 받는 자로, 충절을 지키고 백성을 아낄 줄 아는 유능한 신하.	《순자》〈신도〉
	성신(聖臣)	군주를 존엄하게 하고, 백성을 아껴 백성이 명령과 교화를 그림자처럼 따르게 하며, 상황의 변화에 민첩하게 대응하고 예측과 임기응변으로 비상상태를 처리할 줄 아는 자로, 치밀하고 엄밀하게 제도와 법칙을 제정하는, 즉 왕도를 아는 신하.	동상
	사직지신 (社稷之臣)	죽기를 각오로 군주에게 바른 말로 직언하여 군주의 잘못을 바로잡으며, 군주의 존엄과 국가의 안전을 지키고, 나라에 이익이 된다면 명령도 거역할 수 있는 '간쟁보필(諫爭輔弼)'하는 신하로, 없어서는 안 될 존재이자 군주의 보배.	동상
	성신(聖臣)	흥망과 성패의 낌새를 잘 살펴서 일이 터지기 전에 막아 권력자의 지위를 튼튼하게 하는 신하로, 천하가 충성을 다한다고 칭송함(《순자》의 '성신'과 공통점).	《설원》 〈육정육사〉 중 '육정'
	양신(良臣)	사심 없이 성의를 다하고, 좋은 정책을 건의하며, 권력자의 장점은 살리고 단점은 보완하는 신하로, 자신의 공로를 내세우지 않음.	동상
	충신(忠臣)	부지런하며, 좋은 인재를 추천하고, 좋은 이야기와 역사의 교훈으로 권력자를 격려하는 신하로, 나라와 사회를 안정시킴(충신의 역할이 보다 구체적임).	동상

간신 ―― 간신론 奸臣論

충신 부류	지신(智臣)	신중하게 살펴 실패를 막고, 여러 번 생각하여 틈을 메우고, 혼란의 근원을 없애 전화위복으로 만들어 권력자의 근심을 더는 신하로, 식견 있는 신하로 불림.	동상
	정신(貞臣)	제도와 규칙을 지키고, 공직에 일체의 상을 사양하고, 뇌물을 거절하는 신하로, 의식(衣食)이 단정하고 검소함.	동상
	직신(直臣)	나라가 어지러울 때 권력자의 뜻을 거스르더라도 직언할 수 있는 신하로 희생을 두려워하지 않음.	동상
	현신(賢臣)	현명한 신하로 군주가 가까이 해야 할 존재임. 한(漢)의 왕포(王褒)는 〈성주득현신송(聖主得賢臣頌)〉이란 글도 남김.	〈출사표〉 외
	생신(生臣)	사직을 바로잡도록 돕는 신하.	《관자》 〈대광(大匡)〉
	사신(死臣)	죽음으로 충성을 다한, 또는 다하는 신하.	동상
	간신(諫臣)	직언으로 군주를 바른 길로 이끄는 신하.	《국어》 외
	정신(正臣)	정직한 신하로 품행이 단정하고 지조가 있음.	《초사》 외
	능신(能臣)	자신의 능력을 다 하되 자랑하지 않는 지조를 갖춘 신하. 또는 재능이 뛰어난 신하. 《삼국지》에서 조조를 가리켜 '치세의 능신, 난세의 간웅'이라 표현.	《회남자》 〈범론훈〉; 《삼국지》 〈위지〉'무제기'
	순리(循吏)	공무(公務)를 받들고 법을 잘 지키며 백성을 위해 최선을 다 하는 좋은 관리.	《사기》 〈순리열전〉
	염리(廉吏)	청렴하고 법과 정도를 지키며 죽어도 나쁜 짓을 하지 않는 관리.	《사기》 〈골계열전〉
	청신(淸臣) 청관(淸官)	뜻과 행동이 깨끗한 신하. 〈화두중승만입용강작(和竇中丞晚入容江作)〉	유우석(劉禹錫)
	청백리 (淸白吏)	사사로움없이 깨끗하게 바른 길을 걷는 관리.	《후한서》 〈양진전(楊震傳)〉
간군 부류	혼군(昏君)	무도한 군주에 대한 일반적인 호칭으로 어리석고 황음무도하여 나라와 백성에게 많은 죄를 짓는다.	《신당서》 〈환자전(宦者傳)〉
	교군(驕君)	교만하고 무례한 군주로 교만이 지나치면 백성을 피로하게 하고 나라를 위기로 몬다.	《관자》 〈유관(幼官)〉 외

간군부류	암군(暗君)	'혼군'과 같은 유형으로 쾌락만 즐기고 나라 일은 게을리 하여 우환이 무궁해진다.	《순자》〈왕패(王霸)〉 외
	폭군(暴君)	잔인하고 야만적으로 권력을 행사하는 무도한 통치자에 대한 일반적인 호칭.	《맹자》〈등문공(滕文公)〉
	망군(亡君)	망한 나라 또는 나라를 망치는 군주(망국군亡國君), 또는 실권을 잃은 군주.	《관자》〈칠법〉;《한비자》〈팔간〉
	용군(庸君)	평범한 군주란 뜻이지만 때로는 '혼군'에 가까운 뜻으로 많이 쓴다.	《잠서(潛書)》〈원간(遠諫)〉 외
	혜주(惠主)	상과 재정을 남용하고, 간악한 자를 사면하여 군주의 권력을 쇠퇴하게 만드는 군주로 이런 짓이 심하면 패망에 이를 수 있음.	《관자》〈칠신칠주〉
	침주(侵主)	법도를 어기고 사악한 행동을 일삼으며, 의심이 많고 일정한 규정이 없어 결국 권세를 잃는 군주로 몰래 감시하길 좋아함.	동상
	망주(芒主)	음악 등 놀이에 탐닉하고 신하들의 충고를 듣지 않아 해악을 당할 가능성이 큰 군주로, 신하들이 방자하게 행동하게 됨.	동상
	노주(勞主)	일이 겹쳐 서로 간섭하여 헛수고가 많아지고, 형벌이 지나쳐 백성들을 두렵고 각박하게 만드는 군주로, 혼란과 위태로움에 빠지고 후계자 계승에 문제가 생김.	동상
	진주(振主)	희노애락이 일정치 않아 사람을 두렵게 만들고 거짓을 일삼게 만드는 군주로, 법령이 쇠퇴하고 나라의 기초를 잃음.	동상
	망주(茫主)	인재와 신하를 믿지 않고 독단하여 결국 일을 제대로 처리하지 못하고 어리석어지는 군주로, 판단력을 잃어 엄벌을 남발하게 됨.	동상
명군부류	명군(明君)	영명한 군주에 대한 일반적인 호칭으로 혼군, 암군과 상반됨.	《좌전》 성공 2년 외
	성군(聖君)	성스러운 군주란 뜻으로, 대체로 후대에 긍정적이고 적극적인 영향을 크게 남긴 제왕을 가리킴.	《관자》〈임법〉;《순자》〈신도〉
	현군(賢君)	현명한 군주로 현주(賢主)로 쓰기도 함.	《논어》;《국어》
	영주(英主)	영명하고 능력 있는 군주.	반악(潘岳)의 〈서정부(西征賦)〉

명군 분류	신주(申主)	회계, 법령, 상벌, 국방 등에 있어서 가장 안정되게 통치를 행하는 군주로, 〈칠신칠주〉의 7주 중 유일하게 긍정적인 군주.	《관자》〈칠신칠주〉

간신(奸臣)에 대한
보다 진전된 정의(定義)

사전적 정의

'간신'에 대한 정의(definition), 즉 '간신'이란 단어가 지니는 의미와 내용을 뚜렷하게 정해보도록 하자. 먼저 사전적 정의부터 알아보자. 위키 낱말 사전에 따르면 이렇다.

"알랑거리는 말과 속임수를 써서 높은 사람의 호감을 사려고 노력하는 신하."

그러면서 비슷한 뜻의 단어로 주구(走狗, 앞잡이)와 요신(妖臣, 요사스러운 신하)을, 반대되는 뜻의 단어로 충신(忠臣)을 들었다. 내용이 워낙 간단한데, 아부와 속임수로 높은 사람, 즉 권력자의 호감을 사려는 자가 간신이라는 것이다. 당연히 간신의 본질을 제대로 짚어낸 정의라고 할 수 없다. 다음으로 중국의 대표적인 포털 바이두에서는 어떻게 정의를 내리고 있는지 한번 보자.

"간신은 중국어 단어의 하나로 '참신(讒臣, 거짓말하고 남을 해치는 신하)'이라고도 한다. 군주에 불충한 자로 권력을 농단하고 속임수로 나라를 잘못 이끄는 신하다."

그리고 그에 대한 보충 설명은 다음과 같다.

"군주에 대해 꼬리를 치고 아부하며 받들고, 사사로이 패거리를

42

지어 자기와 다른 사람을 배척하며, 사리사욕에 사로잡혀 대의와 공평무사를 멀리하고 군주에게 불충한다. 위아래를 속이고 백성에 대해서는 자기 이익을 위해 보복하고, 마구 세금을 거두며, 무고한 사람을 죽이고 해친다. 심지어 군주를 시해하고 동료를 박해하기까지 한다. 권력을 농단하여 사리사욕을 위해 나라를 잘못 이끌며 충직하고 선량한 신하를 해친다."

꽤 구체적으로 간신의 보편적 특징과 공통점을 지적하고 있는데, 요약하자면 군주(권력자)로부터 권력을 탈취하여 사리사욕을 채우기 위해 권력자인 군주에게 아부하고, 그 권력을 바탕으로 패거리를 지어 백성과 충직한 사람을 해치고, 나아가 자기 패거리는 물론 군주까지 해침으로써 나라를 잘못된 쪽으로 이끄는 자가 곧 간신이라는 것이다. 일반적 정의로는 비교적 충분하지만 아주 복합적인 특성을 가진, 하나의 역사현상이자 사회현상으로서 '간신'이란 존재의 의미와 그것이 포함하는 내용을 제대로 짚어낼 수는 없다. 이에 여러 자료들을 바탕으로 간신에 대해 보다 상세한 정의를 내려 보고자 한다. 먼저 역사 기록에서는 간신에 대해 어떻게 정의를 내리고 있는지 참고로 알아본다. 비교적 상세한 정의를 내리고 있는《명사》권308 〈간신전〉의 한 대목이다.

"(간신은) 반드시 권력을 훔쳐 농단하고 패거리를 지어 난을 일으키며, 종묘사직을 어지럽히고 충직하고 선량한 사람을 마구 해치며, 그 마음 씀씀이와 행적이 악하기 짝이 없고 평생 몰래 도적질한다."

상당히 격한 어조로 간신의 간행을 비교적 구체적으로 지적하고 있다. 하나의 역사현상으로서 간신에 대한 보다 정확한 정의를 내리려면 무엇보다 간신의 보편적인 특성, 간신만의 공통점들을 먼저 끌어낼 필요가 있다. 또 그를 위해서는 간신을 만들어내는 근원적인 요인이 무엇인지를 먼저 살펴야 한다. 요컨대, 간신을 만드는 인간의 내면에 잠재되어 있는 열악한 본성이 무엇인지를 살피고, 간신을 만들어내는 현실적 토양이라 할 수 있는 권력 구조에 대해 정확하게 인식해야 한다는 말이다. 이에 대해서는 별도의 항목으로 자세히 살펴볼 예정이다.

간신 출현의 배경을 요약하자면 이렇다. 먼저, 사유(私有)에 대한 의식이다. 모든 것을 나누어 가지던 원시 공산사회에 이어 사유를 인정하는 사유제가 나옴으로써 자신의 것을 지키고 더 많이 차지하기 위해 힘, 즉 권력이 필요하다는 인식으로 자연스럽게 이어졌다. 그리고 이를 제도적으로 뒷받침할 기구와 제도 및 법 따위로 무장한 권력기구, 즉 국가가 출현했다. 요컨대 간신 출현의 역사적 배경에는 사유제와 권력행사를 법제화한 국가가 있다.

한 인간을 간신으로 이끄는 인성의 약점은 과연 무엇인가? 그것은 또 타고나는 것인가, 아니면 환경(가정, 교육, 조직, 체제)에서 비롯되는 후천적인 것인가도 생각하지 않을 수 없다. 결론부터 말하자면 두 가지 요인이 복합적으로 작용한 결과물이 곧 간신이다. 이에 대한 깊이 있는 논의는 철학과 심리학 등 다른 분야에 해당하므로 긴 이야기는 생략한다.

'간(奸)'과 '충(忠)'

간신에 대해 보다 명확하고 자세히 파악하려면 그 대척점에 있는 충신의 표상인 '충'과 대비시켜 살펴볼 필요가 있다. 이 부분을 먼저 다루고 넘어간다.

사유재산과 그에 따른 권력이 생겨나고, 그 권력을 차지하기 위한 행위와 마음 씀씀이가 치열하고 치밀해지면서 권력의 정점에 있는 우두머리와 그를 추종하는 자들이 생겨났다. 우두머리 자리는 대개 하나뿐이라 그 자리를 차지하기 위해 온갖 수단과 방법들이 동원되었다. 우두머리가 되려는 자들은 자신의 권력에서 파생되는 작은 권력들과 그 권력들을 지탱하는 부의 원천(토지, 재물, 인력과 이것들을 오로지 할 수 있는 특권 따위)을 미끼로 자신을 추종하게 했다. 바로 이 지점에서 '충(忠)'이란 개념이 나온다. 그리고 이 '충'이 '간(奸)'으로 바뀌는 것은 한순간이다.

권력의 정점에 오르려는 우두머리는 자신을 추종하는 자들을 효과적이고 조직적으로 조종, 즉 자신에게 충성을 다하게 만들기 위해 소위 명분(名分)이란 것을 조작하여 자신의 추종자들보다 훨씬 많은 수를 차지하고 있는 백성들의 정신을 마비시켰다. 이렇게 해서 여론을 조작하고 우두머리로서 자신의 이미지를 포장했다. 다수의 추앙을 받는 우두머리, 그래서 다수의 삶에 행복을 선사할 수 있는 우두머리라는 이미지를 확고하게 다지는 '이미지 메이킹(image making)' 과정이 따랐고, 어용 지식인들은 이를 미사여구로 꾸미고 권위를 부여했다. 숱한 찬양가들이 경전(經典)이란 이름으로 포장되어 나왔다. 또 이 모두를 실질적으로 통제하고 지배하기 위해 법전(法典)도 정비했다.

제왕을 정점으로 하는 동양의 전제 왕조 체제는 이렇게 탄생한다. 경이롭게도 그 체제가 수천 년 동안 유지되었다. 물론 왕조 체제에 장점이 없는 것은 아니다. 훌륭한 통치자와 그에 걸맞는 뛰어난 관료들만 갖추어진다면 백성들은 걱정 없이 살 수 있다. 하지만 권력의 속성은 인성(人性)을 파괴하는 강력한 힘을 갖고 있다. 인성의 약점을 한시도 쉬지 않고 공략한다. 좀 더 많은 부와 권력을 누리고 싶은 인간의 '탐욕(貪欲)'이 이 지점에서 스스로 충돌하면 권력은 '힘의 균형'이란 본질을 잃고 소수나 한쪽으로 쏠리고, 권력의 독점에 따른 각종 폐해들이 속출한다. 통치자는 독재자(獨裁者), 폭군(暴君), 혼군(昏君)으로 흐르고 그에 기생하는 자들은 '간신(奸臣)'들로 바뀐다. 그리고 이를 막으려는 충직(忠直) 사람들이 이들과 충돌하여 많은 희생이 따른다. 이 와중에 백성들은 도탄에 빠져 허덕이게 된다.

권력이 사유화되는 바로 그 지점에서 '충(忠)'과 '간(奸)'이 갈리고, '정(正)'과 '사(邪)'도 나뉘며, '시(是)'와 '비(非)'도 발생한다. 쉽게 말해 나쁜 놈과 착한 사람이 갈리고 싸우고, 대개는 착은 사람들이 많이 당했다. 착한 사람들이 문제의 본질과 심각성을 인지하고 이를 해결하기 위해 힘을 합칠 때까지는 적지 않은 시간이 걸리기 때문이다. 그사이 나쁜 자들(간신)은 권력의 유지를 위해 안간힘을 쓰고, 그 안간힘의 여파는 의외로 폭력적이며 파괴력이 강하다. 특히, 착한 사람들이 힘을 합쳐 저항하기 시작하면 희생과 피해는 더 커질 수 있다. 그래서 관건이 되는 이 단계에서 착한 사람들은 문제의 본질을 정확하게 인식하는 것은 물론 희생을 최소화하면서 나쁜 놈들을 확실하게 처단할 수 있는 전략과 전술을 강구해야 한다. 나쁜 놈들이라 해서 머리가 나쁜 게 결코 아니기 때문이다.

간신들은 영리하고 영악하고 사악하다. 혼군이라고 해서 무작정 어리석고 못났다고만 치부해서는 안 된다. 영악한 간신들이

북송시대인 1104년 새겨진 '원우당적비'이다. 소위 간신 309명의 명단만 새겨져 있는 특이한 비석인데, 그 명단에는 사마광, 소동파, 황정견 등 당대 명사들이 즐비하다. '충'과 '간'이 상황에 따라 언제든 뒤바뀔 수 있음을 잘 보여주는 귀한 역사 유물이다.

짜놓은 정교한 틀 안에서 자기 판단 없이 시키는 대로 놀아나기 때문에 착한 사람들에게 미치는 악영향은 상상을 초월할 때가 많다. 아무 생각 없이 아무런 감정 없이 간신들의 지령에 따르기 때문이다. 간신들은 수백 명, 수천 명을 죽이고도 양심의 가책을 못 느낀다. 그래서 무섭다는 것이다.

필자는 이 책을 통해 5천 년 중국 역사상 대표적인 간신들과 혼군들의 행적, 특히 그들의 간행 수법을 집중 소개할 것이다. 반면교사로 삼기에 충분하리라 확신한다. 중국에 비해 우리 역사상의 간신들에 대한 이론 연구와 그를 뒷받침할 수 있는 진지한 사례 연구는 거의 전무한 편이라 해도 과언이 아니다. 여전히 위세를 떨치는 혈연과 지연, 그리고 학연으로 얽힌 관계망이 자기 조상의 누

구를 간신으로 지목해서 비판하는 것을 용납할 수 없게 만들기 때문이다. 여기에 청산되지 못한 왕조 체제의 잔재, 친일 문제, 동족 상잔과 분단, 독재 등등 과거사가 우리의 발목을 여러 줄로 단단히 움켜쥐고 있기 때문이기도 하다. 그런데 지금 우리에게 벌어지고 있는 어리석은 권력자와 그에 기생하는 다양한 부류의 간신들의 짓거리가 어쩌면 이 모든 문제들을 일거에 청산할 수 있는 절호의 기회를 줄 수도 있지 않을까 하는 생각을 해본다. 이런 상황을 빚어낸 역사적 뿌리와 문제의 핵심을 철저하게 분석하고 반성하여 단숨에 과거의 찌꺼기들을 털어냈으면 한다.

'간(奸)'과 '탐(貪)'

간신이 나타나게 되는 실질적인 토양은 권력이 한 사람에게 집중되어 있는 왕조 체제라 할 수 있다. 물론 왕조 체제가 아니더라도, 지금 우리 상황에서 보다시피 소위 제왕적 대통령제나 권력과 권한이 1인에게 고도로 집중된 조직이라면 간신은 언제든지, 아니 거의 필연적으로 나타난다. 나라든 조직이든 권력(권한)이 최고 리더한 사람에게 고도로 집중되어 있는 시스템이라면 간신은 언제든지 출현할 수 있다. 이 문제는 '간신현상의 토양'이란 별도 항목에서 검토했으니 그 부분을 참고하면 되겠다.

그렇다면 **권력이 1인에게 집중되어 있는 체제가 간신 출현의 실질적인 토양**이라고 정리할 수 있겠다. 여기에 군주 체제에서 말하는 혼군

(昏君), 즉 어리석은 리더는 간신을 길러내는 토양을 더욱 기름지게 만드는 거름과 같다.

정리하자면 **간신과 혼군은 이란성쌍생아와 같은 관계**라 할 수 있다. 같은 토양에서 자라는 상호보완적 관계이기도 하다. 그런데 초점을 간신에게 맞추어 볼 때, **'간'과 뗄 수 없는 일란성쌍생아와 같은 또 하나의 개념**을 확인할 수 있다. 바로 **'탐(貪)'**이다. 흔히들 '탐욕(貪慾, 또는 貪欲)'이란 두 글자로 많이 쓴다. '탐'이란 글자가 흥미롭다. 이제 '금(今)'이란 글자와 화폐나 재물을 나타내는 조개 '패(貝)'가 합쳐진 글자다. 눈앞에 보이는 재물이나 돈을 당장 차지하고 싶어 한다는 뜻이 된다. 여기에 욕심을 뜻하는 '욕(慾)'자가 붙어 '탐욕'이란 단어를 이룬다.

역사상 간신치고 탐욕스럽지 않았던 간신은 없었다. 지금도 마찬가지다. 즉, **간신은 '탐관(貪官)'**이기도 하다. 탐관이 모두 간신은 아니지만, 간신은 하나의 예외도 없이 탐관이다. 따라서 간신의 행적에서 나타나는 수단과 방법을 좀 더 깊이 있게 파악하려면 탐관의 역사와 그 수단을 알아보는 것이 효과적이다.

탐관이란 정치적 지위와 권세를 빌려 분에 맞지 않는 온갖 경제적 이익을 갈취하는 자들이다. 이 때문에 역사적으로 인간 패류로서 배척당했다. 수많은 백성, 의식 있는 지도층, 법제 등으로 엄격하게 경계하고 징계해 왔지만 여전히 근절되지 않고 지금도 사회의 독버섯이자 사회악으로 큰 영향을 미치고 있다. 어떤 면에서는 사회 각 방면에서 갈수록 더 심각한 폐해를 끼치는 존재로 새삼 부각되고 있을 정도다.

탐관은 재물을 탐하는 '**탐재(貪財)**', 권력을 탐하는 '**탐권(貪權)**', 색을 탐하는 '**탐색(貪色)**', 자리를 탐하는 '**탐위(貪位)**'라는 네 가지 공통점을 보여준다. 이 네 가지는 또 간신의 공통점과 정확하게 일치한다. 이들은 자신의 욕심을 채우기 위해서라면 나쁜 방법은 모조리 동원했고, 심지어 기발한 방법을 창조(?)해내기도 했다. 연구자들은 **이 네 가지를 탐관(간신)의 4대 본질적 특징**이라고 말한다. 탐관들은 정도의 차이는 있어도 이 네 가지를 모두 탐한다. 물론 이들 중 특정한 한두 가지에 유별나게 집착하는 경우도 있지만 어디까지나 정도의 차이일 따름이다. 그도 그럴 것이 이 네 가지 요소는 모두 단단하게 연결되어 있는 고리들이기 때문이다. 어느 하나라도 끊어지면 나머지도 끊어지기 십상이기 때문에 탐관은 이것들을 단단히 움켜쥘 수밖에 없다. 이 4대 특징 외에 명성을 탐하는 '**탐명(貪名)**'의 비중도 작지 않다. '탐명'은 대부분 이 네 가지를 얻기 위한 하나의 수단이자 방법으로 이용되므로 상대적으로 4대 특징보다는 덜 하다.

'간'이 하나의 역사현상이듯이, '탐'도 역사현상이다. 따라서 '탐'이란 역사현상과 그 역사를 제대로 인식하고 대처할 필요가 있다. '탐관' 때문에 역사와 백성이 받은 폐해는 상상을 초월하기 때문이다. '탐'과 '탐관'이 출현하게 된 역사적 조건, 사회적 기초를 인식하고 이를 철저하게 분석 비판하는 일은 반드시 필요하다.

역사적으로 두드러지게 드러난 탐관의 모습을 해부하고, 탐관의 수단과 표현 방식을 폭로함으로써 그들이 미친 역사적 피해, 사회적 폐단, 백성의 고통을 명확하게 인식하여 더는 이들이 우리 사회에 뿌리내릴 수 없도록 해야 한다. 법적 제도적 장치는 물론 무엇보다 이들에 대해 정확하고 확고한 역사적 인식을 갖추어야 한다. 그럼 이런 인식을 기초로 삼아 먼저 고대 탐관의 출현과 그 역사에 대해 간략하게 알아보자. 탐관의 역사가 곧 간신의 역사와 일맥상 통하기 때문에 진지하게 살피길 권한다.

탐관의 역사

  탐관의 역사적 기원에 관해서는 몇 가지 설이 있지만 최근에는 대략 원시사회 말기, 기록상으로 요·순 시기에 이미 나타나는 것 으로 본다. 이에 대해서는 따로 알아보겠다. 이 시기가 되면 생산 량이 늘면서 남는 생산물과 물품, 즉 잉여(剩餘) 생산물이 나타난 다. 이에 따라 이런저런 방법으로 이를 차지하려는 사람들이 생겨 났다. 여기서 권력이 생겨나고, 신분의 차이가 발생했다. 요컨대, 사유제의 출현과 맞물려 씨족 부락의 귀한 신분(훗날의 귀족)이 이런 잉여생산물을 침탈하는 현상이 출현했다. 그와 함께 이런 자들에 게 빌붙어 잉여생산물과 권력의 일부를 나눠 받는 자들이 나타났 고, 이들이 넓게 보아 '탐관'의 기원이 되는 셈이다.

  《사기(史記)》를 비롯한 여러 기록들을 종합해 보면, 요·순시대부 터 이미 이런 탐관들을 경계하고 징계하는 사실이 있다. 주나라 목 왕(穆王, 재위 기원전 976~기원전 922년/재위 55년) 때 제정된 법률인 '여 형(呂刑)'에 보면 '다섯 가지 잘못'이란 뜻의 '오자(五疵)'법이란 것이 보이는데, 바로 탐관에 대한 징계를 다룬 것이다. 이 항목에 탐관들이 저지르는 수법 다섯 가지가 나열되어 있는데, 잠깐 살펴보면 다음과 같다.

① 유관(惟官) : 윗사람의 뜻을 빙자하고 권세에 의지하는 짓.
② 유반(惟反) : 직권을 이용하여 사사로운 은혜와 원한을 갚는 짓.
③ 유내(惟內) : 가까운 사람을 이용하여 일을 처리하고 몰래 견제하는 짓.
④ 유화(惟貨) : 뇌물을 받고 속임수 등으로 재물 따위를 긁어내는 짓.
⑤ 유래(惟來) : 청탁을 받고 사사로이 법을 어기고 왜곡하는 짓.

역사상 탐관의 행위, 즉 탐행의 수법에 관한 최초의 기록이 아닐까 한다. 이렇듯 탐관의 역사는 상당히 오래전으로 거슬러 올라간다. 그러다 보니 탐관에 대한 징계와 징벌이 거의 동시에 나타났고, 상나라 때는 탐관을 임용하지 못하게 하는 사례도 보인다. 그리고 위에서 보았다시피 서주시대에 오면 탐관을 징계하는 구체적인 법 조항까지 나타난 것이다.

동주, 즉 춘추시대에 오면 탐관이 많이 나타났고, 처음으로 법에 의해 처형당하는 진(晉)나라의 탐관 양설부(羊舌鮒)가 기록에 보인다. 이후 역사에서 탐관은 나라와 백성을 해치는 심각한 존재이자 사회현상으로 자리 잡았고, 넓게는 '간신'의 한 범주에 포함되어 연구와 분석의 대상이 되기도 했다. 또한 탐관 내지 탐관오리는 늘 청관(淸官), 또는 청백리(淸白吏)에 대비되는 존재로 질타와 손가락질의 대상이었다.

탐관의 다양한 수법

이제 탐관의 다양한 수단과 방법, 즉 수법을 알아보는 것으로 탐관에 대한 이야기를 마치고 간신들 이야기로 돌아간다. 미리 지적할 점은 이들의 수법이 전부 간신의 수법과 같다는 사실이다. 여기서는 자신의 자리를 이용하여 벌이는 구체적인 수법을 미리 검토했을 뿐이다. 물론 간신이 간행을 저지르기 위해 동원하는 수단과 방법, 즉 수법에 대해서는 뒤에서 상세히 알아볼 것이다.

앞서 탐관에게는 재물을 탐하는 '**탐재(貪財)**', 권력을 탐하는 '**탐권(貪權)**', 색을 탐하는 '**탐색(貪色)**', 자리를 탐하는 '**탐위(貪位)**'라는 네 가지 본질적 특징이 있다고 했다('탐명貪名'까지 합치면 다섯 가지). 역사 자료들을 종합해 보면 이를 위해 **탐관들은 다음과 같은 다양한 수단과 방법들을 동원**했다. 이 수단은 간신들의 수단과 판박이이므로 먼저 알아두고 넘어간다. 경로와 수단 및 방법이 더욱 정교해지고 사악해져 잡아내기가 과거보다 훨씬 어려워졌지만 이 현상들은 지금도 여전하다는 점에서 문제의 심각성이 있다.

1. 가장 보편적인 수단이자 방법으로 **관직을 파는 '매관(賣官)**'이다. 물론 인사권이 있는 큰 자리일수록 값은 천정부지로 뛴다. 혼군은 자신이 총애하는 탐관이나 간신들이 '매관'을 통해 갈취한 부정한 돈으로 사사로운 욕구를 채웠다.
2. **법을 악용하는 수단**이다. 법을 제멋대로 적용하거나, 법으로 위협하거나, 법을 왜곡하여 주로 재물을 갈취하는 수단이다.

3. 감옥에 갇혀 있는 자를 갖은 방법과 수단으로 협박하거나 회유하여 재물을 뜯어내는 것이다. 이때 권력자의 사면권을 이용하여 돈을 갈취하는 것은 기본이다.

4. 관직과 법, 그리고 사면권 등을 한꺼번에 이용하여 정적이나 곤경에 처한 사람을 크게 위협하여 온갖 이권을 갈취해내는 수단이다.

5. 상대의 약점을 꼬투리 잡아 교묘하게 법 조항이나 문서 따위를 조작하여 재산이나 재물을 빼앗는 수단이다.

6. 훔치는 경우도 있다. 재정이나 이권을 담당하고 있는 탐관이 아예 대놓고 훔치는 것이다.

7. 문서 조작이나 권력자의 명령을 빙자하여 이권을 챙기고 재물을 갈취하는 수단도 있다.

8. 상하 관계를 이용하여 아랫사람들을 공갈 협박함으로써 사사로이 이익을 취하는 수단도 흔하다.

9. 나라와 백성을 위한다는 거짓 명분을 내세워 갖은 사이비 정책을 수립하고 여기에 필요한 재정을 빼내는 수단이다.

10. 군대의 경우, 군수품을 빼내거나 무기 구입 등에 개입하여 사사로이 이익을 취하는 수단이다.

11. 청탁을 받고 그에 따른 뇌물을 챙기거나 사업 추진에 따른 이익을 나눠 갖는 수단이다.

12. 기밀을 파는 경우도 적지 않았다. 심지어 적국에 기밀을 파는 매국노급의 탐관도 꽤 있었다.

13. 자리와 명성을 이용하여 뇌물을 챙기는 수단은 아주 보편적이었다.

14. **부하를** 자신이나 자기 집, 또는 자신과 가까운 자를 위해 **사사로이 부리는 수단**이다. 군대에서 이런 일이 많았고, 지금도 자행되고 있다.

15. 자신이 직접 나서지 않고 **친인척들을 내세워 뇌물을 받고 관직을 파는 등 온갖 비리**를 저지르는 수단도 많이 확인된다.

16. **자리와 권력을 이용하여 남의 물건이나 땅을 싸게 사들이고, 자신의 땅은 비싸게 강매하는 수단**인데 지금도 여전하다.

17. 기타 **수하들을 내세워 절도, 사기, 협박 등 동원할 수 있는 모든 수단과 방법으로 사리사욕을 채우기도** 한다.

이렇듯 탐관과 간신들이 사리사욕을 채우는 수단과 방법은 다양하기 짝이 없다. 문제는 이 결과 나라의 힘이 약해지고, 군대가 약해지고, 농업을 비롯한 기초 산업이 파괴되고, 공공 부문의 각종 정책이 파괴되고, 나라의 기강과 법치가 파괴되고, 공직사회가 부패하고, 패거리들이 우후죽순처럼 솟아나고, 나라와 민족의 이익이 파괴되고, 사회적 기풍과 윤리도덕이 붕괴되어 끝내 나라가 망한다는 사실이다.

거듭 강조하지만 간신과 탐관현상은 크게는 나라의 존망이 걸린 매우 심각한 문제다. 이에 대한 철저한 인식과 방비가 무엇보다 요구되는 것도 이 때문이다. 모두가 이에 대한 경각심을 최대한 한껏 높여야 할 때이다. 처절한 자기반성과 함께.

간신현상의 근원적 문제 '치(恥)'

'탐'과 더불어 간신과 직접 관련된 또 하나의 글자는 '치(恥)'다. 간신은 탐욕스러움과 함께 부끄러움을 모르는 자다. 부끄러움이 아예 없는 자들이기도 하다. 즉, **'무치(無恥)'가 네 가지 탐욕인 '사탐(四貪)'과 함께 간신의 가장 중대한 특성 중 하나**이다. 이 문제를 좀 더 들여다본다. 간신의 '무치'와 관련해서는 '후안무치(厚顔無恥)'를 비롯하여 '수치(羞恥)', '치욕(恥辱)' '염치(廉恥)' 등과 같은 단어들이 늘 등장한다.

다시 말하지만 간신은 역사현상이다. 그 현상에는 일정한 특징 내지 공통점이 발견되는데 가장 공통된 것을 하나 들라면 저들이 '부끄러움이란 것을 전혀 모른다'는 사실이다. 사람이 다른 것은 몰라도 적어도 부끄러움을 알면 자신이 하는 말과 행동을 조심하고, 언행을 신중히 하면 남에게 해를 주지 않는다. 그래서 나라와 나라 사람에게 지대한 영향을 미치는 통치자와 고위 공직자에게 더 큰 윤리 도덕적 잣대를 들이대는 것이다. 그럼에도 불구하고 지금 우리의 정치가와 공직자의 모습은 어떠한가? '무치(無恥)', 그 자체가 아닌가.

'과염선치(寡廉鮮恥)'란 사자성어가 있다. 글자 그대로 풀이하자면 염치가 드물다는 뜻이고, 흔히들 염치가 없다고 풀이한다.

'치(恥)' 자는 부끄럽다는 뜻을 가진 '치(恥)'와 뜻이 같다. 그런데 이 글자가 의미심장하다. 잘 들여다보면, 귀를 뜻하는 '耳' 자와 마음을 뜻하는 '心' 자가 합쳐진 글자임을 금세 알 수 있다. '마음의 소리'가 곧 '부끄러움'이란 뜻이다. 참으로 의미심장하다. 자신의 내면 깊숙한 곳에서 들려오는 마음의 소리(부끄러움)를 들을 수 있는 사람은 양심적인 사람이다. 그렇지 못한 사람은 '마음의 귀머거리'라 할 수 있겠다.

요컨대 잘못은 부끄러움이라는 마음의 소리를 들을 때 제대로 알고 고칠 수 있다. 명말청초의 혁신 사상가 선산(船山) 왕부지(王夫之, 1619~1692)는 배움과 실천의 관계에 대해 이렇게 말했다.

"학이이호난(學易而好難), 행이이역난(行易而力難), 치이이지난(恥易而知難)."
"배우기는 쉬울 지 몰라도 좋아하기란 어렵고, 행하기는 쉬울지 몰라도 꾸준히 하기란 어렵고, 부끄러움을 느끼기는 쉬워도 왜 부끄러운가를 알기란 어렵다."

이것이 바로 '호학(好學)', '역행(力行)', '지치(知恥)' 3자의 관계인데 왕부지는 그중에서도 '지치'를 특별히 강조했다. 누구든 언행에 대해 비판과 질책을 받으면 이내 부끄러움을 느낀다. 그런데 그 부끄러움이 자신의 언행을 바로잡는 것으로 나아가지 못하고 대개는 자신을 나무란 사람들을 원망하고 증오하는 적반하장(賊反荷杖)의 반응으로 나타난다. 이것이 바로 왕부지가 말한 부끄러움을 느끼기는 어렵지 않지만 왜 부끄러워해야 하는지를 알기란 어렵다는 말의 의미다.

권력자와 공직자의 부도덕하고 부정(不正)한 언행, 즉 간행의 근원을 파고들면 예외 없이 개인이나 패거리의 사사로운 욕심과 만나게 된다. 이는 이들의 공사구별에 심각한 이상이 생겼음을 뜻한다. 이런 현상은 공직자가 부끄러움이 무엇인지를 모르는 데서 비롯되는데, 옛 현자들은 이런 문제의 근원을 가정과 교육에서 찾고 있다.

《성리대전(性理大全)》을 보면 "사람을 가르치려면 반드시 부끄러움을 먼저 가르쳐야 한다(교인教人, 사인필선사유치使人必先使有恥). 부끄러움이 없으면 못할 짓이 없다(무치즉무소불위無恥則無所不爲)"고 했다.

자신의 언행이 남과 사회에 피해를 주는 것을 부끄러워할 줄 알아야만 그릇된 언행을 일삼지 않는다는 것이고, 그러기 위해서는

어려서부터 부끄러움이 무엇인지 가르쳐야 한다는 뜻이다. 참으로 옳은 지적이 아닐 수 없다. **간신현상을 방비하기 위한 여러 방비책으로 가정교육이 중요**하다는 점을 강조해둔다.

이 대목에서 계시를 받은 청나라 때의 학자 고염무(顧炎武, 1613~1682)는 한 걸음 더 나아가 "청렴하지 않으면 받지 않는 것이 없고(불렴즉무소불취不廉則無所不取), 부끄러워할 줄 모르면 하지 못할 짓이 없다(불치즉무소불위不恥則無所不爲)"라고 했다. 지금 우리 실상을 그대로 지적하는

왜 부끄러운가를 아는 것이 중요하다고 지적한 사상가 왕부지.

명구가 아닐 수 없다.

《시경(詩經)》에 보면 이런 시가 나온다.

"불괴우인(不愧于人), 불외우천(不畏于天)."
"사람에게 부끄럽지 않으면 하늘조차 무섭지 않다."

사람으로서 언행이 정정당당하고 떳떳하면 그 무엇도 무섭지 않
다는 뜻이다. 그래서 현자들은 자신이 정당하면 설사 일이 잘못되
거나 뜻한 대로 일이 풀리지 않아도 하늘을 원망하지 않고 남 탓을
하지 않았던 것이다.

이렇듯이 옛 선현들은 '괴(愧)'라는 글자를 척도로 삼아 자신의 언
행을 점검하곤 했다. 지식인이나 공직자는 특히 그랬다. 심지어
'괴'를 문명의 척도로까지 생각하여 이에 대해 진지하게 탐구하기
도 했다. 말하자면 **부끄러워할 줄 아는 사람과 그렇지 못한 사람의 경계
와 차이에 대한 진지한 성찰**을 해 온 것이다. 오늘날 우리가 배워야
할 참으로 소중한 동양의 전통이자 보편적 가치가 아닐 수 없다.

청나라 때 학자이자 정치가였던 공자진(龔自珍, 1792~1841)은 "배
운 사람에게 부끄러움이란 것이 있으면 나라는 영원히 부끄러워
할 일이 없다(사개지유치士皆知有恥, 즉국가영무치의則國家永無恥矣)"면서
"배운 사람이 부끄러움을 모르는 것이야말로 나라의 가장 큰 치욕
이다(사부지치士不知恥, 위국지대치爲國之大恥)"라고 했다. 배운 사람의
인격이 존엄한가 그렇지 않은가가 나라의 영욕을 가장 민감하게

반영한다는 뜻이다.

마치 지금 우리 사회 지식인들을 향해 던지듯이 지식인의 부끄러움을 강조한 공자진.

통치자와 사회 지도층의 언행은 나라 정치와 정책의 일기예보와 같다. 나라에 어떤 일이 발생하면 그들이 가장 민감하게 반응한다. 그리고 정치와 정책에 관한 다양한 반응과 의견을 제기한다. 바로 그 의견과 반응에 따라 나라의 영광과 치욕이 결정된다고 하겠다. 그런 점에서 보자면 통치자와 지식인의 기풍이 곧 그 사회와 세상의 기풍이 된다. 부끄러움은 물론 왜 부끄러워해야 하는지 모르는 사회 지도층 때문에 세상이 온통 후안무치(厚顔無恥)의 구렁텅이로 떨어지고 있다.

부끄러움을 아는 것은 사람다운 사람이 되는 가장 기본이다. 앞으로 질리도록 보게 되겠지만 간신에게는 최소한의 부끄러움조차 없다. 그렇다면 이자들은 사람이 아니다. 준엄한 처벌과 가차 없는 역사적 단죄를 통해 이 엄청난 부끄러움을 만회하지 않으면 안 될 것이다.

한 마디로, **'부끄러움을 아느냐 그렇지 않느냐'는 간신을 가늠하는 가장 중요한 기준이자 척도**임을 명심할 필요가 있다. 고염무의 말대로 '부끄러움을 모르면 못할 짓이 없기' 때문이다. '부끄러움'에 관한 명언 명구들을 따로 제3부 '간신학-수법편'에 부록으로 정리해 놓았다.

간신에 대한 진전된 정의

다소 길어졌지만 이상의 인식들을 바탕으로 간신에 대한 보다 진전된 정의를 내리기 위한 기초 자료는 어느 정도 갖추어졌다고 생각한다.

정리하자면 이렇다. 간신에 대한 보다 명확한 정의를 내리기 위해 간신과 관련된 다른 존재들을 가리키는 용어들, 특히 소인과 탐관을 집중적으로 탐색해보았다. 그와 함께 심성(心性)이란 측면에서 간신의 가장 큰 특성인 '탐욕(貪慾)'과 '무치(無恥)'에 대해서도 알아보았다. 그 결과 우리는 '간신'에 대해 다음과 같은 좀 더 구체적인 정의를 내릴 수 있게 되었다.

간신의 출현 배경은 사유제와 국가, 그리고 권력이다. 여기에 개인의 열악한 인성이 결합됨으로써 하나의 역사현상으로서 간신이 전격 출현했다. 간신은 인성이란 면에서 부끄러움을 모르는 저열하고 비열한 자로서, 사리사욕을 위해 권력을 탈취하는 것을 목적으로 삼는다. 간신은 권력 탈취를 위해 권력자의 환심을 사는 데 온 힘을 쏟는다. 권력을 쥐면 역사상 탐관이 보여준 공통된 특징인 탐재·탐권·탐색·탐위를 위해 수단과 방법을 가리지 않는다. 간신은 소인배의 저급한 인성과 탐관의 특성 및 역사상 존재했던 모든 사악한 부류의 관리들이 보여준 특성을 한 몸에 지닌 자로서 그들이 저지른 짓거리, 즉 간행(奸行)의 결과는 작게는 나라와 백성을 구렁텅이에 빠뜨리며 크게는 나라를 망하게 만든다.

하나의 현상으로 간신은 또 이렇게 정의할 수도 있다.

첫째, 역사적으로 간신은 어느 시기에나 존재했고, 단 한 번도 완전히 박멸된 적이 없는 존재다. 또, 하나의 현상이자 보편적 현상으로서 세상에 워낙 크고 나쁜 영향을 미쳤고, 여전히 미치고 있기 때문에 특수한 역사현상이기도 하다. 따라서 간신은 보통명사이자 특수명사의 성격을 함께 내포하고 있다. 간신은 하나의 보편적이면서도 특수한 역사현상으로 역사적으로 청산해야 할 대상이다. 공소시효 없는 역사의 법정에 세워 치욕스러운 역사의 기둥에 영원히 못 박아야 할 존재다.

둘째, 간신은 또 사회적으로 각종 해악을 끼치는 사회적 현상이다. 사회적 기풍을 타락시키고 사회를 크게 오염시키는 존재다. 따라서 사회적 차원에서 윤리·도덕적으로는 물론 사회제도적으로 뿌리를 뽑아야 할 악성 종양이다. 간신은 역사적 현상이자 사회적 현상이다.

셋째, 간신은 경제적으로 탐욕과 사리사욕을 위해 경제기초와 산업기반을 파괴하고, 나아가 절대다수를 차지하고 있는 국민들의 생업에 이루 말할 수 없는 고통과 피해를 주는 존재다. 경제적으로도 없어져야 할 열악한 존재다. 간신은 경제와 산업, 국민들의 생업을 파괴하는 존재다.

넷째, 역사적 실체로서 간신의 가장 큰 특징은 **'사탐일무(四貪一無)'**로 요약할 수 있다. 즉, 탐욕(貪慾)을 바탕으로 '탐권', '탐위', '탐재', '탐색'의 '사탐'과 부끄러움을 모르거나 아예 없는 '무치(無恥)'의 '일무'이다. 그리고 간신의 탐욕 내면 한층 더 깊은 곳에는 자기보다 잘나고 잘사는 반듯한 사람에 대한 주체할 수 없는 시기(猜忌)와 질투(嫉妬), 그리고 증오(憎惡)가 웅크리고 있다는 점도 놓치지 말아야 할 것이다.

요약하자면, **간신은 지난 수천 년 동안 '사탐일무'를 가장 큰 특징으로 하는 사악한 존재들이 저질러 온 지극히 부정적인 역사적 현상이자 사회적 현상이며 동시에 경제적 현상으로 사회와 나라 전반에 악영향을 미치기 때문에 전방위적으로 철저하게 박멸해야 할 대상**이다.

끝으로 한 가지 덧붙일 점은 간신의 범주 설정이다. 앞에서 비교적 상세히 살펴보았듯이 간신의 특징과 특성을 보이는 존재들로 소인과 탐관(오리), 그리고 혹리 등이 있었다. 이들은 당연히 간신의 범주에 포함될 수 있다. 이 밖에 간신 부류로 많은 비중을 차지했던 환관(宦官)도 간신의 범주에 넣어 살필 것이다. 그밖에 역대 기록들에서 분석한 여러 이름으로 불리는 부정적 존재들로서 관리들 역시 간신의 범주에 포함된다. 다만 별도의 명칭은 기록 검토에서 언급하는 선에서 그치고, 그들의 특징이나 언행 및 수법을 간신의 범주에 넣어 함께 분석할 것이다.

이상 간신에 대해 보다 진전된 정의를 내리기 위해 관련 용어와 간신의 가장 중요한 특징 등을 두루 살펴보았다. 물론 이 정도로 간신의 진면목을 온전히 전할 수는 없다. 간신의 간행에 따른 수단과 방법은 이루 말로 할 수 없을 정도로 너무 다양하고 지독하며, 그 간행에 희생당한 사람은 수를 헤아리기 힘들기 때문이다.

역사는 간신 때문에 수없이 통곡했다. 우리는 간신현상이라는 역사의 이 침통함을 극복하지 않고는 결코 전진할 수 없다. 정신 바짝 차리고 이 현상을 철저하게 알고 파악하고 분석하여 그 대비책과 박멸의 방법을 마련해야 할 것이다. 간신들이 저지른 용서 받지 못할 간행들을 하나하나 철두철미 분석해가다 보면 간신이란 이 보편적이면서 동시에 특수한 역사현상을 보다 뚜렷하게 인식하고, 더 나아가 그 방비책과 박멸책을 구체적으로 마련할 수 있을 것이다. 이제 우리의 탐구와 분석은 좀 더 깊숙이 들어갈 것이다.

간신(奸臣)과
관련한 단어들과
현대판 간신 부류

간신과 관련한 기본 용어의 정리

앞서 간신 부류를 가리키는 용어들을 정리한 표를 통해 확인했듯이 관련한 용어들이 상상 밖으로 많다. 그에 이어 다소 중복되긴 하지만 관련한 용어들을 좀 더 검토해 보겠다. 지금 우리 사회 구석구석을 어슬렁거리고 있는 현대판 간신 부류들의 망령들의 종류와 그 실체를 확인하기 위한 사전작업으로 생각하면 되겠다.

먼저 간신이란 단어와 뜻이 같거나 비슷하고, 간신의 본질이나 특성을 담고 있는 관련 단어들이 있다. '탐관(貪官)', '간인(奸人)', '소인(小人)', '영신(佞臣)', '난신(亂臣)', '역신(逆臣)', '혹리(酷吏)' 등이 대표적이다. 이에 대해서는 앞에서 간략한 표로 그 특징과 출처를 알아보았고, 앞으로 살펴볼 고대 기록들에 나오는 다양한 부류의 명칭들도 있기 때문에 해당 기록을 검토하면서 다시 언급하도록 하겠다. '탐관'과 '소인'에 대해서도 앞에서 비교적 상세히 살펴보았다.

간신이 되었건 충신이 되었건, 청백리가 되었건 탐관오리가 되었건 모두 **'관리(官吏)'**다. 따라서 간신의 간행을 밝히려면 먼저 관리라는 단어에 대한 이해가 바탕이 되어야 할 필요가 있다.

'관(官)'이란 명칭은 중국 역사상 봉건왕조에서 태어났다. 《예기(禮記)》에 "제후 이하 삼공(三公), 그리고 사(士)에 이르기까지 모두 싸잡아 관(官)이라 부른다."는 구절이 있다. 또 관(官)은 관(管)과 같아 '관할하다' '관리하다'의 뜻으로도 사용한다고 했다. 원래 관(官)은 일을 관리하는 사람을 말한다.

봉건왕조에서 국군이나 황제는 주인이고, 관원은 점원과 같은 존재다. 점원은 백성을 관리하는 주인의 일을 돕는 사람이다. 똑똑한 군주에게 관원은 조수가 되고, 포악한 군주에게 관원은 공범이 되기 십상이다. 관원의 협조 없이는 군주는 외톨박이가 되어 좋은 일이든 나쁜 일이든 하고 싶어도 할 수 없기 때문이다.

　중국의 경우 1911년 신해혁명 이후 이론상 황제가 사라지고 백성이 국가의 주인이 되었다(그 당시 유행하던 말로 하자만 '중화 금수강산은 누가 주인인가, 우리 4억 동포다'가 된다). 우리는 1910년 경술국치로 조선이 망하면서 왕이나 관원은 없어졌지만 나라 잃은 백성이 주인이 되기까지 반세기를 더 기다려야 했다. 어쨌거나 해방 이후 관료 나으리도 없어졌고, 관원도 '공복(公僕)'이란 듣기 좋은 이름으로 바뀌었다. 백성이 주인이고 관원은 백성을 위해 일하는 일꾼인데 공적인 일을 하기 때문에 '공복'이라 부른 것이다. 그러나 이는 어디까지나 이론상의 일이고, 실제 생활에서는 이런 것들이 적용되지 않는다. 왜냐하면 이들을 부를 때 '김 공복' 또는 '이 공복'이라고 부르지 않기 때문이다. 서류에서는 관원을 '공무원'이라 부르지만 이 역시 널리 보급되지 않았다. 마찬가지로 '김 공무원' '박 공무원'이라고 부르지 않기 때문이다. 관원이나 관리 또는 관료라는 호칭이 아직도 사용되고 있는 현실이다.

　수천 년 넘게 쌓여온 왕조 체제의 폐습(弊習)이 하루아침에 완벽하고 깨끗하게 청산되기란 결코 쉽지 않다. 청나라 말기 관료 사회의 온갖 폐단과 추악한 현상을 고발한 견책소설(譴責小說)《관장현형기(官場現形記)》에서 말하는 관료판의 괴이한 현상들은 중국은 물론 우리 관료판에 여전히 잔존하고 있고, 때로는 다른 얼굴로 나타나곤 해서 사람들의 마음을 씁쓸하게 만든다. 예컨대 관료판의 습성과 기질이 그대로 남은 사람, 입만 열었다 하면 관직에 있을 때 잘나가던 왕년의 이야기만 하는 사람, 쓰는 것이라곤 그저 관료 사회 이야기만 쓰는 사람 등등 모두가 관료판의 장면들이다. 심지어 관직을 구하기 위해 물불 안 가리고 달려드는 사람도 있고, 돈으로 관직을 사고판다. 여기에 관리들끼리 서로 돌봐주고 눈감아 주는 현상에다 관료판 브로커들과 결탁하여 비리를 저지르는 등 이 모든 것들이 부정부패 현상으로 자라나서 모든 곳으로 퍼져나가는데 조건을 제공한다. 따라서 이 문제는 모든 사람이 아주 관심을 갖는 초점의 대상이 되어 있다.

간신이란 존재는 전형적인 관료, 즉 관리의 한 부류였다. 그리고 **수천 년 관료판에서 나타난 온갖 행태가 한 몸에 집중적으로 투영되어 있는 존재가 바로 간신**이다. 따라서 수천 년 관료판의 이런 전형적 현상들의 뿌리 역시 간신에 초점을 맞추어 심각하게 토론될 것이다. 어쩌면 지난 수천 년 동안 단 한 번도 박멸시키지 못한 간신이란 이 역사의 오점을 씻어낼 기회가 될 지도 모르겠다는 기대를 갖고 논의를 이어가고자 한다.

다음으로 간신과 뜻이 비슷한 용어들이 있다면 당연히 그 대척점에 있는 용어들도 있다. 가장 대표적인 충신(忠臣)이다. '간'과 '충'은 수천 년 동안 대립해온 개념이다. 이 밖에 직신(直臣), 양신(良臣), 순리(循吏), 청관(淸官), 청백리(淸白吏), 염관(廉官), 염리(廉吏), 정인(正人) 등이 있다. 이 역시 앞서 표를 통해 간단하게 정리해보았고, 앞으로 관련 기록을 검토할 때 또 나오기 때문에 별도의 설명은 생략한다.

다음으로 간신의 특성과 본성을 나타내는 단어로 '**간성(奸性)**'이 있고, 이런 간성이 겉으로 드러나는 것을 '**간행(奸行)**'이라 한다. 또 간신이 부리는 술책이나 계략은 '간술(奸術)'과 '간계(奸計)'라 하는데 모두 '간행'의 범주에 들어간다. '간행'은 간신이 부리는 방법과 수단을 포괄하기 때문에 우리의 집중 분석대상이 될 것이다. 간신이 부리는 방법과 수단은 '간술'과 '간계'를 중국에서는 '**간사모략(奸詐謀略)**'으로 분류하기도 한다. 이에 대해서는 필요할 때마다 항목으로 나누어 집중 소개할 것이다.

간신의 심리와 행위의 특징을 나타내는 단어들은 상당히 많은 편이다. 가장 많이 쓰는 간사(奸詐), 간교(奸狡), 간악(奸惡)을 비롯하여 간특(奸慝), 간흉(奸凶), 간지(奸智) 등이 있다. 뜻은 대체로 다 비슷하다. 이 밖에 조조(曹操)에게 붙은 '간사한 영웅'이란 뜻의 '간웅(奸雄)'이 있고, 적을 위해 첩자 노릇을 하는 '간세(奸細)'와 '내간(內奸)'이 있다. 그리고 이런 간신의 정체와 그 짓거리를 살피는 일과 방법을 '찰간술(察奸術)'이라 한다.

다음은 간신의 종류다. 먼저 종래의 가장 일반적인 구분법인 신분에 따라 구분하자면 간악한 최고 권력자 '**간군(奸君)**'이 있고, 그 '간군'에 빌붙어 '간행'을 일삼는 '간신'이 있다. 이 밖에 간사한 상인을 뜻하는 '**간상(奸商)**'이 있었고, 간사하고 간악한 짓을 일삼는 보통 백성들을 가리켜 '**간민(奸民)**'이라 했다.

간신이 끼친 악영향의 정도에 따라 몇 부류로 구분하기도 한다. 대체로 소간(小奸), 중간(中奸), 대간(大奸), 거간(巨奸), 매국간(賣國奸)

으로 나눈다. 또 나라를 망하게 만든 간신이란 뜻의 '망국간(亡國奸)'
도 있다. 이 중 매국간이나 망국간을 우리는 일반적으로 매국노(賣
國奴)라 부르고, 중국에서는 '매국적(賣國賊)' 또는 '반국적(叛國賊)'으
로 많이 쓴다. '매국적'은 관련 용어표에서 본 바와 같이 《삼국연의》
의 '매국지적'과 《동주열국지》의 '매국적'이 그 출처인데, 모택동(毛
澤東)이 〈논반대제국주의적책략(論反對帝國主義的策略)〉, 즉, 〈제국
주의 책략에 반대하는 논리〉라는 글에서 '매국적'이란 용어를 사용
하면서 널리 알려지게 되었다. 사리사욕을 위해 나라와 민족의 이
익을 파는 자, 적국과 결탁하여 국가와 민족의 이익을 파는 자란
뜻이다. 그런가 하면 다소 특별한 용어로 이와 비슷한 뜻을 가진
'한간(漢奸)'이 있다.

끝으로 꼭 하고 싶은 말은 정도는 다르지만 우리 모두의 정신세
계에 잠재되어 있는 **'간성(奸性)'**, 또는 '간심(奸心)'이다. 나 하나만 잘
되면 그만, 나 하나는 괜찮겠지, 내 집안사람인데, 내 지역 사람인
데, 내 동창인데, 내 교회 사람인데, 군대 동기인데 등등 나라를 망
치는 온갖 연(緣)을 뿌리치지 못하고 잘못된 판단을 내리는 내 안의
'간성'을 철저히 경계하지 않으면 안 된다. 설마 하는 아주 평범한
'간성'이 결국 나의 미래, 후손의 미래, 나라의 미래를 망칠 수 있다
는 사실을 명심해야 할 것이다.

현대판 간신 부류에 대한
인식과 분류

　이상은 대부분 역대 서적들에 기록되어 있는 과거 봉건시대의 용어들이다. 이를 오늘날 그대로 적용하기는 어렵다. 이 책에서 규정한 대로 이들을 모두 '간신'이란 하나의 단어로 표현할 수 없는 것은 아니지만 복잡한 현대 사회의 간신현상을 구체적으로 나타낼수는 없다. 더욱이 현대 사회, 특히 우리 사회 각계각층의 간신현상을 분석한 결과 과거 봉건시대보다 그 범위와 부류가 더욱 넓어지고 다양해지고 있음을 확인할 수 있다. 그렇다면 간신의 부류를좀 더 세분할 필요가 있다. 이에 따라 현대 우리 사회의 대표적인간신 부류들을 그들이 몸담고 있는 직업을 가지고 다음과 같이 세분해 보았다.

　먼저, **'정간(政奸)'**으로 정치를 업으로 삼고 있는 간신들을 말한다. 다음으로 **'공간(公奸)'**이 있다. 공직에 있는 간신들을 가리키는데 **'관간(官奸)'**으로도 부를 수 있다. 우리는 '관간'으로 용어를 통일한다. 이두 부류는 봉건시대의 전형적인 간신에 해당한다. 뒤에서 또 언급하겠지만 '정간'을 비롯하여 '관간', '검간', '판간', '학간', '상간' 등 **거의 모든 부류의 간신들에게서 나타나는 가장 심각한 현상은 동종교배를 통한 간신의 대물림**이다. 즉, 같은 부류 또는 긴밀하게 연계되어 있는부류들끼리 혼인관계를 맺음으로써 그들의 직업을 대물림하고, 앞세대 간신들이 구축해 놓은 부와 권력을 배타적으로 독점함으로써간신을 거의 하나의 직업처럼 대물림하여 사회적 불공평과 불공정을 일반화시키고 있는 현실이다. 이것이 고착될 경우 이 부류에 속하지 못한 사람들은 아무리 애를 써도 그에 맞는 대가와 보상을 받을 수 없는 구조적 불공평에 허덕일 수밖에 없게 된다. 현대판 간신현상에서 확인할 수 있는 가장 심각한 점이다.

새롭게 등장한 간신 부류로 '**언간(言奸)**'이 있다. 언론매체에 종사하는 자들로 최근 우리 사회에 두드러진 간신 현상을 주도하는 자들로 '기레기'라는 멸칭(蔑稱)으로 불릴 정도로 타락한 존재들이다. 이 '언간'들은 대부분 '정간', '관간'과 결탁되어 있고, 바로 뒤에 소개할 '**학간(學奸)**'을 비롯하여 '**검간(檢奸)**'이나 '**판간(判奸)**'들과도 끈끈한 관계를 유지하며 신형 기득권층으로 자리매김하고 있다. 이들은 '언론인'이라는 탈을 쓰고 힘 있는 자에게 찰싹 달라붙어 그 비위를 맞추고 가려운 곳을 긁는다. 이런 '언간'의 최대 특징이자 장기는 알랑거림, 즉 아부(阿附)로 전문용어로는 '아유봉승(阿諛奉迎)'이라 한다. 알랑거림으로 남(권력자)의 뜻을 헤아려 비위를 맞추고 떠받든다는 뜻이다. 새롭게 등장한 '언간'은 여론과 민심에 막대한 영향을 미친다는 점에서 그 어떤 간신들의 간행보다 심각하다. 그 수법도 다양하고 악질적이어서 사기꾼은 저리 가라 할 정도다. 철저한 분석과 방비책이 필요하다. 이들이 저지르는 구체적인 수단과 방법은 따로 살필 것이다.

'학간'은 이른바 배웠다는 자들, 즉 지식인 부류의 간신들이다. 대학에 많이 분포하고 있으며, 학력(學力)이나 실력(實力)이 아닌 주로 화려한(?) 학력(學歷)을 무기로 '곡학아세(曲學阿世)'하는 자들이다. 실상을 들여다보면 화려하다는 학력도 대부분 빈껍데기이고, 심지어 이를 부풀리거나 날조하는 일이 비일비재하다. 자신의 학문적 성과가 표절(剽竊)로 판명되는 경우는 아주 보편적 현상이 되었다.

말한 대로 '언간', '정간', '검간', '법간'들과 언제든지 호시탐탐 권력과 부를 갈취할 준비를 하고 있는 자들이기도 하다. 정치권력에 욕심을 부리는 대학교수들 때문에 정치를 뜻하는 '폴리틱스(politics)'와 교수라는 뜻의 '프로페서(professor)'가 합쳐진 '폴리페서(polifessor)'라는 부정적 의미의 신조어가 나오기까지 했다. 특히 대학을 경영한다는 정치 성향이 농후한 '학간'들의 간행은 그것이 현재뿐만 아니라 미래 세대에 악영향을 미친다는 점에서 교육기관을 비롯한 교육체제 전반에 대한 대수술이 필요한 실정이다.

'검간'과 '판간'은 우리 현대사에 있어서 가장 추악한 간신 부류로 떠올랐다. 사법고시라는 봉건시대 과거제의 잔재를 통해 검사나 법관이 되어 갖은 특권을 독차지하여 법을 농단하는 최악의 고위 공직자 간신들로서 우리 사회에 가장 심각한 해악을 끼치는 존재들이 되고 있다. 당연히 다른 부류의 간신들 특히 '언간'과 '정간', '관간', '학간', '상간'들과 끈끈한 관계를 유지하며 기득권을 마음껏 누렸고, 여전히 누리고 있다.

또 공직에서 물러나면 이른바 전관예우(前官禮遇)라는 부정한 특권을 한껏 누릴 뿐만 아니라 끈끈한 혼인관계 등으로 기득권과 특권을 세습적으로 누리는 가장 악질적인 간신 부류다. 이들은 공직에서 물러나면 대부분 전과 같은 일을 하는 '변호사'로 변신하여 누렸던 특권과 부를 다시 누린다. 이런 점에서 변호사 일을 하는 간신 부류는 따로 **'변간(辯奸)'**으로 분류할 수 있다. 검간, 판간, 변간은 모두 '법'이라는 같은 뿌리에 기생하면서 공생하는 간신 부류들이라 뭉뚱그려 '법간(法奸)'이라 부를 수 있다. 일찍이 사마천은 이 '법간'들에 해당하는 존재들에 주목하여 〈혹리열전〉이라는 탁월한 역사 기록을 남겼다. 이 기록은 따로 검토할 것이다.

지금까지는 크게 부각되지 않았지만 모르긴 해도 머지않아 이 간신 부류도 바로 등장할 것이다. 아니, 실제로 등장했다. 다름 아닌 '경간(警奸)'이다. '검간'에 눌려 기를 펴지 못했지만 때가 되면 얼마든지 간신 부류에 합류한다.

다음으로 '군간(軍奸)'이 있다. 군 고위직 출신으로 권력을 찬탈하거나 권력에 빌붙어 권세를 누리는 간신들이다. 문민정부 이후 그 기세가 많이 꺾이긴 했지만 언제든지 발호할 수 있는 막강한 조직을 가진 자들이다. 당연히 '정간'과 결탁되어 있다. '군간'은 자신의 가장 중요하고 신성한 책무인 나라와 국민의 안위는 나 몰라라 하는 것은 물론, 일신의 영달을 위해 권력에 아부하고 외세에 꼬리도 친다.

경제 방면에 종사하는 간신 부류로 과거 '간상'이라 불렀던 '상간(商奸)'이 있다. 역시 '정간'과 결탁되어 이른바 '정경유착(政經癒着)'이라는 폐단을 끊임없이 만들어내고 있다. '상간'은 경제력이라는 가장 강력한 힘을 바탕으로 여러 부류의 간신들을 통제하는 것은 물론 나라까지 뒤흔들 정도로 엄중한 간행을 저지르고 있다. 특히 '상간'은 어떤 간신 부류도 가리지 않고 필요하다면 언제든지 얼마든지 결탁한다. 자신의 탐욕만 채울 수 있다면 악마와도 거래할 수 있는 부류다.

다음으로 '**교간**(敎奸)'이 있다. 최근 들어 부쩍 기세를 올리고 있는 종교계의 간신들을 말한다. 여기에는 미신, 무속과 같은 유사종교의 간신들도 당연히 포함된다. 이들은 종교를 앞세워 혹세무민(惑世誣民)은 기본이고 그 밖에도 온갖 해악을 끼치고 있을 뿐만 아니라 '정간'을 비롯한 여러 부류의 간신들과도 긴밀한 관계를 유지하며 그 세를 끊임없이 확장하고 있다. 특히 무지몽매한 '간민(奸民)'들을 동원하여 사회질서를 어지럽히고 나아가 나라의 기강까지 흔들어 댄다. 이들의 우두머리들의 행태를 보면 윤리·도덕적 타락은 기본이고, 인간으로서 갖추어야 할 최소한의 상식과 기본조차 무시하는 경우가 많다. 사회기풍의 타락에 엄청난 악영향을 끼치고 있다.

끝으로 '**민간**(民奸)'이 있다. 주로 권력과 부를 가지고 있거나 그런 부류와 결탁되어 있는 특정 지역 소수의 기득권층이 이에 해당한다. 그러나 이들과 전혀 다른 계층으로 지역주의에 매몰되어 있거나 '정간'이나 '교간'의 선동에 무조건 복종하며 이들의 앞잡이 노릇을 하고 있는 ○○○ 부대로 상징되는 일부도 이 '민간'을 이루고 있다. 집단 지성과 대척점에 있는 부류들로 '**집단 반지성**', '**반지성 간신 집단**'이라 부를 수 있다. 한 가지 더 언급할 '민간' 부류로 현대사회에 등장한 유튜브 같은 소셜미디어(social media)를 이용하여 온갖 패악질을 저지르는 간신 부류들이 있다. 특히 이자들은 '정간'을 비롯한 모든 부류의 간신들과 결탁되어 인간으로서 차마 저지를 수 없는 만행조차 서슴지 않고 있어 새로운 부류의 '간신'으로 따로 분류하여 심각하게 분석하고 그 방비책을 마련해야 할 것이다.

여기서 특별히 언급하지 않을 수 없는 최신 간신 부류의 하나가 있다. 바로 인터넷시대를 맞이하여 등장한 '포털(portal)과 SNS 간신'이다. 인터넷 접속하기 위해서 반드시 거쳐야 관문이자 입구란 뜻을 가진 포털의 영향력은 그 어떤 영역보다 막강하다. 그런데 우리의 유력한 포털들은 대부분 정간과 언간을 위시하여 거의 모든 간신 부류와 결탁되어 있는, 그야말로 **신기술시대의 최신 간신 부류**라 할 것이다. 이들은 뉴스와 정보 및 지식을 독점적으로 제공하는 포털을 악용하고, 이를 기술적으로 조작하여 여론과 민심을 호도하고 있다. 이들을 통제하는 법적 제도적 장치를 하루빨리 마련하는 것은 물론 집단지성의 힘으로 이들이 지식과 정보 및 뉴스를 왜곡하는 일을 막아야 한다.

포털과 마찬가지로 SNS(Social Networking Service)의 영향력이 커지면서 이를 통한 온갖 간행을 저지르는 신종 간신 부류들에 대해서도 주의하지 않을 수 없다. SNS의 유형과 방식이 끊임없이 발전하고 있는 상황을 미루어 앞으로 이를 통한 간신들의 간행은 더욱더 극성을 부릴 것으로 예상한다. 유튜브를 보면 이런 예상이 이미 현실이 되었음을 실감한다.

간신이 하나의 특수한 보편적 역사현상임을 21세기 위대한(?) 대한민국의 국민들이 여실히 입증했다. 간신들의 책동에 넘어가 집단 반지성의 대열에 합류하여 **'집단 반지성 간신'**이라는 희대의 새로운 간신 유형을 탄생시킨 놀라운 나라다. 이래서 간신 부류들 중에서도 머리를 치지 않으면 안 된다는 사실을 뼈저리게 실감했다. '정간', '검간', '법간'이 그 머리들이며 여기에 '언간', '학간', '교간', '군간'이 몸통으로 이들을 떠받치고 '상간', '관간', 특정 지역의 집단 반지성 '민간' 부류가 꼬리를 흔드는 형국이다.

새로운 유형의 간신 집단으로서 '민간'은 과거 '간민'으로 불리던 존재와 유사하다. 그러나 집단끼리 암묵적으로 서로 상당히 긴밀하게 연계되어 있으며, 철두철미 자신들의 이익과 기득권을 지키기는 데만 몰두하기 때문에 과거의 '간민'보다 훨씬 조직적이고 사악한다는 점에서 존재 자체의 심각성이 있다. 또 이 현대판 '민간' 부류에는 기득권층이 전혀 아니면서도 그곳에 편입되고자 기를 쓰는 자들, 기득권이 자신들에게 무엇인가를 나눠 줄 것이라고 착각하고 있는 자들, 기득권의 논리에 철저히 길들여 있는 자들, 지역주의와 지역이기주의, 지역 기득권을 악용하여 지역에서 이른바 지역 유지로서 나름 행세하고 있는 자들을 포함하는 상당한 수의 결코 무시 못 할 부류라는 점에서 주의를 요한다.

한 가지 더 내부의 간신, 즉 '내간(內奸)'도 빼놓을 수 없는 간신 부류라 할 것이다. 이들은 간신에 포섭되거나 간신의 길이라는 유혹에 빠지는 자들이다. 따라서 언제든 얼굴을 바꿀 수 있는 자들이다. 요즘 유행하는 말로 겉은 퍼런데 속은 뻘건 자들을 가리킨다고 보면 되겠다. 더욱이 이 내간들 중에는 적이 심어 놓은 간첩, 즉 '내간(內間)'과 같은 자들까지 있다. 이 부류는 자기편 진영을 엉망으로 만들어 버린다는 점에서 결코 무시할 수 없는 척결의 대상이라는 점도 잊지 않아야 한다. 같은 편이라고 봐주고 넘어가서는 절대 안 된다. 이자들은 언제든 어떤 부류가 되었건 바로 간신으로 변신하는 자들이기 때문이다. 이쪽 진영에서 온갖 단물 다 빨다가 어느 날 저쪽 진영으로 넘어간 자들이 어디 한둘인가? 너무 생생하게 목격하고 있지 않은가? 이자들은 간신에 달라붙은 새끼 간신들이지만 다른 곳도 아닌 뿌리를 좀먹는다는 점에서 그 해악은 정말 심각하다.

무엇보다 반대 진영과 결탁되어 파이프라인 역할을 하는 '내간'의 존재에 주의하지 않으면 안 된다. 이자들은 간신 부류들이 쳐놓은 네트워크, 이른바 '간망(奸網, traitor's network)'에 걸려 스스로 '내간'의 역할을 자처하기도 하고, 자신도 모르는 사이에 '간망'에 걸려 어쩔 수 없이 '내간' 역할을 하는 두 부류로 나눠진다. 따라서 단호히 제거해야 할 '내간'과 설득과 교화로 스스로 깨닫고 귀순시킬 수 있는 '내간'을 잘 살펴야 한다.

또 하나 최근 급부상한 신종 간신 부류로 '여간(女奸)'을 들지 않을 수 없다. 비록 표에는 빠져 있지만 자칫 방심하여 방치할 경우 우리 사회를 크게 어지럽힐 수 있는 존재들로서 주의해야 한다. 이들의 특징은 페미니즘을 어설프게, 그러나 악의적으로 이용하여 남녀 사이를 갈라놓고 사회적으로 갈등을 부추기는 데 있다. 이 '여간'은 진영을 가리지 않는다는 점에서 기존의 간신 부류들과 뚜렷한 차이점을 보인다. 그리고 이들의 뒤에 숨어 간행을 부추기는 노회한 '여간'들과 '정간'들의 음흉함도 간과해서는 안 된다.

이 밖에 물러날 때를 모르고 이른바 원로라는 이름으로 여기저기를 기웃거리거나 교묘하고 해괴한 논리로 국민을 현혹시키는 추하고 노회한 '노간(老奸)', 이 정당 저 정당을 오가는 이른바 철새처럼 떠도는 '유간(流奸)'도 그 수와 영향력은 상대적으로 약하지만 기타 간신 부류로 분류해 볼 수 있겠다.

그런데 이렇게 실로 다양한 간신 부류들은 칼로 두부 자르듯이 딱딱 잘라서 구분하기가 매우 어렵다. 겹치는 경우가 많기 때문이다. 이를테면 법간의 경우 검간과 판간 노릇을 하다가 변간으로 변신하는 일이 대부분이다. 군간이나 경간도 옷을 벗고 나오면 다른 유형의 간신으로 탈바꿈한다. '학간'으로 출발하여 '언간'이 되고, 다시 '정간'이 되거나 그 반대 과정을 밟는 간신들도 많다. 또 **한 유형에 다른 간신 유형이 복수로 겹치거나 아예 여러 간신 유형을 한 몸에 다 장착한 간신들도 다수다.** 이런 간신을 싸잡아 '**잡간(雜奸)**'이라 부르기로 한다. 범법자 중에서도 가장 하잘것없고 지저분한 '잡범(雜犯)'을 염두에 둔 이름이다. 이런 '잡간'들이 넘쳐나고 있는 현실이다.

역사적으로 현대판 간신 부류들이 해방 이후 기득권으로 득세하며 우리 사회에 온갖 나쁜 영향을 여전히 미치고 있는 그 근원적인 이유는 다름 아닌 청산하지 못한 식민 잔재 때문이다. 이 때문에 친일파들이 해방 이후에도 여전히 득세하며 기득권으로 단단히 뿌리를 내렸다. 이런 점에서 우리 사회의 모든 간신 부류들은 '친일간(親日奸)'이라 할 수 있다. 또 일본에 이어 미국의 영향력이 커지면서 이들은 잽싸게 친미로 돌아섰기 때문에 '친미간(親美奸)'이라 불러도 무방하다(사실 글자 뜻을 놓고 보면 '친일'이니 '친미'보다 추종한다는 뜻의 '종일從日', '종미從美' 또는 바짝 달라붙어 부역한다는 뜻의 '부일附日', '부미附美'가 더 어울린다. 일단 지금까지 우리가 써온 '친일'이라 '친미'라는 용어에는 단순히 일본과 미국에 가깝다는 뜻 외에 철저히 추종한다는 뜻까지 포함한다는 사실은 알고 넘어가자. 역사적으로 다른 나라에 달라붙어 부귀영화를 누리고 결국은 나라까지 팔아넘긴 매국간賣國奸들이 적지 않았다).

간신현상이 하나의 역사현상이자 그 피해가 그 당시에만 머무르지 않고 대대로 물려진다는 사실을 무엇보다 우리 사회, 특히 현대판 간신 부류들의 발호에서 생생하게 확인할 수 있다. 실로 침통한 현실이 아닐 수 없다. 현대판 간신들은 어떤 면에서는 왕조 체제나 계급사회 때보다 그 해악이 더 심각하다. 의식적으로든 무의식적으로든 기득권을 바탕으로 절로 결탁하고 있는 형국이라 그 고리를 끊기가 더 어렵다. 게다가 여기에 세뇌당한 생각 없는 집단 반지성과 '유튜브' 'SNS 간신', 그리고 '포털 간신'까지 가세한 상황이기 때문이다.

이런 현대판 신종 간신 부류의 심각성은 저들끼리의 '동종교배'에서 더 뚜렷하게 나타나고 있다. 부와 권력을 자신뿐만 아니라 대를 물려 영원히 누리기 위해 끼리끼리 혼인관계를 맺어 어마어마한 카르텔을 형성하고 있다. 동종교배의 문제점은 따로 지적할 필요가 없겠지만, **간신 부류들끼리의 동종교배는 이 사회를 실질적인 계급사회, 소수만 누리는 특권사회로 만든다는 점에서 실로 엄청난 심각성을** 가진다. 더욱이 간신 부류들의 친인척들은 자신들의 권세만 믿고 온갖 탈법과 불법 및 부도덕한 행위를 저지르며 사회적으로 큰 문제를 일으키고 있다. 이런 점에서 간신의 친인척들은 '가족 간신'이란 뜻의 **'족간(族奸)'**으로 부를 수 있겠다. 이들은 이후 부와 권력을 대물림하여 2세 간신, 3세… 대대로 간신이 된다는 점에서 결코 그냥 지나쳐서는 안 된다. **더 큰 문제는 간신의 2세, 3세는 철저히 삐뚤어진 기득권과 특권의식 및 그릇된 가정환경과 교육 때문에 그 의식을 바로잡기**

가 거의 불가능하다는 사
실이다. 간신현상에 대
한 확실한 청산 외에는
해답이 없다는 점을 또
한 번 강조해둔다.

이상의 간신 부류들
은 대부분 권력 아니면
부, 대부분 이 둘을 다

간신이란 역사현상을 다루고 있는 중국의 출판물들.

가지고 간행을 저지르고 있기 때문에 한데 뭉뚱그려 '권간(權奸)'이라
부를 수 있겠다. '권력을 농단하며 악행을 저지르는 간신'이란 뜻으
로 송나라 때 이미 그 용어가 나타났고, 명나라 때 소설을 비롯하
여 여러 글에 집중적으로 등장하고 있다. 모든 부류의 간신이 예외
없이 권력을 탐하기 때문에 '권간'은 간신의 가장 중요한 공통점이
라 할 수 있다.

'**권간'은 모든 간신 부류의 총합**이나 마찬가지다. 따라서 '권간'과 관
련하여 우리는 이 책에서 '권간'을 모든 신종 간신 부류들이 추종하
는 간신 부류의 정점에 있는 우두머리이자 꼭두각시라 할 수 있는
최고 권력자, 우리의 경우는 대통령과 그 자리를 가리키는 별도의
이름으로 쓰고자 한다. 이상 현대판 신종 간신 부류들의 특성을 하
나의 표로 정리해 보았다('노간'과 '여간'은 제외했다).

간신 부류	특성	비고
권간(權奸)	신종 간신 부류의 정점에 있는 최고 권력자를 가리키는 용어로 봉건 왕조 체제의 '간군(奸君)'에 해당한다. 모든 간신 부류들이 떠받드는 존재로서 막강한 권력을 행사한다. 자신의 권한에 드는 자리, 즉 인사권을 가지고 같은 패거리들을 끌어모아 간신 집단, 즉 카르텔을 형성한다. 간신의 정점으로 온갖 부류의 간신들이 이 자에 달라붙어 단물을 빤다. 그 단물은 곧 국민의 피와 땀이다. 때문에 이 해악은 모든 간신 부류가 끼치는 해악의 총합이다. 이 신종 '권간'의 출현에는 '포털 간신'을 포함한 '언간'의 역할이 대단히 컸다는 점에서 과거 '간군'과는 성질이 많이 다르다는 점도 알아야 한다.	모든 간신 부류는 '권간'을 만들기 위해 결탁한다. '권간'에게서 파생되는 부와 권력이 엄청나기 때문이다. 그러나 '권간'의 위세가 떨어지면, 즉 국민의 지지도가 떨어지거나 도저히 묵과할 수 없는 악행이 터지면 바로 공격하여 끌어내린다. 이런 점에서 '권간'은 모든 간신 부류의 꼭두각시이기도 하다.
정간(政間)	관료(관간), 검찰(검간), 법관(법간), 언론(언간), 학자(학간), 군인(군간), 경찰(경간), 종교인(교간), 상인(상간), 민간 등 거의 모든 직업 출신의 간신들이 모여 있는 최대 규모의 간신 부류로 그 해악도 당연히 가장 크고 심각하다.	권력에 대한 집착과 탐욕이 유달리 강한 부류다. 모든 부류의 간신들과 긴밀히 결탁되어 있어 청산대상 1순위다.
관간(官奸)	관료판. 공직에 있는 간신들로 권력을 가진 정간의 눈치를 보며 간에 붙었다 쓸개에 붙었다를 무한반복한다. 고위직 관간들은 호시탐탐 정간으로의 신분 상승을 꿈꾸며 이들과 끈끈한 관계를 유지하는데 열을 올린다.	나라 살림을 비롯하여 국민 생활에 직접 영향을 미치는 존재들로서 그 폐해는 정간 못지않다.
검간(檢奸)	공직자이면서도 특수하고 특별한 특권에 찌든 가장 악질의 간신 부류다. 고시라는 봉건잔재의 시험을 통과하면 이후 다른 어떤 시험이나 심사를 거치지 않고 수사권과 기소권이라는 특권적 권력을 거의 반영구적으로 누리며 국가 기강을 흔들고 선량한 국민을 괴롭힌다. 권력과 금전에 유달리 집착한다. 전관들과 떼려야 뗄 수 없는 관계를 유지하며 권력과 부를 거의 세습적으로 누린다.	패거리 문화가 가장 확고한 조직적 간신 부류들로 거의 모든 간신부류와 연계되어 있다. 청산대상 1순위다. 법간, 변간, 정간, 관간, 상간과 혼인관계를 맺어 부와 권력을 세습하려 기를 쓴다.
판간(判奸)	검간과 같은 경로를 거친 부류로 검간 만큼은 아니지만 재판과 판결이라는 '무소불위'의 권력을 사적 이익을 위해 서슴없이 휘두르는 존재들이다. 검간과 마찬가지로 전관들과 밀착되어 각종 특권과 이권을 누린다. 역사적으로 검간과 함께 '혹리'와 닿아 있다.	검간과 함께 청산해야 할 대상으로 부쩍 지목되고 있다. 검간과 법간은 공직에서 물러나면 거의 즉시 변간으로 변신한다.

변간(辯奸)	검간, 판간과 같은 뿌리에 기생 또는 공생하는 '법간'의 일종이다. 대개 검간이나 판간 노릇을 하다 나와서 변간으로 변신한다. 여러 연줄로 끈끈하게 이어져 있어 그 폐해가 만만치 않다.	검간과 판간이 청산되면 자연스럽게 청산될 수 있는 부류다.
군간(軍奸)	쿠데타로 권력을 탈취한 바 있고, 이후 정간을 비롯한 여러 부류의 간신과 결탁하여 권력과 부를 탐한다. 나라를 지킨다는 국방의 명분을 앞세워 온갖 패악질을 서슴지 않는다. 대부분이 일방적 친미 친일 성향을 보인다.	엄격한 계급체계의 상명하복을 이용하여 부하를 괴롭히고 사리사욕을 채우고, 퇴역한 뒤에도 다양한 간행으로 사회를 어지럽힌다.
경간(警奸)	경간의 뿌리 역시 검간이나 법간과 같은 봉건시대 혹리나 탐관오리에 닿아 있다. 일제 강점기에는 친일 행각을, 해방 이후에는 독재자들에게 충성하는 간행을 끊임없이 이어왔다. 이후 검간과 법간의 득세에 눌려 주목을 덜 받았지만 언제든지 그 본색을 드러낼 가능성이 다분한 간신 부류가 아닐 수 없다.	전국적 조직과 어떤 부류의 간신보다 많은 수를 거느리고 있기 때문에 자칫 견제를 소홀히 하면 검간 못지않은 해악을 초래할 수 있다.
학간(學奸)	실력이 아닌 외화내빈(外華內貧)의 학력을 앞세워 곡학아세(曲學阿世)를 일삼는 지식인 부류의 간신으로 주로 대학에 포진하고 있다. 호시탐탐 정치권력과 부를 노리며 주로 언간들과 결탁하여 이름을 팔아 명성을 얻는 부류다.	대학을 운영하는 자들의 타락과 비리는 젊은 세대의 미래를 생각할 때 대단히 심각한 문제가 아닐 수 없다.
언간(言奸)	신종 간신 부류로 그 해악이 사회 전체에 미치고 있다. 온갖 방법과 수단으로 민심과 여론을 호도하고 조작하고, 그것으로 정간·검간 등 권력에 가장 가까운 간신 부류에 꼬리쳐서 자리와 금전을 얻는 자들이다. 중앙과 지방을 막론하고 나라 전체에 퍼져 있기 때문에 박멸하기가 아주 어렵고 힘든 간신 부류다.	이 부류는 철저히 돈과 연계되어 있다. 또 몇몇 유력 매체는 친일 행각과 독재 권력에 아부하여 성장한, 역사적으로 청산되어야 할 대상이기도 하다.
교간(敎奸)	친일 친미 행각과 독재 정권에 달라붙어 성장한 종교계의 간신 부류를 말한다. 종교를 빙자하여 돈과 권력을 탐할 뿐만 아니라 윤리·도덕적으로 타락할 대로 타락하여 사회적으로 크고 심각한 물의를 빚고 있다. 권력지향적인 교간들은 순진한 신도들을 동원하여 존재감을 드러내길 서슴지 않는다. 신도들을 자기 수족처럼 부리기 위해 온갖 감언이설로 세뇌시키길 꺼려 하지 않는다.	부와 권력을 세습하기 위해 온갖 편법을 동원한다. 종교의 가르침과 실천에는 안중에도 없는 지독한 간신 부류다. 최근에는 사이비종교와 미신, 무속을 앞세운 교간들까지 설치고 있다.

상간(商奸)	고대의 '간상'으로 불리운 부류로 돈과 경영권을 대물림하기 위해 온갖 불법과 편법을 동원한다. 노조탄압은 물론 노동자를 도구처럼 여기며 착취한다.	돈과 경영권을 대물림을 위해 주로 정간을 비롯하여 검간이나 법간들과 결탁하여 불법을 덮는다.
족간(族奸)	간신 부류의 친인척들로 그들이 누리고 있는 부와 권력을 이용하여 불법, 탈법은 물론 사회적으로 온갖 부도덕한 물의를 일으키는 부류들이다.	간신의 대물림이라는 면에서 허투루 보아 넘겨서는 절대 안 된다. 철저히 감시해야 한다.
민간(民奸)	특정 지역의 기득권 부류, 지역주의 매몰된 일부 지역의 사람들, 정간이나 교간 등에 세뇌되어 맹목적으로 이들을 추종하는 우민들로 이루어진 간신 부류다. 끼리 연대는 잘하지 않지만 선거 등 특정 사안에서는 철저히 집결한다. 그 수가 상당하기 때문에 이들에 대한 방비와 함께 바른길로 계도(啓導)할 필요도 있다.	SNS 시대에 편승하여 유튜브 등을 이용하여 부와 권력을 탐하고, 이를 위해 온갖 패악질을 일삼고 있는 신종 민간 부류에 주목해야 할 필요가 있다.
내간(內奸)	같은 진영 내부에 존재하면서 내부를 좀 먹는 간신 부류로 그 진영뿐만 아니라 그 진영을 지지하는 많은 사람들에게 심리적으로 크게 악영향을 끼치고 심지어 권력교체를 가로막는다. 상대 진영을 이롭게 하는 것은 물론이다.	위장술에 능한 자들도 있고, 자신도 모르게 자기 진영을 파괴하는 자들도 상당수 퍼져 있다. 자체개혁을 통해 처절하게 청산해야 한다.
포털 SNS 간신	인터넷 시대라는 신기술 시대에 등장한 전례 없는 최신 간신 부류로, 엄청난 지식과 정보, 그리고 뉴스 검색이라는 막강한 영향력을 바탕으로 언간을 비롯하여 거의 모든 부류의 간신들과 결탁하여 그 영향력을 확대하고 있다. 미래에 그 어떤 간신 부류보다 엄청난 악영향을 미칠 가능성이 다분한 부류로 대책이 시급하다.	단순한 지식검색을 넘어 정보와 뉴스를 기술적으로 조작하고, 나아가 상간들과 결탁하여 온라인 매매 공간까지 거의 독점한 실로 막강한 최신 간신 부류다.
잡간(雜奸)	변간이 검간·판간·변간을 두루 거치듯이, 학간이 언간을 거쳐 정간으로 변신하듯이 두 가지 유형 이상의 간신 경력을 갖고 있거나 한 몸에 장착하고 있는 간신 유형으로 아마 가장 많은 수를 차지하고 있을 것이다.	법적 제도적 장치를 통해 이들의 겸직이나 이직을 금하거나 제한해야 할 필요가 있다.

간행(奸行)을 이루기 위한
수법(手法)으로 본
간신의 특성과 공통점

앞서 간신에 대해 보다 진전된 정의를 내리면서 역대 간신들의 공통된 주요 특징을 '사탐일무(四貪一無)'로 요약한 바 있다. 한 번 더 언급하자면 간신은 탐욕(貪慾)이라는 본성을 바탕으로 권력을 탐하는 탐권(貪權), 자리를 탐하는 탐위(貪位), 재물을 탐하는 탐재(貪財), 여색을 탐하는 탐색(貪色)의 네 가지 탐욕, 즉 '사탐'과 부끄러움을 모르거나 부끄러움 자체가 아예 없는 '무치'를 기본 특징으로 하는 자다('탐명貪名'도 있지만 그 정도는 사탐에 비하면 크게 떨어지기 때문에 제외했다. 그러나 간신의 많은 특징의 하나로 꼽기에는 손색이 없다).

간신의 역사를 종합해 보면, 간신은 이 네 가지 공통된 큰 특징을 바탕으로 삼고 세부적으로 이제 열거하게 될 상당히 많은 주요한 특징 내지 특성을 보여주고 있다. 이 특징들은 거의 대부분 간행을 달성하기 위한 수단과 방법, 즉 수법이자 거의 모든 간신들에게서 공통적으로 나타나는 공통점들이기도 하다. 그리고 꼭 기억해두어야 할 점은 **간신의 이 모든 특징, 특성, 공통점, 수법은 모두 촘촘하게 서로 연계**되어 있다는 사실이다. 특정한 한두 가지로 간신을 개괄할 수 없음을 따로 지적해둔다.

그에 앞서 역사상 간행을 이루기 위한 간신의 수법을 처음으로 상당히 구체적으로 지적해낸 한비자(韓非子, 기원전 약 280~기원전 233)를 소개한다. 이는 법가사상을 집대성한 그의 저서 《한비자(韓非子)》에 '팔간(八姦)'이란 이름으로 비교적 상세히 소개되어 있는데, 관련 내용에 대해서는 뒤에서 다시 살펴보도록 하고 여기서는 '팔간'으로 제시된 여덟 항목과 그 요점만 간략하게 소개한다.

1. '**동상**(同牀)'이다. 침상을 같이한다는 뜻이다. 간신이 군주에게 총애를 받고 있는 미녀에게 뇌물 따위를 주어 군주를 홀리는 수법이다.

2. '**재방**(在傍)'이다. 곁에 있다는 뜻이다. 군주 곁에 있는 자들에게 뇌물 따위를 주어 정보를 얻어내거나 자신의 잘못을 감추게 하는 수법이다.

3. '**부형**(父兄)'으로 군주가 아끼는 왕실의 공자들에게 여자를 바치는 등의 수법으로 승진한다.

4. '**양앙**(養殃)'으로 재앙을 기른다는 뜻이다. 군주의 향락을 부추겨 군주의 사리판단을 흐려 놓고, 자신의 욕심과 사사로운 이득을 채우는 수법이다.

5. '**민맹**(民萌)'이다. 민맹이란 백성이란 뜻인데, 어리석은 백성들에게 돈을 풀거나 하는 수법으로 명성을 사서 사사로운 목적을 달성한다.

6. '**유행**(流行)'이다. 유행이란 세상에 떠도는 말을 가리키는데, 바깥 세상의 정보에 어두운 군주에게 교묘한 말로 군주의 심기를 어지럽히는 수법이다.

7. '**위강**(威强)'이다. 위강이란 위세가 강하다는 뜻이다. 간신들의 권세가 군주보다 강하면 자신을 따르는 자에게는 이익이 따르며, 그렇지 않은 자는 죽임을 당한다는 것을 증명해 보임으로써 다른 신하와 백성들을 공포에 떨게 하고, 죄악을 저지른다.

8. '**사방**(四方)'이다. 사방이란 주위 이웃 국가의 세력을 이용하는 수법이다. 심하면 다른 나라의 군대까지 들여와 군주를 위협하고 백성들을 억압한다.

이상이 한비자가 말하는 간신들의 여덟 가지 주요 수법인 '팔간' 이다. 앞으로 살펴볼 간신의 수법과 이름만 특별할 뿐이지 본질이 란 면에서는 하등 다를 바가 없다. 간신과 관련한 역대 기록들을 검토할 때 다시 이야기하기로 한다.

이제 **간신들의 특성과 공통점을 '외재적 특성과 공통점', '내재적 특성과 공통점'으로 나누어 살펴보겠다.** 외재적 특성과 공통점은 간행을 이루 기 위해 겉으로 드러나는 것들이고, 내재적 특성과 공통점은 내면 에 잠재되어 있거나 감추고 있다가 간행을 통해 드러나는 것을 말 한다. 외재적 특성과 공통점은 대부분 간행을 위한 수단(手段)과 방 법(方法), 즉 수법(手法)으로 연결된다.

외재적 특성과 공통점
– 간행을 위한 수법의 기초

1. **'사기(詐欺)'와 '기만(欺瞞)'**이다. 사기와 기만이란 단어의 글자 뜻 은 모두 **'속인다'**는 것이다. 모든 간신이 자신의 간행, 즉 간신 행각 을 성취하기 위한 가장 중요하고 핵심적인 방법이자 수단으로 **'속임 수'**를 쓴다. 간행이 결코 떳떳한 짓이 아니기 때문에 간신은 속이고 숨겨야 한다. 그리고 **간신은 속이기 위한 온갖 수단과 방법을 다시 강구** 한다. 다시 말해 속임수 아래로 속임을 달성하기 위한 숱한 방법과 수단이 따른다.

간신의 사기와 기만은 대상을 가리지 않는다. 필요하면 누구든 속인다. 권력자를 속이는 것은 물론 여론 조작 등을 위해 일반 백성들도 속인다. 또 간신은 이 속임수를 감추기 위해 갖은 방법과 수단을 동원하여 감춘다. 따라서 간신의 사기와 기만은 은밀한 음모(陰謀)가 될 수밖에 없다. 동시에 갖은 가상과 허상을 날조하여 사람들의 눈과 귀를 가린다. **간신의 간행을 간파하려면 이 속임수를 제대로 폭로**할 수 있어야 한다. 그들의 **언행(言行)을 유심히 살피고 철저히 분석해야** 하는 일이 필요하다. 간신의 사기와 기만 사례는 너무 많아 일일이 소개하기 벅찰 정도로 많다. 이 부분은 간신의 수단과 방법을 분석하면서, 또 간신이 구사하는 간사모략을 소개하면서 많이 제시될 것이다.

2. **'전도(顚倒)'와 '혼효(混淆)'**다. 우리말로 풀이하자면 **'뒤바꾸기'와 '뒤섞기'**다. 간신은 자신의 목적을 위해서라면 사실에는 관심이 없다. 흑과 백을 뒤바꾸듯이 서슴없이 사실을 거짓으로 뒤바꾸는 것은 물론 거짓도 사실로 뒤바꾼다. 또 옳은 것을 아닌 것으로, 아닌 것을 옳은 것으로 뒤섞으며, 가짜와 진짜를 뒤섞어 사람들의 눈과 귀를 가린다.

진리와 사실 앞에서는 기만과 음모가 존립할 수 없기 때문에 간신은 사기와 기만, 그리고 음모로 사실과 진상을 왜곡하거나 객관적 사실을 전혀 도외시하고 흑백을 바꾸고 시비를 마구 뒤섞는다. 유명한 '지록위마(指鹿爲馬)'는 이 특징을 잘 보여주는 간사모략으로 전한다.

3. '날조(捏造)', '조작(造作)', 그리고 '모함(謀陷)'이다. 간신은 가짜를 진짜로 진짜를 가짜로 뒤섞고, 흑백을 뒤바꿀 뿐만 아니라 없는 것도 만들어낸다. 이를 날조 또는 조작이라 한다. 36계의 한 계책인 '무에서 유를 만들어낸다'는 '**무중생유(無中生有)**'는 날조의 특징을 잘 나타내는 또 다른 간사모략이다.

간신은 없는 것도 만들어낸다. 거간이자 매국간이었던 진회는 이 방면에서 타의추종을 불허한다. 그가 고안해낸 '막수유'란 죄목은 그 뒤 많은 간신들에 의해 모방 내지 답습되어 충직한 사람들을 숱하게 해쳤다.

날조와 조작은 결국 모함을 위한 수단이기도 하다. 간신배들의 짓거리는 같은 시대를 살고 있는 충직한 사람들과 부딪칠 수밖에 없다. 그래서 간신은 정적을 제거하기 위해 정직하고 유능한 인재를 해쳐야 한다. 이런 사람들에게는 죄가 없기 때문에 간신은 온갖 기발하고 놀라운 방법과 수단으로 사실을 날조하고 죄목을 짜낸 다음 이들을 모함하여 해친다. **날조와 조작, 그리고 모함은 간신들이 늘 반복적으로 벌이는 자작극**이다. 송나라 때의 거간(巨奸)이자 매국간(賣國奸)이었던 진회(秦檜)가 애국 명장 악비(岳飛)를 해칠 때 조작해낸 '혹 있을 지도 모른다'는 '**막수유(莫須有)**'란 죄목은 이의 좋은 사례다.

4. '**은닉(隱匿)**', 즉 '**감추기**'다. 자신의 나쁜 의도가 드러나지 않게 하려면 감추어야 하고 꾸며야 한다. 이것이 은닉이다. 거듭 강조하지만 모든 간신의 언행은 속임수라는 기초 위에 세워져 있다. 모든

것을 '가짜'와 '거짓'에 의존해야 한다. 사람들의 믿음을 얻는 것도 가짜 인자함과 거짓 의리에 의존해야 하고, 남을 해칠 때도 거짓 진술과 가짜 증거에 의존해야 한다. 사람과 사물을 대할 때도 거짓된 마음과 가짜 의도에 따른다. 진짜를 감추어야 하고, 가짜로 진짜를 어지럽혀야 한다. 선한 얼굴로 위장해야 잔인하고 음흉한 진면목을 감출 수 있다. 이들의 웃는 얼굴에는 비수가 감추어져 있다. 이것이 바로 당나라 때의 대간 이의부(李義府)를 대변하는 '**소리장도(笑裏藏刀)**'다. 또 이것이 당나라 때의 대간 이임보(李林甫)를 대변하는 '달콤한 말만 내뱉는 간신의 뱃속에는 검이 감추어져 있다'는 '**구밀복검(口蜜腹劍)**'이다.

5. '**위장(僞裝)**', 즉 '**거짓으로 꾸미기**'이다. 간신이 속이려는 주요 대상은 우선 권력자, 특히 최고 권력자이다. 따라서 권력자 앞에서는 거짓으로 꾸며서 고분고분하게 군다. 심지어 노예처럼 벌벌 기는 행동도 마다하지 않는다. '겉으로는 추켜세우고 받들면서 속으로는 어기는' '**양봉음위(陽奉陰違)**'는 기본이다. 이렇게 해서 권력자의 신임과 총애를 얻으면 권력자의 위세를 빌려 다른 사람들을 억압하고 언로를 차단하여 자기 멋대로 설친다. 이것이 '**호가호위(狐假虎威)**'다. 간신은 겉과 속이 다른 두 얼굴은 물론 '두 얼굴에 세 자루의 칼'을 숨기는 '**양면삼도(兩面三刀)**'의 수법으로 자신을 감추고 그 운명을 직접 장악하는 자들이다. 그들은 이를 위해 겉으로는 고분고분 굽실굽실 꾸미면서 헤아릴 수 없는 속을 감춘다.

6. '아부(阿附)'와 '유혹(誘惑)'이다. '알랑거림' 또는 '꼬리치기'와 '꼬드기기'다. 아부는 아첨(阿諂), 아유(阿諛)라고도 한다. 아부와 유혹, 이 둘은 뗄 수 없는 관계다. 권력자의 환심과 믿음을 사려면 아부해야 하고, 권력자로부터 권세를 얻어내려면 유혹하여 딴짓을 하게 만들어야 하기 때문이다. 나쁜 짓을 하려는 모든 간사한 자들은 먼저 권세가 필요하다. 벼슬을 훔치고 권력을 얻는 일은 그들의 간행을 위한 전제다. 간신은 무엇보다 먼저 그들에게 권위를 줄 수 있는 권력자의 지지를 얻어내야 한다. 이를 위해 간신은 있는 머리 없는 머리를 쥐어짜서 권력자에게 꼬리치고 알랑거리며, 온갖 방법으로 권력자를 꼬드긴다. 권력자가 일단 그들의 꼬드김에 넘어가면 다음은 권력자를 딴짓, 즉 포악하고 나쁜 짓으로 이끌고 사치방탕과 음탕한 생활에 빠지게 만든다. 권력자는 시비판단의 능력을 잃는다. 그사이 간신은 득세하여 심지어 권력자까지 통제하여 권력자의 위세를 이용하여 온갖 간행을 일삼는다. 그들이 권력자의 비위를 맞추는 아부는 심지어 자식까지 삶아 갖다 바치고, 자신의 아내와 딸을 첩으로 보내며, 권력자의 똥까지 맛을 보는 등 그 끝 간 데를 모를 정도다. 이 때문에 자신의 몸을 망친 것은 물론 나라까지 망한 사례가 결코 적지 않다.

7. '결당(結黨)', 즉 '패거리 짓기'다. 간신의 간행은 모두 도리에 어긋나고 민심을 얻지 못하는 것들이다. 당연히 충직한 사람의 지지를 얻을 수 없다. 그들은 자신들의 더러운 짓거리를 지지하고 함께할 패거리를 필요로 한다. 공동의 이익과 필요성 때문에 냄새나는 자

들이 한데 뭉쳐 패거리를 짓는다. 크게는 당파를 만든다. 이들은 자기들끼리 몰래 서로 정보를 주고받으며 안팎으로 호응하여 '**동당벌이**(同黨伐異)', 즉 '뜻을 같이하는 자들을 모아 자신들과 뜻이 다른 사람들을 공격하고', 권력의 중요한 부분을 차지하여 간행을 실현한다. **패거리를 짓고 당파를 만들어 간행을 일삼는 일은 그들이 반드시 거치는 길이 되었다.** 또 자신들과 다른 사람들을 배척하고 자기편만 기용하는데 이 둘은 늘 표리관계를 이룬다.

8. '**이간**(離間)', 즉 '**갈라치기**' 또는 '**갈라놓기**'다. 역사는 잘 보여준다. 아무리 튼튼한 보루와 성이라도 안에서 무너지기 쉽다는 사실을. 역대 정권을 보루에 비유할 때 권력자와 관료, 지배층과 백성이 단단히 단결되어 있다면 어떤 간신도 득세할 수 없다. 간신이 자리와 권력을 훔치려면 반드시 권력자와 관료 사이의 모순을 만들어내야 했다. 특히 군주와 재상 사이의 모순을 만들어야 했다. 그래야만 그 틈을 파고들어 이득을 취할 수 있다. 이것이 '**화중취속**(火中取栗)', 즉 '불난 틈에 곡식을 줍는다'는 것이자, '불난 틈에 훔친다'는 '**진화타겁**(趁火打劫)'다. 간신은 불난 틈에 사익을 취할 뿐만 아니라 불을 일부러 지른다. 이를 위해 간신은 '**유언비어**(流言蜚語)'를 퍼뜨려 관계를 도발한다. 일이 없어도 만들어 내고, 사실을 날조하는 일은 간신이 자신을 구하는 유력한 방법이다. 또 별일 아닌 작은 일을 크게 떠벌리거나, 이 사람에게는 이렇게 저 사람에게는 저렇게 말해서 서로 의심하고 불신하게 만든다. 그런가 하면 없는 일을 날조하여 '**중상모략**(中傷謀略)'함으로써 내홍을 조장한다. 이 과정을 통해 간

신은 권력자의 신임을 얻어내는가 하면 '어부지리(漁父之利)'를 얻는다. 간신배는 예외 없이 이런 특징을 보이고, 또 죄다 이 방법에 열을 올린다.

9. **'재장함해(栽贓陷害)'**와 **'반구서인(反口噬人)'**이다. '재장함해'란 훔친 물건을 남의 집에 갖다 놓고 다른 사람에게 죄를 뒤집어씌워 해친다는 뜻이다. 우리말로 '뒤집어씌우기' 내지 '떠넘기기'가 되겠다. '반구서인'이란 '도리어 상대를 씹는다'는 뜻으로 자신에게 은혜를 베푼 사람을 해친다는 말이다. 은혜를 원수로 갚는 행위다. 우리말의 '뒤통수치기'가 적당하겠다. 간신의 악행은 언젠가는 들통이 나기 마련이다. **악행이 폭로되면 간신은 또 수단과 방법을 가리지 않고 죄와 책임을 다른 사람에게 떠넘긴다.** 때로는 조상을 팔고 부모를 팔고 하늘에 맹서까지 해가며 극구 부인한다. 가장 보편적인 방법은 역시 남에게 뒤집어씌우거나 떠넘기는 것으로 '꽃을 옮겨 나무에다 접붙이는' **'이화접목(移花接木)'**의 수법을 쓰거나 증거 따위를 위조하는 것이다. 분명히 함께 일을 꾸미고 실행한 동료라 할지라도 중요한 순간에는 바로 얼굴을 바꾸어 물어버린다. 때로는 수레와 말을 버려서라도 장수를 지키려 한다. 다시 말해 주범 하나를 지키려고 나머지 종범들을 다 희생시키는 것이다. 이 과정에서 간신은 좋은 사람과 정적을 해치는 등 죽을힘을 다해 꺼진 불에 다시 불을 붙이려 한다. 저들은 끊임없이 상대는 물론 자기편까지 물어뜯는데, 이것이 저들의 가장 중요하고 둘도 없는 기술이기도 하다.

10. '**협박(脅迫)**'과 '**회유(懷柔)**'다. '**겁주기**'와 '**꼬시기(꼬드기)**'다. 간신은 패거리를 지어 함께 간행을 일삼는 과정에서 때로는 사람을 하수구로 끌어들여 함께 오물에 합류시킨다. 이때 흔히 사용하는 수법은 이익 따위로 꼬시는 회유다. 꼬드기에는 대개 자리와 돈이 동원된다. 그러나 이익으로 꼬드기려는 목적이 여의치 않으면 억누르거나 으름장을 놓거나 겁을 주는 협박이 동원된다. 심지어 함정을 파서 자기도 모르는 사이에 그 함정에 빠지게 만든다. 함정에 빠졌다는 것을 깨닫고 후회하면 다시 소름 끼치는 죄목 따위를 덧씌워 절대 빠져나오지 못하게 만든다. **간신은 협박과 회유를 수시로 바꿔가며 사용하는데 고수들**이며, 자신의 동료들에게 흔히 쓰는 수법이기도 하다.

11. '**차도살인(借刀殺人)**'도 많이 써먹는다. '남의 칼을 빌려 상대를 죽이는' 수법인데 말하자면 '**빌리기**'가 되겠다. 패거리를 지어 밖에서 돕게 하고 내부에 사람을 심어 호응하게 하는 수법은 간신의 주요한 시그니처(signature) 중 하나다. 특히 나라를 팔아 부귀영화를 누린 간신들은 특히 이 수법을 많이 썼다.

이상 간략하게 간신들의 공통점과 특성을 그들이 즐겨 쓰는 수법으로 정리해 보았다. 간신의 '변화무상(變化無常)'하고 다양한 수법과 솜씨는 결코 이 정도에 그치지 않는다. 위에서 소개한 수법들을 포함해서 간신의 수법을 좀 더 알기 쉽게 순우리말로 나타내보면 아래처럼 실로 다양하고 화려하다.

간신의 간행을 작동시키는 모든 수법은 철두철미 기만, 즉 '속임' 위에서 작동한다. '속이기'다. 간신이 '속이는' 까닭은 목적 달성을 위해 무엇인가를 '훔치기' 위해서다. '훔치기' 위해서는 또 누군가를 공격해야 한다. 따라서 간신은 타격(打擊)에 해당하는 '치기'의 고수들이다. '훔치기'를 비롯하여 '새치기', '날치기', '내치기(배척排斥)', '밀치기', '큰소리치기(허풍虛風)', '뒤통수치기', '(느닷없이)후려치기', '냅다 치기', '되치기', '뒷북치기' 등이 대표적이다.

'속이기'와 뗄 수 없는 수법으로는 '감추기', '숨기기', '꾸미기(위장僞裝)', '거짓말하기', '말 바꾸기', '뒤바꾸기', '뒤틀기', '비틀기', '잡아떼기', '시침떼기', '가로채기', '빼돌리기', '심기', '없애기', '엿보기', '떠넘기기', '미루기', '뒤집어씌우기', '나 몰라라 하기', '척하기' 등이 있다.

다음으로 상대를 공격하거나 자신을 방어할 때 동원되는 수법의 기본은 '때리기'다. 그 세부적인 수법을 보면 '조르기', '누르기', '찍어 누르기', '당기기', '후리기', '짓밟기', '후벼 파기', '파고들기', '비집고 들기', '비틀기', '조리돌리기', '(동네방네)떠들기', '뒤틀기(방어)', '뒤집기(공방)', '막기(방어)', '틀어막기(공방)', '씌우기', '덧씌우기', '뒤집어씌우기', '물고 늘어지기', '드러눕기(방어)', '(정보) 흘리기', '(관심) 돌리기(방어)', '말 바꾸기(공방)', '캐기', '캐내기', '들볶기', '쥐어짜기', '올라타기', '떼로 달려들기', '물어뜯기', '물 타기(공방)', '갖다 붙이기(공방)' 등이 있다.

간신은 자기보다 힘이 센 사람에게 붙어 꼬리치는 '꼬리치기'와 '알랑거리기'는 기본기다. 관련한 수법으로 '빌붙기', '저울질하기',

'눈치 보기', '비위 맞추기', '앞잡이 노릇하기', '잽싸기', '줄서기', '줄타기', '줄잡기', '버티기', '징징대기', '울기', '엎드리기', '굽히기', '기기' 등이 있다.

간신은 '떼거지' 습성이 몸에 배어 있다. 그리고 같은 편이라도 상황에 따라 언제든지 버린다. 관련한 수법으로 '엮기', '꽂기', '감싸기', '챙기기', '당기기', '(거짓으로) 베풀기', '마구 쓰기', '얽어 넣기', '꼬시기', '어르기', '으름장', '겁주기', '끼리 놀기', '짝짓기', '따돌리기', '앞잡이 내세우기', '눈치주기', '보채기', '딴청부리기', '등 떠밀기', '떠넘기기', '걷어치우기', '말 바꾸기', '얼굴 바꾸기', '잡아떼기', '끌고 들어가기(물귀신)', '함부로 하기', '써먹고 버리기' 등이 있다.

간신은 또 상대를 이간(離間)하는 데 이골이 난 자들이다. 즉, '갈라놓기'다. 주로 돈·자리·오락·여자 등으로 유혹하며, 때로는 협박과 공갈을 동원한다. 관련 수법으로는 '갈라치기', '두말하기', '욕하기', '거짓말하기', '꼬드기기', '부추기기', '(관계의) 끈 내세우기', '겁주기', '끼어들기' 등이 있다.

이 밖에 간신은 교활하게 '빠져나가기', '척하기(아는 척하기, 모른 척하기)', '뻐기기(뽐내기)', '빌리기', '독차지', '끈질김', '틈새 만들기', '틈새 파고들기' 등과 같은 특성과 수법을 즐겨 써먹는다. 이 밖에도 피해자 코스프레라 할 수 있는 '징징대기'나 '찔끔거리기' 등과 같은 유치하고 추한 수법도 마다하지 않는다. 이런 수법들은 제3부 '간신학' 수법편에서 역사상 간신들이 즐겨 구사했던 모략들을 소개하고, 그 수법들을 하나의 표로 만들어 함께 연결시켜 제시해두겠다.

이상은 모두 역사상 간신배들이 권력과 나라를 훔치는 악행에서 공통적으로 사용한 수법이다. 저들이 **처했던 시대와 출신은 다 달랐지만 간행의 본질과 그 비열한 수단은 하나 같이 판박이다.** 저들이 구사했던 수법을 철저히 해부하고 그 간악한 술수를 통찰하여 위장하거나 속일 수 없게 만들어야 한다. 그러려면 평소 말을 귀담아듣고 그 행동을 유심히 살펴야 한다. 그 명성을 들으면 실제는 어떤지 검증해야 한다. 언로를 더욱 확장하여 많은 사람들의 의견을 두루 들어야 한다. 알랑거리는 자를 보면 한 번 더 생각하자. 이렇게 한다면 간신의 음모는 빛을 볼 수 없다. 설사 음모가 시행된다 해도 바로 알아채서 제때에 물리칠 수 있다. 간신에 대한 방비책과 뿌리를 뽑는 근절책에 대해서는 따로 알아보겠다. 간신의 구체적 수법과 사례는 따로 자세히 분석 소개해놓았다.

내재적 특성과 공통점
− 간행을 통해 드러나는 진면목

이상 간신의 특성과 공통점을 즐겨 자주 많이 써먹는 수법으로 정리해 보았다. 무엇보다 저들의 수법을 제대로 간파하는 일이 아주 중요하다. **더 중요한 문제는 저들의 사상과 품성 및 성격에서 나타나는 공통된 본질을 인식하는 것이다.** 내재된 본성은 늘 외재적 특징으로 표현되며, 외재적 특징은 또 왕왕 내재적 본성을 반영한다. 간신의 특징을 움켜쥐고 그들의 저지른 짓을 증명해야만 비로소 간신을 잡을 수 있다.

　다시 말해, 간신의 내재적 특성과 공통점을 제대로 인식해야 더욱더 철저하게 저들을 막고 물리칠 수 있다. 더욱이 이 특성과 공통점은 평소 때는 보이지 않다가 간행이 밝혀져야 비로소 드러나는 것들이기 대부분이기 때문에 더욱 주의해야 한다. 그리고 이 내재적 특성과 공통점은 겉으로 드러나는 간행에 동원된 수법들, 즉 위에서 살펴본 수법들과 뗄 수 없는 관계에 있다. 이 둘을 함께 깊이 있게 탐색할 필요가 있다. 이제 이 문제를 진지하게 살펴보자.

1. 간신 내면의 정신세계는 '시기(猜忌)'와 '질투(嫉妬)'로 가득 차 있다. '시기'는 누군가를 샘내서 미워한다는 뜻이고, 질투도 비슷하게 누군가를 시샘하고 그 사람을 헐뜯는다는 뜻이다. 어느 정도의 시기와 질투심은 누구나 갖고 산다. 시기와 질투는 인간의 본성에 가깝기 때문이다. 전국시대 위나라의 군사가였던 방연(龐涓)은 라이벌 손빈(孫臏)에게 패해 스스로 목숨을 끊는 순간에도 "내가 오늘 이 촌놈을 유명하게 만드는구나"라며 손빈에 대한 질투심을 숨기지 않았다. 간신은 그 정도가 아니라 그 마음으로 수많은 사람을 해친다. 심지어 나라까지 팔아먹는다. **간신의 이 시기와 질투 때문에 희생된 사람은 그 수를 헤아리기 힘들다.** 이것이 누누이 말하는 간신현상의 심각성이다.

　과거 봉건시대의 간신들은 외척·환관 출신이 많았다. 그들은 대부분 배운 것도 없거나 적고, 도덕적 수양은 말할 것도 없었다. 그저 권력의 치마끈에 의지하여 어느 날 하늘을 날아오른 자들이다.

그러다 보니 이들의 심리는 '변태(變態)'가 되었다. 정상 코스로 벼슬을 얻는 것에 익숙지 않고, 강직하고 아부를 모르는 사람에게 불만을 갖는다. 재능이 뛰어난 사람에 대해서는 더 한을 품는다. 간신이란 존재의 본질 자체가 재주는 없고 덕은 부족하기 때문이다. 떳떳하지 못하게 치마끈으로 집안을 일으키고 권력자의 은총 덕분에 출세했기 때문에 사사건건 자신들의 언행에 제동을 걸고 반대하는 강직한 사람들 때문에 기를 펴지 못한다. 유능하고 강직한 사람이 존재하는 한 간신의 간행은 빛을 볼 수가 없다. 이 때문에 간신들의 본질은 그들이 공격하고 박해하고 배척하고 모함하고 나아가 없애야 할 존재로서 유능하고 강직한 사람으로 정해질 수밖에 없다. 그런 점에서 **시기와 질투, 그리고 그에 따른 충직한 사람을 해치는 일은 간신배의 가장 크고 본질적인 특성**이자 특징이다.

역사에서 그 몇몇 사례를 보자. 진나라 말기 환관(또는 외척) 출신인 조고(趙高)가 승상 이사(李斯)를 죽인 일, 삼국시대 촉나라의 황호(黃皓)가 강유(姜維)를 배척한 일, 당나라 때 양국충(楊國忠)이 충직하고 선량한 신하들을 배척한 일, 같은 당나라 때 어조은(魚朝恩)이 곽자의(郭子儀)를 질투한 일, 송나라 때 거간(巨奸) 진회(秦檜)가 명장 악비(岳飛)를 모함하여 죽인 일, 명나라 때의 간신 왕진(王振)이 유구(劉球)를 죽인 일, 역시 명나라 때의 간신 유근(劉瑾)이 신하들을 살육한 일, 같은 명나라 때의 간신 왕직(汪直)이 상로(商輅)를 박해한 일 등등 그 수를 헤아리기 힘들 정도다.

물론 일부 간신들은 환관이나 외척 출신이었지만 학문과 재능이 상당했다. 하지만 이들 역시 죽기 살기로 권력을 탐하는 그 성격과 간사한 특징으로 능력 있고 충직한 사람을 시기하고 질투하여 해쳤다. 당나라 때의 이임보와 노기(盧杞), 명나라 때의 위충현(魏忠賢) 등이 이런 자들이었다. 대부분의 간신은 천한 출신에 열악한 성품, 학문과 재능이 부족하거나 아예 없는 자들이었다.

문제는 지금 우리 사회에 나타난 신종 간신 부류의 심각성이다. 이들은 과거와는 달리 천한 출신도 아니고, 학력과 재주도 뛰어나다. 경제력도 막강하다. 물론 열악한 성품은 과거 간신들과 다를 바 없고, 변태심리 역시 정확하게 일치한다. 신종 간신 부류는 말하자면 엘리트 출신에 기득권층이 대부분이다. 그러다 보니 이들의 간행의 수법은 과거보다 훨씬 더 치밀하고 교활하여 그것을 막기가 더욱더 어려워졌다. 이들은 서문에서 말한 바 있는 '엘리트 카르텔'을 형성하여 사회 모든 곳을 장악하려 한다. 더 심각한 사실은 이 엘리트가 진정한 의미의 엘리트가 아닌 유사(類似), 즉 사이비(似而非) 엘리트라는 것이다. 이들은 진짜 엘리트의 고유한 미덕을 단 한 가지도 가지고 있지 않다. 이런 점에서 우리 사회 '엘리트 카르텔'은 전체적으로 '**사이비 엘리트 간신 부류**'라 불러도 무방할 것이다.

2. 간신의 정신은 권력과 이익에 대한 탐욕(貪慾)과 집착(執着)으로 뒤틀려 있다. 중국에서는 이를 '**유리시권(唯利是圖), 기권여명(嗜權如命)**'이라 한다. '오로지 이익이 되어야 움직이고, 권력을 목숨처럼 좋아한다'는 뜻이다. 모든 간신배의 또 다른 본질적 특징은 모든 것이 사리사욕에서 출발한다는 사실이다. 사리사욕의 핵심은 둘이다. 하나는 금전이고, 또 하나는 권력과 자리다. 그들의 모든 행동은 철두철미

'이권(利權)'이란 두 글자를 둘러싸고 움직인다. 그들은 자신의 사리사욕 또는 가족의 부귀영화를 위해서라면 모든 것을 돌아보지 않는다. 영혼을 팔 수도 있고, 아내를 죽이고 자식을 삶을 수도 있다. 군주를 죽이고 왕후를 폐위시키며, 같은 패거리를 가차 없이 죽인다. 심지어 조상을 서슴없이 버리고, 아비를 도적으로 본다. 염치라곤 털끝만큼도 없다. 돈을 목숨처럼 사랑하고, 많이 챙기지 못하면 어쩌나 걱정한다. 권력을 미친 듯 사랑하여 얻지 못하면 어쩌나 두려워한다. 욕심이 발동하면 그 무엇으로도 만족시키지 못한다. 이것을 얻으면 저것을 갖고 싶어 하고, 저것을 손에 넣으면 이것에 침을 흘린다.

간신의 일거수일투족은 사리사욕을 기준으로 삼고, 모든 언행은 권력을 목표로 삼는다. 이익이 되면 달려들고, 권력이면 빼앗는다. 이익을 보면 의리를 잊고, 이익 때문에 판단력이 흐려진다. 간사한 짓은 필연적이다.

3. 간신은 의심(疑心)이 많고 변덕(變德)스러우며 수시로 변신(變身)하는 존재다. 간신배의 짓거리는 모두 자신의 사리사욕에서 출발하기 때문에 나라와 민족의 이익에 위배된다. 그들의 모든 활동은 사람들에게 차마 말할 수 없고, 오로지 어두운 한구석에서 몰래 계획을 짤 수밖에 없다. 그들은 언제나 자신들의 음모가 탄로 나고 패거리가 배반하지나 않을까 걱정한다. 귀신조차 의심하고 꺼리는 것이 본성이 되었다.

그들은 본질적으로 요괴와 같은 존재들이지만 멀쩡한 사람처럼 위장한다. 자신보다 센 권력자의 비위를 맞추기 위해서는 공손한 척 위장하고, 같은 패거리나 다른 사람을 겁주기 위해서는 눈을 부라리며 노려본다. 원하는 바를 이루면 어김없이 이빨을 드러내고 기염을 토하며, 좌절하면 눈물을 줄줄 흘리며 다른 사람의 동정을 산다. 조종하고 지휘할 때는 아주 간절하게 맹서하고, 음모가 탄로 나면 한사코 부인하고 심지어 다른 사람에게 떠넘긴다.

요컨대 **간신배는 추악한 변태심리를 갖고 있기 때문에 의심이 많고, 변덕스러우며 팔색조나 카멜레온처럼 조건이나 상황의 변화에 따라 끊임없이 자신의 형체와 색깔을 바꾼다.** 이렇게 해서 일정함이 없이 수시로 바뀌는 변화무상이 그들의 본질적 특성으로 규정되었다.

4. 간신은 교활(狡猾)과 음험(陰險)을 본성으로 한다. '교활'에서 '교'는 그 모습이 표범 문양을 한 개 비슷한 동물을 가리키는데 머리에는 소뿔과 같은 뿔이 있고 짖는 소리는 개와 같다. '활'은 난을 일으키거나 농간을 부린다는 뜻과 간악한 자라는 뜻을 가진 글자로 '교활'은 간사하고 잔꾀가 많다는 뜻이다. '음험'은 당당하지 못하고 속이 내숭스러우며 음흉하다는 뜻이다.

모든 간신은 여러 차례 말했듯이 '기만'과 '사기' 즉, '속임'이라는 기초에서 활동한다. 그들은 본디 비수를 숨기거나 강한 칼을 손에 쥐고 사람을 죽이려 하면서도 악어의 눈물을 흘리면서 힘없는 쥐새끼처럼 위장하여 진짜 의도를 숨긴다. 그래서 '음험'하다고 한다. 다시 말해 겉은 착한 척 꾸미지만 속에다는 음흉한 마음을 감추고 있다.

간신은 본래 없는 죄도 꾸며서 사람을 사지로 몰아넣는다. 그러나 겉으로는 관심이 있는 척, 돌봐주는 척 위장하여 함정을 만든다. 그래서 '교활'하다고 한다. 충성스러운 모습으로 속임수라는 본질을 숨긴다. 이렇듯 '교활'과 '음험'이 교묘하게 결합된 본성이 간신배의 성격상 특징을 이루고 있다.

5. 간신은 이리처럼 잔인(殘忍)하고, 전갈처럼 악독(惡毒)하다. 끝을 모르는 탐욕이라는 간신의 본성은 사람을 대할 때의 잔인한 본성을 결정한다. 돈과 자리를 아직 차지하지 못했을 때는 권력자의 신임을 얻기 위해 자기 '얼굴에 침을 뱉어도 닦지 않고(타면자건唾面自干)', '머리를 숙이고 귀를 쫑긋 세운 채(부수첩이俯首帖耳)' 네네 하며 굽실거린다. 그러나 돈과 자리를 얻으면 누구든 죽일 수 있는 더 큰 권력과 금전을 갈망한다. 더 이상 갈 곳 없는 최고의 권력을 얻으면 자신을 믿어준 권력자조차 원수처럼 여겨 그 자리를 빼앗을 생각을 한다.

사사로운 욕심이 제지당하면 어제까지 친구처럼 지내던 사람에게도 바로 칼을 겨누고, 오늘 아침까지 함께했던 패거리도 죽여 없애야 후련해한다. 이러니 일반 대중에게는 오죽하겠는가? 개돼지나 잡초처럼 여겨 언제 어디서든 마구 밟고 죽인다.

간신배는 이리의 성격과 전갈의 마음을 가진, 보통 사람의 마음으로는 도저히 헤아릴 수 없는 잔인하고 악독한 자들이다. **간신의 내재적 특성을 종합해보면, 간신은 심리학에서 말하는 사이코패스(psychopath)와 소시오패스(Sociopath)를 합쳐 놓은 존재**라 할 수 있다. 사

104

이코패스는 반복적인 반(反)사회적 행동을 일삼고, 사회적 공감과 죄책감이 없으며, 충동성과 자기중심 등을 특징으로 하는 전통적인 성격장애를 가리키는 용어다. 소시오패스는 사회를 뜻하는 '소시오(socio)'와 병적 상태를 가리키는 '패시(pathy)'의 합성어로 반사회적 인격장애의 일종이다. 그 특징을 보면 흉악범죄를 저지르고도 자신의 행동에 대한 죄책감이 없고, 타인에 대한 동정심도 없다는 점에서 사이코패스와 비슷하다.

다만, 사이코패스의 경우는 잘못된 행동이라는 개념 자체가 없다는 차이가 있을 뿐이다. 간신은 위에서 자세히 보았다시피 사실상 이 둘을 한 몸에 다 갖고 있을 뿐만 아니라 이 둘의 경계를 수시로 넘나들며 해악을 끼치고 있기 때문에 사이코패스와 소시오패스가 끼치는 해악보다 훨씬 더 심각하다 할 수 있다(사이코패스와 소시오패스가 보이는 특징을 보면 간신의 특성에 일치하는 부분이 대단히 많다. 여기서는 일일이 다 소개하지 않는다. 다만 제3부 '간신학-수법편'에 실린 간신이 보여주는 천태만상 부분을 통해 이런 특징을 충분히 엿볼 수 있을 것이다).

간신의 본질적 특성은 그들의 **출신**이나 **사회적 지위**와 관련이 있을 뿐만 아니라 **사회풍토**와도 무관한 수 없다. **학교교육**이나 **가정교육**의 영향과는 깊은 관련을 갖는다. 물론 그 **개인의 특수한 품성**과도 관계가 있다. 그러나 그 뿌리를 파고들면 결국은 그들의 특성은 **계급적 본성**으로 결정된다. 계급사회였던 과거에는 당연히 그랬다. 그들은 대부분 착취계급이었고, 따라서 개인의 개성은 계급의 축소판일 수밖에 없었다.

물론 같은 착취계급 출신으로서 간신배들과는 전혀 딴판으로 공명정대하고 청렴결백하며 뛰어난 재능을 가진 사람들도 많았다. 이는 결국 **그들이 받은 가정교육, 사회풍토, 시대적 기풍 등의 차이**와 관련이 있다. 다시 말하자면 강직하고 청렴한 사람과 간신배의 완전히 다른 이런 본질적 특징의 차이는 타고난 것이 아니라는 것이다. 우리에게는 후손들을 위해 이런 역사상의 간신현상과 그들의 죄악사를 반면교사로 삼아 이자들의 비열한 수단을 깨부수고 충직하고 선량한 사람들을 본받게 해야 하는 막중한 책임과 의무가 있다.

오늘날은 계급사회가 아니다. 하지만 그 실상을 가만히 들여다보면 여전히 계급사회의 썩은 뿌리와 미개한 의식이 강하게 남아 있다. 무엇보다 이런 잔재가 금전만능이나 권력, 자리에 따르는 특권 등과 만나 새로운 형태로 사회에 온갖 해악을 끼치며 신종 간신 부류로 자리를 잡고 있다는 사실이다. 이에 대해서는 서문과 위에서 언급한 '엘리트 카르텔', 즉 '신종 사이비 엘리트 간신 부류'라는 말로 언급한 바 있다. 이 문제는 기회가 되는 대로 거듭 언급하고 강조하고 분석할 것이다.

이상 간신의 특성과 공통점을 겉으로 드러나는 '간행'을 달성하기 위한 수법이란 측면과 그 심령 내면에 잠재되어 있는 내면의 특성으로 나누어 살펴보았다. 간략하게 내용을 요약하여 주의를 다시 한 번 환기하고자 한다.

간신이 간행을 위한 달성하기 위한 수법의 기초로서 겉으로 드러나는 외재적 특성과 공통점을 ① '사기(詐欺)'와 '기만(欺瞞)' ② '전도(顚倒)'와 '혼효(混淆)', 우리말의 '뒤바꾸기'와 '뒤섞기' ③ '날조(捏造)',

'조작(造作)', 그리고 '모함(謀陷)' ④ '은닉(隱匿)', 즉 '감추기' ⑤ '위장 (僞裝)', 즉 '거짓으로 꾸미기' ⑥ '아부(阿附)'와 '유혹(誘惑)'으로 우리 말의 '알랑거림' 또는 '꼬리치기'와 '꼬드기기' ⑦ '결당(結黨)', 즉 '패 거리 짓기' ⑧ '이간(離間)', 즉 '갈라치기' 또는 '갈라놓기' ⑨ '재장함 해(栽贓陷害)'와 '반구서인(反口噬人)', 우리말로 '뒤집어씌우기' 내지 '떠넘기기' ⑩ '협박(脅迫)'과 '회유(懷柔)', 즉 '겁주기'와 '꼬시기 ⑪ '차 도살인(借刀殺人)', 즉 '빌리기' 등으로 요약해 보았다. 그리고 이런 특성들을 포함하여 간신의 놀랍고도 다양한 수법을 무려 약 130개 에 이르는 순우리말로 열거해 보았다.

한편 간행을 통해 드러나는 진면목이라 할 수 있는 내재적 특성 과 공통점들은 다음과 같이 정리해 보았다.

① 간신 내면의 정신세계는 '시기(猜忌)'와 '질투(嫉妬)'로 가득 차 있다.
② 간신의 정신은 권력과 이익에 대한 탐욕(貪慾)과 집착(執着)으로 뒤틀려 있다.
③ 간신은 의심(疑心)이 많고 변덕(變德)스러우며 수시로 변신(變身) 하는 존재다.
④ 간신은 교활(狡猾)과 음험(陰險)을 본성으로 한다.
⑤ 간신은 이리처럼 잔인(殘忍)하고, 전갈처럼 악독(惡毒)하다.

또 간신은 심리학과 정신분석학에서 말하는 사이코패스와 소시 오패스의 특성을 한 몸에 지닌 존재이기도 하다. 따라서 권력과 부를 움켜쥐고 있는 이들이 사회에 나라에 미치는 악영향은 상상을 초월한다. 간신의 이러한 심리상의 특징과 관련해서는 제3부 '간신학' 수법편에서 따로 '간신의 엽기와 변태 천태만상'이란 제목으로 좀 더 검토했다.

간신현상의 토양

간신은 하나의 보편적이면서 특수한 역사현상이라고 했다. 그렇다면 당연히 역사적으로 그 뿌리와 그 뿌리를 내릴 수 있게 한 토양이 있을 수밖에 없다. 우리는 앞에서 간신의 외재적 특징과 내재적 특징 및 그것들이 언행을 통해 간행으로 시행될 때 나타나는 실로 놀라울 정도로 다양한 수법들을 알아보았다.

간신이 하나의 현상으로 뿌리를 내리고 싹을 틔우고 가지를 쳐서 거대한 나무로 성장하고, 그 나무들이 새끼를 쳐서 숲을 조성하기까지에는 여러 가지 요인이 작용한다. 간결하게 말하자면 탐욕으로 점철된 저들의 열악한 정신세계와 권력을 작동시키는 철저하지도 완전하지도 못한 법과 제도 및 행정체제가 결합함으로써 저들의 간행을 도왔고, 그것이 결국 하나의 현상으로 발전하게 된 것이다. 물론 이 밖에도 권력자의 자질, 저들에 대한 안일한 인식과 대처, 당시 사회적 풍토 등이 복합적으로 작용한 결과이다. 그리고 무엇보다 간신이란 존재가 결코 만만히 볼 수 없는, 또 만만히 보아서는 안 되는 무시무시한 상대라는 사실을 잊지 말아야 한다.

역사는 복잡하고, 인간은 불완전한 존재다. 역사에는 늘 명암이 공존하고 교차한다. 간신은 역사의 어두운 면을 대표한다. 이제 역사적으로 간신을 출현하게 하고 나아가 그들이 설칠 수 있게 만들어준 토양에 대해 알아보겠다. 뿌리와 토양에 대해 제대로 알아야만 간신과 간신현상을 철저히 뿌리 뽑고, 그 토양을 갈아엎을 수 있기 때문이다.

간신 출현의 토양은 말할 것도 없이 권력과 그 권력이 작동하는 기구이다. 가장 큰 기구는 **국가**다. 작은 조직이든 큰 조직이든 권력이 있고 작동하는 곳이면 간신은 자연스럽게 나타날 수밖에 없다. 권력과 권력 행사에 가장 많이 집착하고 침을 흘리는 자들이 바로 간신이다. 중국과 우리처럼 권력이 1인에게 지나치게 집중되어 있는 전제 왕조 체제를 수천 년 겪은 나라에서 간신현상은 더 두드러질 수밖에 없었다. 요컨대 **'체제의 토양'**이다. **'사유제의 토양'**도 이 범주에 든다.

그렇다면 왕조 체제가 청산된 지금 간신현상은 없어졌거나 그 존재가 미미해졌는가? 문제는 결코 그렇지 않다는 사실이다. 여기서 또 하나의 의문이 제기된다. 왕조 체제가 간신 출현과 간신현상의 절대적인 토양이자 뿌리가 아니란 말인가? 그렇다. 다만 지금까지 볼 때 왕조 체제가 간신이 태어나 뿌리를 내리고 패거리를 짓기에 상대적으로 가장 좋은 토양임에는 틀림없다.

또 다른 의문이 따른다. 왕조 체제보다 나은 토양을 가진 조직이나 체제가 있다면 간신은 더 활개를 친단 말인가? 물론이다. 다만, 그 체제를 이끄는 권력자(리더)의 자질, 법과 제도, 사회적 풍토 등을 함께 고려해야 하겠지만 토양 자체만을 놓고 볼 때는 그렇다.

또 다른 의문, 토양을 갈아엎거나 바꾼다면 간신현상은 사라지거나 덜 할 수 있단 말인가? 그 역시 앞의 질문에 대한 답과 마찬가지다. 결국 민주적 토양을 기본으로 해서 그 토양에서 간신이 자라나지 못하도록 법과 제도를 완비하고, 나아가 사회적 풍토를 양호하게 이끄는 일이 함께 진행되어야 한다. 무엇보다 중요한 것은 간신현상의 심각성을 깊이 인식하고 이에 대한 경각심과 대비책을 철두철미 갖추는 일이다. 지금 우리 사회 곳곳에 출몰하고 있는 신종 간신 부류를 보면 간신현상은 단순히 체제 토양의 문제만은 아니라는 사실을 실감하고 있기 때문이다.

다음으로 어떤 체제이든, 어떤 조직이든 그 조직을 움직이는 기본 제도, 즉 시스템(system)의 성질에 따라 간신현상의 강약이 결정된다. 이를 다른 말로 하자면 '**제도의 토양**'이 되겠는데, 그 핵심은 제도를 움직이는 특성이다. 쉬운 말로 시스템이 리더 한 사람의 독단으로 움직이는가, 몇몇 핵심 인사들에 의해 작동하는가, 민주적 의사결정 구조에 따라 운영되는가 등등에 따라 간신의 출현과 그 현상의 정도가 결정된다. 체제라는 토양 한층 아래 제도(시스템)의 성질이라는 토양 한층이 더 존재하는 셈이다.

이런 점에서는 역시 왕조 체제의 제도가 간신을 위한 가장 좋은 토양일 될 수밖에 없다. 제왕의 독재와 무조건 복종이라는 이 체제와 제도의 성질로 놓고 볼 때 권력과 권력자를 향한 간신의 추종과 집중공략은 불을 보듯 뻔하기 때문이다. 여기서 권력자, 즉 '**리더의 자질이란 토양**'이 또 등장한다. 체제와 시스템 아래로 권력자(리더)의 자질이란 토양이 또 깔려 있는 것이다. 간신은 권력자라는 토양을 집요하게 파고드는 존재다. 따라서 권력자의 자질 여하에 따라 간신현상의 질과 정도가 달라질 수밖에 없다.

간신이 권력자의 심기를 얼마나 집요하게 파고드는 가는 중국 역사상 최고의 명군으로 평가받는 당 태종 이세민(李世民)의 말을 통해서 잘 알 수 있는데, 당 태종은 리더라면 간신에 대해 한시라도 마음을 놓아서는 안 된다면서 다음과 같이 말했다.

"군주의 마음은 하나뿐인데 그것을 공략하려는 자는 아주 많다. 때로는 힘으로, 때로는 말재주, 때로는 아부와 아첨으로, 때로는 속임수로, 때로는 (군주가 좋아하는) 기호나 취향으로 사방팔방에서 공격하는 등 각자 스스로를 팔아 총애와 녹봉을 얻으려 한다. 군주가 조금만 느슨해져 그중 하나라도 받아들이는 순간 위기와 멸망이 따라온다."

  그렇다면 어떤 체제든 어떤 제도이든 그 체제와 제도를 이끄는 리더의 토양에 따라 간신과 간신현상의 정도가 달라진다는 말인가? 물론이다. 아무리 민주적이고 개방된 체제와 제도를 갖고 있어도 리더의 자질이 떨어지면 간신이 득세할 수밖에 없다. 이 역시 지금 우리 눈으로 보고 있는 엄연한 현실이다.

  왕조 체제의 권력자와 가까운 존재들, 권력자에 상대적으로 쉽게 접근할 수 있는 존재들 역시 간신의 또 다른 토양이다. **'권력 주변의 인적 토양'**이라 할 수 있겠다. 제왕을 대리하여 나라를 이끄는 재상을 대표로 하는 대신들, 제왕의 친인척들(특히 외척), 제왕의 일거수일투족을 수발하는 환관들이 그 토양이자 그 자체로 간신이 될 수 있는 존재들이다. 이들은 권력자에 쉽게 접근할 수 있다는 이점을 최대한 활용하여 그들 자신이 간신이 되거나, 간신들과 결탁하거나, 간신들에게 이용당함으로써 간신현상을 심화시키는 역할을 했다.

  문제는 왕조 체제가 사라졌음에도 이 왕조 체제의 제도 일부가 잔존하거나 변형되어 민주주의 체제에 작동하고 있다는 사실이다. 먼저 의식형태라는 면에서 권위를 중시하고 리더의 판단과 결정에 무조건 복종하는 봉건적 의식의 찌꺼기가 아직 남아 있는 현실이다. 다음으로 제도적으로 제왕을 가까운 거리에서 수발하던 환관제도의 그림자가 비서실이니 비서니 하는 형태로 남아 있는 현실이다. 이 둘이 합쳐지면 정도는 덜할지 모르지만 왕조 체제의 그것과 크게 다르지 않게 작동하게 되고, 그에 따라 간신현상도 자연스럽게 나타난다. 지금 국가기구를 비롯하여 사회조직 곳곳에 이런 잔재는 여전하다.

다음으로는 '민의(民意)의 우열(優劣)' 역시 간신과 간신현상 출현의 토양이 된다. **'대중의 토양'**이라 할 수 있다. 과거 우민(愚民) 또는 간민(奸民)으로 표현된 어리석은 대중 역시 간신이 파고들 여지가 많은 좋은 토양이자 거름이다. 앞서 신종 간신 부류로 분류한 민간(民奸)이 바로 여기에 해당한다. 집단지성시대가 되었음에도 여전히 이 대척점에 집단 반지성이 엄연히 존재하고 있음을 우리 현실에서 직접 수시로 목격하고 있지 않은가? 이 민간은 다른 부류의 간신이 성장하는 데 더할 나위 없이 좋은 토양이자 거름이라는 점에서 심각하게 인식하고 대처할 방안을 고민해야 한다.

이상 간신의 출현과 그로 인한 간신현상이라는 역사현상이 나타나게 된 역사적 토양으로서 수천 년 우리 역사에 위치했던 왕조 체제와 그로부터 파생되는 하위 토양들 및 신종 간신 부류들이 설칠 수 있게 하는 토양과 거름에 대해 살펴보았다. 요약하자면 이렇다. 간신과 간신현상의 맨 위층의 토양은 권력이 작동하는 기구다. 즉, 국가다. 그것이 왕조 체제의 국가가 되었건 민주국가가 되었건 토양이란 점에서는 동일하다. 다만 그 토양에 따라 간신과 간신현상의 정도가 차이 날 뿐이다. 사유제도 이를 함께 떠받치는 토양으로 볼 수 있다.

국가로 대변되는 체제라는 토양 아래에는 그 체제를 움직이는 제도, 즉 시스템이란 또 한 층의 토양이 깔려 있고, 그 아래로는 또 시스템을 주도하는 리더의 자질이라는 토양, 다시 그 아래로 아직 잔존하여 작동하고 있는 과거 체제와 시스템의 찌꺼기라는 토양이 있다. 그리고 덜 떨어진 리더, 낙후된 제도, 청산하지 못한 과거의 잔재는 간신을 기르고 간신현상을 형성하는 토양이자 거름이다. 더욱이 시대에 뒤떨어진 체제와 조직, 제대로 갖추어지지 못한 시스템, 못난 리더는 더할 나위 없는 기름진 토양이다.

'우민'이나 '간민'으로 불렸던 다수의 '민간'이란 존재는 기타 신종 간신 부류들이 활개를 칠 수 있게 하는 아주 좋은 토양이자 거름이라는 점도 지적했다.

현재는 절대 권력과 절대 권위를 기초로 하는 왕조 체제는 사라졌고, 그 체제의 핵심인 제왕도 없고, 그 제왕을 그림자처럼 따르면서 수발하는 환관도 없다. 그럼에도 불구하고 간신과 간신현상이 여전히 존재하는 까닭은 무엇인가? 어떤 체제든 어떤 제도든 모두 인간이 작용한다. 모두 인간이 작동시킨다. 그렇다면 간신과 간신현상의 진정한 토양은 인간이다. 즉, **'인간의 토양'**이다. **'인성의 약점'**을 가진 인간이다. 바로 우리 자신이다.

이런 인성의 약점을 극복하지 못한 상황에서 신종 간신 부류는 과거와는 달리 자신들이 장악하고 있는 권력과 경제력, 그리고 우월적 지위 및 학벌 등을 총동원하여 조직적으로 사회 구석구석에 자기 영역을 확대하고 있다. 몇 차례 언급했듯이 여기에 이해관계와 탐욕으로 맺어진 학연, 지연, 종교연, 군대연 등과 같은 '조직연(組織緣)'에다 서로 피를 섞는 '혼인연(婚姻緣)' 등을 통해 구석구석 '간망(奸網)'을 쳐놓고 간신현상을 대물림하고 있다.

끝으로 정도의 차이는 있지만 우리 모두의 내면에 존재하는 **'간성(奸性)'**이란 가장 깊고 기본적인 토양이 한층 더 있다. 쉽게 말하자면 **'내 안의 간성이란 토양'**이 되겠다. 말했듯이 인간은 불완전하고 불안정한 존재다. 자기 내면은 물론 외부의 자극에 따라 얼마든지 나쁜 쪽으로 흐를 수 있다. 다름 아닌 '내 안의 간성' 때문이다. 이를 어떻게 극복하느냐가 간신 현상을 근원적으로 차단할 수 있느냐의 핵심이다.

그렇다면 이런 간신과 그 현상을 근원적으로 해결하려면 어떻게 해야 하는가? 어쩌면 이것이 이 긴 책의 핵심인지 모른다. 위에 이미 그 해결책이 대체로 나오긴 했지만 간신과 간신현상이 역사에 남긴 해악 부분에서 좀 자세히 다루어 보고자 한다. 참고로 간신현상의 토양을 하나의 표로 나타내면 아래와 같다.

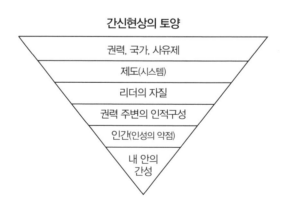

간신현상의 토양

권력, 국가, 사유제
제도(시스템)
리더의 자질
권력 주변의 인적구성
인간(인성의 약점)
내 안의 간성

간신의 해악과 교훈,
그리고 방비책

헤아릴 수 없는 간신의 해악

간신은 하나의 보편적이면서도 특수한 역사현상이다. 저들 내면의 정신세계와 저지른 간행의 수법을 통해 확인했듯이 간신은 인간으로서는 차마 할 수 없는 짓까지 서슴지 않았고, 지금도 마찬가지이다. 이 때문에 지금까지 인류 사회에 끼쳤고, 여전히 끼치고 있는 해악과 악영향은 이루 말로 할 수 없을 정도다. 이 문제를 짚어 보고, 그로부터 어떤 교훈을 얻을 것이며, 나아가 어떤 방비책이 있어야 하는지를 진지하게 생각해본다.

간신은 권력의 기생충으로 사회의 공해(公害), 민중의 공적(公敵), 민족의 역적(逆賊), 국가의 죄인(罪人)으로 그 존재와 간행은 역사의 암울한 면을 구성하고 있다. 그들이 사회·민중·민족·국가에 끼친 해악은 상상을 초월한다. 또 그들의 해악은 정치는 물론 경제·군사·문화 등 모든 방면에 걸쳐 있다. 가장 주요한 해악들을 꼽아 보면 이렇다.

1. 국력을 약화시킨다.

경제에 있어서 재정의 풍족함과 부족함은 국력의 강약을 재는 중요한 요소이다. 간신은 나라 살림을 도적질한다. 재정 지출에서 사익을 취하고, 세금을 피하는 등과 같은 간행으로 국고를 축낸다. 그 결과는 바로 국력의 약화로 이어진다. 이와 관련하여 송나라는 그 전형을 보여준다. "조정이 국가 재정의 1을 가져간다면 간신은 그 열 배를 가져갔다"는 기록은 이를 잘 나타낸다(《역대명신주의歷代名臣奏議》권56). 이 때문에 사람들은 나라의 걱정이 오랑캐 때문이 아니라 간신들 때문이라고 한탄했다. 송나라가 줄곧 기력을 펴지 못한 채 내우외환에 시달렸던 주요한 원인의 하나로 간신이란 존재를 결코 무시할 수 없다.

2. 군사력을 약화시킨다.

간신의 사욕으로 인한 재정 악화는 자연스럽게 국방력의 손실을 가져온다. 여기에 '군간'들이 설치면서 군비를 축내고 병사들을 착취하면 군의 사기를 비롯한 군사력 전반을 약화시킬 수밖에 없다. 군사력과 국방력의 약화는 백성들을 불안하게 만들며, 나아가 나라 전체를 공포에 떨게 한다. 결국 외부의 공격과 침략에 속수무책으로 당하게 된다.

3. 생산 기반을 파괴한다.

간신들의 탐욕으로 국가 재정이 약화되면 백성들에게 세금을 더 거두게 된다. 백성들의 생활수준과 의욕은 떨어지고 자신들이 종사하는 생업에 소극적이거나 생업 자체를 포기하게 된다. 이렇게 되면 농업·공업·상업 등 모든 생산 기반이 파괴된다. 역사상 일어났던 민중의 무력 봉기 대다수가 과도한 착취와 세금으로 인해 생산 기반이 파괴되어 생활을 해나갈 수 없었기 때문에 터졌다.

4. 도로, 수리시설, 항만, 철도 등 공공시설인 사회간접자본이 파괴된다.

간신은 사리사욕을 위해 무리하게 토목건축 사업을 일으켜 나라 재정과 백성의 노동력을 착취한다. 또 백성들의 기본 생활을 보장하는 이런 사회간접자본을 개인에게 팔아넘겨 백성들의 생활을 더 어렵게 만든다. 관련한 각종 이권을 넘기고 그 대가로 자신의 주머니를 채우고, 이권을 가져간 자들은 자신들의 이익을 위해 공공시설의 값을 올려 백성들의 생활을 어렵게 만든다.

5. 공직사회를 부패시킨다.

간신들이 공공연한 뇌물과 비리로 사욕을 채우게 되면 다른 관리들도 이를 따라 한다. 너나 할 것 없이 앞을 다투어 간행에 나서게 되고 백성들의 삶은 도탄에 빠진다. 관리들의 질은 떨어지고 정책은 엉망이 된다. 공직자들은 자기 일에 집중하지 않고 상관(간신)들 눈치만 본다.

6. 당연히 법치가 무너지고 국가의 기강이 파괴당한다.

역사상 어떤 체제가 되었건 그 나름의 법률과 제도를 갖추고 있었다. 법과 제도는 체제를 떠받치는 기둥이었다. 간신이 횡행하면 법은 유명무실해지고 기강은 해이해진다. 범법자는 늘어나고 백성들은 무고하게 박해를 받는다. 간신들은 이 틈에 그 배를 더욱더 불린다.

7. 패거리 문화가 횡행한다.

간신은 개인의 사리사욕을 위해 떼거지를 짓는다. 자신들의 이익을 위해 서로 결탁하여 보다 큰 이권을 챙긴다. 지위와 특권을 지키기 위해 서로 정보를 주고받고, 서로를 비호하며 간행을 일삼는다. 이들은 나라를 배반할지언정 자기 패거리는 배반하지 않는다. 백성과 나라의 이익이 죄다 이들에게 넘어가고, 백성과 나라는 가난에 허덕인다.

8. 나라와 민족의 이익을 파괴한다.

간신은 자기 주머니만 채울 수 있다면 서슴없이 외세를 끌어들인다. 외세와 결탁하여 나라와 백성을 팔아넘긴다. 나라는 망하고 백성은 다른 나라의 지배를 받는 노예와 같은 신세로 떨어진다.

9. 사상의 타락이다.

간신들이 보여주는 의식형태의 부패와 변태적 심리 등은 사회의 독극물이나 마찬가지다. 간신은 자신의 향락을 위해 다른 사람들까지 끌어들여 타락시킨다. '언간(言奸)'을 비롯하여 여러 부류의 간신들을 총동원하여 여론을 조작하고, 간신은 자신들의 이런 타락을 합리화하고 자신을 따르도록 부추긴다. 어리석은 '민간(民奸)'들은 이런 타락한 생활과 모습을 맹목적으로 추종한다.

10. 교육과 교육기관을 파괴하고 타락시킨다.

간신들은 각종 시험과 자격제도 등을 왜곡하고 오염시켜 자신들의 기득권을 지키기 위한 수단으로 변질시킨다. 교육의 본질은 사라지고 오로지 출세만을 위한 악성 경쟁과 시험만 남는다. 교육기관 역시 타락하고 파괴된다. 국가 경쟁력은 추락하고 차세대의 삶은 지옥으로 변한다.

11. 간신은 자신의 경쟁상대는 물론 잠재적 경쟁상대까지 철저하게 마구 해친다.

이 때문에 진짜 인재가 박해를 받는다. 인재는 간신을 피하고, 인재를 기르는 토양이 황폐화된다. 간신은 인재를 멸시하고 경시하고 무시한다. 간신은 인재를 탄압하고 말살한다. 이 때문에 인재가 유실되고 유출된다. 인재는 좌절하여 세상을 원망하고 원한을 품은 채 숨어 버린다. 간신은 인재를 차별하고 이간하며, 이 때문에 인재끼리 반목하고 불화하고 배신하고 심하면 자멸한다.

12. 최악의 해악은 사회 기풍의 타락이다.

사회 전반에 나만 잘살면 그만이라는 아주 타락한 풍조가 만연해져 사람들은 서로를 의심하고 손가락질 한다. 서로 돕기는커녕 작은 이익조차 빼앗기지 않으려고 험악하게 싸운다. 사회는 마치 《성경》에 나오는 소돔과 고모라 같은 곳으로 바뀐다. 이런 풍조는 젊고 어린 세대에까지 영향을 미쳐 미래를 더욱 어둡게 만든다. **간신이 설치고 간신들이 패거리를 지어 간행을 일삼는 간신현상의 종착점은 결국 패망이다.**

이처럼 간신과 간신현상이 끼치는 해악은 이루 다 말할 수 없다. 그 해악이 어느 정도였는지 실감할 수 있게 통계 수치로 그 생생한 사례를 들어 보겠다.

청 왕조 300년 역사를 통틀어 최고(?)의 간신 반열에 올라 있는 화신(和珅, 1750~1799)은 1776년부터 건륭제(乾隆帝)의 총애를 받으며

권력에 다가선 이후
1799년 가경제(嘉慶帝)
에 의해 사사되고 가
산을 몰수당하기까지
전후 20년 넘게 자신
에 대한 건륭제의 총
애와 신임을 한껏 이
용하여 대권을 독점
했다. 재정권과 인사
권이 모두 그에게 집
중됨으로써 황제 아

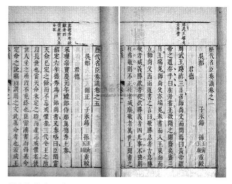

《역대명신주의(歷代名臣奏議)》는 명나라 성조 영락 14년
인 1418년 황진(黃淮), 양사기(楊士奇) 등이 황제의 명을
받들어 편찬한 책이다. 상나라부터 원나라에 이르기까지
역대 명신과 학사들이 제왕에게 올린 각종 글 8,009조
를 모은 것이다. 내용은 정치를 비롯하여 경제·문화·군
사 등 각 방면에 미치고 있다. 간신과 관련해서는 간신
과 탐관오리가 국가 재정에 미치는 악영향 등을 논하는
글들이 상당수 포함되어 있다.

래 만인의 위에 군림하는 특별한 인물이 되었다. 그는 평생 단 한
사람, 건륭제만을 따라다녔다(건륭제가 60년 넘게 재위한 것도 화신이란
간신이 설치게 된 한 요인이라 할 수 있다). 화신이 평소 생각하고 하는 일
역시 단 하나, 건륭제의 비위를 맞추고 아부하는 것뿐이었다. 목
적도 단 하나, 권력을 이용하여 뇌물을 받고 재물을 긁어모으는 것
이었다. 권력을 쥐고 사용할 때 형식상으로는 물론 다른 일도 많이
했지만, 그런 것들은 목적이 아니라 수단에 지나지 않았다. 진정한
목적은 재물이었다. 필생의 노력 끝에 차린 그의 '비리 사업'은 정
말이지 볼만하다. 부정 축재의 수량으로만 따져도 그는 중국 역대
간신과 탐관오리들 중 단연 으뜸이다.

거친 통계에 따르면 위·진 남북조 이후 명 왕조 때까지 대략 1
천 년 동안 가산을 압수당한 간신 탐관오리의 수는 100명 정도였

건륭제는 강희, 옹정과 함께 청 왕조의 전
성기를 이끌었다는 평가를 받는 제왕이었
다. 그럼에도 화신과 같은 거간을 방치했
다. 이 때문에 자신의 사생활을 위해 화신
을 이용했다는 비판을 받을 면할 수 없다.
간신과 권력자가 기생충과 숙주의 관계임
을 잘 보여주는 생생한 사례다.

는데, 이들 부정 축재의 규모가 국가 재정 전체와 맞먹는 경우는 드물었다. 화신의 경우 압수당한 부정 축재 규모가 청 조정 세입의 수십 배를 넘어 온 세상을 깜짝 놀라게 만들었다. 권력을 잡고 20년 동안 긁어모은 재산이었다.

소일산(蕭一山)의 《청대통사(淸代通史)》에 보면 당시 압수당한 화신의 재산 목록이 상당히 자세히 기록되어 있는데, 항목만 총 109개 항목에 이른다. 이런저런 사정을 감안하고 대략적으로 계산해도 적어도 16억 냥 이상이었을 것으로 추산하는데, 이 수치는 당시 청 조정의 1년 재정 수입 7천만 냥의 20배가 넘는다. 부정 축재한 재산의 규모가 한 나라의 20년 세입을 넘었다는 것이다. 이 때문에 '화신이 쓰러지자 가경이 배불리 잘 먹고 잘살았다'는 말이 나왔을 정도이다.

더욱 놀라운 사실은 화신의 축재 방식이다. 토지와 부동산 투기에 골동품 수집 등은 기본이고, 전당포와 은행까지 차려 놓고 재산을 불렸다. 여기에 온갖 보석들과 귀중품을 산더미처럼 쌓아놓고 철저하게 관리했다고 한다.

간신과 간신현상으로 얻어야 할 교훈

　간신이란 현상을 통해 우리가 얻어야 할 교훈은 우선 간신이 남긴 해악의 심각성을 확실하게 인식하는 것이다. **간신이 남긴 해악 그 자체가 교훈**이기 때문이다. 다음으로 왜 이런 간신현상을 방비하지 못했는가에 대한 진지한 반성과 철저한 분석이 따라야 한다. 간신이 역사에 남긴 죄악사를 반면교사이자 교재로 삼아 우리의 각오를 단단히 다져야 한다.

　간신현상은 그것을 막지 못했을 때 어떤 결과가 초래되는가를 적나라하게 보여준다. 바로 위에서 열거한 해악들이다. 앞으로 그 해악들을 보다 구체적으로 살펴서 다시는 반복하지 않아야겠다는 각오를 다지는 교훈으로 삼을 것이다.

　사마천은 《전국책(戰國策)》과 한나라 초기의 정론가 가의(賈誼)의 〈과진론(過秦論)〉을 인용하여 "전사지불망(前事之不忘), 후사지사야(後事之師也)"라고 했다.

과거는 현재를 비추는 거울이고, 현재는 미래의 그림자이다. 거울에 비친 과거의 모습에서 현재의 문제점을 찾아 미래를 위한 등불로 삼아야 한다. 간신의 죄악사가 반복되어서는 결코 안 된다. 사진은 '남경대도살기념관' 중앙 홀에 걸려 있는 '전사불망, 후사지사' 글귀이다.

"앞일을 잊지 않는 것은 뒷일의 스승이 된다"는 뜻이다. 즉, 과거의 역사를 잊지 않는 것이야말로 미래를 위한 교훈이라는 의미다. 이 명언은 중국 남경의 '남경대도살기념관(南京大屠殺紀念館)' 중앙 홀에 붙어 있다. 무려 30만 중국 인민을 학살한 일제의 만행을 잊지 말자는 메시지이다. 역사(과거)를 잊은 민족에게는 미래란 없다.

지난 역사를 교훈으로 삼는 것만으로 당연히 부족하다. 제대로 교훈을 삼으려면 철저하게 공부하고 분석하고 연구하고 대책을 마련해야 한다. **얼마나 많은 선량한 사람들이 간신에게 당했는가를 한순간도 잊어서는 안 된다.** 이 부분은 마지막 방비책 부분에서 다시 이야기하기로 하자.

간신현상은 왜
근절되지 않고 있나?

간신과 간신현상으로 우리가 얻을 수 있는 또 하나의 중요한 교훈은 지난 수천 년 동안 간신현상이 근절되지 않았다는 사실이다. 아니, 근절하지 못했다고 해야 할 것이다. 정도의 차이는 있지만 지금도 여전하다. 간신현상이 이처럼 끈질기게 지속되고 있는 까닭은 무엇이며, 왜 뿌리를 뽑지 못하는가? 이에 대한 분명하고 철저한 인식을 가질 필요가 있다. 그래야만 간신과 간신현상에 대한 실질적인 방비책을 마련할 수 있는 기초를 마련할 수 있기 때문이다.

역사상 간신과 간신현상 및 그와 관련한 방비책의 특징을 보면 대체로 다음 몇 가지가 두드러지게 확인된다. 이는 오늘날 신종 간신 부류의 횡행이란 현상의 본질을 이해하는 데 의미 있는 계시를 준다.

첫째, 역대 정권과 통치자들은 끊임없이 간신을 징계하고 다스리는 조치를 취했다. 백성들에게 막대한 피해를 주었기 때문이기도 하지만 간신의 행태가 같은 통치계급의 근본적인 이익까지 위협했기 때문이기도 하다. 간신이 폐해가 그만큼 지독했다는 뜻이다. 이 때문에 선진시대부터 법률과 행정에서 뇌물을 받으면 파직하는 것은 물론, 다시는 벼슬에 나오지 못 하게 하는 법률부터 심하면 사형에 처하는 법까지 만들어졌다.

예를 들어 당나라 때는 관련하여 아주 상세한 법률이 마련되었다. 지금 남아 있는 《당률소의(唐律疏議)》 총 502조 중에 약 76조가 관리들에 대한 심사와 탄핵에 관한 조치다. 당나라 초기에 마련된 관리들의 등급 규정인 '사선이십칠최(四善二十七最)'라는 것이 있었다. 관리의 등급을 실적과 행실 등의 기준으로 '상상'부터 '하하'까지 모두 9등급으로 나누었는데 간신과 탐관은 '하하'로 최하등으로 분류되었다.

또 송나라 때를 보면 대사면의 횟수가 역대 왕조 중 가장 많았지만 탐관오리와 간신을 사면한 경우는 아주 적었다. 뇌물은 법률로도 중벌에 해당했고, 행정적으로도 관리에 대한 실적 평가에 뇌물수수가 아주 중요한 항목이었다.

명나라 때는 더 가혹해서 60냥 이상을 뇌물로 받거나 횡령하면 목을 잘라 내걸었을 뿐만 아니라 가죽까지 벗겼다. 청나라 때도 탐관에 대한 처벌 규정은 조목조목 잘 마련되어 있었다.

역사적으로 간신의 간행에 대한 법과 제도상의 처벌과 제재는 점점 더 엄격해졌을 뿐만 아니라 그 내용도 많아졌음을 알 수 있다. 그 효과 여부를 떠나 이런 조치들은 객관적으로 간신의 간행을 막는 데 유리했다. 이는 역사 발전의 행보와도 궤를 같이한 것으로 정당한 평가를 내려야 할 것이다.

둘째, 간신에 대한 견제가 끊임없이 진행되었음에도 불구하고 간신과 간신현상을 갈수록 더 창궐했다. 법과 제도를 통해 끊임없이 간신을 징계하고 처벌했음에도 불구하고 탐관오리와 간신들은 갈수록 더 창궐하여 '돈과 곡식을 관장하는 자는 돈과 곡식을 훔치고, 법률을 관장하는 자는 법률을 이리저리 조작했다.' 가죽을 벗기고 목을 베도 그 기세는 꺾이지 않았다. 이는 결국 법과 제도의 객관적 효과와 실질적인 작용을 점검하지 않을 수 없게 한다. 전체적으로 보아 효과는 미미했고, 역사적 작용도 한계가 뚜렷했다.

여기서 중국 봉건 왕조 체제에서 간신들이 보여준 두드러진 현상 몇 가지를 짚어 보도록 하자. 이는 우리가 앞서 살펴본 간신들의 특성이나 공통점과도 관련을 가지므로 함께 참고하면 좀 더 명확한 인상을 가질 수 있을 것이다.

1. 그 추세가 급격하게 팽창했다.

쉽게 말해 간신은 역사 발전에 따라 그 수가 갈수록 늘었을 뿐만 아니라 아주 빠르게 늘었다. 이는 통계를 통해서도 확인할 수 있는데, 단순 참고 자료이지만 그 추세는 분명하게 알 수 있다.《중국역대탐관(中國歷代貪官)》에 간신과 직결되는 탐관오리의 수가 통계로 나와 있어 이를 참고 자료로 소개한다.

중국 역사의 시기 구분에서 기원전 221년 진시황이 천하를 통일하기 이전 시기를 선진(先秦) 시기라 부른다. 대개 기원전 21세기 하나라부터 진나라까지 약 2,000년이다. 이 시기 탐관오리로 분류할 만한 수가 약 70~80명 정도이고, 그 안에는 제후국의 군주까지 포함되어 있다. 진·한 이후 송나라 이전까지 약 1천 년 동안 탐관오리로 기록상 통계를 낸 결과 약 460명이었다. 단순 비교하자면 선진 시기에 비해 약 60배가 늘어난 셈이다. 송나라의 탐관오리는 악명 높아 당시 국가 관리 중 뇌물 따위를 챙기며 폭정을 일삼은 자가 10에 6, 7이었다고 할 정도였다. 특히 쓸데없이 남아도는 관리의 수가 수만에서 수십만에 이른다는 통계도 있다. 명나라 이후의 통계치는 의미가 없을 정도로 폭발적으로 늘었다.

2. 그 기세가 미친 듯 기염을 토할 정도로 등등했다.

간신의 수만 많았을 뿐만 아니라 그 **기세가 타오르는 불과 같았다.** 다시 말해 그 간행의 다양함, 정도, 잔인함 등이 도를 넘었다. 또 간행을 저지른 자는 관리들은 물론 황족, 왕공귀족, 공주, 고관대작, 고관대작의 가족(부인), 환관 등 지배계층의 모든 부류가 다 나섰다. 심지어 어떤 간신은 황족을 상대로 돈 따위를 갈취할 정도였다. 명나라 때 부자(父子) 간신으로 악명을 떨친 엄숭(嚴嵩)과 엄세번(嚴世蕃)이 있었다. 당시 훗날 황제가 되는 목종(穆宗)은 황태자로 있을 때 황제가 내리는 생활비와 일용품 등을 3년 동안 받지 못해 엄세번에게 은자 1,500냥을 꾸어 썼다. 엄세번은 바로 호부에 통지하여 3년 치 하사품에 해당하는 돈을 1차로 받아냈다. 그런 다음 엄세번은 여러 사람들에게 "천자의 아들이 내게 돈을 빌렸으니 누가 감히 내게 돈을 내주지 않을소냐"라며 자랑을 늘어놓았다. 황후를 상대로 사기를 친 간신도 있었으니 더 말해서 무엇할까?

3. 간신과 그 현상은 독하고 집요했다.

지독함과 집요함은 간신 고유의 특성이기도 하다. 부와 권력을 탐하는 그들의 욕망은 누구도 못 말릴 정도로 독하고 끈질기다. 수단과 방법을 가리지 않는 것은 물론이다. 그들이 권력을 이용하여 갈취한 재산은 적으면 한 현과 맞먹고, 많으면 나라와 맞먹을 정도였다. 앞서 화신이 죽은 다음 몰수당한 재산이 청나라 20년 재정과 맞먹었다는 통계는 간신의 지독함이 어느 정도인지를 잘 보여준다.

간신의 집요함은 지독함과 맞물려 있다. 청나라 역대 황제들이 갖은 방법으로 간신들의 비리를 막으려고 무던 애를 썼지만 결국은 효과를 보지 못했다. 간신들은 심지어 다른 간신들의 몰수된 재물까지 차지하려고 기를 썼다. 화신은 다른 간신이었던 왕단망(王亶望)의 몰수된 개인 재산을 기어코 차지했는데, 기가 찰 일은 화신의 젊은 첩이었던 오경련(吳卿憐)이란 여자까지 나서 왕단망의 재산 일부를 가로챘다는 사실이다. 간신의 끈질긴 본성이 어느 정도인가를 알 수 있다.

4. 파고들지 못할 틈이 없다.

간신은 혼자가 아니다. 간신은 수평적으로 패거리를 지을 뿐만 아니라 수직적으로도 패거리를 짓는다. 또 상하좌우, 사방팔방으로 자기 사람을 심어 그물보다 더 촘촘한 네트워크, 즉 '간망(奸網)'을 구성한다. 따라서 큰 간신일수록 큰 탐관오리가 되고, 큰 탐관오리일수록 큰 간신이 된다. 그들의 조직은 물샐틈없이 치밀하고, 그들이 파고들지 못하는 틈은 없다. 간신들은 위로는 하늘을 뚫고, 아래로는 땅을 판다. 아래로 선량한 백성들은 물론 노비들까지 괴롭히고, 위로는 황제까지 파고들어 사리사욕을 채운다.

청나라 때의 조신교(趙申喬, 1644~1720)라는 고위 관리는 간신들은 "공적이든 사적이든 모든 비용을 민간에서 취한다. 매일 필요한 양식과 채소의 공급은 물론 관아의 기물들, 신축하는 건물, 연회에 필요한 술과 안주는 물론 관가의 말먹이에 이르기까지 모두 백성들에게서 긁어낸다"고 폭로했다. 조신교의 폭로는 마치 《춘향전》에서 어사 이몽룡이 변 사또의 잔치에 가서 읊었던 다음과 같은 시를 떠올리게 한다.

금준미주천인혈(金樽美酒千人血),
황금 술잔에 담긴 맛있게 빚은 술은 수천 백성의 피요,
옥반가효만성고(玉盤佳肴萬姓膏),
옥쟁반 위의 맛 좋은 고기 안주는 만백성의 기름[살]이라.
촉루낙시민루락(燭淚落時民淚落),
잔칫상에 촛농이 떨어질 때 백성의 눈물도 떨어지고,

가성고처원성고(歌聲高處怨聲高).
노랫소리(풍악 소리) 높은 곳에 백성들의 원망 소리 높구나!

이상 간신과 관련하여 아주 두드러진 네 가지 간신현상은 특수한 현상이다. 하지만 여러 차례 강조했듯이 간신현상은 역사의 보편적 현상이기도 했다. 우리는 이상의 분석을 통해 간신에 대한 역대 통치자들의 방비책과 처벌책이 객관적으로나 실질적으로 실패했음을 알 수 있다. 사실 당시 통치자 자신들도 이 점을 인식하고 있었다. 강희제는 간신들의 탐욕 때문에 민생이 갈수록 곤란해지고 있으니 대체 어떤 법이라야 이 폐해를 혁파할 수 있겠냐며 한탄했다.

과거의 대책들과 그 한계

그렇다면 간신현상에 대한 **역대의 방비책이 효과를 보지 못한 근본적인 원인**은 어디에 있나? 이런 질문을 던지지 않을 수 없다. 앞서 얘기했듯이 중국의 역대 정권들은 선진시대부터 하나 같이 간신과 그 현상을 근절하기 위한 법은 물론 제도와 행정적으로도 다양하고 세세한 조치를 마련했다. 하지만 그 효과는 미미했고, 간신의 기세는 시간이 갈수록 더 등등했다. 그 원인을 따져보면 법령을 비롯한 이런저런 조치가 제대로 갖추어져 있지 않았기 때문이 결코 아니다. 그와는 반대로 법령과 조치들은 계속 보다 구체적으로 발전해왔고, 이는 또 시대와 객관적 현실 및 민중의 요구에도 부합하는 진보

132

적인 행보였다. 그렇다면 대체 진정한 원인은 어디에 있을까? 많은 전문가들은 그 직접적인 원인으로 다음 세 가지를 꼽는다.

첫째, 법조문이 많고 적음이 문제가 아니라 법을 집행하는 의지가 철저하지 못했기 때문이다.

이미 살펴본 대로 법조문은 끊임없이 보강되어 왔다. 그럼에도 통치자를 비롯하여 법을 집행하는 관리들의 법 집행에 대한 의지는 법조문의 증가와 결코 비례하지 않았다.

탐관을 비롯한 간신의 비리에 대한 처벌 법조문이 《당률소의》 등을 통해 상당히 상세히 규정되었던 당나라의 사례를 하나 들어 보겠다.

덕종(德宗, 742~805) 때 조정 대신 이제운(李齊運)은 절서관찰사(浙西觀察使) 이기(李錡)의 뇌물 사건을 접수했다. 이제운은 이 사건을 감추었고, 무장으로서 탐관오리였던 간신 이기는 오히려 승진했다. 누군가 이 일을 덕종에게 글로 알렸으나 덕종은 모른 척했다. 그 뒤 또 누군가가 이기를 탄핵하자 덕종은 놀랍게도 그 사람을 잡아 이기에게 처리하게 했다. 이기는 잔인하게 그 사람을 산 채로 묻어

당 덕종 때의 사례에서 보다시피 법조문이 아무리 잘 갖추어져 있어도 권력자의 의지가 작동하지 않으면 유명무실해진다. 권력자가 제대로 판단하고 법을 집행할 의지가 확고한가 여부는 간신이 싹트는 또 다른 토양이기도 한다. 당 덕종의 초상화이다.

죽였다.

이 사건은 황제를 우두머리로 하는 통치집단이 간신을 징벌하기는커녕 그 비리를 묵인하고 부추겼음을 아주 잘 보여준다. 이런 사례는 수를 헤아리기 힘들 정도로 많다. 우리 사회를 보아도 이런 현상은 비일비재하다. 같은 패거리의 잘못은 봐주고, 감추는 일이 수시로 벌어지고 있지 않은가!

둘째, 능력이 아닌 멀고 가까운가를 따지는, 즉 관계로 사람을 기용하기 때문이다.

다시 말해 엄정한 시험과 절차가 아니라 개인의 친소(親疎) 여부에 따라 감정적으로 사람을 썼기 때문이다. 봉건 왕조 체제에도 인재를 뽑아 관직을 주는 시스템이 엄연히 존재했다. 과거제가 시행된 이후에는 더 철저하게 갖추어졌다. 그러나 실제 시행에서는 사사로운 감정에 따름으로써 제도를 파괴하고 간신을 엄호했다. 심지어 사적이고 특별한 이유로 간신 부류의 인물을 더 중용하거나 신임했다.

다시 당나라 때 사례를 보겠다. 목종(穆宗, 795~824) 때 숙주자사(宿州刺史) 이직신(李直臣)의 비리가 터졌다. 법에 따르면 사형에 해당하는 중죄였다. 목종은 "직신은 재능이 있기 때문에 내가 그를 기용하고자 한다"라며 그를 엄호했다. 황제가 앞장서서 사적인 감정을 내세워 '재능이 있다'는 구실로 법과 제도를 망가뜨린 경우다. 정직한 신하라는 뜻의 '직신'이란 이름이 마치 이 일을 조롱하는 듯하다.

청나라 건륭제(乾隆帝) 때도 비슷한 일이 있었다. 운귀총독(雲貴總督) 이시요(李侍堯)가 뇌물을 받는 등 비리를 저질렀다. 사형에 해당하는 중죄였다. 감옥에 가두었다가 가을 이후에 목을 자르게 되었다. 그러나 가을이 오기도 전에 건륭제는 그를 다시 기용했다. 이시요는 다시 기용된 다음 건륭제의 조치를 배웠는지 탐관오리를 용서하고 비호했다. 건륭제는 이런 이시요를 칭찬하며 섬감총독(陝甘總督)으로 승진시켰고, 얼마 뒤 다시 민절총독(閩浙總督)으로 자리를 옮기게 했다. 이시요의 간행은 계속되었고, 이 때문에 정사가 엉망이 되었다. 그가 관할하는 대만(臺灣)에서 관리들의 불법과 간행이 계속 터졌음에도 그는 못 본 척했고, 결국 백성들이 죽창을 들고 일어나 간신들을 죽이는 일로 확대되었다. 요임금을 모신다는 '시요'라는 이자의 이름이 참으로 역설이 아닐 수 없다.

역사적으로 비교적 괜찮은 군주로 평가받는 건륭제조차 이럴 정도였으니 법 집행의 느슨함이 어느 정도였는지 알 수 있다. 지금 우리 상황도 크게 다르지 않다. 불법을 저지른 자가 영전하는 등 정말 믿지 못할 일이 수시로 벌어지고 있기 때문이다. 간신현상이 얼마나 심각한지를 뼛속까지 새겨야 한다.

셋째, 제도의 허구(虛構) 때문이다.

역대로 거의 모든 정권이 간신과 탐관오리를 막기 위한 제도적 장치를 마련하고, 이를 법으로 뒷받침했다. 하지만 이 제도들은 하나 같이 빈 깡통이자 오히려 악용되기 십상인 허구였다.

송나라와 청나라 때의 사례를 한번 보자. 송나라 신종(神宗) 때 조정은 탐관오리를 비롯한 간신을 징계하는 동시에 관리들의 녹봉을 올리는 조치를 취했다. 이를 '중록중법(重祿重法)'이라 불렀다. 녹봉을 올리고, 법을 무겁게 한다는 뜻이다. 청나라 옹정제와 건륭제 연간에 시행된 '양렴은(養廉銀)' 제도라는 것이 있었다. 이름은 그럴듯했다. 관리들의 '청렴함을 장려하는 돈'이란 뜻으로, 말하자면 지금의 업무추진비를 늘린 것인데 많으면 2만 냥에 이르러 녹봉의 100배에 상당할 정도였다.

'중록'과 '양렴은'은 중국 고대에 국가가 녹봉과 활동비를 올리는 시혜 조치를 통해 간신과 탐관의 극성을 완화시키려 했던 제도로, 객관적으로 보아 적극적 의미가 없지 않았고 또 일시적으로 효과도 보았다. 그러나 결국은 다 실패했다.

그 원인은 이 비용이 국고에서 나가지 않고 농민의 밥그릇을 빼앗아 충당했다는 데 있다. 시간이 지나면서 이는 관리들의 합법적인 수탈을 제도와 법으로 뒷받침하는 전형적인 악성 제도와 법이 되었다. 시간이 흐르면서 간신들은 규정된 액수에 만족하지 않고 몰래 더 거두어들였다. 이런 악성 순환은 백성들의 어깨를 더욱 무겁게 만들었을 뿐만 아니라 정부의 조세제도도 갈수록 혼란스러워졌다. 간신과 탐관은 더 많은 녹봉, 더 많은 추진비를 주머니에 넣으려고 갖은 방법을 동원했고, 백성들의 삶은 갈수록 구렁텅이로 빠져들었다.

이런 점에서 지금 우리가 '관간', '검간', '법간', '군간', '경간' 등 공직자들과 '언간'의 비리와 뇌물수수 등 간행을 막기 위해 마련한 법과 제도적 장치의 실효성에 대해 진지하게 생각해볼 필요가 있다. 과연 권력을 가진 이 간신 부류들에게는 이런 법이 제대로 작용하고 있다고 생각하는가?

역대 통치계급은 간신을 다스리기 위한 법령과 제도 및 이런저런 조치를 끊임없이 만들고 시행했다. 그러나 그들은 이 법과 제도를 스스로 어지럽히고, 스스로 해치고, 스스로 파괴하여 철저하게 실행하지 못했다. 심지어 가증스럽고 낯 뜨거운 이름을 내세웠지만 실은 간신과 탐관오리의 먹이만 더 보태는 꼴이 되었다. 이것이 역사상 간신과 탐관을 제대로 징법하고 근절하지 못했던 직접적인 원인이었다.

그렇다면 이런 현상에 왜 출현했는지 그 이면의 본질적인 원인을 좀 더 파고들어 보자. 지금 우리 사회 전반을 장악하고 있는 신종 간신 부류의 본질을 이해하는 데 간접적이나마 도움이 될 터이다.

첫째, 간신과 탐관을 징계하기 위해 법과 제도를 추진했던 통치집단과 간신 집단이 본질적으로 같은 계급이었다는 사실이다.

그들은 연합하여 백성을 억누르고 착취했다. 서로 결탁된 면이 있다. 그들이 사회적 부와 생산품을 손에 넣으려 할 때 여러 계층이나 부류와 나누지 않으면 안 된다. 이 때문에 쟁탈이란 상황이 나타날 수밖에 없고, 이에 따라 간신에 대한 '징벌'과 이에 반대하는 '반징벌'의 투쟁이 그들 사이에서 격렬하게 전개되었다. 최고 통치자인 왕족 집단의 권력이 강하면 간신 집단은 다소 수그러들지만, 왕족 집단이 그들을 이용할 필요가 있을 때면 간신 집단은 기세를 올린다. 역사상 간신을 징벌하기 위한 시도가 기복을 보일 수밖에 없었던 까닭이다. **실제 역사를 볼 때 그들 사이의 상호결탁은 절대적인 반면 상호투쟁은 상대적이었고, 결국은 연합하여 백성을 착취했다.**

이런 점에서 오늘날 신종 간신 부류의 본질 또한 크게 다르지 않다. 국민을 앞세운 사이비 '정간'들의 횡행과 내부에 득실거리는 '내간'들의 존재는 이를 잘 보여준다. 또 간신의 전형인 '관간'의 행태 역시 과거 간신들의 행태와 흡사하다. 최고 권력자와 집권층이 어떤 사람이냐에 따라 그들은 언제든지 얼굴을 바꾸어 백성들의 피와 땀을 냉큼 갖다 바친다.

둘째, 부패하고 낙후된 봉건 전제제도와 관료체제는 간신이 무럭무럭 자라나고 기생하는 토양이다.

이런 제도에서는 군주와 신하의 사이, 위와 아래의 관계는 절대적 '주종(主從)' 관계가 될 수밖에 없다. 모든 것이 최고 권력자인 군주에게 몰리고, 당연히 '인치(人治)'가 '법치(法治)'를 갉아먹거나 나아가 '법치'를 대체한다. 간신과 탐관이 법을 어기고, 법을 왜곡하고, 법을 어지럽혀도 마땅한 제재를 가하지 못한다. 그들은 '권력이 모든 것이다'라는 생각에 사로잡혀 크고 작은 관계망을 촘촘하게 짠다. 당파와 붕당이 생겨나고, 권력자를 중심으로 한 사적 조직의 출현은 필연이다. 이렇게 촘촘한 관계망의 비호를 받으면서 간신은 더욱더 기고만장 설친다. 어떤 법과 제도가 있어도 그들은 어김없이 '대책'을 마련하여 맞선다. 나아가 권력자를 어기고 권력자에 대드는 대립과 모순의 상황도 나타난다. 이는 전제제도의 필연

적 결과이다. 과거 착취계급
은 이 점을 제대로 인식하지
못했을 따름이다. 비교적 깨
어 있었다는 강희제조차 "대
체 어떤 법으로 이 폐단을 개
혁해야 할지" 모르겠다고 한
탄하지 않았나?

지금 우리의 관료체제와 국
가체제는 어떤 모습인가? 신
종 간신 부류들이 파고들 수

나름 명군의 반열에 올라 있는 강희제의 한
탄은 간신현상이 얼마나 심각한가를 잘 보
여주는 역설이 아닐 수 없다.

없을 정도로 완비된 체제인가? 결코 그렇지 않다. **어떤 면에서는 과
거보다 더 촘촘하게 관계망을 만들어 정말 교묘하게 법체계를 왜곡하고 악
용하고 있지 않은가?** 여기에 자질이 떨어지는 '권간'까지 보태지면
그야말로 설상가상으로 나라 전체의 기강이 흔들릴 수밖에 없다.
이는 이미 사실로 입증된 바 있고, 실로 처절하게 겪었다. 그럼에
도 이런 간신현상이 왜 반복되는가? 그 본질이 바뀌지 않고 있기
때문이다. 간신과 간신현상의 방비책 부분에서 다시 논의한다.

**셋째, 통치계급의 삐뚤어지고 부패하고 타락한 인생관은 백성의 삶, 생산
기반, 국가의 미래는 내팽개치고 끊임없이 향락만을 추구하는 행태를 결정
한다.**

간신들은 착취한 부의 대부분을 사치 향락의 생활과 토목건축에
쏟는다. 또 기업, 부동산, 금융 분야의 '상간'들과 결탁하여 자신의

부를 불리는 데 열중한다. 국가의 개발정보와 시장의 동향에 관한 고급정보를 미리 입수하여 '상간'들과 함께 끊임없이 땅과 집을 사들이고 돈을 투자한다. 국민들의 삶을 향상시키기 위한 기초적인 산업이나 생산에는 눈길조차 주지 않는다.

간신은 오로지 차지하려고만 하지 절대 나누지 않는 극도의 탐욕 덩어리다. 그들이 긁어모은 재산은 자식들에게만 전해지지 결코 사회로 흩어지지 않는다. **간신의 재산은 간신의 손에서 간신의 손으로만 이동하지 국민들의 손에 들어가지 않는다.** 사회적 재부가 아래로 자연스럽게 흘러 국민의 생활에 도움을 주지 못하고 저들끼리만 교환하고, 위로만 쏠려 확대재생산의 길이 막힌다. 지금 우리 사회의 극심한 부동산과 주식 투기 등은 이 때문에 나타나는 아주 비정상적인 현상이다.

간신은 자신의 탐욕과 자기 가족, 자기 패거리의 탐욕을 채우고 이를 유지하기 위해 가장 바르고 튼튼해야 할 교육기관과 교육 기능마저 마비시키고 타락시킨다. 이 때문에 교육자와 지식인은 '학간'으로 타락하여 간신현상을 부추긴다. 이들은 자신들에게만 유리하도록 제도와 규정을 왜곡하고 바꾸어 우월적 학력을 독점한다. 순진한 국민들은 불공정하고 불공평한 한참 기울어진 운동장에 울며 겨자 먹기로 나설 수밖에 없고, 결과는 이미 정해져 있다. 나아가 **권력을 이용하여 사회적 부의 분배영역에까지 손을 뻗쳐 한정된 사회적 재부를 마구 축낸다.** 오로지 자신들의 탐재, 탐권, 탐위, 탐색을 위해서.

이상 간신과 간신현상이 역사에 끼친 해악과 그로부터 얻을 수 있는 교훈 및 해악의 본질 등에 대해 살펴보았다. 요약하자면 이렇다. 백성을 착취하는, 즉 국민의 고혈을 빨아 권세와 부를 유지하는 간신 부류를 역사의 무대에서 퇴출시키지 않고는, 이들의 간행을 뒷받침하는 불량하고 불공정한 제도를 폐지하지 않고는, 비뚤어지고 부패하고 타락한 간신 부류들의 의식형태를 뿌리 뽑지 않고는 간신과 간신현상은 더욱 심각해질 것이다. 역사적으로 간신과 간신현상을 근절하지 못한 근본적인 원인이 바로 여기에 있다.

근본 대책은 있나?

간신과 간신현상을 막을 근본적인 방비책에 대해 논의하기에 앞서 잠깐 의미심장한 일화 하나를 소개한다.

중국 역사상 최고의 명의를 꼽으라면 많은 사람들이 《삼국지》에 나오는 화타(華佗)를 떠올린다. 《사기》에 나오는 죽은 사람도 살린다는 신의(神醫) 편작(扁鵲) 역시 많은 사람들로부터 존경을 받고 있다. 민간에는 이 편작과 화타와 관련하여 그 내용이 거의 같은 다음과 같은 이야기가 전해온다. 여기서는 편작 이야기를 소개한다.

편작이 위(魏)나라를 찾았다. 위나라 군주가 편작에게 "당신 3형제는 모두 의술에 정통하다는 데 대체 누가 가장 의술이 뛰어나오?"라고 물었다.

편작은 서슴없이 "큰형이 가장 뛰어나고, 둘째 형이 그다음이며,

제가 가장 떨어집니다"고 대답하는 것이 아닌가?

이해가 가지 않는다는 듯 위왕은 다시 "그렇다면 어째서 당신의 명성이 가장 뛰어나단 말이오?"라고 물었다. 이에 편작은 이렇게 말했다.

"큰형님의 의술은 병의 증세가 나타나기 전에 치료하는 것입니다. 사람들이 잘 모르는 사이에 형님은 병의 원인을 사전에 제거합니다. 그러다 보니 그의 명성이 외부로 전해질 수가 없지요. 둘째 형님의 의술은 병의 초기 증세를 치료하는 것입니다. 사람들은 그저 가볍게 치료했다고 생각하기 때문에 그 명성이 마을 정도에 머물 뿐이지요. 저는 중병만 주로 치료합니다. 사람들은 제가 맥에다 침을 꽂고 피를 뽑고 피부에 약을 붙이고 수술을 하는 등 법석을 떨기 때문에 제 의술이 뛰어나다고 여기는 것입니다. 그러니 제 명성이 전국에 알려질 수밖에요."

편작은 예방의 중요성을 강조하면서 도저히 고칠 수 없는 불치병 여섯 가지를 들면서 마지막으로 '무당의 말을 믿고 의원을 믿지 않는 불치병'을 언급했다. 간신과 간신 현상에 대한 역대 방비책이 이와 흡사했다.

인간사가 대개 그렇듯 일의 과정에는 징후라는 것이 있기 마련이다. 또 많은 경험을 통해 그 징후를 예견하기도 한다. 그래서 보통 사람은 경험에서 배운다고 하지 않던가? 하지만 그보다 더 필요한 것은 경험하기 전에 일의 기미와 징후를 살펴 대비하는, 다시 말해 예방하는 능력을 갖추는 일이다. 더욱이 현재 진행되고 있는 일에는 다가올 일의 징후가 내재되어 있다는 점도 명심해야 할 것이다.

편작이 말하는 명의의 조건은 단지 의술에만 해당하지 않는다. 정치·경영·조직 모두에 해당하는 지극히 상식적인 지적이다. 문제는 이를 무시하는 우리의 무감각과 안일함이다. **간신과 간신현상에 대한 근본적인 방비책도** 마찬가지다. **사후약방문(死後藥方文)이 아닌 적극적이고 철두철미한 예방조치가** 무엇보다 중요하고 필요하다.

간신과 간신현상을 막을 근본적인 방비책은 앞서 살펴본 과거 간신에 대한 징벌과 방비책의 문제점들에 고스란히 담겨 있다. 간략하게 한 번 더 요점만 짚어 보겠다.

우선 법 집행의 의지가 철저해야 한다.

우리는 앞에서 간신과 간신현상의 기승이 법과 제도의 문제가 아니라는 사실을 분명히 확인했다. 그렇다고 법과 제도의 무용을 주장하는 것이 아니다. 법을 만들고 제도를 확정했으면 무슨 일이 있어도 그대로 집행해야 하는 의지가 요구된다. 이 부분에서 철저하지 못했음을 확인했으니 이제 확고부동한 법 집행의 의지를 다져야 한다. 이와 함께 그 누구도 법과 제도를 함부로 마음대로 집행할 수 없는 이중 삼중의 장치도 필요하고, 법 집행의 과정을 완전히 투명하게 공개하는 장치도 마련할 필요가 있다.

다음으로 사람을 기용함에 있어서 사사로운 관계와 감정을 단호히 배제할 수 있는 공정한 인재 선발제도를 제대로 갖추어야 한다.

이 역시 집행의 의지와 직접 관련되기 때문에 법을 비롯한 모든 방법을 동원해야 함은 물론 완전히 그 과정을 공개하고 다수의 의견을 수렴할 수 있는 장치까지 마련해야 할 것이다.

허점투성이의 제도와 유명무실한 법 조항을 전면 뜯어고치는 일도 함께 진행되어야 할 것이다.

이를 위해서는 사회 각계각층의 양심적인 전문가들로 구성된 개혁 팀을 꾸려 시간이 걸리더라도 많은 의견을 수렴하고 또 공개된 장소에서 공청회를 수시로 열어 최선의 제도와 법 조항을 마련해야 할 것이다.

이상이 주로 법과 제도라는 장치에서의 방비책이라면 그보다 더 중요하게는 간신과 그 집단의 속성과 본질을 똑똑히 파악하는 일이다. 거듭 말하지만 간신과 간신 집단은 결코 백성과 국민을 위하는 자들이 아니다. 우리 사회 간신 집단의 경우는 봉건체제의 잔재, 일제의 잔재, 독재의 잔재, 종일·종미의 잔재들을 거름 삼아 힘을 키운 신종 간신 부류들이다. 이 잔재는 모두 진즉 청산했어야 할, 말 그대로 역사의 찌꺼기다. 저들의 감언이설(甘言利說)에 넘어가는 어리석음을 범해서는 절대 안 된다. 미래가 발목 잡히고 우리 후손이 신음한다. 여기에 간신 집단의 타락한 더러운 인생관을 언제든 강력하게 꾸짖는 사회적 풍토와, 그런 자들이 다시는 사회에서 행세하지 못하도록 막는 사회적 공감대와 장치가 마련되어야 한다.

다음으로 간신이 저지른 죄악의 역사를 반면교사와 반면교재로 삼아 철저한 교훈으로 가슴 깊이 꾹꾹 눌러 새겨 넣어야 한다.

공부해야 한다. 간신과의 투쟁사를 처절하게 배우고 깨달아야 한다. 간신과 간신현상을 정면으로 마주 보고 맞서라. 철저히 처절하게 응징하라. 얕보아서도 깔보아서도 절대 안 된다. 머뭇거리지 말고, 흔들리지 말라. 외면하지도 피하지도 말라. 봐주지 말라. 허점과 약점을 잡으면 집요하게 공격하고, 공격은 물샐틈없어야 하며, 전방위적이어야 한다. 필요하다면 저들의 수법으로 되갚아라. 무엇보다 어설프게 협력하지 말고 죽기 살기로 힘을 합쳐서 맞서야 한다.

간신과 간신현상을 지탱하는 두 개의 커다란 기둥이자 간신의 모든 것은 권력과 돈이다. 따라서 이 두 기둥을 뽑을 때는 확실하게 뿌리까지 송두리째 뽑고 그 자리조차 남기지 않아야 한다.

간신들과 싸우려면 용기뿐만 아니라 투쟁 기술도 갖추어야 한다.

그들에 대한 인식이 충분하지 못하여 투쟁 책략과 기술을 강구하지 못한 채 그저 경솔하게 용기만 갖고 달려들거나 그들을 상대할 가치도 없다고 무시한다면, 이는 간신에 대한 심각한 인식과 정확한 평가를 잃은 태도로서 그들과 싸워 이기기는커녕 도리어 처참한 패배를 맛보고 말 것이다.

세부적으로 간신의 언행은 물론 그 표정까지 살피고 분석하는 철저함이 필요하다.

간신의 감정표현은 누구보다 풍부하여 때로는 너무나 인간적이라는 착각을 주기에 충분하다. 그러나 조금만 주의해서 살피면 감정의 변화와 기복이 결코 정상이 아님을 확인할 수 있다. 이는 간신의 약점이다. 특히 과장된 언행에 주의해야 한다. 그 과장은 위장일 가능성이 아주 높기 때문이다. 간신은 자신에게 비우호적인 사람이 자신보다 조금이라도 뛰어나거나 그런 평가를 얻고 있는 사람이 있으면 무슨 수를 써서라도 해친다. 자신에게 위협이 된다고 판단되면 반드시 해친다. 이때 간신이 구사하는 수단과 방법을 잘 살펴야 한다.

끝으로 간신 하나하나에 대한 치밀한 분석이 필요하다는 점을 힘주어 강조한다.

간신은 거의 대부분 공통된 특성과 특징을 보이지만 그 나름 구별되는 남다른 개성과 특성 및 특징 또한 갖고 있기 때문에 뭉뚱그려 분석하고 연구해서는 부족하다. 간신 개개인의 간행 수법은 물론 그 내면의 심리까지 낱낱이 분석해야 한다. 뇌를 수술하듯 신경세포 하나까지도 빼놓지 말고 끄집어내서 하나하나 모든 간신의 모습을 완벽하게 재구성하고 해부해야 한다. 그 과정은 마치 큰 수술처럼 위험하고 고통스럽고 예민하겠지만, 결국은 우리를 살리고 역사를 살리는 대장정임을 확실하게 인식한 다음 냉정하게 수술칼을 집어 들어야 할 것이다. 간신과 간신현상을 공부하고 분석하고 연구하는 일은 내 안의 치명적인 암세포를 제거하는 과정에 다름 아니고, 나아가 치욕스러운 역사의 암 덩어리를 성큼 덜어내는 숭고한 일임을 한시라도 잊어서는 안 된다. 그래야만 미래다운 미래가 있다.

간신과 간신현상에 대한 구체적이고 치밀한 방비책 마련을 위해서는 과거 선현들이 여러 기록들로 남겨놓은 유익한 인식과 분석도 충분히 참고해야 할 필요가 있다. 이에 대해서는 바로 다음에서 좀 더 상세히 검토하고자 한다.

간행(奸臣)에 관한
역대 전적(典籍)들의
인식과 한계

앞서 우리는 간신에 대해 좀 더 명확하고 상세히 알기 위해 간신
이란 단어의 기원과 관련 용어들의 내용과 출처 등을 추적해 보았
다. 이어 소인배, 탐관, 무치라는 세 방면을 통해 간신에 대해 보다
진전된 정의를 내려 보았고, 간신에 대한 최초의 기록도 살펴보았
다. 그 결과 확인할 수 있었던 가장 중요한 사실은 앞으로도 거듭
강조하겠지만 간신은 하나의 보편적 현상, 특히 역사현상이라는
점이다.

역사상 간신의 특성을 가진 관리들이 나타난 이래 많은 선각자들
이 이 존재에 대해 경각심을 가지고 경고하는 한편, 그들의 특성과
특기 등을 살펴 기록으로 남겼다. 이제 역대 전적들을 통해 간신의
실체에 한 걸음 더 다가가 보자. 모든 기록을 다 살필 수는 없고,
오래된 순서에 따라 후대에 의미 있는 영향력을 남긴 주요한 전적
들 위주로 소개한다.

결론부터 말하자면 간신과 관련된 역대 기록은 그 자체로 '간신
의 역사'이자 '간신의 모든 것'이 다 들어 있는 '간신 기록 보관소'라
할 수 있다. 남아 있는 역대 기록에는 지금 우리 안의 간신 부류들
이 저지르고 있는 간행이 부인할 수 없는 범죄의 증거와 자백처럼
거의 다 생생하게 낱낱이 남아 있어 그 자체로 간신의 역사를 재구
성할 수 있게 한다. 이렇듯 역사와 역사가들이 남긴 기록은 공소시
효 없는 역사의 법정에 제출되어 지난날 우리의 잘잘못을 낱낱이
증언한다. 간신을 단죄하는 역사의 법정에 이 기록들을 부인할 수
없는 증거와 증언으로 제출하여 저들을 역사의 치욕스러운 기둥에
영원히 못 박고자 한다.

가장 오랜 전적의 기록 검토

선진시대 서적으로 제자백가서를 제외한 현존하는 가장 오랜 기록은 훗날 유가의 경전이 된 이른바 '삼경(三經)'인 《시(詩)》, 《서(書)》, 《역(易)》과 춘추시대 역사서인 《춘추좌전(春秋左傳)》이 대표적이다. 이 문헌들에 간신과 관련한 기록은 아주 드물거나 없다고 할 정도로 빈약하다. 그렇다면 기원전 770년 동주시대 이전까지는 간신과 간신현상에 대해 심각하게 인식하지 않았다는 추정이 가능해진다. 물론 기록만 놓고 보았을 때 그렇다는 것이다. 언급했듯이 동주 이전 은나라와 하나라는 물론 전설시대에도 간신과 같은 자들은 엄연히 존재했고, 그에 대한 경각심도 틀림없이 있었다. 가장 오래된 문헌들에 반영된 간신과 관련한 내용을 간략하게 살펴봄으로써 말하자면 '간신의 원형'에 대한 인상을 가져볼까 한다.

먼저 《시경》이다. 〈소아(小雅)〉 '절남산(節南山)'이란 노래 가사를 보면 태사(太師) 윤씨(尹氏)란 세도가가 나오는데, 이 내용에 대해 연구자들은 대체로 다음과 같이 분석하고 있다. 첫째, 노래에 등장하는 왕, 즉 윤씨가 모셨던 왕은 폭정을 일삼다 국인들에게 쫓겨난 주(周) 여왕(厲王, ?~기원전 828) 또는 총애하는 포사(褒姒)를 웃기려 수시로 봉화놀이를 벌이는 등 나라를 엉망으로 만들고 결국 나라를 망친 유왕(幽王, 재위 기원전 782~기원전 771)으로 추정된다. 둘째, 태사 윤씨는 왕에게 아부하여 권력을 얻고, 그 권력으로 왕의 악정을 부추긴 간신과 같은 존재다. 이 밖에도 여러 견해들이 있지만 대체로 여왕 아니면 유왕 시기의 폭정을 고발하고 있는 노래 가사로 보고 있다(이 시기의 간신에 대해서는 '최초의 간신들' 항목에서 상세히 소개한다).

전체적으로 이 노래의 핵심은 간신 같은 태사 윤씨의 세도와 이를 방치하고 있는 임금에 대한 원망, 진정한 인재는 배척하고 소인배와 친인척을 기용하는 정치에 대한 비판이다. 참고로 〈절남산〉의 전문을 인용해 둔다.

치솟은 저 남산 돌과 바위, 첩첩이 쌓였도다.

혁혁한 태사 윤공의 세도, 백성들이 다 보았도다.

걱정스런 마음에 불타는 가슴, 감히 농담조차 못한다오.

나라의 기운이 끊어지는데 어찌하여 살피지도 않는가?

치솟은 저 남산, 기울어진 언덕이 있도다.

혁혁한 태사 윤공의 세도, 불평하는 말들 무엇을 말하나.

하늘은 재앙을 내리니 사람은 삼을 묶은 단처럼 쓰러지고 백성의 말은 기쁨을 잃었도다.

어찌 징벌하려 하지 않는가?

태사 윤공은 주나라의 주춧돌

나라의 권력 잡아 사방이 다 매였도다.

천자의 성덕을 도와 백성들을 미혹하게 하지 않고 살피지도 않는 하늘이여

우리의 태사 그대로 두면 옳지 않도다.

정사를 몸소 보지 않으면 뭇 백성이 믿지도 않고

정치를 제대로 묻지 않고 나라님을 속이지 말라.

공평한 사람을 쓰고 소인을 가까이하지 마시라.

보잘것없는 인척을 후하게 씀은 법도 아니도다.

하늘은 좋은 사람 쓰지 못하고 더 없는 어지러움을 내리었는가.

하늘은 은혜롭지 못하여 이러한 변괴를 내리었는가.

임금이 바른 도리 이어간다면 민심도 가라앉히리라.

임금이 공평만 하신다면 쌓였던 분노도 풀어지리라.

살피지도 않는 하늘이여, 세상의 어지러움 진정되지 않는구나.

날로 날로 늘어나 백성들을 편케 못하는구나.

근심이 술병 같아 그치지 않아, 그 누가 나라의 권세를 쥐고 스스로 다스리지 않아 마침내 백성을 괴롭게 하는구나.

네 마리 수컷 말에 수레를 달면 네 마리 말들은 목이 굵고 씩씩하건만

우리들이 사방을 둘러보아도 마음은 다급해도 갈 곳이 없구나.

너희의 악을 미워하면 너희를 창을 들고 상대하련만

그 마음 풀리어 헤헤대는 것, 술에라도 취한 것 같도다.

하늘이 공평하지 못하여 우리 왕이 편안하지 못하도다.

그 마음 징벌하지 않고 도리어 그 바른말을 원망하는구나.

가보는 노래를 지어 재앙을 캐보려 하노니

너의 마음을 움직여서 온 천하의 나라를 위하려 하노라.

《서경》에는 〈주서〉 편에 '간사하고 나쁜 자'라는 뜻을 가진 '간구(奸宄)'라는 단어가 보일 뿐이고, 《역경》에는 '관'괘에 '소인(小人)'이란 표현이 보이는데 천박하고 비루한 자라는 해설이 일반적이다. 《역경》의 '소인'은 훗날 《논어》에 비교적 상세하게 나타나는 군자와

소인의 차이에 관한 논의에 일정한 영향을 준 것으로 보인다.

한편 《춘추좌전》에는 '간(奸)'과 '간절(奸絶)'이란 표현이 나온다. '간'은 '간왕지위(奸王之位)'와 '기만간명(祁瞞奸命)'이란 두 대목에 보인다. 앞은 '왕의 자리를 침범하다'로 번역되어 '침범하다'는 뜻이고, 뒤는 '기만이 명령을 어기다'로 번역되어 '어기다'는 뜻이다. '간절'은 '침범해와 끊는다'는 뜻으로 침범해와 우호관계를 끊었다는 내용이다. 어느 쪽이든 간신과는 관계가 없다.

이상 참고로 현존하는 가장 오래된 문헌인 '삼경'과 《춘추좌전》에 반영된 간신 관련한 대목들을 살펴보았다. 요점을 정리하자면 《시경》은 서주시대 폭군들의 폭정을 부추긴 간신과 같은 신하와 왕을 원망하는 백성들의 여론을 반영하고 있고, 《역경》에는 소인에 관한 부분적인 내용이 보인다. 《서경》과 《춘추좌전》에는 관련된 내용을 찾을 수 없다. 간신에 대한 직접적인 언급이나 관련 내용은 없지만 간신 같은 권신(權臣)과 그 행태가 존재했음은 분명해 보인다.

'간신'의 출현 : '일곱 종류의 신하와 군주' '칠신칠주(七臣七主)' - 《관자(管子)》

'간신'이란 단어가 나타나는 가장 오랜 문헌은 앞서 '언급한 바' 있는 《관자》다. 《관자》가 지금의 모습을 갖춘 시기는 전국시대이고, 이후 한나라 때의 목록학자 유향(劉向, 기원전 77~기원전 6)이 86편으로 정리했다. 지금은 이 중 10편이 사라져 76편만 남아 있다. 편찬 과정은 전국시대 이후이지만 그 내용으로 보면 춘추시대 초기 걸출한 정치가이자 경제 전문가였던 관중(管仲)의 사상을 상당히 반영하고 있다는 것이 중론이다. 참고로 관중은 기원전 723년에 태어나 기원전 645년에 사망했다. 따라서 《관자》의 내용은 춘추시대 초기 상황을 어느 정도 반영하고 있다고 보아도 크게 벗어난 추정은 아닐 것이다. 그렇다면 문헌상 '간신'이란 단어는 늦어도 기원전 7세기 전후로 나타난 용어로 볼 수 있다(관중과 《관자》에 관해서는 김필수 등이 번역한 완역본 해제와 《제자백가 경제를 말하다》에 비교적 상세히 소개되어 있다. 참고문헌 목록 참고).

《관자》에서 '간신'은 제52 〈칠신칠주(七臣七主)〉 편에 나온다. 이 편은 표제 그대로 일곱 유형의 군주와 역시 일곱 부류의 신하에 대한 소개다. 먼저 이를 보기 편하게 하나의 표로 만들어 보았다(표제는 '칠신칠주'인데 7주가 먼저 소개되어 있다).

칠주 칠신	유형	특징	비고
칠주 (七主)	신주(申主)	회계, 법령, 상벌, 국방비 등에 있어서 가장 안정되게 통치를 행하는 군주.	7주 중 유일하게 긍정적인 군주.
	혜주(惠主)	상과 재정을 남용하고, 간악한 자를 사면하여 군주의 권력을 쇠퇴하게 만드는 군주.	은혜가 심하면 패망에 이를 수 있음을 경고.
	침주(侵主)	법도를 어기고 사악한 행동을 일삼으며, 의심이 많고 일정한 규정이 없어 결국 권세를 잃는 군주.	몰래 감시하길 좋아하는 군주.
	망주(芒主)	음악 등 놀이에 탐닉하고 신하들의 충고를 듣지 않아 해악을 당할 가능성이 큰 군주.	신하들이 방자하게 행동하게 됨.
	노주(勞主)	일이 겹쳐 서로 간섭하여 헛수고가 많아지고, 형벌이 지나쳐 백성들을 두렵고 각박하게 만드는 군주.	혼란과 위태로움에 빠지고 후계자 계승에 문제가 생김.

칠주 (七主)	진주(振主)	희노애락이 일정치 않아 사람을 두렵게 만들고 거짓을 일삼게 만드는 군주.	법령이 쇠퇴하고 나라의 기초를 잃음.
	망주(茫主)	인재와 신하를 믿지 않고 독단하여 결국 일을 제대로 처리하지 못하고 어리석어지는 군주.	판단력을 잃어 엄벌을 남발하게 됨.
칠신 (七臣)	법신(法臣)	법에 따르고 비방도 찬양도 하지 않으므로 뇌물이 사라지고, 백성의 간사함이 없어지게 하는 신하.	가장 바람직한 신하로 꼽음.
	식신(飾臣)	귀천으로 빈 명성을 추구하고, 고고한 척하며 꾸미기를 일삼는 신하.	통제하기 어려움.
	침신(侵臣)	법도를 어기고 패거리를 지으며 사사로운 청탁을 일삼는 신하.	법도가 손상되고 민심을 잃음.
	첨신(諂臣)	각종 오락과 여자로 군주를 꼬드기고 아첨을 일삼아 헛되이 녹봉만 누리는 신하.	군주를 고립시킴.
	우신(愚臣)	형벌을 남발하고 세금을 많이 거두는 것을 자랑으로 삼는 신하.	남의 미움을 사고 군주는 비방을 당함.
	간신(姦臣)	백성의 실정을 과장하여 군주를 놀라게 하고, 남의 잘못을 교묘히 떠벌리며, 같은 패거리를 위해 반대하는 무리를 해치는 신하.	패거리를 지어 세력을 확장하고, 군주는 가까운 신하를 잃음.
	난신(亂臣)	시비를 과장하는 위선으로 명성을 훔치고, 보이지 않는 곳에서 군주를 비방하여 군주를 손상시키는 신하.	안 보이는 곳에서 군주를 공격하여 어지럽힘.

　〈칠신칠주〉는 주로 군주에 대한 설명 위주로 '한 나라의 존망이 군주에 달려 있다'는 인식 위에서 비교적 다양한 사례를 들어가며 각 유형의 군주를 상세히 분석하고 있다. 반면 일곱 유형의 신하는 상대적으로 간략하게 그 특징만 언급하고 있다.

　이 편에서 간신은 '간(奸)'과 같은 뜻을 가진 '간(姦)'으로 표기되어 있고, 간신 외에 이 '간(姦)'이란 글자가 '간악한 자', '간사함', '간사한 행동'이란 뜻으로 세 차례나 쓰이고 있다. 관중이 간신과 같은 부류의 신하들의 '간행(奸行)'에 상당한 주의를 기울였던 것 같다.

관중은 신하를 일곱 유형으로 분류했는데, 맨 앞에 나오는 '법신'을 제외한 나머지 여섯은 모두 부정적 의미의 신하들이다. 간신은 그 여섯 중 하나로 지목되었다. 관중은 이 편에서 특별히 군주의 중요성을 거듭 강조하고 있다. 다음 대목이 대표적이다.

"무릇 사사로운 폐해는 반드시 군주로부터 발생한다. 군주가 근본을 좋아하면 올바른 신하가 앞에 있고, 군주가 이익을 밝히면 비방을 좋아하는 자들이 좌우 측근에 있다. 군주가 공적에 근거하지 않고 좋고 싫음에 따라 상을 주면 인재들은 나라를 위해 힘을 쓰지 않는다. 무거운 법을 거듭 반포해도 죄를 다스릴 수 없으면 **간사한 행동**이 그치지 않는다."

관중의 이런 지적은 앞에서도 언급한 바 있듯이 **간신 뒤에는 십중팔구 간군, 또는 혼군이 있다는 하나의 법칙과도 일맥상통**한다.

다음으로 관중이 지적해낸 간신의 특성들은 간신들의 보편적 특징과 완전히 일치한다. 나라의 상황을 지나치게 크게 떠벌려 군주를 겁주어 권력을 쥔 다음 자신에 반대하는 사람들의 잘못을 교묘하게 과장하여 해친다. 이 과정에서 간신은 자신과 이해관계를 같이하는 자들과 패거리를 지어 권력을 더욱 키워 정적을 해친다. 이렇게 되면 군주를 바른길로 이끌고자 하는 신하들은 하나둘 제거당한다. 이상이 관중이 분류한 간신의 특징들이다.

관중이 이렇게 일찍이 군주와 신하를 각각 일곱 유형으로 분류하고, 그 특징을 비교적 구체적으로 언급할 수 있었던 데는 그의 정치경력과 무관하지 않다. 그는 제나라 국군 양공(襄公)의 폭정 때문에 공자 규(糾)를 보좌하여 망명길에 올랐다가 양공이 피살되자 포숙(鮑叔)이 보좌한 공자 소백(小白, 훗날 환공桓公)과 정권을 다투었다. 관중은 그 과정에서 소백을 암살하려다 실패했고, 결국 정쟁에서 패하여 죄수의 몸으로 제나라로 압송되어 죽을 위기에 처했다. 그러나 일찍부터 관중을 알고 그의 능력을 높이 평가한 지기(知己) 포숙의 도움으로 목숨을 건지고, 포숙의 통 큰 양보를 받아 제나라 재상이 되었다(이 두 사람의 차원 높은 인간관계를 대변하는 '관포지교'에 대해서는 굳이 설명하지 않아도 될 것이다).

이후 관중은 환공을 약 40년 동안 보좌하여 제나라를 춘추시대 최강국으로 만들었고, 환공은 춘추시대 최초의 패주가 되었다. 관중은 제나라의 모든 국정을 주도했다. 정치·경제·군사 등 모든 방면에서 개혁을 단행했다. 이로써 그는 춘추 초기를 대표하는 큰 정치가로 높이 평가되었다.

이러한 정치경력이 있었기 때문에 그는 군주와 신하의 자질 및 그 관계에 대해 남다른 인식을 가질 수밖에 없었다. 특히 환공이 총애했던 이른바 '삼귀(三貴)'로 불리는, 훗날 주요 간신의 명단에서 빠지지 않는 역아(易牙), 수조(竪刁), 개방(開方)의 간행을 가까이에서 지켜보았기 때문에 이런 부류에 대한 경각심은 남다를 수밖에 없었다. 관중은 세상을 떠나기에 앞서 환공에게 이 세 사람을 멀리하라고 경고까지 남겼을 정도다('삼귀'로 불리는 이 세 간신에 대해서는 따로 알아볼 것이다).

이상 가장 먼저 간신을 언급한 《관자》〈칠신칠주〉편을 간략하게 살펴보았다. 요약하자면 이렇다. 기원전 7세기 전반에 활동한 제나라의 출중한 정치가 관중은 **풍부한 정치경력과 40년에 걸친 개혁정책의 실천을 통해 한 나라를 지탱하는 두 축인 군주와 신하의 역할에 대해 상당히 깊이 있는 인식**을 가졌다. 그 결과 군주와 신하를 각각 일곱 유형으로 분류하고, 그 각각의 특징을 간

현존하는 문헌상 가장 먼저 '간신'을 신하의 한 종류로 분류하고 그 특징을 언급한 춘추 초기의 뛰어난 정치가 관중.

결하게 지적했다. 우리 논의의 주제인 '간신'은 관중이 분류한 일곱 부류의 신하들 중 하나로 기록에 올랐고, 간신의 전형적인 특징 상당수가 언급되어 있다. 다만 하나의 보편적이면서 특수한 역사현상이자 사회현상으로서의 간신이란 존재에 대한 인식으로까지는 나아가지 못하고 있다. 물론 이런 한계는 관중의 한계라기보다는 후대에 형성된 간신에 대한 인식과 이론에 비교하자면 그렇다는 말이다. **관중이 지적해낸 간신의 특징들로는 특정한 상황을 과장하여 군주를 겁주기, 반대파를 제거하기 위해 옥사를 일으키기, 패거리를 위해 무고한 사람에게 죄를 주기, 남(정적)의 잘못을 교묘히 떠벌려 자기 세력을 확장하기 등**이다.

한 가지 더 언급할 것은, 관중이 언급한 법신을 제외한 나머지 다섯 부류의 신하들에게서 나타나는 특징들 역시 간신들의 그것과 흡사하다는 점이다. 요컨대 우리가 이 책에서 다루고 있는 간신은 이

런 부류의 열악한 신하들이 나타내는 특징들을 한 몸에 지닌 존재이자, 이런 부류들을 가리키는 모든 호칭을 간신이란 하나의 단어로 흡수한 존재이다. 앞으로 검토할 문헌들에 등장하는 다양한 부류의 신하들 역시 마찬가지라는 점을 먼저 일러두는 바이다. 다시 말해, 앞으로 나오는 나쁜 신하들은 그 이름이 무엇이 되었건 간신을 함께 연상시켜 가며 이야기를 따라가면 한결 더 이해하기 편할 것이다.

《논어》의 '군자소인론(君子小人論)'

《역경》, 즉 《주역》에 보이는 '소인론'은 공자의 언행록인 《논어》에 '군자'와 대비되어 꽤 구체적으로 나타나고 있다. 또 《순자》 〈유좌(宥坐)〉 편에는 공자와 관련하여 다음과 같은 대목이 있어 눈길을 끈다.

공자가 노나라에서 법 집행을 담당하는 사구(司寇)라는 관직에 취임한 지 7일 만에 조정을 어지럽히던 소정묘(少正卯)를 처형했다. 제자들을 비롯한 주위 사람들은 깜짝 놀랐다. 권력을 믿고 설치던 소정묘이긴 했지만 노나라의 유력자이었던 지라 그 파장이 만만치 않을 것이기 때문이다. 가장 먼저 달려온 제자 자공(子貢)은 "소정묘는 노나라에서 널리 알려진 인물입니다. 선생님께서 정치를 맡으신 지 며칠 되지도 않은 상황에서 그를 죽이시면 어쩌자는 겁니까"라며 걱정스러운 표정을 지었다. 이에 공자는 다음과 같이 자신의 행동을 설명했다.

"통치자로서 제거해야 할 인물에는 다섯 가지 유형이 있는데, 도둑질하는 자는 포함되지 않는다. 첫째가 마음을 반대로 먹고 있는 음험한 자이고, 둘째가 말에 사기성이 농후한데 달변인 자이고, 셋째가 행동이 한쪽으로 치우쳐 있고 고집만 센 자이고, 넷째가 뜻은 어리석으면서 지식만 많은 자이고, 다섯째가 비리를 저지르며 혜택만 누리는 자이다. 이 다섯 가지 유형의 자들을 보면 모두 말 잘하고, 지식 많고, 총명하고, 이것저것 통달하여 유명한데 그 안을 들여다보면 진실이 없다는 점에서 공통된다. 이런 자들의 행위는 속임투성이며, 그 지혜는 군중을 마음대로 몰고 다니기에 충분하고, 홀로 설 수 있을 정도로 강하다. 이런 자들은 간악한 무리의 우두머리라 죽이지 않으면 큰일을 저지른다. … (중략) … 꼭 죽여야 할 자는 낮에는 강도 짓을 하고 밤에는 담장을 뚫고 들어가는 그런 도둑이 아니다. 바로 나라를 뒤엎을 그런 자를 죽여야 하는 것이다. 이런 자들은 군자들로 하여금 의심을 품게 하며, 어리석은 자들을 잘못된 길로 빠뜨린다."

요컨대 **공자는 나라와 백성을 해치는 간신과 같은 신하를 다섯 가지 유형으로 분류하여 반드시 제거해야 할 대상으로 꼽은 것이다.** 그리고 이 부류의 특징은 간신의 특징과 거의 완벽하게 일치한다. 따라서 이 기록대로라면 **공자는 간신과 같은 부류의 신하들에 대해 상당히 진지하고 심각한 인식**을 갖고 있었다고 볼 수 있다. 특히, 이런 부류들을 반드시 제거해야 할 대상으로 인식한 점은 눈여겨보아야 할 필요가 있다. 간신에게 쓸데없는 아량을 베풀었다가 얼마나 큰 낭패를 보았는가 생각하면 공자의 단호함은 전적으로 옳다.

모든 소인배가 간신은 아니지만, 간신은 예외 없이 모두 소인배다. 이런 점에서 소인에 관한 공자와 유가의 관점은 참고할 만하다. 《논어》에 언급된 군자는 약 100항목(정확하게는 107항목)이 넘고, 소인은 약 20항목에 이른다. 여기서는 간신의 특성과 비슷한 특성을 갖고 있는 '소인'에 관한 주요한 기록만 소개해둔다.

• 소인은 교만하되 태연하지 못하다.(〈자로〉)
• 소인은 섬기기는 어려워도 기쁘게 하기는 쉽다.(〈자로〉)
• 소인은 남을 따라 하기는 하지만 화합하지 못한다.(〈자로〉)
• 군자는 남의 좋은 점을 도와서 성취하게 하고 나쁜 점은 막아 드러나지 않게 한다. 소인은 그 반대다.(〈안연〉)
• 군자의 덕은 바람이요, 소인의 덕은 풀이다. 풀은 바람을 받으면 반드시 쏠린다.(〈안연〉)
• 소인은 천명을 모르기 때문에 두려워하지 않는다.(〈계씨〉)
• 소인은 (책임을) 남에게 미룬다.(〈위령공〉)
• 소인은 큰일은 맡길 수 없으나 작은 일은 할 수 있다.(〈위령공〉)
• 군자는 정의에 밝고 소인은 이익에 밝다.(〈이인〉)
• 군자는 도에 집착하고 소인은 땅에 집착한다. 군자는 법칙에 집착하고 소인은 은혜에 집착한다.(〈이인〉)
• 용감한 소인은 도둑질을 한다.(〈양화〉)
• 군자가 도를 배우면 백성을 사랑하고, 소인이 도를 배우면 백성을 함부로 부린다.(〈양화〉)

- 소인은 언제나 걱정에 싸여 마음이 초조하다.(《술이》)
- 소인은 잘못을 지지르면 반드시 꾸며댄다.(《자장》)
- 소인은 사사로이 친해지지만 공적으로는 가까이 사귀지 않는다.(《위정》)
- 군자는 위로 통하고, 소인은 아래로 통한다(재물에 밝다).(《헌문》)

굳이 따로 해설을 덧붙이지 않아도 소인의 특성이 간신의 그것과 판박이라는 점을 알 수 있다. 또 공자가 제거해야 할 다섯 부류와 이 '소인론'을 비교해보면 간신 부류에 대한 공자의 인식이 한결 선명하게 드러난다. 소인은 모두가 간신은 아니지만, 간신은 예외없이 간신이다. 이런 점에서 **간신의 특성을 이해하고 분석하는데 공자와 유가의 '소인론'은 상당히 유용하게 활용**될 수 있겠다.

'여섯 가지의 역적질과 일곱 가지의 해악'
'육적칠해(六賊七害)' – 《육도(六韜)》

《육도》는 강태공(姜太公)의 저작으로 알려져 있다. 강태공이 기원전 11세기 사람이기 때문에 시기로 따지면 관중보다 훨씬 앞선다. 하지만 《육도》의 편찬 시기는 전국 후기로 보는 것이 일반적이고, 혹자는 강태공의 저작이 아니라 이름만 빌렸을 뿐이라고까지 말한다. 더욱이 강태공이란 인물의 실존 여부까지 논쟁이 있을 정도다. 그러나 그 내용의 상당 부분은 강태공의 행적과 관련이 깊다. 따라

강태공에게는 많은 별명이 따른다. 특히 '백가종사(百家宗師)'란 별칭은 그의 사상이 정치·경제·군사 등 전방위임을 잘 보여준다.

서 강태공의 행적을 간략하게 살펴서 그를 통해 간신과 관련한 《육도》의 내용이 갖는 의미와 비교해보는 것도 하나의 방법일 것 같다.

강태공의 생애에서 정작 주목해야 할 대목은 그가 다양한 직업을 전전했다는 사실이다. 그의 집안과 경력을 좀 더 알아보자. 동해 바닷가 동이족 출신인 강태공의 집안은 전설시대인 요·순 때 임금을 보좌한 대신들로 거슬러 올라간다. 하 왕조 때는 여(呂)와 신(申) 지역을 봉지로 받았고, 그 뒤 강이란 성을 얻었다(강태공의 이름은 여러 개가 전하는데 여기서는 가장 많이 쓰고 있는 강태공으로 통일한다). 상 왕조 때 집안이 몰락하여 평민으로 전락했다. 강태공에 이르러 집안은 거의 천민 집안과 다를 바 없었다. 그는 하는 수 없이 마(馬)씨 집안의 데릴사위로 팔려갔으나 얼마 되지 않아 처가로부터 버림을 받았다.

이후 강태공의 인생은 말 그대로 파란만장 그 자체였다. 민간에서 밥장사와 도살업 등에 종사했고, 그마저 여의치 않자 고향을 떠나 상나라의 수도인 조가(朝歌) 부근으로 이주했다. 여기서 강태공은 이런저런 장사와 종업원 생활을 전전하면서 여러 차례 거처를 옮긴 끝에 상나라의 수도 조가에 술집을 열고 많은 사람들과 접촉했다. 그러다 점쟁이 여상(呂尙, 강태공의 또 다른 이름)으로 이름을 내기 시작했고, 상나라 조정의 대신인 비간(比干)을 만나 주(紂)임금을 잠깐 섬기기도 했다.

주임금을 섬긴 짧은 시산 상태공은 상나라의 상황을 사기 눈으로 직접 확인했다. 그는 이내 그곳을 떠나 자신과 배짱이 맞는 다른 인재들과 교류를 확대했다. 이때 만난 인재들이 산의생(散宜生), 굉요(閎夭), 남궁괄(南宮括) 등으로 모두 훗날 주나라 건국에 큰 공을 세웠다.

젊은 날부터 천하를 떠돌며 쌓은 다양하고 풍부한 실제 경험, 특히 상업에 종사한 경력을 바탕으로 강태공은 자기만의 통치방략을 수립했는데, 간소하고 쉬운 것으로 정평이 나 있다. 관련하여 이런 일화가 전한다.

주나라 초기 강태공이 제(齊) 지역을 봉지로 받아 부임할 당시 강태공과 함께 주나라 건국에 절대적인 역할을 한 주공(周公, 무왕의 동생)은 노(魯) 땅을 봉지로 받아 노나라의 제후가 되었다. 주공은 중앙 왕실의 중요한 업무를 맡다 보니 자신이 직접 봉지로 가지 못하고 아들 백금(伯禽)을 대신 보냈다.

백금은 그로부터 3년이 지나서야 주공에게 그간에 노나라를 다스린 상황을 보고하러 중앙으로 올라왔다. 주공이 이렇게 늦은 이유를 묻자 백금은 "그곳의 풍속과 예의를 바꾸고, 3년상을 치르느라 늦었습니다"라고 답했다. 제나라로 간 강태공은 이보다 앞서 불과 다섯 달 만에 돌아와 보고를 올렸다. 주공은 왜 이렇게 빨리 왔냐고 물었다. 강태공은 "소신은 그저 군신의 예의를 간소화하고, 그곳의 풍속과 일처리 방식을 따랐을 뿐입니다"라고 대답했다.

주공은 "어허! 훗날 노나라가 제나라를 섬기게 되겠구나! 무릇 정치란 간소하고 쉽지 않으면 백성들이 가까이하지 않는다. 정치가 쉽고 백성에게 친근하면 백성들이 절로 모여드는 법이다"며 한숨을 내쉬었다. 주공은 강태공과 아들 백금의 통치 방식의 차이로부터 두 나라의 미래를 예견한 것이다. 강태공의 이런 통치방략은 《육도》에 잘 반영되어 있는데, 참고로 몇 구절을 인용해 본다.

"천하를 얻으려는 것은 마치 들짐승을 쫓는 것과 같아 천하가 모두 고기를 나눌 마음을 가지는 것이며, 또 배를 타고 물을 건너는 것과 같아 물을 건너고 나면 모두 그 이익을 고루 나누고 패하면 모두 피해를 입는 것이다."(《육도》〈무도武韜〉'발계發啓')

"백성들과 더불어 같이 아파하고, 같은 마음으로 일을 이루고, 좋지 않은 일은 서로 돕고, 좋아하는 일에 서로 모이면 군대가 없어도 이기고, 무기가 없어도 공격하고, 참호가 없어도 지킬 수 있다."(《육도》〈무도〉'발계')

"천하는 한 사람의 천하가 아니라 천하의 천하다. 천하의 이익을 함께 나누는 자는 천하를 얻고 천하의 이익을 혼자 차지하려는 자는 천하를 잃는다."(《육도》〈문도文韜〉'문사文師')

천하의 이익을 백성들과 함께 나누어야 한다는 강태공의 통치방략은 그로부터 약 400년 뒤 관중의 '백성이 부유해야 나라도 부유해진다'는 '부민부국(富民富國)' 사상과 거의 정확하게 일치한다.

사마천은 춘추전국에서 한나라 무제에 이르는 약 400년 동안 크게 치부한 부자들의 기록인 《사기》 권129 〈화식열전〉에서 강태공의 정책에 대해 다음과 같은 기록을 남겼다.

"옛날 태공망(太公望, 강태공)이 영구(營丘)에 봉해졌는데 땅은 소금기가 많고 인민은 적었다. 태공은 여자들에게 베 짜기를 권하여 그 기술을 최고로 만들고, 물고기와 소금을 유통시키니 물산과 사람이 모여드는데 마치 꾸러미로 동전을 꿰듯, 수레바퀴 살이 안으로 모여들 듯했다. 그리하여 제나라의 모자, 허리띠, 옷, 신발이 천하에 퍼졌고, 동해(東海)와 태산(泰山) 사이의 (나라들이) 옷깃을 여미고 가서 조회했다."

또 〈제태공세가〉에서는 "봉국(제나라)에 이른 태공은 정치를 고쳐 그곳의 습속에 따라 예를 간소하게 하였다. 상공업을 발전시키고, 어업과 소금의 이점을 잘 살렸다. 그러자 인민들이 제로 많이 돌아와 제는 큰 나라가 되었다"고 했다.

강태공의 통치에 관한 기록은 이상이 거의 전부라서 구체적인 정책이나 사상을 얻어내기란 어렵다. 그러나 강태공 이후 제나라의 발전 상황과 춘추시대 관중의 경제정책에 투영된 강태공의 그림자를 읽어내기란 그리 어렵지 않다. 젊은 날부터 다양한 상업 활동에 종사했고, 천하 각지를 떠돌며 지역의 특성과 문화에 대한 정확한 지식을 바탕으로 제나라에 맞는 정책, 즉 상공업을 장려함으로써

최초의 병법서이자 통치 방략서
로 알려진 《육도》의 판본.

제나라를 큰 나라로 만들었다는 논평은 비록 몇 글자 되지 않지만 중국 경제사와 상업사에서 강태공이 차지하는 비중을 아주 함축적이고 묵직하게 전하고 있다.

강태공은 또 병가(兵家)의 원조로 잘 알려져 있다.

《육도》는 그의 젊은 날 경력을 바탕으로 주나라 건국, 제나라 통치로 이어지는 천하경영의 이치를 피력한 통치 방략서라 할 수 있다. 여기에 제나라를 경영하면서 상공업을 장려하여 제나라를 큰 나라로 만들었다는 《사기》의 기록을 합쳐 보면, **강태공은 경제와 정치의 함수관계를 정확하게 인식했던 수준 높은 정치가**가 아닐 수 없다. 또 "천하는 한 사람의 천하가 아니라 모든 사람의 천하이고, 천하의 이익을 함께 나누어야 천하를 얻을 수 있다"는 그의 기본사상은 정치와 경제가 뗄 수 없는 관계라는 사실을 너무도 잘 보여주는 명언이 아닐 수 없다.

간신과 관련한 《육도》의 기록은 '육적'과 '칠해'로 요약된다. 〈문도〉 중 '상현(尙賢)'의 '육적'은 나라에 해악을 끼치는 여섯 종류의 도적과 같은 자들을 가리키며, '칠해' 역시 나라에 해악을 끼치는 일곱 종류의 인간을 가리킨다. 이들은 물론 모두 조정의 종친과 신하들이다. 먼저 '육적'과 '칠해'에 대한 기본 정보를 표를 통해 확인하고 설명을 덧붙이고자 한다.

구분	내용	특징	참고
육적 (六賊)	대규모 토목공사를 일으키고, 노래와 춤을 즐기는 신하.	임금의 덕을 손상시키는 자.	사치와 향락은 간신의 공통된 특징의 하나.
	자기 일에 힘쓰지 않고 방탕하게 살며, 국법을 어기고 따르지 않는 백성.	임금의 교화를 손상시키는 자.	'간민(奸民)'으로 지금의 '민간(民奸)'.
	패거리를 지어 유능한 인재를 가로막고, 임금의 총명을 가리는 신하.	임금의 권위를 손상시키는 자.	조직적으로 패거리를 만들어 유능한 인재의 진출을 막음.
	반항심과 기개의 위세를 믿고 밖으로 타국 군주와 교제하면서 자기 임금을 가볍게 여기는 신하.	임금의 위엄을 손상시키는 자.	외세의 힘으로 자신의 권위를 세우려는 '종미', '종일'의 간신 부류.
	관직을 천하게 여기고, 임금을 위해 어려운 일을 무릅쓰는 것을 부끄러워하는 신하.	공신의 노고를 손상시키는 자.	사익 때문에 나라와 국민을 위해 일하려 하지 않는 간신 부류.
	가난하고 약한 백성의 재물을 빼앗고 깔보는 종친.	서민의 생업에 지장을 주는 자.	간신들의 친인척들로 사회적으로 물의를 일으키는 '족간(族奸)' 부류.
칠해 (七害)	지략도 대책도 없으면서 성과 자리가 탐나 함부로 전쟁을 벌여 요행으로 승리를 바라는 자.	장수로 삼지 않도록 주의해야 하는 자.	전형적인 '군간(軍奸)' 부류에 해당하는 자.
	명성만 높고 실속 없고, 앞뒤가 다르며, 진퇴가 교묘하고, 선한 사람은 덮고 악한 자를 추켜세우는 자.	함께 일하지 않도록 조심해야 하는 자.	곡학아세(曲學阿世)로 명성을 사고 팔면서 민심을 호도하고 여론을 조작하는 '학간(學奸)'을 떠올리게 함.
	허름한 차림으로 명예와 이익에 초연한 척하는 위선자.	가까이 하지 않도록 조심해야 하는 자.	'학간' 부류의 별종으로 권세를 얻으면 바로 정체를 드러냄.
	기이한 언행, 고상한 듯하지만 공허한 논의, 점잖은 모습으로 숨어 삼면서 세상을 비방하는 간사한 자.	총애하지 않도록 조심해야 하는 자.	미신과 사이비종교의 '교간(敎奸)' 유형과 SNS를 통해 간행을 일삼는 자.

	모함과 아첨으로 벼슬을 얻고, 죽으라 돈과 벼슬을 탐내며, 큰일은 꾀하지 않고 이익에만 민첩하고, 고상한 척 헛된 논의를 일삼는 자.	부리지 않도록 해야 하는 자.	전형적인 탐관과 간신의 특성을 지닌 자로 신종 간신 부류에 다 해당함.
칠해(七害)	사치스러운 생활로 건전한 생업에 피해를 주는 자.	반드시 금지시켜야 함.	간신과 그 친인척, 즉 '족간'들의 행태.
	황당한 방술, 이상하고 방자한 방법으로 저주하고 간사한 짓과 상서롭지 못한 말로 백성들을 현혹하는 행위.	반드시 못하게 해야 함.	'언간'을 비롯하여 미신과 사이비종교의 '교간(敎奸)' 유형과 SNS를 통해 간행을 일삼는 자.

강태공은 위 표에서 보는 것처럼 나라와 권력자, 그리고 백성에게 해가 되는 13가지 '육적칠해'는 문왕(文王)의 "왕 노릇 하는 자는 무엇을 우선으로 삼고 무엇을 나중으로 삼으며, 어떤 것을 취하고 어떤 것을 버리며, 무엇을 금지시켜야 합니까?"라는 질문에 대한 답이다. 강태공은 이어 위와 같은 자들은 권력자의 신하나 백성들이 아니라고 단정한 다음 이렇게 경계의 말을 남긴다.

"그런 까닭에 **성내야 할 경우에 성내지 않으면 간신이 생기고, 죽여야 할 자를 죽이지 않으면 큰 도적이 발생**하며, 병력을 사용해야 할 상황에 병력을 쓰지 않으면 결국 적국이 강해집니다."

강태공은 이런 자들이 설치는 낌새가 보이면 성을 내는 것은 물론 필요하다면 죽여야 한다고 단호하게 그 방비책을 내세웠다. 이는 구체적 방안은 아니지만 가장 결정적이고 반드시 실행해야 할 방법임에는 틀림없다. 그리고 이런 자들이 설치는 것을 막으려면 충분한 보상을 통한 제대로 된 인재를 기용해야 한다고 하면서 이렇게 말한다.

"첫째, 같은 물고기 미끼로 물고기를 유인하듯 녹봉으로 사람을 끌어들이는 녹등(祿等)이 있습니다. 둘째, 물고기들이 좋아하는 지렁이로 물고기를 유인하는, 말하자면 보다 많은 녹봉으로 죽을힘을 다하는 인재를 끌어들이는 사등(死等)이 있습니다. 예로부터 '후한 상 아래에 죽을힘을 다하는 인재가 있기 마련(중록지하重祿之下, 필유사사必有死士)'이라고 했습니다. 셋째, 잡고자 하는 물고기 종류와 크기에 맞춰 미끼를 고르는, 즉 재능의 크기에 따라 서로 다른 관직을 주는 관등(官等)이 있습니다."

강태공은 리더는 인재를 갈망하는데 성과가 없는 까닭과 진짜 인재를 기용하지 못하는 주요한 원인은 리더가 세상 사람들의 평가, 즉 '세평(世評)'에만 의존하는 데 있다고 진단하면서 이렇게 핵심을 찌른다.

"임금이 세상 사람들이 칭찬하는 자라고 해서 유능한 인재로 인정하고, 세상 사람들이 헐뜯는 자라고 해서 좋지 못한 인물로 단정하게 되면, 무리가 많은 자는 등용되고 무리가 적은 자는 쫓겨나게될 것입니다. 이렇게 되면 간사한 무리들이 서로 짜고 유능한 인재를 가로막아 버리게 됩니다. 그리하여 충신은 죄 없이 죽음을 당하고, 간신은 거짓된 칭찬으로 높은 벼슬자리를 차지하게 됩니다. 세상은 더욱더 혼란해지고 나라가 멸망의 위기에 빠집니다."

    강태공이 말하는 '세평'을 지금 가짜 뉴스, 거짓 뉴스, 조작 뉴스를 아무렇지 않게 마구 쏟아내는 사이비 '언론(言論)', 즉 '언간(言奸)'의 작태로 바꾸면 무릎을 칠 정도로 정확한 진단이 된다. '언간'은 개인의 탐욕을 채우기 위한 출세욕에 사로잡혀 여론 조작도 서슴지 않는 자들이기 때문이다.

    세평에 휘둘리지 않고 제대로 된 인재를 기용할 수 있는 방법에 대한 질문에 강태공은 자리(벼슬)와 능력이 어울리게 하는 것이라 했고, 그에 앞서 재능을 시험하라면서 구체적으로 다음 여덟 가지 검증법, 즉 '팔징법(八徵法)'을 제안하고 있다.

    ① 문지이언이관기상(問之以言以觀其詳).

        어떤 문제를 내어 그 이해의 정도를 살핀다.

    ② 궁지이사이관기변(窮之以辭以觀其變).

        자세히 꼬치꼬치 캐물어 그 반응을 살핀다.

    ③ 여지간첩이관기성(與之間諜以觀其誠).

        간접적인 탐색(또는 간첩을 이용하여)으로 충성 여부를 살핀다.

    ④ 명백현문이관기덕(明白顯問以觀其德).

        솔직 담백한 말로 그 덕행을 살핀다.

    ⑤ 사지이재이관기렴(使之以財以觀其廉).

        재무관리를 시켜 청렴과 정직 여부를 살핀다.

⑥ 시지이색이관기정(試之以色以觀其貞).

여색을 미끼로 그 품행(정조)을 살핀다.

⑦ 고지이난이관기용(告之以難以觀其勇).

어려운 상황을 만들어 그 용기를 살핀다.

⑧ 취지이주이관기태(醉之以酒以觀其態).

술에 취하게 하여 그 자세를 살핀다.

강태공의 '팔징법'으로는 간신과 간신현상을 막기에는 당연히 역부족이다. 다만 기본적인 방법은 대체로 나와 있다고 할 수 있어 충분히 참고할 만하다. '팔징법'은 비교적 일찍 사람을 판별하는 구체적인 방법을 제시했다는 점에서 상당한 의미가 있다. 인재는 물론 간신을 가려내는 방법에 대해서는 강태공 이후로도 많은 사람들이 그 나름의 의견을 제시했다. 이에 대해서는 따로 분석하도록 하겠다.

이상 강태공의 '육적칠해'에는 지금 우리 사회의 신종 간신 부류와 관련하여 상당히 주목할 부분들이 있다. 우선 '자기 일에 힘쓰지 않고 방탕하게 살며, 국법을 어기고 따르지 않는 백성', 즉 '간민'의 존재는 지금 우리 사회의 ○○○ 부대를 비롯하여 주로 '권간'과 '정간' 및 '교간' 주위에 기생하는 '민간'을 떠올리게 한다. '숨어서 세상을 비방하는 자'는 별다른 직업 없이 대중을 향해 선동을 일삼고, 유튜브 등 SNS를 이용하여 온갖 악의적인 유언비어와 마타도어를 서슴없이 저지르는 신종 '민간' 유형이나 SNS, '포털 간신' 유형과도 닮아 있다.

다음으로 '가난하고 약한 백성의 재물을 빼앗고 깔보는 종친'으로 '서민의 생업에 지장을 주는 자'들을 통해서는 간신의 친인척으로 사회적으로 온갖 물의를 일으키고 있는 '족간'의 존재를 확인할 수 있었고, '지략도 대책도 없으면서 성과 자리가 탐나 함부로 전쟁을 벌여 요행으로 승리를 바라는 자'는 그 자체로 바로 '군간'에 해당하는 존재로서 눈길을 끈다.

'세평'만 믿고 사람을 기용하지 않도록 주의하라면서 여덟 가지 검증법인 '팔징법'을 제기한 점도 새겨 둘만하다. 특히 '세평'만 믿고 기용하다가는 패거리가 많은 자만 기용될 수밖에 없다는 지적은 지금 우리의 '언간'과 결탁하여 '세평'을 조작하고, 이를 밑천으로 권세를 얻으려는 여러 유형의 간신들을 떠올리게 된다.

무엇보다 미신과 사이비종교와 관련이 있는 자들이 유독 많이 눈에 띈다. '황당한 방술, 이상하고 방자한 방법으로 저주하고 간사한 짓과 상서롭지 못한 말로 백성들을 현혹하는 행위'와 '기이한 언행, 고상한 듯하지만 공허한 논의, 점잖은 모습으로 숨어 살면서 세상을 비방하는 간사한 자'들은 영락없이 지금의 '교간'에 해당한다. 우리 사회의 '교간'은 '권간'과 '정간' 등 일부 간신 부류들과 결탁되어 사회를 아주 이상한 쪽으로 끌고 가고 있어 여간 심각하지 않다.

강태공이 이런 점복, 방술 따위로 혹세무민하는 자들에 대한 경계심을 높이고 있는 점은 강태공이 오랫동안 민간에서 생활하면서, 또 한때 미신에 빠져 있던 은나라 주임금 밑에서 이런 부류들을 많이 접촉했기 때문이 아닐까 추정해본다. 이는 강태공이 점복 등 미신에 강한 거부감을 보인 것과도 통한다. 《사기》 〈제태공세가〉에 보면 무왕이 은 주왕을 정벌하기에 앞서 거북점을 쳤더니 징조가 불길하게 나왔다는 내목이 있다. 여기에 비바람까지 몰아치자 사람들이 모두 두려워 출정을 꺼려 했지만 강태공은 짐승 뼈다귀 따위가 어찌 인간의 운명을 어떻게 결정할 수 있냐며 단호히 출정을 주장했고, 결국 은나라를 멸망시켰다.

'육적칠해'에서 위선자로 표현된 부류들은 관점에 따라 이들을 간신으로 단정하기에는 무리가 있을 수 있어 섣부른 단정은 피해야 할 필요가 있다.

강태공의 '육적칠해'를 간신과 연관시켜 그 요점을 정리해보자. 강태공의 '육적칠해'는 관중처럼 구체적인 명사로 간신을 분류하지는 않고 있지만 간신들이 보이는 전형적인 행태, 즉 '간행'의 상당 부분이 등장하고 있다. 전형적인 간신 유형을 비롯하여 '민간', '군간', '언간', '교간'에 해당하는 존재들이 확인되었고, 무엇보다 종친으로 표현된 간신의 친인척, 즉 '족간'이 저지르는 간행을 찾아낸 점도 의미가 있다.

지금의 관점에서 보아 강태공의 '육적칠해'의 한계는 뚜렷하다. 무엇보다 이들의 행태가 다소 모호하게 기술된 점은 주의해야 한다. 그럼에도 불구하고 사람을 기용함에 있어서 여덟 가지 방법으로 검증하라는 '팔징법'은 '실사구시(實事求是)'에 가까워 충분히 참고하고 활용할 만하다. 간신을 제대로 가려내기 위한 사람을 관찰하거나 시험하는 방법에 대해서는 따로 분석하고 검토할 것이다. 강태공의 '팔징법'은 그 선구로서의 의미가 있어 먼저 간략하게 소개해두었다.

국간(國奸)의 존재와 특징을 지적하다
-《삼략(三略)》

《삼략》은 흔히《육도》와 함께 입에 오르내린 탓에 강태공의 저작으로 잘못 알려져 왔다. 물론《육도》역시 강태공의 저작인지 확실치 않다. 대체로 후대 병법 전문가들이 강태공의 이름을 빌렸다는 것이 중론이다.

《삼략》과 관련해서는 한나라를 건국한 유방(劉邦)의 일등 공신이었던 장량(張良, ?~기원전 186)이 젊은 날 신비한 노인 황석공(黃石公)으로부터 전수 받은 치국방략서라는 설이 있다(이 때문에《삼략》을《황석공삼략》으로 부르고 해당 판본도 남아 있다). 관련 고사는 대체로 이렇다.

젊은 날 장량은 가산을 털어 자신의 조국 한(韓)나라를 멸망시킨 진시황(秦始皇)에 대한 복수에 나섰다. 당시 동생이 죽었는데 장례도 제대로 치르지 않은 채 복수에 몰두했다. 그는 창해역사(滄海力士)라는 킬러를 고용하여 진시황의 순시 길목을 지키고 있다가 철퇴로 진시황이 탄 마차를 습격했다. 철퇴는 진시황이 탄 마차를 따르는 다른 마차를 저격했고, 암살은 실패로 돌아갔다.

장량에게는 수배령이 내려졌고, 장량은 강소성 하비(下邳) 지역에 숨어 지냈다. 도망자 신세는 고달팠지만 이 기간에 장량은 '이교(圯橋)'라는 다리를 건너가다 신비한 노인을 만나《태공병법(太公兵法)》을 얻게 된다(이 병법을 은나라를 멸망시키고 주나라를 건국하는 데 가장 큰 역할을 했던 강태공의《육도》나《삼략》으로 보는 설이 있다).

흔히 '이상수서(圯上受書, 이교 위에서 책을 받다)'로 묘사되는 이 만남은 장량의 삶에 질적인 변신을 가져다준 중요한 계기로 작용했다. 당초 다리 위에서 만난 노인은 다리 밑으로 신발을 내던지며 장량에게 주워 달라고 했다. 장량은 순간 욱하며 한바탕 때려 주고 싶은 마음이 솟구쳤다. 순간 장량은 자신의 처지를 상기했다.

장량은 다리 밑으로 내려가 신을 주워 왔다. 그러자 노인은 신을 신기게 했다. 장량은 순순히 신을 신겼다. 노인은 "젊은 놈이 가르칠 만하군(유자가교孺子可敎)"라며 장량과 시간을 약속하고는 세 번이나 장량을 테스트한 끝에 병법서 하나를 장량에게 건네주고 이 책을 공부하면 제왕의 스승이 될 수 있을 것이라고 예언했다.

그 뒤 장량은 늘 그 병법서를 지니고 다니면 읽고 또 읽었다. 이 노인과의 만남과 병법서는 장량의 삶에 큰 변화를 주었다. 장량은 병법서를 깊이 탐구했고, 그 결과 천하대세를 읽는 탁월한 안목을 갖추었다. 당시 병법서는 단순한 군사 이론서가 아니었다. 천하를 통치하는 방법과 리더의 리더십에 관한 내용을 두루 포괄하는 종합적인 통치방략서였다. 장량은 이 병법서를 깊게 탐구했고, 그 뒤 유방을 만나 그의 참모가 되었다.

간신과 관련하여 《삼략》에는 간신 부류로 분류할 수 있는 여러 종류의 간사한 자들을 언급하고 있는 점이 먼저 눈에 띈다. '영신(佞臣, 아첨하는 신하)', '영인(佞人, 아첨하는 자)', '사신(邪臣, 사악한 신하)', '간웅(奸雄, 간사한 자)', '중간(衆奸, 간신 무리)' 등이 바로 그런 표현들이고, 무엇보다 나라를 그르치는 '국간(國奸)'이란 용어가 눈길을 사로잡는다. 먼저 관련 대목들을 인용해 본다.

- 재물을 탐하면 간사함이 막아 지지 않는다.
- 간사하고 곧지 못한 자를 천거하고, 유능한 사람을 눌러 꺾으며, 공은 저버리고 사사로움을 세우며, 동료들끼리 서로 비방하는 것, 이것이 혼란의 근원이다.
- 강력한 종족이 간사한 자들을 모아 자리도 없으면서 높아져 위세를 떨치지 않는 곳이 없다. (패거리들이) 칡넝쿨처럼 서로 얽혀 덕을 심고 은혜를 베풀어 천자의 권한을 빼앗고, 아래 백성들을 침해하고 업신여긴다. 나라가 어지러워져도 신하들은 보고도 못 본 척한다. 이것이 혼란의 근원이다.
- 아첨하는 간사한 신하[영신(佞臣)]가 윗자리에 있으면 군대 전체가 불평불만을 호소한다.
- 군주가 간사하고 아부하는 자[영인(佞人)]를 쓰면 반드시 재앙을 당한다.
- 간사한 자[간웅(奸雄)]들이 서로를 칭찬하여 군주의 현명함을 가리고, 비방과 찬양을 마구 뒤섞어 군주의 총명함을 막는다. 각자 사사로운 마음으로 아부하니 군주는 충성스러운 사람을 잃는다. (이상 〈상략〉)
- 도가 통하지 않으면 사악한 신하[사신(邪臣)]가 이기게 되고, 사악한 신하가 이기면 군주의 권위가 상하게 된다.
- 유능한 신하가 안에 있으면 사악한 신하[사신(邪臣)]는 밖으로 내쫓기고, 사악한 신하가 안에 있으면 유능한 신하가 밖으로 내쳐진다. 안에 있는 것과 밖으로 내치는 것이 적절하지 못하면 화란(禍亂)이 후대에까지 미친다.

• 대신이 군주를 의심하면 간신들[중간衆奸]이 패거리를 짓고, 신하가 군주의 존엄함에 맞서면 위아래 구별이 흐려지고, 군주가 신하의 일에 간섭하면 위아래 질서가 무너진다.(이상 〈하략〉)

《삼략》은 특별히 간사한 자의 겉모습에 속지 말라며 다음과 같이 경고한다.

"속마음은 탐욕스러우면서 겉으로는 깨끗한 척하며, 명예를 조작하여 명성을 훔치고, 나라에서 베푼 은혜를 자기가 베푼 것인 양 꾸미며, 윗사람과 아랫사람을 혼란스럽게 만들고, 몸을 예의 바른 것처럼 꾸미고, 낯빛을 점잖게 꾸며 높은 벼슬을 얻는 자가 있다. 이러한 행위가 도둑질의 첫걸음이다."(〈상략〉)

위 대목은 마치 지금 우리 사회의 신종 간신 부류들을 지목하는 것처럼 들린다. 또 **간신들의 이런 속임수와 위선이 곧 도둑질, 즉 '간행'의 첫걸음이라는 지적은 깊이 새겨들어 경계하고 방비할 필요**가 있다. 이어 군대의 상황이긴 하지만 간사한 자가 높은 자리에 앉아 있을 경우 발생하는 폐단과 해악을 비교적 상세히 지적해내고 있다.

"간사한 신하가 높은 자리에 있으면, 전군(全軍)이 그에 대한 불만을 호소할지라도 그자는 권력을 믿고 자신이 옳다고 우긴다. 지휘자로서 여러 사람들의 기대를 저버리며, 나아가지도 물러서지도 않는다. 그리하여 전진을 반대하는 자에게도, 후퇴를 반대하는 자에게도 구차하게 인정받기를 바란다. 모든 일을 오로지 자기 뜻대로만 판단하며, 자신의 공로를 자랑한다. 덕 있는 군자를 비방하고, 못나고 옹졸한 자를 칭찬한다. 선악을 가리지 않고 모두가 자기 뜻에 따를 것을 요구한다. 일을 미루어 명령이 통하지 않게 하고, 까다로운 일들을 조작하여 옛 법도와 좋은 관습을 바꿔 버린다. 그러므로 임금이 이런 간사한 아첨배를 등용하면 틀림없이 화와 재앙을 입는다."(〈상략〉)

앞서 잠깐 언급했듯이 《삼략》에서 가장 눈길을 끄는 것은 '국간(國奸)'이란 존재다. 몇 줄 되지 않는 짧막한 대목에 간신의 수법과 그 해악이 강렬하게 표출되어 있기 때문이다. 무엇보다 '대대로 간악한 짓을 한다'는 첫 부분은 몇 차례 강조했던 간신과 간신현상이 대물림을 떠올리게 하여 소름이 돋는다. 관련 대목을 인용해 본다.

"대대로 간악한 짓을 일삼아 군주의 권한을 침해하고 도적질하며, 자신의 진퇴를 자기 멋대로 하고, 문서와 법조문을 왜곡하고 농간을 부려 그 군주를 위태롭게 하니 이런 자를 '국간(國奸)'이라 한다."

'국간'은 《순자》의 '국적(國賊)', 《후한서》에서 거간(巨奸) 양기(梁冀)를 두고 표현한 '국간적(國奸賊)'을 떠올리게 한다. 또 이 '국간'의 간행은 우리 사회의 신종 간신 부류에 속하는 관간, 검간, 법간 등의 간행을 자연스럽게 떠올리게 하는 대목이 아닐 수 없다. 다음은 《삼략》의 마지막 대목인데, 그 함의(含意)가 자못 의미심장하다.

"하나를 이롭게 해서 1백에게 손해를 끼친다면 백성은 나라를 떠나가고, 하나를 이롭게 해서 1만을 해롭게 한다면 차라리 나라가 흩어졌으면 하고 생각한다. 반대로 하나를 버려서 1백을 이롭게 한다면 백성은 이 은혜를 생각하고, 하나를 버려서 1만을 이롭게 한다면 정치가 어지러워지지 않는다."

'국간'을 언급하고 있는 《황석공삼략》의 판본.

여기서 말하는 '하나'를 '간신 하나'로 바꾸어 보면 그 의미는 더욱 명확해질 것이다. 간신은 하나라도 남김없이 확실하게 척결해야 함을 《삼략》의 이 마지막 대목이 아주 잘 보여주고 있다.

간신과 관련한 《삼략》의 핵심 요지는 겉과 속이 다른 간신의 겉모습에 홀리지 말라는 것으로 요약할 수 있다. 또 '재물을 탐하면 간사함은 막아 지지 않는다'는 지적은 간신의 가장 큰 특징이자 공통점인 '탐(貪)'에서 재물을 탐하는 '탐재(貪財)'와 일맥상통한다. 언급된 몇 종의 간신 부류들도 눈길을 끌지만 구체적인 설명은 부족한 편이다. 《삼략》이 군사 방면의 책이라는 사실을 감안하면 충분히 이해가 간다. 다만 나라를 망치는 '국간'이란 개념과 그 특징을 지적한 점은 눈여겨볼 필요가 있다. 참고로 《삼략》에 제시된 간신 부류를 하나의 표로 정리해둔다.

간신 관련	내용 및 특징	비고
탐재(貪財)	재물을 탐하면 간사함을 막을 수 없다.	모든 간신의 공통된 특징.
강종취간 (强宗聚奸)	강력한 권력자의 친인척들이 간사한 자들을 모아 칡넝쿨처럼 얽혀 권세를 부린다.	나라가 어지러워지는 근원 신종 간신 부류의 족간(族奸).
영신(佞臣)	(군대의) 아첨하는 간사한 신하.	전군이 불만을 터뜨림.
영인(佞人)	영신과 같은 뜻의 단어다. 이런 자를 기용하면 반드시 재앙을 당한다.	영신, 영인은 《사기》〈영행열전〉의 선구.
간웅(奸雄)	서로를 추켜세우며 군주의 판단력을 흐리게 하고, 아첨으로 충직한 자를 잃게 하는 간사한 자.	조조에게 붙여진 '간웅'과는 뜻이 다름.
사신(邪臣)	사악한 신하로 이들이 득세하면 유능한 신하가 쫓겨나고 군주의 권위가 상실됨.	나라를 다스리는 올바른 도가 통하지 않으면 득세하는 자.
중간(衆奸)	간신 무리로 이들은 패거리를 짓는다.	상하질서가 문란해짐.
국간(國奸)	대대로 간악한 간행을 일삼으며 나라를 잘못된 길로 이끄는 거물급 간신.	자기 멋대로 오가며 법조문 조작하여 사익을 취함.

간신 부류의 특성을 정의하고 분류하다
— 《순자(荀子)》

유가 사상을 집대성하고 법가 사상에도 상당한 영향을 미친 순자(荀子, 기원전 약 313~기원전 238)는 자신의 저서 《순자》 곳곳에서 간신과 연계시켜 볼 수 있는 의미 있는 인식을 보여주고 있다. 먼저 순자에 대해 간략하게 알아본다.

순자는 공자 이후 유가가 사상적으로 진보와 보수로 크게 갈라지면서 진보를 대표하는 인물이 되었다. 이 때문에 그를 유가 좌파라 부르기도 한다(맹자는 유가 우파를 대표한다고 본다). 사상의 뿌리는 유

학이지만 당시의 진보적인 사상을
두루 흡수하고 수용했다. 이런 사
상적 특징 때문에 그의 문하에서
는 법가를 대표하는 인물들인 한
비자(韓非子)와 이사(李斯)가 배출
되기도 했다.

순자는 사회 실천적 경험을 중
시했고, 인간의 본성에 대해서는
'예(禮)'로써 '악(惡)'한 본성을 '선
(善)'으로 바꾸어야 한다는 이른바
'성악설'을 주장하여 맹자의 '성선

간신과 관련하여 《순자》는 간신이 보
이는 여러 가지 특징을 언급하고, 특히
간신의 가장 중요한 큰 특징인 '아첨',
'모함', '사기'에 대해 정의를 내렸다. 간
신 범주에 해당하는 신하의 종류로 '태
신', '찬신', '국적'을 언급한 부분도 참
고할 만하다. 순황의 초상화이다.

설'과 대립했다. 그가 남긴 것으로 전하는 《순자》는 유가의 사상과
논리를 집대성한 저작이라는 평가를 받고 있다.

신하와 군주의 종류 및 행태

총 32편이 남아 있는 《순자》 중 군주와 신하들의 종류 및 행태를
언급하고 있는 편은 〈신도(臣道)〉이다. 순자는 이 글에서 신하에게
는 여러 가지 자격과 형태가 있으며, 그 섬기는 임금(리더)에 따라서
도 여러 가지 경우가 있다고 전제한 뒤, 성신(聖臣)과 공신(功臣)은
어떻게 다르고, 찬신(纂臣)과 태신(態臣)은 어떻게 다른가 등에 대해
관련한 역사 인물들을 들어가며 상세한 설명을 덧붙이고 있다.

군주(리더)의 자질에 대한 지적도 잊지 않고 있다. 한 나라가 제대로 다스려지기 위해서는 신하(인재)의 자질과 역할 못지않게 군주의 자질도 중요하다는 것이다. 통치의 본질을 간파한 지적이 아닐 수 없다. 한 나라를 다스리는 데 있어서 유능한 관료(인재)들의 역할이 절대적이기는 하지만 유능한 관료를 가려 볼 줄 아는 최고 통치자(리더)의 기본적인 안목과 자질이 없다면 공염불이다. **유능한 관료가 충분조건이라면 통치자의 자질은 필수조건이다.**

순자가 분석하고 분류하고 있는 신하의 종류와 그 특성은 간신과 관련하여 유의미한 참고 자료가 된다. 특히 간신 범주에 속하는 신하들이 보이는 특징은 간신들이 보이는 전형적인 특징과도 일맥상통하기 때문이다. 〈신도〉 편의 내용은 중복되거나 종류와 특징이 뒤섞여 어지러운 부분이 있어 내용 전체를 아래 하나의 표로 정리했다.

신하의 종류	특징	비고
태신(態臣)	안으로 백성을 통일할, 밖으로 외적을 물리칠 능력도 없으며, 백성과 친하지도 못하고 제후의 신임도 받지 못하는 자.	빈틈없이 영리하고 약고 잽싸서 군주의 총애를 받는 신하.
찬신(纂臣)	충절도 없고, 교묘하게 명성을 얻고, 공정한 도의는 무시하고, 당파를 짓고, 군주를 꼬드겨 사리사욕을 채우는 자.	군주의 권리를 찬탈하는 신하.
공신(功臣)	백성을 통일할 능력, 외적을 물리칠 능력을 가지고 있으며, 백성과 친하고 제후의 신임을 받는 자.	충절을 지키고 백성을 아낄 줄 아는 유능한 신하.
성신(聖臣)	군주를 존엄하게 하고, 백성을 아껴 백성이 명령과 교화를 그림자처럼 따르게 하며, 상황의 변화에 민첩하게 대응하고 예측과 임기응변으로 비상상태를 처리할 줄 아는 자.	치밀하고 엄밀하게 제도와 법칙을 제정하는, 즉 왕도를 아는 신하.

| 사직지신
(社稷之臣) | 죽기를 각오로 군주에게 바른말로 직언하여 군주의 잘못을 바로잡으며, 군주의 존엄과 국가의 안전을 지키고, 나라에 이익이 된다면 명령도 거역할 수 있는 자. | '간쟁보필(諫爭輔弼)'하는 신하로, 없어서는 안 될 존재이자 군주의 보배. |

간신 소인 부류와
그 특징에 대한 정의

간신과 관련하여 《순자》는 **간신의 범주에 드는 소인배의 언행에서 나타나는 특징에 대해 상당히 깊은 인식**을 보여주고 있다. 이런 인식의 단편들이 제2 〈수신(修身)〉 편 군데군데에 드러나고 있다. 먼저 순자는 "나에게 아첨(첨유諂諛)하는 자는 나를 해치는 자"라고 단정한다. 그러면서 이런 자를 소인으로 규정한 다음 소인의 특징을 이렇게 정의한다(이하 《순자》의 번역문은 김학주 옮김, 2008, 을유문화사, 《순자》를 참고했다).

"소인은 (군자와는) 반대로 심하게 난동을 부리면서도 남들이 자기를 비난하는 것을 싫어하고, 매우 못났으면서도 남들이 자기를 어질다고 여기길 바란다. 마음은 호랑이나 승냥이 같고 행동은 금수 같으면서도 남들이 자기를 해치는 것을 싫어한다. 아첨하는 자와는 친하고 과감히 충고하는 자는 멀리하며, 수양을 제대로 쌓은 올바른 사람을 비웃음거리로 삼고, 지극히 충성된 사람을 자기를 해치는 자라고 여긴다."

위 대목에는 우리가 앞서 살펴본 간신의 공통된 특성 몇 가지가 지적되어 있다(별도의 설명은 생략한다). 이어 순자는 '아첨'을 비롯하여 간신의 특성인 모함 등에 대해 좀 더 진전된 정의를 내리고 있다.

"선하지 않은 것으로 사람들을 이끄는 것을 모함이라 하고, 선하지 않은 것으로써 사람들과 화합하려는 것을 아첨이라 한다."

즉, 모함과 아첨은 아무리 동기가 좋고 말이 좋아도 선하지 않다는 것이다. 바로 이어지는 대목은 이렇다.

"옳은 것을 옳다 하고 그른 것을 그르다 하는 것을 지혜라 하며, 옳은 것을 그르다 하고 그른 것을 옳다고 하는 것을 어리석음이라 한다. 훌륭한 이를 손상시키는 것을 모함이라 하고, 훌륭한 이를 해치는 것을 해로움이라 한다. 옳은 것을 옳다 하고 그른 것을 그르다 하는 것을 곧다 하고, 남의 재물을 훔치는 것을 도둑이라 하며, 자기 행동을 숨기는 것을 사기(詐欺)라 하고, 말을 바꾸는 것을 허풍을 떤다고 한다. 취하고 버리는 것이 일정치 않은 것을 무상(無常, 변덕)하다 하고, 이익을 지키려고 의로움을 버리는 것을 강도라 한다."

위 대목 역시 간신들이 보이는 특징을 고스란히 담고 있다. 특히 **간신의 특성 가운데 가장 대표적인 자기 행동을 숨기고 속이는 '사기'를 언급한 점**이 눈에 들어온다. 다음 대목은 언행으로 나타나는 간신의 구체적인 특징을 묘사하고 있는 것 같아 역시 주목된다.

"몸가짐은 오만하고 고집이 세며, 마음은 음흉하고 거짓되고, 일하는 방법은 예에 어긋나고 시서분하며, 감정은 잡되고 천박하다면, 천하를 멋대로 다니며 비록 세상에서 뜻을 이룬다 하더라도 그를 천하게 여기지 않는 사람이 없을 것이다."

"수고롭고 고생스러운 일은 이리저리 피하며 맡지 않으려 하고, 매우 즐거운 일은 염치없이 좋아해 양보할 줄 모르며, 편벽되고 삐뚤어져 성실하지 못하고, 할 일을 제대로 하지 않는다면, 천하를 멋대로 다니며 비록 세상에서 뜻을 이룬다 하더라도 그를 버리지 않는 사람이 없을 것이다."

이 대목 역시 간신이 보이는 특징을 여러 가지로 잘 지적하고 있다. 위 대목을 앞에서 표로 정리한 신하들 중 간신의 범주에 드는 '태신', '찬신', '국적'과 연관지어 보면 보다 간신의 특성을 좀 더 심각하게 인식할 수 있을 것이다. 특히, 이런 **간신 같은 자들이 득세하더라도 세상이 그를 욕하고 버릴 것이라는 경고는 간신의 역사를 통해 확인할 수 있는 하나의 법칙과도 같은 정확한 판단**이라 할 수 있다.

순자는 신하의 행위를 군주에 이익이 되는 '순(順)', 명령에 따르지만 군주에 이익이 못 되는 '첨(諂)', 명령에 따르지 않지만 군주에 이익이 되는 '충(忠)', 명령에도 따르지 않고 군주에게 이익도 못 되는 '찬(簒)', 군주의 영예나 치욕은 돌아보지 않고, 국가의 흥망에도 개의치 않으며, 오로지 비위를 맞추어 녹이나 먹고 사교나 하며 지내는 '국적(國賊)'으로 나누어 보았다.

그러면서 순자는 이런 국적의 대척점에 있는 최고이자 최선의 신하로 '사직지신(社稷之臣)'을 거론하면서, '사직지신'의 본질을 목숨을 걸고 바른말로 직언하면서 군주를 보필하는 '간쟁보필(諫爭輔弼)'로 요약했다.

요약해보면, 순황은 간신 부류에 드는 소인배의 특징을 여러 가지 지적하고 있는데, 이는 간신이 보여주는 특징과 거의 정확하게 일치한다. 특히 아첨, 모함, 사기라는 간신의 가장 중요하고 핵심적인 특징에 대해 그 나름의 정의를 내리고 있어 적지 않은 참고가 된다.

순황은 신하의 종류를 5, 6종으로 분류했는데, 그중 '태신', '찬신', '국적'은 당연히 간신에 해당한다. 순황은 신하를 분류했을 뿐만 아니라 군주로 '성군(聖君)', '중군(中君)', '폭군(暴君)'으로 나누어 살폈고, 충성의 단계도 대충(大忠), 차충(次忠), 하충(下忠), 국적(國賊)의 4단계로 나누었다. 여기서 순자는 국적을 한 번 더 언급하고 있는 점이 눈에 띄는데, 국적에 대해 순자는 앞에서 말한 것과 똑같이 "군주의 영예나 치욕은 돌아보지 않고, 국가의 흥망에도 개의치 않으며, 오로지 비위를 맞추어 녹이나 먹고 사교나 하며 지내는 것"이라는 해설을 달았다. 간신의 행동과 그대로 일치한다. 다소 어지럽게 나누어져 있지만, **그 내용과**

《순자》는 간신과 관련하여 그런 자들이 아무리 뜻을 얻고 득세해도 세상이 그를 욕하고 버릴 것이라는 역사의 법칙과도 같은 정확한 인식을 보여주고 있다. 《순자》의 첫 편인 〈권학〉 편이다.

핵심은 결국 신하와 군주의 관계 설정 및 자질이며, 그 각각의 관계 설정과 자질에서 군주와 신하의 등급이 갈라진다는 것이다.

친인척과 주변을 경계하라
-《여씨춘추(呂氏春秋)》의 '육척사은(六戚四恩)'

《여씨춘추》는 진시황의 생부로 알려진 여불위(呂不韋, 기원전 292~기원전 235)가 자신의 문객들을 총동원하여 편찬한 잡가류의 백과전서다(제자백가의 여러 사상과 학설을 종합했지만 도가의 성격이 비교적 강하다는 분석이다). 여불위는 조(趙)나라에 사업차 왔다가 인질로 와 있는 진나라의 공자 자초(子楚)에게 과감하게 투자하여 그를 왕위에 앉히는 데 성공했다. 그가 바로 장양왕(莊襄王, 기원전 281~기원전 247)이다.

그런데 장양왕은 즉위 3년 만에 세상을 떠나고, 어린 아들 정(政)이 13세의 나이로 왕위에 오르니 이가 바로 훗날의 진시황(秦始皇, 기원전 259~기원전 210)이다. 당시 7국 중 가장 강대했던 진나라의 권력이 여불위의 수중에 들어갔다. 여불위는 야심 차게 천하통일을 위한 밑그림의 하나로 문화사업을 벌였고, 그 결과물이 바로《여씨춘추》의 편찬이었다.

그는 무려 3천에 이르는 자신의 문객들을 총동원하다시피 하여 이 방대한 책을 편찬했다. 책의 이름은 자신의 성을 따서《여씨춘추(呂氏春秋)》라 했다. 여불위는 이 책에 엄청난 자부심을 가져 이 책에서 한 글자를 빼거나 더할 수 있는 사람이 있으면 천금을 주겠다는 방까지 내다 붙일 정도였다(여기서 '한 글자에 천금'이라는 '일자천금 一字千金'의 고사성어까지 나왔다).

여불위는 상인으로 당시 가장 강했던 진나라의 승상이 되어 실권을 휘두른 인물이다. 상인 출신인 그가 진나라의 최고 권력자가 된 까닭은 그의 남다른 투자 안목 때문이었다. 여불위는 한 사람, 즉 자초에게 집중투자하여 그 사람을 진나라의 왕으로 만들고, 자신은 진나라의 실권을 장악했다. 사람을 보고 투자하는 여불위의 안목은 남달랐고, 그것이 《여씨춘추》에 부분적으로 반영되어 있다.

역사적 관점에서 볼 때, 《여씨춘추》는 한나라 초기 편찬된 《회남자(淮南子)》 등과 더불어 도가사상을 기본 원칙으로 삼고 각 사상의 요점을 흡수하여 새로운 학설을 제시한 것으로 평가되기도 한다. 모두 26권이다.

우리의 주제인 간신과 관련하여 《여씨춘추》에서 참고할 만한 부분은 〈계춘기(季春紀)〉 중 '논인(論人)'의 일부다. '논인'은 '사람을 아는' 도리를 밝히고 있는 글로, '정치는 다른 사람이 할 수 있지만 그 사람을 취하기 위해서는 내 몸을 먼저 바르게 해야 한다'는 《중용(中庸)》의 사상을 연상시킨다. 그러면서 **사람을 알고 논하기 위한 구체적인 방법으로 '팔관육험(八觀六驗)'과 '육척사은'을 제기**한다. '팔관육험'은 그 사람이 처해 있었던 상황에서 어떤 언행을 보이는지를 살피고, 또 따로 특정한 상황을 만들어 그 사람의 반응을 살피라는 상당히 구체적인 방법론이다. 이어 제시하고 있는 **'육척사은'은 간신에 대한 검증 때 꼭 필요한 요소이자 한 사람을 알고 평가하는 원칙으로서 핵심을** 찌르고 있다. '팔관육험'은 따로 분석할 것이고, 여기서는 '육척사은'을 간략하게 소개해둔다. 원문이 길지 않기 때문에 먼저 인용해본다.

"사람을 평가할 때에는 또한 반드시 '여섯 가지의 혈육' '육척(六戚)'과 '네 가지의 주위 사람' '사은(四隱)'을 보아야 한다. 무엇을 일컬어 여섯 가지의 혈육이라 하는가? 아비, 어미, 형, 아우, 처, 자식이 그것이다. 무엇을 일컬어 네 가지의 주위 사람이라 하는가? 교제하는 벗, 오랜 친구, 이웃, 가까운 신하가 그것이다.

안으로는 여섯 가지의 혈육과 네 가지의 주위 사람을 활용하고, 밖으로는 여덟 가지의 관찰과 여섯 가지의 시험을 활용하면, 사람의 진실됨과 거짓, 탐욕스러움과 비천함, 아름다움과 추함 등 어떠한 것도 빠뜨리지 않게 된다. 이는 마치 비를 아무리 잘 피해도 비에 젖지 않기란 불가능하다는 것에 비유할 수 있다. 이것이 바로 옛날의 훌륭한 임금들이 사람을 알아보던 방법이다."

사람을 평가할 때 '육척사은'을 보라는 대목은 마치 지금의 공직자 인사 검증 때 살피는 기본과 거의 일치한다. 여불위는 여기서 **한 걸음 더 나아가 잘 드러나지 않는 네 종류의 사람, 즉 '사은'까지 살피라고 말한다.** 이렇게 사람을 평가하고 검증하면 아무리 비를 잘 피한다고 해도 비에 젖지 않을 수 없듯이 검증을 빠져나갈 수 없다는 것이다.

인사검증의 기본으로 '육척사은'을 살피라는 여불위의 제안은 간신을 가려낼 때도 대단히 유용하다. 가족을 비롯하여 오래 관계해온 친구나 이웃 및 동료들은 한 사람의 개인사를 반영한다. 과거

이들과 함께했던 일이나 언행은 그 사람의 현재를 규정하는 중요한 자료이자 기록이 된다. 가족들의 행적 역시 그 사람의 진면목을 파악하는 데 없어서는 안 될 자료다. 우리 사회에서 부정과 비리 등으로 큰 문제를 일으킨 자의 가족과 주변을 보면 대부분 그 부정과 비리에 함께 얽혀 있다. 이는 부모를 비롯하여 아내와 남편으로서, 즉 한 가족으로서 그런 문제를 일으킨 자와 그가 일으킨 사회적 물의에 대해 사과하거나 사죄하는 경우가 전혀 없다는 사실에서 잘 드러난다. 결국 그 문제의 근원이 가족과 주변, 즉 여불위가 말하는 '육척사은'임을 뜻한다.

간신과 간신현상의 근원도 '육척사은'에서 크게 벗어나지 않는다. 그렇다면 간신을 척결하고 간신현상을 뿌리 뽑기 위해서는 '육척사은'에 대한 철저한 응징이 함께 따라야 한다는 결론이 나온다. 법적 응징은 물론, 사회적 응징과 역사의 응징이 동반되어야 할 것이다. 여기에 더해 인사검증, 특히 고위 공직자나 사회 지도층에 대한 **검증과정에 친인척과 주변에 대한 검증까지 포함시키는 법적 제도적 장치까지 보완된다면 간신 척결은 훨씬 더 힘을 받을 수 있을 것이다.**

간신과 간신현상의 구체적 방비책을 제시한 《한비자》

우리는 간신들이 간행을 성공시키기 위해 써먹는 방법과 수단을 분석하면서 《한비자》에 기록된 '팔간(八姦)'을 소개한 바 있다. '팔

'간'은 간신의 방법과 수단이지만, 그 수단과 방법을 통해 그 자체로 여덟 종류의 간신을 분류해낸 것이라고 할 수 있다. 특히 **한비자가 제시하고 있는 간신에 대한 방비책은 상당히 구체적이라는 점에서 그 의미가 남다르다.** 여기서 그 부분을 포함하여 간신과 관련하여 특히 한비자가 제시하고 있는 그 방비책을 중심으로 심층 분석해보고자 한다.

지금으로부터 약 2,200여 년 전, 한비자는 섬뜩하리만치 인간의 본질을 간파하면서 이를 정치체제 내지 군신관계에까지 적용시켰다. 전문가들은 수천 년 중국 정치체제의 어두운 특성을 음모(陰謀)라는 측면에서 냉정하게 파악한 바 있다. 그런데 한비자의 논리는 오늘날 전문가들이 생각하는 것보다 훨씬 더 냉혹하고 섬뜩하다. 그는 혼란한 전국시대를 통일할 수 있는 이론적, 실천적 기초를 마련했다. 혼란한 전국시대를 통일한 진시황은 젊은 날 그의 저서를 읽고는 "이 사람과 이야기를 나눌 수 있다면 죽어도 여한이 없겠다"고 탄식했다. 한비자는 우여곡절 끝에 진나라로 건너와 진시황을 만났다. 그러나 진시황은 그를 신임하지 않았다. 그는 결국 진나라의 실권자이자 동문이었던 이사(李斯)에 의해 독살당했다. 인간의 본질을 냉철하게 간파한 그의 이론은 받아들여졌지만, 정작 그는 받아들여지지 않았다. 그가 바로 한비자였고, 그가 남긴 놀라운 정치와 권력에 대한 탁월한 저서가 《한비자》다.

한비자는 잘 알다시피 전국시대 말기 법가사상을 대표했던 인물로, 천하의 이해관계와 형세를 두루 살피고 당시 변법개혁의 경험과 교훈을 종합한 다음, 법을 위주로 한 '법(法)'·'술(術)'·'세(勢)'를

중국 사상사의 뜨거운 감자와 같은 존재인 한비자는 인간의 본성과 권력, 권력자와 그에 기생하는 자들의 심각한 관계를 깊게 통찰했다. 군주는 인사권과 생사 여탈권의 기초인 강력한 권세를 꽉 움켜지고 법령과 술수(방법)를 구사하여 시도 때도 없이 권력자를 흔드는 자들을 통제하라고 주장했다.

결합한 놀랍고도 섬뜩한 정치이론을 제기했다. 사람들은 이런 한비자와 그의 사상을 《군주론》을 남긴 이탈리아의 마키아벨리(1469~1527)에 비유하지만 두 사람의 시차는 비교나 비유 자체를 무색하게 만들 정도로 크다. 한비자는 마키아벨리보다 무려 1,750년이나 먼저 태어났다. 굳이 비유하자면 마키아벨리를 '서양의 한비자'라 불러야 맞다.

한비자의 '법·술·세'의 이론과 간신을 분별하고 방지하기 위해 제시한 방법은 허례의식에 빠진 유가의 위선을 벗어던지고 사람을 기용할 때 실용적으로 손익관계를 따지라는 것이다. 한비자는 이를 통해 법으로 통제하고 권술로 인재를 기용하라는 이론을 도출해냈다. 그의 주장은 그 어떤 이론보다 진보적이어서 인재를 발탁할 때 상당히 유익하게 적용될 수 있다. 물론 권술과 이해관계만으로 군주와 신하의 관계를 제약하게 되면 이상적인 군신관계를 이룰 수 없고, 기용한 인재의 작용도 충분히 발휘할 수 없게 된다. 이는 한비자의 법가학설이 갖는 시대의 한계였다. 그러나 그 시대의 요구가 그랬고, 한비자는 그 요구에 가장 정확하게 화답했을 뿐이다.

서양의 한비자라 할 수 있는 마키아벨리로서도 도저히 따를 수 없는 **인간 본성에 대한 번득이는 통찰력과 인간관계에 대한 냉소적 독설은 가히 천하제일**이다. 한비자, 그가 제시하고 있는 인간 분별법은 분명 현실적으로 아주 유용하지만, 드러내놓고 적용할 수 없는 위험성도 동시에 갖고 있으므로 주의하지 않으면 안 된다. 그를 한 번만이라도 만날 수 있다면 죽어도 여한이 없다던 진시황과 그의 재능을 시기 질투한 동문 이사가 그를 기용하기는커녕 싸늘한 감옥에 가둬 죽음으로 내몰아 넣었던 것도 그의 사상이 갖고 있는 원초적 공포감 때문이었을 것이다.

한비자 사상의 핵심으로 법(법률), 술(술수. 방법), 세(권세. 위세)는 삼위일체로 어느 하나에 치우칠 수 없다. 이는 또 치국 이론의 중요한 부분이기도 하다. 그는 이 세 가지가 모두 군주의 손에 쥐어져 있는 도구여야 한다는 점을 분명하게 선언했다. 그래서 "군주에게 가장 큰 일이란 법 아니면 술이다"(〈난難〉 3 제30)라든가, "세란 군주에게 있어서 이빨과 발톱 같은 것이다"(〈인주人主〉 제52)라고 했다.

이 셋 가운데 한비자는 그래도 '세'에 더욱 치중한다. '세'는 법과 술을 실행하는 전제이기 때문에 세를 잃으면 군주는 더 이상 군주가 아니다. 즉, "군주가 세를 잃으면 신하가 나라를 차지한다."(〈고분孤憤〉 제11) 그래서 그는 두 번 세 번 군주에게 '세'를 단단히 움켜쥐라고 충고한다. 그는 "신하라는 위치에 있는 자는 군주와 골육의 친분을 맺고 있는 것도 아니며, 단지 군주의 위세에 속박되어 섬기지 않을 수 없는 입장에 있을 뿐이다"(〈비내〉 제17)라고 말하면서, 아부하는 무리들이 권세를 사사로이 취하지 않도록 시시각각 방비해야 한다고 지적한다. 즉, "무릇 간신들이란 군주의 뜻에 순종함으

로써 총애와 신임을 얻으려고 한다."(〈간겁시신姦劫弑臣〉 제14)

말의 엉덩이를 두드리는 것은 말에 올라타기 위함이다. 이는 당연한 규율이다. 그러나 군주 전제체제에서는 아부를 일삼는 간신들이 권세를 훔치는 일들이 일쑤 발생했다. 이제 분석하고자 하는 **〈팔간〉은 그에 대한 냉철한 분석이자 경고이며, 나아가 그에 대한 방비책까지 함께 제시하고 있다.** 다만 한비자가 말한 군주가 움켜쥐어야 할 '세'에 대해서는 새로운 인식이 필요하다. 그 '세'를 지금은 군주나 권력자가 아닌 깨어있는 시민이 단단히 움켜쥐고 간신을 방비해야 하기 때문이다.

간신이 간사한 꾀를 이루는 여덟 가지 수법

"신하가 자신의 간사한 꾀를 이루는 방법에는 여덟 가지가 있다."

〈팔간〉 편은 이렇게 시작한다. 이어 바로 여덟 가지 수법을 비교적 상세히 소개하고 있다. 앞서 잠깐 언급되었지만 오늘날 용어에 맞게 해설을 덧붙이고, 지금 우리 상황과도 비교해본다.

첫째는 침상을 같이한다는 뜻의 **'동상(同牀)'**이다.
한비자는 '동상'을 간신의 간행을 이루는 첫 번째 방법으로 꼽았다. 군주의 총애를 받아 같은 침대를 쓰는 비빈들은 이른바 '베갯잇

송사'를 통해 군주의 마음을 얼마든지 흔들어 놓을 수 있다. 이 때문에 간신들은 이 비빈들에게 아부와 뇌물 공세를 퍼부어 군주를 홀리게 한다. 쉽게 말해 권력자가 아끼는 여자에게 접근하여 갖은 방법으로 환심을 사서 간행을 달성하는 수법이다.

둘째는 곁에 있다는 뜻의 **'재방(在傍)'**이다.

군주의 곁, 즉 군주 가까이에 있는 자들을 구워삶는 방법이다. 군주의 곁에 있는 자들이란 주로 군주의 오락과 취미를 돌보는 배우, 심부름꾼, 그리고 환관들이다. 이들은 누구보다 군주의 심기를 잘 헤아리기 때문에 이들을 포섭하면 중요한 정보를 사전에 얻거나 일이 터졌을 때 군주의 마음과 결정을 바꿀 수도 있다. 권력자의 측근을 뇌물 따위로 포섭한다고 보면 된다.

셋째는 군주의 친인척인 **'부형(父兄)'**이다.

같은 피붙이와 군주와 가까운 조정 대신들의 영향력은 예나 지금이나 다를 것 없이 상당하다. 특히 주요한 국정을 의논하는 사람들이기 때문에 간신의 포섭 대상이 될 수밖에 없다. 간신들은 이들을 표적으로 갖은 오락거리와 여자를 바치고, 잘되면 녹봉과 벼슬이 오를 수 있다며 이들을 설득하고 포섭한다. 그런 다음 이들과 더불어 주요 국정에 간섭하여 권세를 움켜쥔다.

넷째는 재앙을 기른다는 뜻의 **'양앙(養殃)'**이다.

권력자의 기호와 취미, 술과 여자, 특히 사치와 방탕을 부추겨 대규모 토목공사 따위를 일으킨다. 여기에 필요한 세금은 당연히 백성들 몫이다. 이런 방탕한 생활은 결국 권력자의 사리판단을 흐리게 만들고, 그 틈에 간신들은 사리사욕을 채운다. 백성의 삶은 피폐해지고 나라 살림은 거덜 난다. 그래서 재앙을 기른다는 뜻의 '양앙'이라 하는 것이다.

다섯째는 백성이란 뜻을 가진 **'민맹(民萌)'**이다.

간신들은 국고를 털어 백성들에게 나누어 주며 민심을 잡는다. 즉, 작은 은혜를 베풀어 민심을 농락하여 이들로 하여금 자신을 칭송하게 만드는 것이다. 백성과 권력자는 간신의 이 허울 좋은 명성에 넘어가 그에게 벼슬을 주고 권력을 넘긴다. 우리가 앞서 언급한 신종 간신 부류 중 '민간(民奸)'에 해당하는 자들이 바로 '민맹'이다.

옛날의 백성들은 배우지도 못하고 간신을 검증할 정보도 갖고 있지 않았기 때문에 간신의 이런 사기를 가려낼 수 없었다. 따라서 '민맹'이 잘 통했다. 그런데 **온갖 정보가 난무하는 집단지성시대인 오늘날에도 국민을 속이는 간신의 이런 간행이 씨가 먹힌다**는 사실에 난감할 따름이다. 이는 우리 안에 잠재되어 있는 간성(奸性)이 냉철한 이성적 판단을 가로막는 것은 아닐까? 이 문제는 좀 더 깊이 들여다볼 필요가 있는 새로운 간신현상이다.

여섯째는 세상에 떠도는 말을 뜻하는 **'유행(流行)'**이다.

권력자는 자의가 되었건 타의가 되었건 인의 장벽에 막혀 있는 존재다. 온갖 정보를 다 얻을 수 있는 위치에 있지만 그 정보를 전달하는 간신들은 결코 모든 정보, 특히 권력자의 올바른 판단을 이끌어내는 진짜 정보는 전달하지 않는다. 간신늘은 뛰어난 말솜씨와 자신들이 가지고 있는 바깥세상의 정보를 편의대로 조작하여 권력자를 농락한다. 유혹하기도 하고, 위협하기도 하면서 권력자의 마음을 허물어 버린다. 권력자는 세상이나 백성들과 접촉하지 못한 채 자기만의 세상에 갇혀 사는 산송장이 되어 간다.

일곱째는 간신이 군주보다 위세가 강한 '위강(威強)'이다.

군주가 간신에게 힘을 주면 군주는 자연히 그들의 말에 따라야 한다. 군주는 권위를 잃고, 간신은 자신의 주위에 죽음을 불사하는 무사 따위를 길러 더욱 위세를 떨친다. 이렇게 자신을 따르는 자는 보살피고, 자신을 거스르는 자는 죽여서 나라와 백성을 공포에 떨게 한다. 이런 자에 해당하는 대표적인 신종 간신 부류가 바로 검간(檢奸), 법간(法奸), 군간(軍奸), 경간(警奸)이다. 다만 이들은 법이나 무력으로 자신에게 맞서는 사람을 죽이는 것이 다를 뿐이지 본질은 전혀 다를 바 없다.

여덟째는 주위 이웃 국가의 세력을 이용하는 '사방(四方)'이다.

나라가 작고 약하면 크고 강한 나라를 두려워할 수밖에 없다. 큰 나라의 요구를 들어주어야 하고, 군대가 출병하면 복종해야 한다. 간신은 이를 이용하여 나라의 세금으로 큰 나라를 섬기고, 큰 나라의 위세를 이용하여 자기 군주를 겁박한다. 심지어 큰 나라의 군대를 끌고 와 나라와 백성을 떨게 만든다. 수시로 큰 나라의 사신을 불러들여 군주를 굴복시킨다. 우리의 경우 큰 나라인 미국과 36년간 우리나라를 침탈했던 일본을 추종하는 '종미', '종일' 분자들이 대부분 신종 간신 부류들이고, 이들 역시 한비자가 말하는 '사방'의 수법으로 나라와 민심을 불안에 떨게 한다.

한비자가 제시하는 간행의 방비책

이상 여덟 가지를 한비자는 간신이 사용하는 술책으로 규정하면서 자칫 이들에게 넘어가면 협박을 당하거나 권세를 잃을 수 있으니 잘 살피라고 경고한다. 그리고 **'팔간'에 각각 맞추어 다음과 같은 방비책을 제시**한다. 요점만 정리해서 소개한다.

하나, 여자는 즐기기만 해야지 그 말을 들어주어서는 안 된다.

둘, 좌우 측근들에 대해서는 그들이 한 말에 대해 반드시 책임을 물어 허튼소리를 못하게 한다.

셋, 부형에 대해서는 그들의 의견을 듣기는 하되 일이 잘못되면 반드시 처벌하여 함부로 사람을 추천하지 못하게 한다.

넷, 신하들이 권하는 취미나 오락에 대해서는 반드시 그 출처를 묻고, 신하가 멋대로 무엇인가를 올리거나 권력자 자신의 취미를 함부로 금지시키지 못하게 하여 자신의 취향과 기호가 무엇인지 모르게 해야 한다.

다섯, 국고를 열어 백성들에게 이익이 돌아가게 하는 일이라면

200

반드시 권력자(나라)가 내리는 것으로 해야지 신하 개인이 베푸는 것으로 해서는 안 된다.

여섯, 유세나 논의 때 신하들이 서로를 칭찬하거나 헐뜯을 때는 그 말이 사실인지를 가려서 서로를 거들거나 헐뜯지 못하게 해야 한다.

일곱, 전쟁에서 공을 세우면 반드시 그 공에 맞게 상을 내려야 하지만, 자국의 마을끼리

뛰어난 사상가들은 예외 없이 인재를 나라의 흥망과 연계시키는 인식을 보여주었다. 한비자 역시 '팔간'의 마지막 종착지는 망국이라고 했다. 명나라 때의 판본인 《한비자》.

싸우는데 나서 무력을 휘두르는 자를 용서해서는 안 된다.

여덟, 큰 나라의 요구에 대해서는 그 요구가 합리적일 때만 들어주어야 한다. 단순히 다른 나라에 나라를 빼앗기는 것만이 나라를 잃는 것이 아니다. **간신이 외세를 업고 설치는 것도 나라를 잃은 것이나 마찬가지**다. 따라서 간신의 협박과 큰 나라의 요구를 무조건 들어주는 것만이 능사가 아니다. 단호히 거부해야 간신들이 함부로 국익을 팔지 않는다.

이상의 방비책을 제안한 한비자는 나아가 제대로 된 인재를 중용하여 그 능력에 맞게 벼슬과 녹봉을 주라고 권한다. 그러면 신하가 자신의 능력을 속이지 못하게 된다는 것이다. 끝으로 한비자는 다음과 같이 당시의 상황을 전하면서 '망국의 풍조'라며 탄식하고 있

다. 지금 우리 상황과 대비시켜 이 대목을 읽어 보면 자신도 모르게 섬뜩해진다.

"잘나고 못나고를 구분하지 않고, 공이 있고 없고도 논하지 않으며, 제후들이 천거하거나 좌우 근신들의 말만 듣고 무조건 등용한다. 부형과 대신들은 위로 군주에게 관직과 봉급을 청하여 이를 아래에다 팔아 재물을 긁어모은다. 그러다 마침내 사사로이 붕당을 조직하는 데까지 이르렀다. 그래서 재물이 많은 자는 돈으로 관직을 사서 귀하게 되고, 왕실·근신들과 친분이 있는 자들은 그들을 이용하여 귀한 몸이 된다. 공로 있는 신하가 심사에서 제외되고, 승급의 기준은 무너진다. 관리들은 직무수행에 힘쓰지 않고 사교에만 힘쓰며, 일은 내팽개친 채 재물을 탐하기에 혈안이 된다. 이렇게 되면 아무리 재능 있는 인재라 해도 게을러져 노력하지 않을 것이며, 공이 있는 자도 게을러져 업무를 소홀히 할 것이다. 이것이 망국의 풍조다."

앞서 언급했듯이 한비자의 '팔간'에는 넓은 범위에서 간신의 주요 수법이 대부분 망라되어 있고, 나아가 그 방비책까지 제시하고 있다는 점에서 그 의미가 작지 않다. 또 잠깐잠깐 언급했듯이 이 '**팔간'은 우리 사회에 횡행하고 있는 신종 간신 부류들의 간행과 별반 다르지 않다는 점에서 특히 눈여겨볼 필요가 있다.**

한비자는 여기서 더 나아가 사람을 제대로 가려내고, 그를 통해 제대로 된 인재를 기용해야 한다는 구체적인 방법까지 제시하는데, 이 문제는 따로 살펴보고자 한다. 요약을 대신하여 '팔간'을 하나의 표로 만들어 정리해보았다.

팔간 (八姦)	뜻	방법	비고
동상 (同牀)	침상을 같이 한다.	권력자가 아끼는 여자에게 접근하여 권력자를 홀린다.	술에 취해 있거나 기분이 좋을 때를 이용.
재방 (在傍)	곁에 가까이 있다.	권력자를 가까이에서 모시며 그 심기를 잘 헤아리는 자들을 포섭한다.	과거에는 배우, 환관들이었지만 지금은 최측근에 해당.
부형 (父兄)	권력자의 친인척과 사이가 가까운 신하.	권력자가 아끼며 국정을 논의하는 자들이기 때문에 포섭 대상이다.	벼슬과 녹봉 등으로 유혹하여 권력자에게 건의할 일을 미리 함께 상의한다.
양앙 (養殃)	재앙을 기르다.	권력자의 기호·취향을 부추겨 각종 토목공사를 일으킨다.	권력자의 사리판단을 흐리게 만들어 사리사욕을 채운다.
민맹 (民萌)	백성들.	나랏돈으로 백성에게 사소한 은혜를 베풀어 민심을 농락한다.	자신을 찬양하게 만들어 권력자를 홀린다.
유행 (流行)	세상에 떠도는 말.	권력자의 정보를 차단하여 한정된 정보로 현혹하고 위협한다.	교묘한 말재주나 문서조작에 뛰어난 자들을 기른다.
위강 (威强)	위세가 강하다.	간사한 자들의 위세가 권력자를 능가하면 간신의 말에 따라야 하므로 권력자는 권위를 잃는다.	간신은 패거리를 길러 더욱 위세를 떨고 공포를 조장한다.
사방 (四方)	주위 이웃 국가들.	강대국의 위세를 이용하여 자기 군주를 협박하고, 심하면 타국의 군대를 끌어들인다.	대국의 요구를 들어주기 위해 백성들을 착취하고, 무력으로 공포에 떨게 한다.

간신 ── 간신론 奸臣論

천하에 위험한 세 가지를 경고한
《회남자(淮南子)》

《회남자》는 한나라를 세운 고조 유방의 손자인 회남왕 유안(劉安, 기원전 179~기원전 122)이 자기 문하의 식객(食客)들을 동원하여 여러 학파의 설을 종합한 잡가(雜家) 계통의 저서다. 철학적인 도(道)에 대한 관념을 비롯해서 자연과학·신화·전설·병법에 이르기까지 포괄범위가 실로 방대하여 말 그대로 백과전서라 할 만하다.

《회남자》는 중국을 새로 통일한 한나라의 통치철학과 사상의 한 전환점을 제시하고 있다. 다만 기본적인 사상이 도가에 초점을 두고 있어 유가를 국가의 지도이념으로 삼았던 한 무제의 사상 통일 정책과는 길을 달리하는 이단적 성격의 철학서였다. 이는 회남왕 유안 자신이 모반을 꾀하다 자살한 정치적 역정과 연결시켜 볼 때, 한나라의 사상과 철학을 통합하려 했던 유안의 야심적인 의도는 결국 실패했다고 할 수 있다.

간신과 관련하여 《회남자》〈주술훈(主術訓)〉에는 '말세의 정치'를 언급하며 이때 나타나는 특징으로 간사한 지혜, 간교한 속임, 착취, 탐욕 등을 들었다. 어지러운 시기에 간신들이 득세하여 보여주는 행태와 정확하게 일치한다.

이런 인식을 염두에 두고 여기서는 〈병략훈(兵略訓)〉과 〈인간훈(人間訓)〉의 일부를 소개한다. 이 두 편은 정치에 있어서 기본책략과 인간의 득실·존망·길흉의 이치를 서술하고 있다. 다소 관념적이고 난해하기 때문에 그 핵심을 간추려 소개한다. 다만 두 편 모

두에 인성의 약점과 문제점을
정확하게 찌르는 밀들이 적
지 않다. 특히 "사람이 거짓으
로 서로 속이는 것은 금수의
속임수와는 비교가 되지 않는
다. 물체가 비슷하여 그럴 것
같으나 겉으로 논할 수 없는
것이 많아 알기 어렵다. 살피
지 않을 수 없다"는 대목이나,

자신의 문객들을 총동원하여 편찬한 《회남자》를 편찬한 유안의 석상.

"천하에는 세 가지 위험이 있다. 덕이 적으면서 총애를 많이 받는
것, 재주가 적으면서 지위가 높은 것, 큰 공이 없으면서 높은 자리
와 녹봉을 받는 것이 그것이다" 등과 같은 대목은 간신이나 간신현
상에 비추어 충분히 음미하고 받아들일 만하다.

천하에 위험한 세 가지

먼저 〈인간훈〉의 몇 대목을 인용하면서 설명을 덧붙이고, 나아가
간신과 관련하여 참고할 만한 내용을 추려내 보도록 하자.

"천하에는 세 가지 위험이 있다. 덕이 적은 데도 총애를 많이 받는 것이
첫째 위험이고, **재주가 적은 데도 지위가 높은 것**이 둘째 위험이며, **큰
공이 없는 데도 후한 녹을 받는 것**이 셋째 위험이다."

이 대목은 정확하게 인품도 재능도 공도 없는 자, 즉 간신이 총애를 받아 권세를 가지게 되면 위험하다는 요지이다. 특히 이것이 천하에 가장 큰 위험이라는 지적에 방점이 찍힌다. 〈인간훈〉에서 말하는 이런 자들은 또 "남의 이름을 빌려 자기 출세로 이용하며, 남이 한 일로 인정을 받고, 공도 없이 큰 이익을 보려는" 자들이다. 〈인간훈〉은 이런 자들은 언젠가는 패망한다는 지적도 빼놓지 않는다. 그러면서 〈인간훈〉은 인간의 겉과 속은 같을 수 없기 때문에 일쑤 그 겉모습에 현혹될 수 있다면서 다음과 같이 경계심을 늦추지 않는다. **이 대목은 사람의 언행, 간신의 언행을 살필 때 주의해야 할 기본 원칙이자 간신의 언행에 휘둘려서는 안 된다는 지적**으로 받아들일 수 있겠다.

"사물을 알기 어려운 까닭은 끝을 감추고 자취를 없애며, 사적인

《회남자》의 첫 편인 〈원도훈(原道訓)〉의 맨 앞부분.

것을 공적으로 내세우고, 사악함을 정당한 것이라 하며 사람의 마음을 현혹시키기 때문이다. 사람이 속에 품고 있는 것과 겉으로 나타내는 것이 부절(符節)을 맞추듯이 맞는다면 천하에 나라를 망치고 집을 망치는 자는 없을 것이다. 여우가 꿩을 잡을 때는 반드시 먼저 몸을 낮추고 귀를 접고서 꿩이 오기를 기다린다. 그러면 꿩은 여

우를 보고도 안심하기 때문에 여우는 꿩이 다가오자마자 잡을 수 있다. 그러나 만일 여우가 눈을 부라리고 꼬리를 세우면서 반드시 잡아먹을 형세를 보이면, 꿩도 놀라고 꺼려 하여 멀리 날아가서 여우의 공격을 피할 줄 안다. **사람이 거짓으로 서로 속이는 것은 금수의 속임수에 비할 바가 아니다.** 물체가 비슷하여 그럴 것 같아도 겉으로 논할 수 없는 것이 많으니 알기가 어렵다. 그러므로 살피지 않으면 안 된다."

〈인간훈〉이 던지는 메시지는 아주 의미심장하다. 사소한 일이 큰 일을 망칠 수 있다는 지적은 각별히 귀담아들어야 한다. 보잘것없던 간신 하나가 나라를 거덜 낸 사례가 결코 드물지 않기 때문이다. 나라를 잘되게 만드는 데는 충신 열로도 모자라지만, 나라 망치는 데는 간신 하나로 족하다. 이런 점을 염두에 두고 다음 대목을 음미해보자.

"말이 일단 입에서 나오면 남에게 그 말의 전달을 멈추게 할 수 없고, 행동이 가까운 곳에서 나타나면 멀리 퍼지는 것을 금할 수 없다. 일은 이루기는 어렵고 실패하기는 쉬우며, 이름은 날리기는 어렵고 망치기는 쉽다. **천 리나 되는 방죽도 개미구멍 때문에 무너지고, 백 길이나 되는 집도 굴뚝 틈의 연기 때문에 타버린다.**"

〈인간훈〉은 인간의 득실·존망·길흉 등이 주요 내용이다. 따라서 화와 복을 초래하는 언행을 비롯한 처신에서 주의할 점을 비롯하여 사람을 살필 때 주의해야 할 점 등이 생생한 사례와 함께 제시되고 있다. 폐부를 찌르는 격언과 같은 명언들이 잇따라 나오고 있다.

세상사 모든 일이 아주 사소한 일에서 그 성공과 실패가 판가름 난다. 그 사소함에는 사물과 사람을 대하는 인간의 기본자세가 포함되어 있기 때문이다. 사마천은 '견미지저(見微知著)'라 했다. '미세한 것을 보고 앞으로 드러날 일을 안다'는 뜻이다. 또 '술왕사(述往事), 지래자(知來者)'라고도 했다. '지난 일을 기술하여 다가올 일을 안다'는 역사의 미래 예견력에 대한 통찰이었다.

그 사람을 알고 싶으면 그 사람의 과거를 봐라. 과거를 보면 현재가 보이고, 현재가 보이면 미래도 짐작할 수 있다. 〈인간훈〉에서 언급하고 있는 능력이나 자질에 어울리지 않는 권력과 부를 누리는 일과 그런 자, 즉 간신에 대한 경고를 함께 참고하여 사람을 가리면 보다 실질적인 결과를 얻을 수 있을 것이다. 끝으로 〈인간훈〉은 **인간을 꼭 제대로 살펴야 하는 까닭은 인간이 진상과 진실을 숨기고 속이기 때문**이라며 이렇게 결론짓고 있다. 한 번 더 인용하여 강조를 대신한다.

"사람이 거짓으로 서로 속이는 것은 금수의 속임수에 비할 바가 아니다. 물체가 비슷하여 그럴 것 같아도 겉으로 논할 수 없는 것이 많으니 알기가 어렵다. 그러므로 살피지 않으면 안 된다."

싸움의 승패는 정치에 있다

간신과 직접적인 관계는 없어 보이지만 참고로 〈병략훈〉의 내용과 요점을 간략하게 소개한다. 〈병략훈〉은 주로 용병에 관한 내용이지만 '**싸움의 승패는 정치에 있다**'는 대목에서 보다시피 **정치의 중요성을 강조**하고 있어 눈길을 끈다. **간신과의 투쟁 역시 정치투쟁**이기 때문에 더 그렇다.

그러기 위해서는 정치가 백성을 이겨야 하고, 존속 가능한 정치가 중요하다고 했다. 정치가 백성을 이긴다는 말은 백성이 기꺼이 인정하고 받아들이는 정치를 하라는 뜻이고, 그런 정치라야 존속할 수 있다는 것이다. 그 구체적인 방법으로 인재의 재능을 제대로 헤아려 선택하여 그에 맞게 일을 주라고 했다.

통치가 백성에게 먹히려면 공을 세운 사람에게 반드시 그에 합당한 상을 내려야 한다고 강조한다. 그것이 백성이 군주에게 요구하는 기본이라는 것이다.

그러면서 **〈병략훈〉은 리더십을 강조**한다. 군대의 장수가 갖추어야 할 리더십 항목으로 삼수(三隧), 사의(四義), 오행(五行), 십수(十守)를 거론하면서 특히 독견(獨見)과 독지(獨知)를 든다. 독견이란 남이 보지 못하는 것을 보는 것이고, 독지란 남이 알지 못하는 것을 아는 것으로 직관 내지 통찰과 통한다. 이 삼수·사의·오행·십수, 독견·독지 대목은 오늘날 리더나 리더가 될 만한 인재를 가늠할 때 참고할 충분한 가치가 있다. 나아가 간신의 발호를 제압하고, 간신이 생겨날 수 없게 미리 막는 힘으로 충분히 작용할 수 있다. 참고로 이 대목을 하나의 표로 정리해둔다.

리더십 항목	리더십 내용	비고
삼수(三邃)	천도(天道)를 안다.	큰 대세를 파악.
	지형(地形)을 익힌다.	지금의 형세를 분석.
	인정(人情)을 살핀다.	인간의 본질을 간파.
사의(四義)	나라 안정에 힘쓰되 부하에게 책임지우지 않는다.	소명감과 희생정신.
	임금을 위해 자신을 돌보지 않는다.	충성심.
	어려움을 보면 죽음을 두려워 않는다.	솔선수범.
	의심을 버리고 죄를 피하지 않는다.	강력한 책임의식.
오행(五行)	부드럽지만 굽히지 않는다.	상황에 대처할 때의 자질.
	강하지만 부러지지 않는다.	
	어질어 거스르지 않는다.	
	미더워 속이지 않는다.	
	용감하되 능멸하지 않는다.	
십수(十守)	흐려지지 않는 맑은 정신.	평소 갖추고 있어야 할 기본자세 열 가지.
	드러나지 않지만 원대한 계책.	
	변치 않는 굳은 지조.	
	가릴 수 없는 밝은 지혜.	
	재물에 초연한 마음.	
	물질에 빠지지 않는 지조.	
	넘치지 않는 변론.	
	방술 따위에 따르지 않음.	
	억지로 기쁘게 할 수 없음.	
	억지로 노하게 할 수 없음.	
독견(獨見)	남이 보지 못하는 것을 보는 식견과 직관.	독창성과 창의력을 요구.
독지(獨知)	남이 알지 못하는 것을 아는 통찰력.	

간신현상에 대해 명확하게 인식한
사마천(司馬遷)과 《사기(史記)》

위대한 역사가 사마천(기원전 145~기원전 약 90)은 3천 년 통사《사기》를 통해 본격적으로 간신의 존재와 간신현상에 대한 명확한 인식을 보였다. '간신'이란 명칭은 전편을 통해 5, 6회 정도에 지나지 않지만 간신이 백성과 나라에 끼치는 해악의 심각성을 곳곳에서 지적하고 있다. 나아가 간신 부류에 속하는 자들의 행적을 〈영행열전(佞幸列傳)〉과 〈혹리열전(酷吏列傳)〉 두 편에 수록하여 훗날 대부분의 역사서에 〈간신열전〉이 들어가게 하는 첫 물꼬를 텄다.

본론에 들어가기에 앞서 서문에서 잠깐 언급했던 춘추시대 초나라에서 있었던 일을 좀 더 소개한다. 초나라는 장강 이남에 위치한 나라로 중원의 한족 제후국들에게 야만족으로 멸시당해 왔다. 그러다 장왕(莊王, ?~기원전 591)이라는 걸출한 지도자를 맞이하여 중원을 넘보는 등 일약 강대국으로 떠올랐고, 끝내 춘추오패의 하나로 우뚝 섰다. 장왕이 마음 놓고 대외원정을 통해 국력을 떨칠 수 있었던 배경에는 국내 정치를 안정되게 이끌었던 손숙오(孫叔敖, ?~기원전 593)라는 재상이 있었다. 손숙오는 중국 역사상 최초의 청백리(淸白吏)로 인정할 정도로 청렴결백한 재상이었고, 정치적 역량 또한 대단했다. 이 때문에 장왕은 국내 걱정하지 않고 대외관계에 힘을 쏟을 수 있었고, 변방의 초나라는 끝내 패권국이 될 수 있었다.

이런 손숙오와 신분을 초월한 우정을 나누었던 우맹(優孟)이라는 궁중 연예인이 있었다. 손숙오가 세상을 떠나고 얼마 뒤 우맹은 시장을 나갔다가 손숙오의 아들이 산에서 나무를 해다 장에서 팔고 있는 모습을 보게 되었다. 재상을 20년 가까이 지낸 집안이 끼니 걱정을 하고 있었던 것이다. 너무나 마음이 아픈 우맹은 궁으로 돌아와 손숙오 복장을 한 다음 장왕 앞에 나서 손숙오와의 지난 일들을 회상했다(여기서 '우맹의관優孟衣冠'이란 유명한 성어가 유래되었다. '우맹이 손숙오의 옷과 모자를 쓰다'는 뜻으로 누군가를 그리워해서 그 사람을 생각하거나, 그 사람처럼 단장을 하고 그 사람을 기리는 것을 가리키는 전고이다).

그리워하던 손숙오를 만난 것 같은 착각에 장왕은 우맹에게 감사하며 벼슬을 제안한 다음 자초지종을 물었다. 우맹은 손숙오 집안의 형편을 직접 이야기하는 대신 다음과 같은 노래를 부르며 덩실덩실 춤을 추었다.

탐관오리는 해서는 안 되는 데도 하고, 청백리는 할 만한 데도 하지 않는구나.
탐관오리가 되면 안 되는 것은 추하고 비천해서인데
그래도 하려는 까닭은 자손의 배를 불릴 수 있기 때문이지.
청백리가 되려는 것은 고상하고 깨끗해서인데
그래도 하지 않으려는 것은 자손이 배를 곯기 때문이라네.
그대여, 초나라 재상 손숙오를 보지 못했는가?

우맹의 노래에 뼈가 있음을 직감한 장왕은 다시 자초지종을 물었고, 우맹은 자신이 본 바를 이야기했다. 장왕은 손숙오의 가족들을 경제적으로 배려했다.

이 일화는 손숙오의 청렴함과 우맹의 따뜻한 인간성, 그리고 장왕의 배려 능과 같은 흐뭇한 인정미를 담고 있다. 그런데 이 노랫말을 가만히 음미해보면 결코 심상치 않다. 손숙오가 청백리임에는 분명하지만 집안 식구들도 제대로 못 먹여 살릴 만큼 가난했다. 반면 탐관오리는 자신은 물론 자손들의 배까지 불린다. 그래서 청백리는 마다하고 탐관오리의 길을 기꺼이 걷는 것 아니겠냐는 은근한 야유의 분위기까지 풍긴다.

장왕 통치기는 초나라의 최고 전성기였다. 그럼에도 불구하고 우맹의 노랫말에서 알 수 있듯이 탐관오리가 엄연히 존재했던 것으로 보인다. 그리고 청백리의 길이 얼마나 험난한가도 잘 보여준다. 요컨대, **간신의 존재와 간신현상은 그 나라가 발전하고 한창 전성기를 누리고 있을 때에도 엄연히 존재**한다는 사실이다. 정도의 차이만 있을 뿐. 우맹의 노래는 그가 의도했는지는 모르겠지만 바로 이런 심각한 역사현상의 한 단면을 은근히 비추고 있다.

이 일화는 《사기》 권126 〈골계열전〉에 실려 있다. 사마천은 권력자와 간신의 관계가 숙주와 기생충의 관계라는 본질을 심각하게 인식했다. 특히 간신이 백성과 나라에 미치는 악영향에 대해 깊이 있는 인식을 보여주는 한편, 간신이란 존재에 대한 경계심을 힘주어 강조하고 있다.

사마천이 간신과 간신현상에 이렇듯 상대적으로 깊은 인식을 가질 수 있었던 것은 그의 역사서가 장장 3천 년에 걸친 통사라는 사실과 큰 관련이 있다. 사마천은 역사서를 쓰는 자세이자 방법, 목적이자 역사관을 다음과 같이 술회했다.

"하늘과 인간의 관계를 탐구하고, 과거와 현재의 변화를 꿰뚫어, 일가의 문장을 이루고자 했습니다."

사마천은 시간과 공간 속에서 벌어지는 인간의 총체적 활동과 그 변화를 통찰하는 것이야말로 역사가의 책무이며, 역사가는 이를 통하여 자신의 역사관을 나타내는 것이라 했다. 이런 진보적 역사 관으로 무장한 그였기에 역사에서 간신이 어떤 존재이며, 또 그들 이 어떤 영향을 미쳤는지를 충분히 인지했고, 따라서 당연히 이들 이 역사에 미친 작용과 영향, 즉 간신현상을 심각하게 인식할 수밖 에 없었다.

사마천 삶의 마지막 10년은 그야말로 지옥과 같았다. 그는 망가질 대로 망가 진 몸을 이끌고 상상을 뛰어넘는 투혼 을 발휘하여 역사서를 완성했다. 52만 6,500자 3천 년 통사 《사기》에는 사마 천의 냉철하면서도 뜨거운 역사관이 아 로새겨져 있다. 감옥에서 집필하고 있 는 모습을 그린 기록화이다.

또 하나 그는 황제 무제에게 직 언하다 괘씸죄에 걸려 옥에 갇히 고, 억울하게 반역죄까지 뒤집어 쓰고 사형을 선고받는 수모를 당 했다. 그는 필생의 업인 역사서를 완성하지 못한 상황에서 살아남 아 이 일을 마무리하기 위해 자신 의 성기를 자르는 죽음보다 더 치 욕스러운 일까지 겪었다. 이 과정 에서 그는 모든 것을 다시 생각했 다. **권력과 권력자의 자질, 국가와 권 력자, 권력자와 관리의 관계, 권력자 와 백성의 관계, 관리와 백성의 관계**

등과 같은 근본적인 문제에 대해 깊게 의문을 품고 과거 역사를 전면 재검토했다. 그 결과 사마천은 역사를 움직이는 주체가 다수의 보통 사람이라는 사실을 인식했고, 이 다수를 착취하는 권력자와 그에 기생하는 자들에 대해 서슬 퍼런 역사의 붓을 들이댔다. 사마천은 간신과 간신현상에 대해 당연히 깊은 우려를 나타낼 수밖에 없었다.

이제 우리는《사기》곳곳에 보이는 간신과 간신현상 및 관련한 명구들을 통해 간신현상에 대한 사마천의 통찰력을 확인하고자 한다. 이어 〈영행열전〉과 〈혹리열전〉의 분석을 통해서는 간신들의 구체적인 간행과 수법을 확인할 것이다. 미리 말하자면 수천 년 전 간신들이 보여준 간행이 어쩌면 이렇게 오늘날 신종 간신 부류들의 그것과 판박이인지를 전율을 느끼며 확인하게 될 것이다. 역사의 데자뷔(deja vu)는 참으로 무섭다.

간신에 관한 투철한 인식을 보여주는 명구들

1. 간신이 조정에 있으면 나라가 망가진다.

7국이 무한경쟁에 돌입했던 전국시대는 개혁의 시대이기도 했다. 위(魏)나라 문후(文侯, ?~기원전 396)를 필두로 진(秦)나라 효공(孝公, 기원전 381~기원전 338), 조(趙)나라 무령왕(武靈王, 기원전 340~기원전 295)이 자기 나라를 전면 개혁하여 앞장서 나갔다.

조나라 무령왕의 개혁은 '호복기사(胡服騎射)'로 상징된다. 복장을 오랑캐 복장으로 간편하게 바꾸고, 말을 타고 활을 쏘는 군대 개편을 뜻하는 '호복기사'는 훗날 전면 개혁의 상징이 되었다. 이런 개혁으로 조나라는 단숨에 전국 7웅의 선두로 나설 수 있었다.

그런데 말년에 접어든 무령왕은 건장한 맏아들 태자 장(章)을 놔두고 장의 동생 하(何)에게 왕위를 선양하는 말도 안 되는 짓을 저질렀다. 무령왕은 상왕으로 물러났지만 조정 대신들은 태자 장과 새로운 왕 하를 둘러싸고 정쟁과 암투에 휩싸였다.

하루아침에 왕위를 빼앗긴 태자 장은 간신 전불례(田不禮) 등과 함께 쿠데타를 일으켰으나 공자 성(成)에 의해 진압당했다. 전불례는 죽고, 장은 아버지 무령왕이 있는 사구궁(沙丘宮)으로 도망쳤다. 무령왕은 장을 보호했으나 결국 장은 잡혀 죽었다. 공자 성은 내친 김에 무령왕이 머물고 있는 궁을 완전히 고립시켰고, 무령왕은 굶어 죽었다. 개혁의 일대 영웅의 비참한 최후였다. 당초 비의(肥義)라는 충직한 신하는 태자 장과 전불례 등을 경계하라며 다음과 같이 경고한 바 있다.

"간신재조(奸臣在朝), 국지잔야(國之殘也) ; 참신재중(讒臣在中), 주지두야(主之蠹也)."
"간신이 조정에 있으면 나라가 망가지고, 헐뜯는 신하가 곁에 있으면 군주를 해치는 벌레가 됩니다."(권43 〈조세가〉)

역사는 여실히 입증하고 있다. 나라가 흥하는 데는 열 충신으로도 모자라지만, 나라를 망치는 데는 간신 하나면 충분하다는 사실

무령왕은 사구궁에서 완전히 갇혀 굶어 죽는 비참한 최후를 맞이했다. 사진은 지금의 하북성 형태시(邢台市)에 남아 있는 사구궁 유지의 모습이다.

을. 총명하고 과감했던 무령왕은 만년에 자기 후계자 문제에서 치명적인 실수를 저질렀고, 이 과정에서 간신들의 발호를 막지 못했다. 전국시대 일약 강대국으로 떠올랐던 조나라는 무령왕 사후 더이상 기를 펴지 못하고 쇠망의 길을 걸었다. 사마천은 비의의 입을 빌려 **간신과 권력자의 관계가 기생충과 숙주의 관계임을 분명히 하는 한편, 이들이 설치면 나라가 망가진다고 경고**하고 있다.

2. 헛된 말을 경계하라.

사마천은 《사기》의 마지막 권이자 자서전인 권130 〈태사공자서〉에서 아버지 사마담(司馬談)의 〈논육가요지(論六家要旨)〉라는 문장을 수록하여 제자백가 중 대표적인 6가의 장단점을 비교했다. 이 문장의 끝부분을 보면 도가의 입장에서 군주가 취할 수 있는 가장 이상적인 자세, 즉 오늘날로 보자면 리더십을 제시하고 있는데 우리 현실에 적용해도 하나 어색하지 않을 정도다.

"군주는 여러 신하들을 모두 소집하여 각자에게 맞는 일을 주어 능력을 발휘하게 한다. 실제 행동과 말이 일치하는 것을 '바르다'는 뜻에서 '단(端)'이라 하고, 실질과 말이 일치하지 않는 것을 '비어 있다'는 뜻에서 '관(窾)'이라 한다. '빈말을 듣지 않으면 간사한 자가 생기지 않고', 어진 이와 불초한 자가 절로 가려지며, 흑백이 절로 모습을 드러낸다. 그런 다음 군주가 현명한 자를 기용하면 무슨 일인들 이루지 못하겠는가? 이렇게 하면 큰 도에 부합하게 되고 원기가 두루 충만하여 온 천하를 환하게 비추게 되지만 결국은 다시 청정무위(淸靜無爲)의 경지로 되돌아간다."

위 문장 중 '빈말을 듣지 않으면 간사한 자가 생기지 않고(관언불청窾言不聽, 간내불생奸乃不生)'라는 대목에서 '빈말'이란 간신들이 권력자의 환심을 사려고 하는 아부와 마찬가지다. 실제나 실질과 일치하지 않는 헛된 말이다. 권력자가 이런 말에 귀를 기울이지 않으면 간사한 자, 즉 간신이 생기지 않는다는 것이다. 나아가 잘난 자와 못난 자를 가려낼 수도 있다. **권력자가 갖추어야 할 자질과 간신의 특징을 동시에 지적**한 대목이다.

3. 편청(偏聽)과 독임(獨任)을 경계하라.

한나라 초기 옛 제나라 출신인 유세가 추양(鄒陽, 기원전 206~기원전 129)이 양(梁)나라에 왔다가 효왕(孝王)의 측근 간신배들의 모함을 받아 억울하게 옥에 갇혔다. 추양은 옥중에서 효왕에게 편지를 보내 자신의 무고함을 알리면서 이런 말을 남겼다.

"편청생간(偏聽生奸), 독임성난(獨任成亂)."
"한쪽 말만 들으면 간사한 일이 생기고, 한 사람에게 모든 것을 맡기면 혼란이 일어납니다."

추양이 말하는 '간사한 일'을 '간신'으로 바꾸어도 하나 이상할 것이 없다. 한쪽의 말, 즉 간신의 말만 듣고 섣불리 사람을 판단하고 결정을 내리게 되면 결국은 그 사람이 억울한 일을 당하게 된다는 지적이다. 추양은 특히 권력자가 측근의 말을 듣고 사람을 기용하거나 내치는 일이 많았다면서, 소를 치고 있던 백리해(百里奚)를 기용한 진(秦)나라 목공(穆公)이나 자신을 죽이려 했던 관중(管仲)을 기용한 제나라 환공(桓公)처럼 현명한 리더들은 자신이 직접 보고 듣는다고 강조했다.

군주가 어떻게 하면 현명해질 수 있냐는 당 태종(太宗)의 질문에 위징(魏徵)은 '겸청즉명(兼聽則明), 편신즉암(偏信則暗)'이라고 답했다. '두루 들으면 밝아지고, 치우쳐 믿으면 어두워진다'는 뜻이다. 추양의 말과 일맥상통한다. 명군(明君)과 혼군(昏君)이 바로 이 지점에서 갈라진다. 사마천은 그래서 거듭 리더의 '총명(聰明)'을 강조했다. 눈과 귀를 열어 놓고 바른말을 수용하고, 백성들의 삶을 직시해야 한다는 뜻이다.

권력자 주위에는 사람이 몰려든다. 당연하다. 그중에는 옥도 있고 돌도 있다. 간신은 온갖 감언이설로 권력자를 유혹한다. 권력자

는 한 사람이지만 권력자를 흔드는 사람은 다수이고, 권력자를 흔
드는 자의 대부분은 간신이다. 권력자가 이를 가려내려면 뛰어난
안목이 필요하지만, 또 한편으로는 한 사람의 말만 듣고 그를 신임
해서는 결코 안 된다.(권83 〈노중련추양열전〉)

4. 탐욕은 망국의 근원

전국시대 최고의 유세가 소진(蘇秦)에게는 소대(蘇代)와 소려(蘇厲)
라는 두 동생이 있었다. 소진이 죽은 뒤 소진이 생전에 제나라를 은
밀히 멸망시키려 했고, 그 배후에 연나라 있다는 사실이 밝혀졌다.
이 때문에 제나라와 연나라의 관계가 냉랭해졌다. 연나라가 이를 걱
정하자 소대는 연나라 왕을 만나 유세가 특유의 언변으로 국제 정세
와 제나라 왕에 대해 분석하면서 다음과 같이 말했다.(권69 〈소진열전〉)

"교군필호리(驕君必好利), 이망국지신필탐어재(而亡國之臣必貪於財)."
"교만한 군주는 반드시 이익을 밝히고, 망국의 신하는 재물을 탐
내기 마련이라고 합니다."

유세가의 유세에서 나온 말이긴 하지만 나라를 망치는 주범으로
교만하여 이익을 밝히는 권력자와 재물을 탐내는 간신을 지목한
것은 정확한 인식이라 하겠다. 나라를 망치는 권력자와 간신의 가
장 큰 공통점은 사리사욕이기 때문이다.

우리는 저 앞부분에서 간신의 가장 중요한 특성이자 특징을 '사
탐일무(四貪一無)'로 요약한 바 있다. 즉, 탐욕(貪慾)을 바탕으로 '탐

권(貪權)’, ‘탐위(貪位)’, ‘탐재(貪財)’, ‘탐색(貪色)’의 ‘사탐’과 부끄러움을 모르거나 아예 없는 ‘무치(無恥)’의 ‘일무’이다. 사마천은 나라를 망치는 간신의 특징으로 재물을 탐하는 ‘탐재’를 꼽았다. 사마천의 이런 인식을 다음 대목에서도 잘 드러나고 있다. (권44 〈위세가〉)

“군욕리즉대부욕리(君欲利則大夫欲利), 대부욕리즉서인욕리(大夫欲利則庶人欲利), 상하쟁리(上下爭利), 국즉위의(國則危矣).”

“군주가 이익을 욕심내면 대부들도 이익을 욕심내고, 대부가 이익에 욕심을 내면 백성들도 이익에 욕심을 냅니다. 위아래가 서로 이익을 다투면 나라가 위태로워집니다.”

위아래 온 나라 사람들이 이익을 다투고 욕심을 부리면 나라가 위태로워진다는 마지막 경고가 마음을 울린다. 간신은 모든 일과 문제를 철저히 자신의 이익에 맞추어 계산한다. 그 과정에서 나라는 망가지고 백성은 허덕인다. 그래서 예로부터 나라 잘되게 하는 데는 열 충신으로도 모자라지만, 나라 망치는 것은 혼군이나 큰 간신 하나면 충분하다고 했다. 혼군과 간신이 짝을 이루면 그 정도와 피해는 상상을 초월한다.

5. 기호와 취향은 간신의 주요 공략 대상

전국시대 위(魏)나라 문후(文侯)와 공자의 제자 자하(子夏)가 음악에 관한 대화를 나눈 적이 있다. 문후가 어떤 음악은 지루하고 어떤 음악에는 빠지게 되느냐고 묻자, 자하는 음악에 빠지는 것은 그 음악에 빠졌기 때문이라고 하면서 군주는 자신이 좋아하고 싫어

하는 것에 대한 태도가 신중해야 한다고 하면서 다음과 같이 말했다. (권24 〈악서〉)

"군호지즉신위지(君好之則臣爲之), 상행지즉민종지(上行之則民從之)."
"군주가 무엇인가를 좋아하면 신하들은 그것을 위해 무엇인가를 하고, 윗사람들이 무엇인가를 행하면 백성들이 그것을 따라합니다."

춘추시대 제나라 환공(桓公)이 자주색 옷을 좋아하자 처음에는 신하들이, 이어 백성들이 모두 자주색 옷을 입는 통에 옷감과 염료의 값이 폭등했다. 관중(管仲)은 환공에게 자주색 옷이 싫다는 것을 공개적으로 밝히게 해서 물가를 안정시켰다. 여기서 '환공이 자주색을 싫어하다'는 '환공오자(桓公惡紫)'의 고사성어가 나왔다.

역시 춘추시대 초나라 영왕(靈王)은 가는 허리의 여자를 유난히 좋아했다. 그러자 궁중의 여자는 물론 남자들까지 살을 빼려 했고, 심지어 전국적으로 다이어트 열풍이 불어 굶어 죽는 사람까지 생겼다. 이 고사에서 '탐연세요(貪戀細腰)'라는 성어까지 나왔다. '가는 허리를 유난히 좋아한다'는 뜻이다.

간신의 가장 중요한 특기가 바로 권력자의 취향을 잘 파악해서 그에 맞추고, 나아가 그 취향을 부추겨 사치와 방탕에 빠지게 만드는 것이다. 또 끊임없이 다른 오락거리나 놀이를 가져와 권력자를 꼬드긴다. 그런가 하면 자신들이 언행과 복장 등을 어리석은 백성들이 따라 하게 만든다. 말하자면 유행을 주도하여 민간의 기풍을 흐리게 만들고, 나아가 민심을 농락하여 자신의 간행을 감춘다. 이런 현상은

초나라 영왕의 '탐연세요'는 전국을 다이어트 열풍으로 몰아넣었다. 이를 나타낸 그림이다.

옛날은 물론 지금도 횡행하고 있다.

아랫사람은 윗사람의 말이 아니라 행동을 보고 따른다고 했다. 리더의 언행은 '소리 없는 명령'이란 말까지 나왔다. 풀은 바람을 따라 눕는다. 간신의 간행을 방지하기란 여간 힘든 일이 아니다. 철저하게 자신을 관리하는 것은 물론, 늘 깨어 있는 의식으로 저들의 언행을 눈여겨보고 정확하게 분석해야 한다.

6. 흥망(興亡)의 지표(指標)

사마천은 한 나라의 흥망을 나타내는 지표도 사람이라고 보았다. 그는 다음과 같은 말을 두 번 반복하여 이런 자신의 인식을 강조했다. (권50 〈초원왕세가〉 ; 권112 〈평진후주보열전〉)

"국지장흥(國之將興), 필유정상(必有禎祥), 군자용이소인퇴(君子用而

小人退) ; 국지장망(國之將亡), 현인은(賢人隱), 난신귀(亂臣貴)."

"나라가 흥하려면 상서로운 조짐이 있기 마련이니 군자는 기용되고 소인은 쫓겨난다. 나라가 망하려면 어진 이는 숨고 나라를 어지럽히는 난신은 귀하신 몸이 된다."

춘추시대 제나라의 명재상 안자(晏子, ? ~ 기원전 500)는 인재가 있는데도 알아보지 못하고, 알아보고도 기용하지 않고, 기용하고도 맡기지 않는 것을 세 가지 상서롭지 못한 징조라고 했다.

조직이나 나라의 경영이 얼마나 잘되고 있느냐 여부를 따지는 여러 가지 잣대들 중에서 가장 중요한 것이 인재다. **사마천은 인재를 흥망의 절대 조건으로 보았다.**

사마천이 같은 말을 두 번이나 반복한 것은 무엇보다 사람의 중요성을 강조하기 위해서였다. 여기서 우리가 주목할 대목은 나라가 망하려 할 때 나타나는 현상으로 '난신', 즉 간신이 귀한 몸이 된다는 것이다. 앞부분의 '소인' 역시 간신 부류를 가리킨다. 나라가 잘될 때는 간신이 나랏일에 함부로 간섭할 수 없지만, 나라에 망조가 들면 간신들이 설친다는 말이다. 그러면서 사마천은 "나라의 안위는 어떤 정책을 내느냐에 달려 있고, 존망은 어떤 사람을 쓰느냐에 달려 있다(안위재출령安危在出令, 존망재소용存亡在所用)"이라는 명언을 인용하면서 "이 말이 정말 옳다"고 탄식했다.

7. 간신은 나라를 망치는 화근

전국시대 말기 남방의 강국이었던 초나라는 회왕(懷王)이라는 못

224

난 군주와 근상(靳尙) 같은 간신배들 때문에 쇠퇴를 면치 못했다. 굴원(屈原)이 거듭 회왕에게 충고하고 직언했지만 회왕은 도리어 굴원을 조정에서 내쫓았다. 굴원은 근심 걱정을 견디다 못해 〈이소(離騷)〉라는 글을 썼다. 굴원은 이 글에서 왕이 '한쪽 말만 듣고 시비를 가리지 못하는 것'과, '아첨하는 무리들이 왕의 총명을 가로막는 것'과, '사악하고 비뚤어진 무리가 공명정대한 사람을 해치는 것'과, '바르고 곧은 사람을 받아들이지 않는 것'을 애통하게 생각했다.

굴원은 나라가 약해져서 망하는 원인을 구체적으로 네 가지로 요약했다.

첫째, 간신의 말만 듣고 옳고 그른 것을 가리지 못하는 리더(군주)의 못난 판단력과 분별력을 지적했다. 둘째, 리더가 이런 잘못된 판단을 내리게 되는 요인으로서 아첨하는 무리를 꼽았다. 셋째, 아첨하는 간신배들은 권력자와 권력을 독점하기 위해 공명정대한 사람을 해친다. 넷째, 결과적으로 바르고 곧은 사람들은 받아들여지지 못하고 쫓겨난다.

굴원은 조정에서 쫓겨났고, 이에 대한 강렬한 항거의 표시로 돌을 품고 멱라수에 걸어 들어가 스스로 몸을 가라앉혀 자결했다. 그때가 기원전 278년이었고, 약 50년 뒤인 기원전 223년 초나라는 멸망했다.

〈간신열전〉의 선구 〈영행열전〉 분석

위에 소개한 것 외에 간신과 간신현상에 대한 경고, 간신에게 홀리지 않기 위한 권력자의 경계심, 직언하는 신하에 대한 존중, 때를 놓치지 말아야 할 간신의 척결 등과 관련된 내용과 사마천의 예리한 통찰력을 《사기》에서 얼마든지 확인할 수 있지만 이 정도로도 충분하리라 생각한다.

이제 《사기》 이후 역대 중국 역사서, 특히 정사(正史)에 2천 년 동안 꾸준히 실리게 되는 〈간신열전〉의 선구가 되는 〈영행열전〉을 분석해본다. 먼저 사마천이 간신에 관한 기록을 남긴 의도를 생각해보자.

그에 앞서 〈영행열전〉의 뜻풀이가 좀 필요할 것 같다. '영행'이란 단어가 생소할 것이다. '녕(佞)'은 아첨한다는 뜻이고, '행(幸)'은 '행운'의 '행'자와 같은 글자인데, 사랑을 얻는다는 뜻이다. 다시 말해 아부나 미색으로 윗사람, 주로 권력자의 귀여움을 얻는다는 말이다. 이런 아첨꾼, 즉 간신들의 행적에 관한 기록은 〈영행열전〉이 역사상 최초인데, 그 의도는 매우 의미심장하다. 사실 이런 부류의 인간들은 열전에 넣어 기록으로 남길 만한 자격이 없다. 하지만 이런 자들이 황제를 비롯한 권력자 곁에서 오로지 비위를 맞추는 재주 하나로 총애를 받고, 그 총애를 기반으로 정치와 나라를 어지럽히는 것이 문제였다. 반면에 선량하고 재능이 있는 인재들은 이런 자들의 박해와 훼방에 막혀 불우한 삶을 살아야 하는 것이 현실이었으니 얼마나 개탄스러웠겠나? 이런 현실은 지금이라고 해서 별로 나아진 것 같지 않다. 사마천은 이런 인식을 갖고 후세에 대한 경고의 의미로 〈영행열전〉을 마련한 것이다.

또 하나 생각해 볼 것은 사마천이 억울하게 궁형을 자청하게 되는 과정에도 이런 부류의 인간들이 작용하지 않았을까? 하는 것이다. 사마천은 내놓고 말은 하지 않았지만 친구 임안(任安)에게 보낸 편지 속에서 "나의 집은 가난하여 형벌을 면할 수 있는 돈도 없었고, 사귀던 벗들 중 누구 하나 나서서 나를 구하려 들지 않았으며, 황제 좌우의 측근들도 나를 위해 한마디 거들지 않았다"라고 토로한 것을 보면 사마천 당시에 간신 부류들이 어찌 없었겠는가?

〈영행열전〉의 간신들 이야기를 해보자. 사마천은 〈영행열전〉에다 주로 자신이 속해 있었던 한나라 때 간신들 몇몇을 소개한 다음, 마지막 논평에서 춘추시대 위(衛)나라 영공(靈公)의 총애를 받았던 미자하(彌子瑕) 이야기를 넣고 있는데, 이 이야기를 먼저 하자.

"심하구나, 사랑하고 미워하는 감정이 수시로 변하는 것이! 미자하의 행적은 후세 사람들에게 아첨으로 귀여움을 얻는 것이 어떤 것인지 100세가 지나도 알 수 있게 잘 보여주고 있다."

사마천은 간신이 아부와 간사함으로 권력자의 총애를 얻었지만 결국은 파멸하고 만다는 이치를 알리기 위해 본보기로 미자하를 들고 있다. 그래서 첫머리에 사랑하고 미워하는 감정이 얼마나 변덕스러운 것인가를 강조한 것이다. 사마천은 바로 인간의 이런 변덕에 주목하여 한순간의 총애를 믿고 설치던 간신들의 말로가 어떠했는지 보여주고자 했다. 미자하 이야기는《한비자》라는 법가 계통의 대표적인 책에 비교적 상세히 실려 있는데, 잘 알려진 '먹다 남은 복숭아' '식여도(食餘桃)'라고 하는 고사로 더 잘 알려져 있다.

위나라 영공 측근에 미자하라는 꽃미남이 있었다. 어찌나 잘생겼

던지 영공은 미자하를 늘 곁에 두었고, 심지어는 침식을 같이했다. 사마천은 〈영행열전〉 몇 군데서 권력자와 이런 꽃미남과의 동성연애를 은근히 암시하는 문장을 남겼는데, 미자하와 영공의 관계도 그런 것이 아니었나 추정하기도 한다. 아무튼 미자하를 영공이 얼마나 예뻐했던지 미자하가 맛난 복숭아를 따서 자기가 먼저 한 입 먹고 나머지를 영공에게 주었는 데도 미자하가 자기를 너무 사랑해서 맛있는 복숭아를 다 먹지 않고 남겨주었다고 고마워할 정도였다. 바로 여기서 '먹다 남은 복숭아'란 뜻의 '식여도'란 표현이 나온다. 하지만 세월은 무정하다. 세월이 흐를수록 미자하의 용모는 시들어갔고, 영공의 사랑도 시들었다. 결국은 자기를 사랑해서 먹다 남은 복숭아를 준다며 미자하를 아끼던 영공은 미자하가 죄를 짓자 그 옛날 '먹다 남은 복숭아'를 자기에게 주었다며 욕을 했다는 것이다.

사마천은 〈영행열전〉 첫머리에다 속담을 인용하여 "힘들여 농사짓는 것보다 절로 풍년을 만나는 것이 낫고, 착하게 벼슬을 사는 것보다 임금에게 잘 보이는 편이 낫다"고 말한다. 사마천이 이 속담을 인용한 까닭은 여자만 미모와 교태로 잘 보이려는 것이 아니라 벼슬살이에도 그런 일이 있다고 말했듯이, 벼슬아치들 중에서 권력자에게 자신의 능력과 일로 잘 보이려는 것이 아니라 미모와 아부 따위로 빌붙어 권력의 부스러기를 주워 먹으려는 자들이 있다는 뜻이다. 사마천은 마지막 논평에서 춘추시대 미자하라는 인물의 예를 든 것 외에는 모두가 자신이 속해 있었던 한 왕조 때 간신들만 집중적으로 소개하고 있는데, 여기에는 자기가 살던 무제시대에 대한 비판의 의도가 숨어 있다.

〈영행열전〉에 상대적으로 상세히 소개된 간신은 셋이고, 짤막하게나 이름난 언급된 간신까지 합치면 여덟 명이다. 그중에서 기록은 짧지만 인상적인 행적을 남긴 간신 둘을 먼저 소개한다. 황제 곁에서 황제를 모시던 미소년들 이야기다. 〈영행열전〉은 기본적으로 권력자의 과분한 총애를 받은 남자 아첨꾼들 이야기다.

먼저 적(籍)이란 이름을 가진 미소년이 아첨으로 유방의 사랑을 받았다. 또 다음 황제인 혜제(惠帝) 때는 굉(閎)이라는 미소년이 사랑을 받았는데, 사마천은 이들이 무슨 재능이 있어서가 아니라 순종하고 아첨하는 것만으로 귀여움을 받았으며, 심지어는 황제와 잠자리를 같이 할 정도였다고 지적했다. 사마천은 권력자와 미소년과의 동성애를 은근히 암시했고, 나중에는 이런 문제가 궁중 스캔들로 비화되어 소동을 일으키기도 했다.

더 큰 문제는 이런 자들이 결국은 진화하여 정치에까지 관여한 일이었다. 개인의 성적 취향이야 뭐라 하지 못하지만 그것이 정치에 영향을 줄 때 문제가 되지 않겠나? 사실 적과 굉 두 사람은 한나라 초기 정치에 큰 영향을 준 인물들은 아님에도 불구하고 조정 대신들이 황제에게 올릴 보고가 있으면 모두 이자들을 통했다고 하니 이런 부류의 간신들이 부린 그 위세가 어느 정도였는지 짐작이 갈 것이다.

물론 이들이 정치에 아주 큰 영향을 주지는 못했다. 제왕들의 정치적 판단력도 괜찮은 편이었다. 이 때문에 이들은 패거리를 지어 권력집단을 형성하는 데까지는 이르지 못했다. 다만 사회적으로 나쁜 영향을 미쳤다. 이를테면 황제를 시중드는 관리 후보들이었던 낭과 시중들이 적이나 굉과 같은 아부꾼들의 행색을 모방했다는 기록이 보인다. 모자에다 준의(駿鸒)라고 하는 특별한 새의 깃털을 꽂고, 조개로 장식된 허리띠를 매고, 분 같은 화장품 따위로 얼굴을 치장했다고 하는데, 적과 굉이란 자들이 이런 행색이었던 모양이다. 낭과 시중들이 자기들도 황제의 눈에 들려고 죄다 적과 굉처럼 하고 다녔다는 말이다.

사마천은 이들 행적 마지막에다 두 사람은 집을 안릉(安陵)으로 옮겼다고 했다. 당시에는 황제가 즉위하면 바로 황제의 무덤을 만들기 시작했다. 황제가 언제 어떻게 될지도 모르기 때문에 그렇다. 죽고 난 다음 무덤을 만들면 절차도 그렇고, 그 일 때문에 다른 일들을 할 수 없기에 그렇다. 황제의 무덤을 조성하게 되면 새로운 도시가 하나 건설되는 것이나 마찬가지였다. 부자들과 상인들을 이주시키는 등 뉴타운이 조성되는 것이다. 그리고 그 지역은 부유하고 권세 있는 자들이 집중적으로 거주한다. 결국 이 두 사람은 미모와 아부를 통해 황제의 총애를 한껏 누렸다.

〈영행열전〉에서 사마천은 적과 굉의 행적을 통해 미모와 아부를 간신이 권력자의 마음을 얻고 사랑을 받는 두 가지 기본 요소로 보았다. 그런데 시간이 흐를수록 간신들은 미모보다는 아부와 권력자의 비위 맞추기를 추가하고, 특히 권력자의 기호와 취향 및 심리 상태까지 속속들이 파악하는 치밀함까지 갖춘다.

〈영행열전〉에 수록된 간신들은 나라가 쇠퇴하거나 망할 때의 인물들이 아니어서 그들이 끼친 해악이나 간행의 심각성은 후대의 간신에 비하면 덜한 편이다. 다만 사마천은 이런 자들을 경계하지 않으면 나라가 큰일이 날 것이라고 확신했기 때문에 경고의 의미로 이 열전을 마련했다. 특히, 한 왕조의 최고 전성기라고 하는 무제 때, 다시 말해 사마천이 모셨던 황제 때 간신들이 궁중과 조정을 크게 어지럽혔는데, 사마천은 이런 간신들이 출현하게 된 원인과 그 영향에 대해 깊게 생각한 것 같다. 사마천은 전성기에서 위기를 감지한 것이 아닐까? 최고 정상에 올랐을 때가 가장 위험한 때라는 말도 있듯이. 역사를 잘 살펴보면 정상에 올랐을 때 겸허히 자신을 되돌아보면서 미래를 설계하지 못하고 자만에 빠져 큰일을 그르치는 경우가 대단히 많았다.

이어 문제 때 황제의 사랑을 받은 등통(鄧通)이란 간신에 대해 알아본다. 문제 때 황제의 사랑을 받았던 총신들로는 인재를 아꼈던 북궁백자(北宮伯子)라는 장자(長者)와 점을 잘 치고 천문 관측을 잘했던 조동(趙同), 그리고 등통이 있었다. 앞의 두 사람은 인품과 재주로 사랑을 받아 황제가 타는 수레에 함께 탈 정도였지만 사실 등통은 잘하는 것이 없었다. 다만 한 가지, 등통은 노를 잘 저었다. 배를 잘 운전했다는 말이다. 그래서 당시 선박 운행을 관장하는 벼슬아치가 되었는데, 이 벼슬아치가 누런 모자를 썼기 때문에 '황두랑(黃頭郞)'이라 불렀다.

하루는 문제가 꿈을 꾸었는데 꿈속에서 자신이 하늘을 오르려하고 있었다. 힘겹게 하늘에 다 다가갔는데 얼마 남겨 놓지 않고 도무지 오를 수가 없었다. 그렇게 끙끙거리며 용을 쓰고 있는데 자신의 배를 젓는 황두랑이 등을 밀어주어 하늘로 올랐다. 문제가 고

마운 마음에 뒤를 돌아보니 황두랑의 등 뒤 허리띠를 맨 자리의 옷 솔기가 터져 있었다. 아마 자기의 등을 밀어주느라 그렇게 된 모양이구나 하고 꿈을 깼다.

꿈에서 깬 문제는 점대(漸臺, 전망대 같은 곳)에 올라가 황두랑을 불러 등 뒤를 보았더니 놀랍게도 옷 솔기가 터져 있는 것이 아닌가? 문제는 너무 기뻐 등통의 성과 이름을 묻고는 수시로 불러 관심을 보였다. 등통도 성실하게 황제를 모셨다. 문제는 이런 등통이 너무 마음에 들어 10번 넘게 억만 전을 하사했고, 벼슬도 상대부 자리에까지 이르게 되었다. 등통은 황제의 사랑을 잃지 않으려고 많은 노력을 했다. 황제가 휴가를 내려도 반납하고 황제를 기쁘게 했다.

이렇게 해서 등통은 황제의 사랑을 듬뿍 받았고, 황제가 등통의 집으로 놀러갈 정도였다. 어느 날 황제가 관상쟁이에게 등통의 관상을 보라고 했더니 뜻밖에도 가난으로 굶어죽을 관상이라는 괘가 나왔다. 문제는 믿기지 않았지만 혹시나 해서 저 남쪽 촉 지방의 엄도라는 지역의 구리 광산을 주고 돈을 마음대로 주조할 수 있는 권리까지 주었다. 이렇게 해서 만들어진 '등씨전'이란 질 나쁜 화폐가 천하에 두루 퍼졌다.

문제가 지나칠 정도로 등통에게 특혜를 베푼 데는 등통이 문제의 등창을 입으로 빨아줄 정도로 지극정성으로 문제에게 아부했기 때문이기도 했다. 부귀영화를 위해서라면 못할 짓이 없는 것이 간신들의 가장 큰 특징이다. 그런데 등통은 이 일 때문에 결국 신세를 망친다. 하루는 등통이 황제의 종기를 빨고 있는데 태자(훗날 경제)가 문병을 왔다. 황제는 태자에게도 자신의 종기를 빨게 했고, 태자는 마지못해 아버지의 종기를 빨았다. 태자는 등통이 늘 황제의 종기를 빨아낸다는 사실을 알고는 등통을 미워하게 되었다.

태자가 황제로 즉위하자 등통은 벼슬을 그만두고 자기 집으로 돌아갔지만 황제의 심중을 헤아린 다른 관리가 등통의 비리를 고발했고, 등통의 그 많던 재산은 다 몰수당하고 엄청난 빚까지 졌다. 관상처럼 굶어 죽지는 않았지만 남의 집에 얹혀살다가 죽었다.

공공의 이익을 위해 무엇인가를 할 수 있는 능력은 없으면서 미모나 아부만으로 권력자의 총애를 얻은 간신들은 숙주와 같은 권력자가 소멸되면 절로 몰락하기 마련이다. 등통의 비참한 말로를 단적으로 대변하는 성어가 남아서 전하는데 그것이 바로 '불명일전(不名一錢)' 또는 '일문불명(一文不名)'이다. 우리도 흔히 수중에 돈이 하나도 없을 때 이 말을 쓴다. '땡전 한 닢 없다'가 바로 이 성어의 뜻이다.

문제의 뒤를 이은 경제는 등통 같은 간신을 미워해서인지 주목할 만한 간신이 없었던 모양이다. 주문인(周文仁)이란 낭중령(郎中令)이 총애를 받긴 했지만 등통에 비하면 아무것도 아니었다. 그냥 이름 정도만 기록되어 있다. 그러다 사마천이 모셨던 황제인 무제시대에 오면 간신들이 많아진다. 자기 과시를 좋아했던 무제인지라 자기 기분을 맞추어주는 아첨꾼들을 총애했던 것 같다. 사마천은 무제가 교동왕(膠東王) 시절 함께 궁정에서 공부하면서 가까워진 한언(韓嫣)과 노래와 춤을 잘했던 이연년(李延年)이란 인물을 소개한다.

한언은 기마와 활쏘기, 그리고 아첨에 능했다. 또 당시 한의 가장 강력한 라이벌이었던 흉노의 군사에 대해 잘 알고 있어 상대부(上大夫)라는 벼슬까지 받았다. 무제의 총애 정도는 앞서 소개한 등통에 버금갈 정도였다.

한언은 무제와 어릴 때부터 같이 자란 사이였기 때문에 이런 사적인 관계도 작용했다. 그런데 사마천은 무제와 한언의 관계를 '서로 사랑하는' 사이, 즉 '상애(相愛)'라고 표현했다. 이 표현이 의미심장하다. 무제가 황제로 즉위한 다음에는 더 가까워졌다는 표현이 있고, 이어 한언이 황제와 함께 자고 함께 일어났다고도 했다. 동성애를 암시하는 표현이 아닐까 한다. 물론 당시의 윤리관과 충돌하는 비정상적인 관계였지만 신분이 황제이다 보니 쉬쉬한 것 같다. 사마천은 이조차 허투루 넘기지 않고 기록으로 남겼다. 사마천이 후대 사가나 권력자들에게 큰 미움을 산 이유 중 하나일 것이다.

황제의 사랑이 깊으니 한언은 안하무인이었다. 결국 그 교만함 때문에 자신의 몸을 망치게 된다. 한번은 무제가 배다른 동생인 강도왕(江都王)과 황가(皇家)의 사냥터인 상림원으로 사냥을 가기로 약속하고 사전에 한언을 보내 준비를 시켰다. 한언은 통행을 차단하는 등 황제의 사냥을 위한 만반의 준비를 갖추었는데, 한언의 행차가 황제의 행차를 방불케 할 정도로 대단했다. 강도왕 일행이 멀리서 한언의 행차를 보고는 황제의 행차인 줄 알고 시종을 물리치고 길가에 엎드려 인사를 드리려 했다. 교만방자한 한언은 강도왕은 거들떠보지도 않고 휙 지나가버렸다. 이 일로 강도왕은 한언에게 원한을 품었고, 황태후를 만난 자리에서 자신도 한언처럼 궁중에서 황제를 모시게 해달라고 징징거리며 애원했다. 이 일로 황태후도 한언을 미워하게 되었다. 최고 권력자의 총애만 믿고 다른 사람의 눈은 무시한 것이다. 더욱이 한언은 무제의 애인이었으니 그 방자함이 하늘을 찔렀다.

당시 황태후는 왕태후로 황제인 무제의 생모였다. 그러던 차에 한언이 황제와 함께 비빈들의 침소를 제 마음대로 드나들며 간통을 일삼는다는 소문이 들렸다. 차마 입에 담기가 그렇지만 당시 이게 큰 스캔들이 되었고, 황태후는 황제의 사과와 애원에도 불구하고 끝내 한언을 죽였다.

겸손할 줄 몰랐던 한언의 자업자득이었다. 춤과 노래로 무제의 총애를 듬뿍 받았던 이연년도 비슷한 말로를 맞이했다. 이연년 경우, 무제의 누이인 평양공주(平陽公主)가 먼저 이연년의 누이를 황제에게 소개했고, 이연년은 다시 누이의 치마끈을 타고 황제에 접근하였는데 노래는 물론 색다른 음악을 잘 창작했다. 누이는 무제의 총애를 받아 황제의 자식까지 낳았다. 이 누이가 바로 무제가 가장 사랑했던 이(李) 부인이다. 이연년의 가족은 누이를 포함해서 부모 형제자매가 모두 연예인 출신이었다. 이연년은 죄를 지어 궁형을 당한 다음 황제의 사냥개를 관리하던 비천한 신분이었다. 그러다 벼락출세를 했으니 자기 자신을 억제하지 못하고 교만방자하게 굴었다. 그 아우도 마찬가지였다. 이연년은 과거 한언에 버금갈 만한 대우를 받으며 떵떵거리고 살았지만 천박한 가치관을 바꾸지 못하고 교만하게 굴었고, 그 동생은 궁녀들과 몰래 사통하는 등 패륜적인 행동을 일삼았다. 그 뒤 황제가 사랑했던 이 부인이 죽고, 이연년에 대한 무제의 총애도 시들자 형제가 무슨 일로 잡혀 모두 처형당했다.

정당하지 않고 옳지 않은 권세와 부귀는 그 자체로 부정한 것이다. 노력과 실력으로 이룬 성취라야 오래가고 또 평가를 받을 수 있다. 간신의 부귀영화란 일확천금이나 복권과 같은 것이라 허망하게 사라지고, 그 과정에서 인심을 잃어 많은 사람들로부터 손가락질을 받는다. 그것이 권력자의 무관심으로 이어지고 결국은 파국을 맞는다. 그래서 공자의 제자인 자공이 '가난하면서 아첨하지 않고 부유하면서 교만하지 않는' 경지에 대해 묻자, 공자는 그것도 나쁘지는 않지만 '그보다는 가난하면서도 즐길 줄 알고, 부유하면서도 예를 지키는 것이 한 단계 위'라고 했다. 늘 그렇듯 무슨 일이든 경계, 즉 마지노선을 넘지 않는 것이 중요하다.

간신은 그 마지노선을 수시로 언제든지 넘는다. 아니, 어쩌면 그들에게는 마지노선이란 것이 없다. 그렇기 때문에 그들이 끼치는 해악은 상상을 초월한다. 사마천은 〈영행열전〉을 통해 간신들이 어떻게 황제들의 마음을 사로잡는 지와 그들의 최후에 대해 비교적 상세한 기록을 남겼다. 이 〈영행열전〉이 던지는 핵심 요지는 사마천이 첫 부분에 인용한 "힘들여 농사짓는 것보다 절로 풍년을 만나는 것이 낫고, 착하게 벼슬을 사는 것보다 임금에게 잘 보이는 편이 낫다"라는 속담에 잘 반영되어 있다. 즉, 권력자에게 잘 보여 그 권력의 부스러기를 얻는 편이 열심히 바르게 자기 일을 다 하는 것보다 훨씬 편하고

史記卷一百二十五

漢 太史 令司馬遷 撰

宋中郎外兵曹參軍裴駰集解

唐國子博士弘文館學士司馬貞索隱

唐諸王侍讀率府長史張守節正義

佞幸列傳第六十五

諺曰力田不如逢年善仕不如遇合固無

虛言非獨女以色媚而仕宦亦有之昔以色幸者多矣

至漢興高祖至暴抗也

孝惠時有閎孺 此兩人非有材能徒

〈영행열전〉은 훗날 모든 정사에 〈간신열전〉이 수록되는 단초를 마련했다. 〈영행열전〉의 첫부분이다.

잘살 수 있다는 뜻이다. 모든 간신의 심리가 바로 이렇고, 사마천은 속담을 인용하여 이 점을 정확하게 지적했다. 이는 결국 간신과 권력자의 관계가 기생충과 숙주의 관계라는 점과 일맥상통한다. 〈영행열전〉은 이런 점에서 간신과 그 현상의 본질을 꿰뚫고 있다.

〈혹리열전〉, 간행과 그 수법을 정확하게 지적해내다

'혹리(酷吏)'는 글자 그대로 '가혹한 관리'란 뜻이다. 일처리, 특히 법 집행을 가혹하게 한 관리를 말한다. '혹리'는 오늘날로 보자면 검사와 법관들에 해당하는데, 이들은 주로 권세가, 토호, 상인들을 대상으로 가차 없이 법 집행을 행사했다. 뿐만 아니라 어떤 혹리들은 최고 권력자의 의중을 헤아려 그에 맞는 법 집행을 행사하기도 했고, 나쁜 혹리들은 상인과 결탁하여 법을 빙자하여 도리어 법을 어지럽혔다. 오늘날로 비유하자면 검간·경간·법간들이라 할 수 있다.

물론 '혹리'라고 해서 모두 간신으로 규정할 수 없다. 초기 혹리들 일부는 강직하고 청렴했다. 따라서 그들의 행적, 특히 그들이 법 집행 과정에서 보여준 방법과 수단, 그리고 목적 및 결과를 살펴야만 어떤 혹리가 간신과 다를 바 없었는지를 판단할 수 있다.

사마천이 넓게 보아 간신 부류의 하나라 할 수 있는 '혹리'들의 행적을 전문적으로 기록한 〈혹리열전〉을 남긴 의도는 〈영행열전〉과 마찬가지로 이들이 후대에 끼친 악영향 때문이었다. 특히 이 두 기록에 수록된 인물들은 〈영행열전〉에서 《한비자》에 나오는 미자하를 예로 든 것을 제외하면 모두가 한나라 때 사람들이고, 특히 사마천이 모셨던 무제 때 집중되어 있다. 사마천은 자신의 시대에 잠복해 있는 위기와 그 위기를 부추기는 간신의 존재와 그 현상을 감지했다. 이런 그의 의도는 '혹리'와 대척점에 있는 선량하고 충직한 관리들의 기록인 〈순리열전(循吏列傳)〉에 수록된 인물로는 한나라 시대 사람은 단 하나도 없고, 모두 춘추전국시대 사람들이라는 사실에서도 잘 드러난다.

〈혹리열전〉에 나타난 혹리들의 수법, 즉 간행을 저지르는데 동원된 수법들을 중심으로 그들의 행적을 살펴보고, 그를 통해 우리가 앞에서 상세히 살펴본 바 있는 간신들의 간행 수법과 비교해본다. 먼저 참고로 〈혹리열전〉에 이름을 올린 혹리들에 관한 신상명세와 특징을 하나의 표로 제시해둔다.

이름	시대 관직	특징	비고
급암(汲黯)	알자, 도위	직언과 큰 정치, 강직함. 사직지신으로 평가받음.	천자도 예를 갖추게 만듦.
정당시 (鄭當時)	태자사인	인재추천, 청렴결백. 급암과 정신적 교류.	5일제 근무의 효시.
질도(郅都)	중랑장	용감, 기개, 공정, 청렴. 보라매라는 별명으로 불림.	경제의 태자 임강왕의 자살 사건으로 처형.
영성(寧成)	낭관	각박, 간교, 상관압도, 부하핍박. 혹리의 전형으로 꼽힘.	거부가 되어 그 권위가 태수를 능가.
주양유 (周陽由)	태수	외척 특권. 난폭, 잔혹, 오만방자. 법을 왜곡해서 적용함. 법질서가 더욱 문란해짐.	기시형으로 죽음.

조우(趙禹)	중도관	불고지죄에 해당하는 '견지법(見知法)'으로 법의 집행을 각박하게 만듦.	불고지죄의 효시
장탕(張湯)	장안현리	판결문의 명수. 황제 심기 파악에 능숙. 탈세 고발법인 '고민령(告緡令)'으로 상인들과 호족들 압박.	어릴 때 쥐새끼 판결. 자살.
의종(義縱)	중랑	강도질. 과감하고 신속한 일처리, 무자비, 청렴. 영성을 처벌하는 악연. 질도를 모범으로 삼음.	지방관 감찰직 '직지(直指)' 벼슬 출현. 기시형으로 죽음.
왕온서 (王溫舒)	어사	죄인 살상에 희열을 느낌. 법조문 왜곡으로 권세에 아부. 범죄자 체포수가 미달일 경우 관리를 죽이는 '침명법(沈命法)'을 제정함. 실적 조작이 만연함.	기혈(嗜血) 심리. 자살, 5족 멸족.
윤제(尹齊)	어사	직선적 성격. 지나치게 엄하고 가혹하여 관리 통솔에 실패.	원수가 시체를 불태우려 함.
양복(楊僕)	어사	과감하고 흉포함. 윤제를 모범으로 삼음.	고조선 정벌에 참가.
감선(減宣)	어사	어려운 사건 해결. 작은 일에 충실하여 큰 일 처리.	자살.
두주(杜周)	정위	신중하여 결단이 느림. 관대해 보이나 냉혹함이 골수에 박힘.	자식들 역시 흉포하고 잔혹함.
풍당(馮當)	촉 태수	포악하고 남을 학대함.	혹리들의 대거 출현과 서한 정치의 난맥상을 드러냄.
이정(李貞)	광한	멋대로 사람의 사지를 찢음.	
미복(彌僕)	동군	톱으로 목을 자름.	
낙벽(駱璧)	천수	억지 자백을 잘 받아냄.	
저광(褚廣)	하동	인명을 마구 살상함.	
무기(無忌)	경조	지독하기가 독사, 흉포하기가 매와 같음.	
은주(殷周)	풍익		
염봉(閻奉)	수형도위	구타, 뇌물 수수.	

　맨 위의 두 사람 급암과 정당시는 〈혹리열전〉이 아닌 〈급정열전〉에 따로 수록되어 있다. 혹리의 선구자들이기 때문에 참고로 넣었다.

또 이 두 사람은 주로 무제 때의 혹리들로 간신 부류에 속하는 인물들과는 확연히 구별된다는 점도 미리 지적해둔다. 사마천은 혹리들을 본격적으로 소개하기에 앞서 급암과 정당시 열전을 바로 앞에 안배하여 가장 모범적인 관리 이미지를 먼저 전하면서, 이러했던 관리들이 욕심 많은 권력자와 얽혀 어떻게 변질되어 가는 지를 보여주고 있다. **이들의 행태에 우리 검찰과 사법부의 모습을 비추어 보면 흥미로운 공통점들을 적지 않게 발견할 수 있을 것이다.** 기록의 양에 차이가 있고, 또 우리 지면의 한계도 있고 해서 대표적인 몇 명을 골라 그 수법을 중심으로 비교적 상세히 분석해본다.

걸리면 죽는다, 질도

사마천이 맨 처음 소개한 혹리는 서한 왕조 4대 황제인 경제(景帝) 때의 질도(郅都)라는 인물이다. 질도의 별명은 '보라매'란 뜻의 '창응(蒼鷹)'이었다. 그만큼 사나왔다는 뜻이다. 황제 앞에서는 바른 소리 하기로 유명했다. 급암과 같은 직언 스타일이었다. 권력을 믿고 백성들을 못살게 구는 권세가들에게는 특히 인정사정이 없었다. 법을 무시하고 제멋대로 구는 제남군의 호족인 간씨(瞷氏) 일가를 몰살시킬 정도였다. 급암이나 정당시의 스타일을 유지하고 있었던 질도가 지킨 또 하나의 원칙은 '청탁 거절'이었다. 개인의 사사로운 편지는 뜯지도 않고 반송해 버렸다. 예물을 보내오면 절대로 받지 않고 되돌려 보냈다. 청관(淸官) 그 자체였다.

그의 행적에서 유별난 점은 법적으로 처리해 벌금을 물리거나 감옥에 보내는 게 아니라, 그 죄가 다소 중하다 싶으면 집안을 통째로 몰살시켰다는 것이다. 지위 고하를 막론하고 걸리기만 하면 최고형으로 다스리니, 그를 보고 피해 가지 않은 사람이 없을 정도였다.

한나라 개국 공신인 주발(周勃)의 아들 주아부(周亞父)는 매우 고귀한 신분이었으나 질도는 그에게 반란죄를 적용해 옥에 가두었다. 아버지 장례식 부장품으로 무기를 무덤에 넣어주려던 것을 누가 반란의 의도라고 밀고를 하자, 지금은 반란을 일으키지 않을지 모르지만 나중에 죽어 저승에 가서 반란을 일으키려는 의도라는 죄목이었다. 그 아버지 주발과도 악연이었다. 생전에 주발은 질도에게 걸려 한 번 당한 뒤로는 평상시에도 갑옷을 입고 잠을 잤다. 백만 대군의 총사령관이던 주아부는 백만 대군보다 더 무서운 게 질도라며 혀를 내둘렀다. 주아부는 감옥에서 식음을 전폐하다가 울화통을 못 이겨 죽고 말았다.

경제 때는 이렇게 질도가 대쪽처럼 법을 처리해 국가 기강이 자리를 나름대로 잡았다. 하지만 이런 질도도 두(竇) 태후의 인척인 임강왕(臨江王, 유영劉榮)을 가혹하게 다스린 괘씸죄 때문에 태후에 의해 처형당했다.

질도는 너그러운 법 집행을 주로 했던 순리(循吏)에서 혹리로 완전히 넘어가는 전환기 관리의 모습을 보여준다. 동시에 경제를 지나 다음 황제인 무제(武帝)시대를 풍미했던 혹리들과 대비되는 형상으로 〈혹리열전〉의 첫 페이지를 장식하고 있다. 그의 이미지는 순리들과 급암이나 정당시에게서 공통적으로 발견되는 청렴에다 사나움과 가혹함을 합친 것을 특징으로 한다. 특히 질도에게는 권력자들에 대해서도 가차 없이 법을 적용하는 엄정한 이미지도 겹쳐 있다. 약자에게는 강하고, 강자에게는 맥을 못 추는 전형적인 간신 부류의 혹리들과는 질을 달리했다.

코에 걸면 코걸이 귀에 걸면 귀걸이, 장탕

혹리들 가운데 가장 유명한 인물은 조우와 함께 불법을 보고도 신고하지 않으면 처벌하는 불고지죄(不告知罪)에 해당하는 악법 견지법(見知法)을 만든 장탕이다. 〈혹리열전〉에서 차지하는 분량도 가장 많다. 여기에는 장탕이 혹리가 되는데 큰 자극을 준 경험이 소개되어 있는데, 사마천이 대체 어디서 이런 이야기를 채록했는지 절로 감탄하게 만드는 흥미로운 일화다.

장탕이 어린 시절에 아버지가 외출하면서 '곡간을 잘 지켜라'는 분부를 내렸다. 장탕이 창고를 소홀히 한 틈을 타 쥐가 음식을 먹어 치웠다. 아버지가 돌아와 장탕에게 매질을 했다. 장탕은 온 집 안을 뒤져 쥐를 잡아서는 꽁꽁 묶은 다음, 쥐를 탄핵하고 영장을 발부하여 진술서를 작성했다. 그리고는 법조문에 근거하여 고문을 가하고, 끝내는 몸뚱이를 찢어 죽이는 책형(磔刑)을 판결했다. 어린 장탕은 판결문도 직접 작성했는데, 그 판결문을 본 아버지는 기가 막혔다. 마치 노련한 형리가 직접 작성한 것 같았기 때문이다. 장탕은 어릴 적부터 혹리로 성장할 기본 자질을 타고 났던 것 같다.

장탕은 그 아버지가 죽은 뒤 관리가 되어 혹리로서 명성을 날리기 시작했다. 먼저 황제의 친인척 비리 문제를 전담했다. 하지만 황제의 친인척 문제는 황제의 의중에 따라 판결이 달라졌다. 중죄를 범했어도 황제가 봐주고 싶은 사람이 있고, 가벼운 죄를 범했어도 황제가 봐주기 싫은 사람이 있었다. 장탕은 황제의 이런 의중을 기가 막히게 잘 알았다.

법에 따르면 명백하게 사형감이었지만 황제가 살려주고 싶어 한다는 것을 안 장탕은 무제가 좋아하는 유가 경전의 대목을 법조문 앞뒤에 배치하여 황제로 하여금 구실을 삼게 만들었다. 그 반대도 마찬가지였다. 장탕은 법을 왜곡하는 것은 물론, 그 왜곡을 위해 말도 안 되는 유가의 경전을 끌어다 그럴듯하게 꾸밀 줄 알았던 영악한 혹리였다.

장탕의 수법 가운데 또 하나 기가 막힌 것이 있었다. 문서 보고는 한 번 올라가고 나면 더 이상 돌이킬 수가 없다. 하지만 구두 보고는 나중에 황제의 검토에 따라 달라질 수가 있다. 장탕은 황제에게 말로 보고할 것과 문서로 보고할 것을 기가 막히게 구분하였다. 이 얼마나 영악한가?

장탕이 남긴 또 다른 나쁜 선례는 다름 아닌 그의 처세술이었다. 그는 다른 관료들에게 욕을 얻어먹지 않으면서 호의호식했다. 선물 보내고, 때만 되면 인사하는 겉치레 처세를 기가 막히게 잘했다. 이렇게 해서 관료들끼리 서로를 봐주고 서로를 이용하는 비리와 부패가 조정에 가득 차게 되었다.

황제는 이런 그를 굉장히 총애했다. 뿐만 아니라 행정·경제·재정 등 조정의 거의 모든 문제를 장탕과 의논했다. 황제는 법과 시스템을 가지고 나라를 다스리지 않고 자신이 총애하는 사람을 통해

2002년 극적으로 발굴되어 복원된 장탕의 무덤과 그 주변의 모습이다(섬서성 서안시 장안구).

통치하는 '인치'에 의존했다. **사마천은 혹리의 가장 큰 문제는 법을 가장 잘 지켜야 할 그들이 그 법을 이용하여 법을 왜곡함으로써 '인치'의 빌미를 제공한 당사자였다는 사실을 상기시켰다.** 사실 간신과 권력자의 관계에서 발견할 수 있는 가장 큰 특징이자 문제점이 바로 '인치'였고, 사마천은 이 점을 확실하게 인식했다.

장탕의 행적에는 간신이 보여주는 전형적인 특징들이 대부분 다 나타나고 있다는 점에서 주목할 필요가 있다. 권력자의 눈치를 봐가며 법을 적용하는 것, 문서와 구두 보고를 구분하여 권력자들의 심기를 헤아려가며 조작한 점, 뇌물을 주고받으며 서로의 비리를 봐준 점, 악법 제정 등등은 역대 간신들에게서 공통적으로 나타나는 보편적인 간행이자 수법이다.

새끼를 밴 호랑이를 만날지언정 영성의 노여움을 사지 마라

사마천이 두 번째로 소개한 혹리는 영성(寧成)이다. 영성 때 들어오면 혹리들의 모습이 크게 일그러지기 시작한다. 강직하고 대쪽 같던 혹리들이 현실과 타협하면서 썩어간다. 최고 권력자와 권세가들의 눈치를 보거나 그들과 결탁함으로써 추하게 변질되었다. 권력을 남용해 백성들을 아주 못살게 굴었다. 권세가들에게도 인정사정없이 법을 적용하던 혹리들이 가혹한 법 적용의 대상을 백성들로 바꾼 것이다. 그 단초를 제공한 혹리가 바로 영성이었다.

영성은 기개가 넘쳐 상관도 능멸했다. 부하들에게는 인정사정없었다. 하지만 청렴한 점에서는 질도에 미치지 못했다. 외척들도 영성을 무척 싫어했다. 한 무제 때, 혹리들을 기용한 가장 큰 이유 중의 하나는 세금을 많이 거두기 위한 목적 때문이었다. 또 하나는 한나라 초기 때 황제의 친척들을 지방에다 분봉했는데, 이것이 문제가 발생하여 '오초 7국의 난' 같은 큰 내분을 겪었다. 외척이나 인척들이 한나라를 존폐의 위기로 몰아넣었다. 한 무제는 혹리들을 기용해 황제와 황후 일가들을 단속했다. 그러나 실상은 한나라 초기 황실의 문제점들이 하나둘씩 곪아서 터져 나오는 과정이었다.

외척의 천적이었던 영성도 결국은 외척의 구박을 받고 사형 선고를 받게 되었다. 영성은 정말 강단 있게 스스로 목 사슬을 끊어버리고 탈출했다. 그리고는 고리대금업자에게 대출을 받아 땅을 사서는 수천 가구의 소작인들을 두고 수천 금의 재산을 모았다. 결국 그는 돈으로 사면을 받았다.

사마천은 50만 전이 없어 궁형을 받았지만 영성은 사형수의 신분으로 도망쳐 부자가 되고, 그 돈으로 사면을 받았다. 영성은 자신의 경험상 관료들의 습성을 잘 알았다. 지방 관료의 약점을 이용해 그들을 쥐락펴락했다. 관직에서 물러났음에도 불구하고 군수나 태수 못지않게 위세를 부렸다. 요즘 식으로 얘기하면 **전관예우를 받는 전직 고위 관료들처럼 현직 관료들과의 인간관계를 이용해 이익을 챙긴 지**

방 **토호세력으로 변신한 것이다.**

강직한 학자 원고생(轅固生)으로부터 '곡학아세(曲學阿世)'하지 말라는 핀잔을 들은 눈치 10단 공손홍(公孫弘)조차 '새끼를 밴 호랑이를 만날지언정 영성의 노여움을 사지 마라'고 할 만큼 영성은 지독했다. **오늘날로 비유하자면 전형적인 검간·경관·법간에 관간이 한데 집중된 잡간의 전형이었다.**

법을 왜곡하기 시작한 주양유

사마천은 다음으로 주양유(周陽由)라는 혹리를 소개했다. 주양유는 외척이라는 신분으로 관료가 된 낙하산 인사의 전형이었다. 주양유를 기점으로 혹리들의 성격이 잔혹하고 난폭해지기 시작했다. 지금까지는 법을 엄격하게 적용만 하고 나머지 세세한 부분은 밑에 있는 옥리들한테 맡겨서 법에 따라 처리하게 했다. 주양유는 자신의 손으로 직접 고문을 가하였다. 주양유는 전국의 태수들 가운데 가장 폭력을 즐겨 썼던 잔인한 인물의 하나였다.

또 한 가지 나쁜 현상은 혹리들이 철저히 상관이나 황제의 눈치를 보기 시작했다는 것이다. 전형적인 간신의 행태를 보였다는 뜻이다. 이전에는 급암이나 질도에서 보았다시피 적어도 황제와 상관에게 직언을 하며 곧게 살았다. 하지만 주양유에 이르면 황제나 상관들의 눈치를 보고 아부를 떨었다. 법대로 처리하는 것이 아니라, 황제나 상관들이 원하는 대로 법 조항을 왜곡해 무고한 사람을 형에 처하거나 나쁜 죄인을 살려주었다.

사마천은 '천금을 가진 부잣집 자식은 저잣거리에서 죽는 법이 없다'고 했으며, 또 '공경대부들에게까지 법이 미치지 않는다'고도 했다. '유전무죄(有錢無罪), 무전유죄(無錢有罪)' 또는 '유권무죄(有權無罪), 무권유죄(無權有罪)'다. 주양유 때부터 이런 현상이 노골화되었다. 사마천은 **영성과 주양유의 등장으로 관료들의 혹리화 내지 간신화는 더욱 심해졌고, 그 결과 나라는 더욱 혼란에 빠졌다**면서 이렇게 지적했다.

"영성과 주양유 이후 나랏일은 갈수록 복잡해졌고, 백성은 교묘한 수단으로 법률에 대처했으며, 일반 관리의 통치 방법도 대부분 영성이나 주양유를 닮아갔다."

기득권층이 법 조항을 왜곡하다 보면 스스로 자기 덫에 빠지기 마련이다. 자기들끼리 서로 원수가 되어 죽고 죽이는 현상이 벌어졌다. 정치적인 이해관계나 권력 문제 때문에 붕당이 결성되고, 실세가 누구냐에 따라 반대당은 처참하게 숙청되었다. 그러다 보니 이에 앞장선 혹리들의 최후 또한 대부분 비참했다. 바로 전 세대의 급암이나 정당시는 비교적 편하게 삶을 마감했다. 죽고 난 다음에는 존경까지 받았다. 그러나 시간이 흐를수록 주양유처럼 효수형과 같은 잔혹한 형벌을 받고 죽는 것은 물론 만인으로부터 저주까지 받는 혹리들이 속출했다. 주양유는 사형되어 저잣거리에 버려졌다.

사마천은 **혹리라도 청렴결백하게 살다간 사람들의 마지막은 편했지만,**

법 조항을 왜곡하거나 권력자의 눈치를 보면서 수많은 적을 만들었던 혹리들의 최후는 결코 순탄치 않았다는 것을 주양유의 예를 통해 생생하게 보여주고 있다.

그러나 이보다 더 큰 문제는 이런 간신화 된 혹리들이 대거 등장함으로써 나라의 풍토가 저질로 흐르고 백성들이 법을 피하기 위해 더욱 간교함에 빠졌다는 점이다. 간신이 끼치는 큰 해악이 바로 이런 것이다.

악법의 등장

혹리들의 간행을 더욱 악랄하게 만들고 부추긴 또 하나의 요소는 악법이었다. **혹리들은 간행을 좀 더 수월하고 효과적으로 저지르기 위해 각종 악법을 만들어냈다.** 먼저 범죄 사실을 알고도 신고하지 않으면 처벌한다는, 지금 우리에게 아직도 남아 있는 전형적인 악법의 하나인 국가보안법 10조 '불고지죄'에 해당하는 '견지법(見知法)'이 있었다.

견지법은 장탕과 조우가 주동이 되어 만든 것인데, 관리가 범죄를 보고도 묵살하면 그 관리도 똑같이 처벌하는 악법이었다. 이 법이 시행되자 관리들은 서로를 철저하게 감시하고 고발했다. 또 견지법을 확대시켜 황제의 명령을 신하가 막거나 집행하지 않을 경우 극형으로 처리했으며, 나아가 비방죄로까지 확대하여 처벌했다. 비방죄는 일찍이 무제의 할아버지인 문제가 폐지시켰으나 이때 다시 부활했다.

견지법이나 비방죄와 비슷한 악법으로 '복비법(腹誹法)'이 있었다. 이와 관련해서는 〈평준서〉에 보이는 '불입언이복비(不入言而腹誹)'라는 유명한 대목이 전한다. "입으로 내뱉지 못하고 속으로 비난한다"는 뜻이다. 이 악법은 장탕과 안이(顔異)란 조정 대신의 알력 때문에 비롯되었다. 장탕과 안이는 사이가 좋지 않았다. 누군가 안이를 고발했고, 이 사건이 장탕에게 떨어졌다.

자초지종은 이랬다. 안이가 찾아온 손님과 대화를 나누었다. 손님이 법령이 처음 반포되면 많은 사람들이 불편함을 느껴 적응하지 못한다고 하자, 안이는 아무 말 없이 입술만 조금 움직였다. 이 일이 장탕의 귀에까지 들어갔고, 장탕은 황제에게 글을 올려 안이가 조정 대신의 신분으로 법령의 불편함을 발견했음에도 보고하지 않고 '마음속으로 몰래 비방했다'고 했다.

안이는 처벌을 받았고, 이로부터 '속으로 비난한다'는 '복비'를 죄로 다스리는 '복비법'이 생겨났다. '복비법'은 지나가다 '우연히 만나 대화를 나누어도 목을 잘랐다'는 진나라의 유명한 악법 '우어기시(偶語棄市)'와 함께 전형적인 악법의 대명사로 꼽힌다.

황제의 신임을 받고 있는 혹리들은 황제의 명령을 빙자하거나 황제를 비방했다는 무고 등으로 자신들에 반대하는 신하들을 처벌했다. 간신들의 전형적인 수법과 판박이었다. 관리들은 모함과 고발을 마구 남발했고, 조정은 물론 나라 전체의 기풍은 살벌 그 자체였다. 백성들에게도 나쁜 영향을 미칠 수밖에 없었다. 사마천은 한나라의 법률 체계가 더욱 각박해진 것은 대개 이때부터 비롯되었다고 꼬집었다.

다음은 '침명법(沈命法)'이란 악법이다. '침명'이란 목숨을 거둔다는 뜻이다. 도적을 제대로 잡지 못하거나 처벌하지 못하는 관리들에 대한 엄벌을 기본으로 하는 법이다. 도적이 일어났는데도 이를 모르고 있거나, 알고도 잡아들이지 못하는 관리로 2천 석 군수 이하부터 말단 관리까지 모두 사형에 처했다.

'침명법'은 무제 당시 농민의 생활이 얼마나 고달팠는지를 역설적으로 보여주는 악법이다. 생활고에 시달린 농민들은 어쩔 수 없이 도적으로 내몰렸고, 정부는 이런 악법을 만들고 혹리들은 이 악법으로 그 아래 관리들을 감독하고, 아래 관리들은 눈에 불을 켜고 도적(백성)을 잡으러 다니는 악순환이 계속되었던 것이다. **혹리들은 이런 악법을 이용하여 그 위세를 높이고, 나아가 사리사욕을 한껏 취했다.** 간신들의 간행으로 백성들이 시달리고, 백성들은 살기 위해 도적질에 나서는 일이 끊임없이 반복되었다. 그때마다 간신들은 권력자를 부추겨 '침명법'과 비슷한 악법들을 만들어 백성들을 탄압했다. 그리고 그 과정에서 온갖 수법을 다 부려 자신들의 배를 불렸다. 이 역시 간신현상의 특징이자 공통점이었다.

'고민령(告緡令)'이란 악법도 있었다. '민(緡)'은 동전을 꿰는 꾸러미란 뜻을 가진 글자로 재산을 가리킨다. 말하자면 재산 신고법이자 재산세라 할 수 있다. 주요 대상은 상인과 고리대금업자였다. 원래 취지는 대상인과 고리대금업자들이 백성들로부터 취한 이익을 국고로 환수하여 국가 재정을 튼튼히 하자는 것이었다. 역사적으로 볼 때 '고민령'은 대규모 상인 억압 정책의 일환이었다.

그 취지만을 놓고 볼 때 '고민령'은 악법이라 할 수 없었다. 문제는 이 법을 이용하여 지나치게 상인을 억압하여 그 재산을 몰수함으로써 상업 활동에 찬물을 끼얹은 것이나, 혹리들이 이 법으로 사욕을 취한 것이었다. 이 법이 얼마나 가혹했으면 중간 규모 정도의 상인들이 모두 파산했다고 했겠는가?

또 다른 문제는 이 과정에서 상인과 혹리들이 결탁하는 더 안 좋은 현상이 출현한 것이었다. 혹리 영성의 경우에서 보다시피 고리대금업자와 혹리가 결탁하는 일이 갈수록 심해졌고, 백성들은 이중으로 피해를 보았다. 이 역시 간신현상의 하나였다.

상당히 긴 지면을 할애해서 간신과 간신현상에 대한 사마천의 인식과 통찰력을 살펴보았다. 이제 요점을 정리하는 것으로 마무리를 대신한다.

3천 년 통사를 집필하면서 사마천은 역사현상의 하나로서 간신의 존재와 그 현상을 충분히 확인할 수 있었다. 사마천은 겉으로 화려해 보이는 무제시대의 한층 아래에 잠복해 있거나 점점 표면화되고 있는 총체적 난국과 위기상황을 정확하게 간파했고, 이에 대한 경고의 의미로 〈영행열전〉과 〈혹리열전〉을 마련했다. 두 열전에 수록된 인물들이 모두 한나라 때, 특히 무제시대에 집중되어 있다는 점에서 사마천의 경고가 갖는 의미가 만만치 않다.

〈영행열전〉은 이후 정사에 꾸준히 편입되는 〈간신열전〉의 선구로서 그 의의가 크다. **열심히 노력하여 좋은 관리가 되는 것보다 권력자에게 아부하는 쪽이 훨씬 살기 편하다는 사마천의 지적은 어째서 역사상 끊임없이 간신이 출현했고, 또 지금도 여전한가를 아주 정확하게 파악한 통**

찰력이 아닐 수 없다.

〈영행열전〉에는 한나라 건국 이후 무제 때까지 주로 아부와 미색으로 황제의 총애를 받고, 그 총애를 믿고 조정의 기강을 문란케 했던 아첨꾼 신하 영신(佞臣), 즉 간신의 행적을 흥미롭게 전하고 있다. 이를 통해 우리는 간신현상에 있어서 권력자와 간신의 관계가 숙주와 기생충의 관계라는 가장 중요한 특징을 확인할 수 있었다.

〈혹리열전〉은 법 집행을 가혹하게 했던 관리, 즉 혹리들의 행적이다. 초기 강직하고 청렴하고 엄정했던 혹리들이 시간이 지날수록, 특히 무제 시기에 오면 대부분 권력자의 눈치를 봐가며 법을 왜곡하고, 자기 멋대로 법을 해석하여 자의적으로 집행하고, 뇌물 따위로 서로 결탁하여 권력과 이익을 탐하는 전형적인 간신 부류의 하나인 탐관오리로 변질되는 과정을 잘 보여준다. 특히 이들이 법 집행 과정에서 보여준 수법은 간신들이 간행을 저지르는 데 동원한 수법과 대동소이하다. 나아가 혹리들은 악법까지 만들어가며 간행을 일삼았다.

사마천은 〈혹리열전〉 앞에다 이들과 대조되는 좋은 관리들의 행적인 〈순리열전〉을 배치하여 극적은 대비 효과를 시도했다. 무엇보다 〈순리열전〉에는 한나라시대 관리는 단 한 명도 수록되어 있지 않다는 사실은 사마천이 〈혹리열

〈혹리열전〉의 혹리형 간신들의 수법은 오늘날 검간·판간·경간들의 못된 수법과 판박이다. 〈혹리열전〉 첫 부분이다.

252

전〉을 왜 마련했으며, 또 그를 통해 무엇을 말하고자 했는지를 짐작케 한다. 사마천 당대에 잠복해 있는 큰 위기를 감지하고, 이를 비판하고 경고하려 했던 것이다.

간신과 관련하여 사마천은 《사기》 곳곳에서 그 심각성과 해악을 지적하고 있다. **무엇보다 나라의 흥망에 간신이 영향을 준다는 인식에까지 이르고 있다는 점은 꼭 새기고 넘어가야 할 것**이다.

끝으로 한 가지 덧붙이고 싶은 것은, 〈순리열전〉과 〈혹리열전〉 사이에 끼어 있는 〈유림열전(儒林列傳)〉의 의미에 관한 것이다. 〈유림열전〉은 제목 그대로 유학자 출신 관리들의 행적이다. 얼핏 보아서는 별 의미가 없지만 찬찬히 뜯어보면 흥미로운 점을 발견할 수 있다. 먼저, 이 열전이 어째서 〈순리열전〉과 〈혹리열전〉 사이에 들어가 있는가 하는 점이다. 순리와 혹리 외에 또 다른 유형의 관리로서 '유림'에 주목한 것은 아닐까? 이 추측대로라면 유림 출신의 관리들은 어떤 특성을 가진 자들일까? 다음으로 〈유림열전〉에 수록된 인물들은 모두 한나라 때 사람들이고, 무제시대에 집중되어 있다. 〈혹리열전〉과 같다.

전문가들의 견해를 종합해 보면 〈유림열전〉에 수록된 인물들이 유학자 출신이긴 하지만 대부분 출세 지향적이고 권력자의 눈치를 보는 기회주의자들이라는 사실이다. 또 뛰어난 인재를 시기하고 질투하는 것은 물론 모함으로 해치는 자도 있다. 이런 점에서 **〈유림열전〉을 간신과 연계시켜 보면 배운 간신, 즉 '곡학아세(曲學阿世)'를 주특기로 삼는 '학간(學奸)'으로 변질되는 자들의 기록**이라 할 수도 있겠다.

신하의 종류를 보다 세분하다
― 유향(劉向)의 '육정육사(六正六邪)'

고려 초기의 문신이었던 김심언(金審言, ?~1018)은 성종 9년인 990년에 임금에게 상소문 하나를 올렸다. 이를 본 성종은 깊이 느끼는 바가 있어 김심언을 크게 칭찬하는 한편, 그가 올린 글에 인용된 이 문장을 기준으로 삼아 관료들에게 널리 알리고 이를 새기도록 했다.

상소문은 좋은 인재를 기용할 것과 서경(西京)의 중요성을 인식하여 특별 지방관을 파견하자는 두 가지 내용이었다. 김심언이 인용한 글은 중국 서한시대의 학자인 유향(劉向, 기원전 77~기원전 6)의 대표적인 저술인 《설원(說苑)》의 한 대목, 그중에서도 '육정육사' 부분이었다. 대체 '육정육사'는 어떤 글이었을까?

유향은 서한시대의 경전학자, 목록학자, 문학가로서 《신서(新序)》와 《설원》 등의 저서를 남긴 인물이다. 《설원》은 춘추전국에서 한 대에 이르기까지 없어진 일이나 전하지 않는 사건을 모은 것으로, 국가 흥망의 이치에 관한 철학적인 격언들이 많다. 문체는 소설체에 가까워 훗날 소설과 민간설화 및 민간고사에 영향을 주기도 했다. 〈군도(君道)〉로부터 〈반질(反質)〉에 이르기까지 모두 20권으로 이루어져 있다.

《설원》의 첫 권인 〈군도(君道)〉는 군주의 도리를 밝힌 데 이어 신하의 도리를 밝히고 있는 글로서, 좋은 신하와 나쁜 신하를 구별하는 좋은 기준을 제시한 글이다. 좋은 신하(관료)란 임금에게도 이로워야 하지만 그보다는 반드시 국가에 이로워야 한다는 점을 강조하고 있다. 그것이 곧 개인이 존중받고 집안이 보존될 수 있는 필수조건임을 함께 지적한다. 이는 국민(국가)의 이익이 그 어떤 정치적 선택이나 소신보다도 앞서야 한다는 뜻으로, 오늘날 정부 관료는 물론 정치계와 정치인들이 귀담아들어야 할 대목이 아닐 수 없다. 국민과 국가가 곧 '소신(所信)'의 뿌리이다.

유향은 교훈이 될 만한 역사 속의 일화들을 쉽고도 깊이 있게 소개한 《설원》과 《열녀전(列女傳)》을 비롯하여 《전국책(戰國策)》, 《신서(新序)》 등 중요한 저작물을 많이 남겼다. 유향의 초상화이다.

'육정육사'는 《설원》의 제2권 〈신술(臣術)〉의 일부로, 신하의 종류를 '여섯 종류의 바른 신하'와 '여섯 종류의 나쁜 신하'라는 의미의 '육정육사'로 구분하고, 그 각각의 특성에 대해 설명하고 있다. 유향은 '살아서는 임금의 사랑을 받고 죽어서도 임금이 그리워하는' 신하가 되는 일이야말로 올바른 신하가 추구해야 할 길이자 현명하고 유능한 신하의 표본으로 보고 있다. 지금 우리 사회에는 이 열두 유형 중 어떤 유형의 정치가와 공직자가 많을까? 또 어떤 자가 '육사'의 유형에 속할까? 잘 살펴 한번 비교해보면 놀랍고 심각한 유사성을 발견할 수 있다. 먼저 '육정육사'를 하나의 표로 정리하여 그 개념과 특징을 눈에 넣어두자.

분류	유형	특징	비고
육정 (六正)	성신 (聖臣)	흥망과 성패의 낌새를 잘 살펴서 일이 터지기 전에 막아 권력자의 지위를 튼튼하게 하는 신하.	천하가 충성을 다하는 신하로 칭송.
	양신 (良臣)	사심 없이 성의를 다하고, 좋은 정책을 건의하며, 권력자의 장점은 살리고 단점은 보완하는 신하.	자신의 공로를 내세우지 않는 신하.
	충신 (忠臣)	부지런하며, 좋은 인재를 추천하고, 좋은 이야기와 역사의 교훈으로 권력자를 격려하는 신하.	나라와 사회를 안정시키는 신하.
	지신 (智臣)	신중하게 살펴 실패를 막고, 여러 번 생각하여 틈을 메우고, 혼란의 근원을 없애 전화위복으로 만들어 권력자의 근심을 더는 신하.	식견이 있는 신하로 불림.
	정신 (貞臣)	제도와 규칙을 지키고, 공직에 모든 상을 사양하고, 뇌물을 거절하는 신하.	의식(衣食)이 단정하고 검소한 신하.
	직신 (直臣)	나라가 어지러울 때 권력자의 뜻을 거스르더라도 직언할 수 있는 신하.	희생을 두려워하지 않는 신하.
육사 (六邪)	구신 (具臣)	자리와 녹봉만 차지하고, 사익만을 꾀하며, 인재는 기용하지 않고, 직책을 다하지 않으면서 구차하게 부귀영화만 좇아 왔다 갔다 하는 신하.	주관 없이 좌우만 살피며 자리만 채우는 신하.
	유신 (諛臣)	무엇이든 권력자의 뜻에만 맞추고, 결과는 아랑곳 않고 한껏 권력자를 쾌락으로 유혹하는 신하.	권력자와 함께 쾌락을 누리는 신하.
	간신 (**姦臣**)	겉과 속이 다르며, 오로지 조심스럽게 좋은 말과 표정으로 인재 기용의 기준을 잃게 하는 신하.	상벌과 명령이 옳지 않게 시행되게 하는 신하.
	참신 (讒臣)	잘못을 감추고도 남는 꾀, 남을 감동시키는 말재주로 시비선악을 뒤바꾸는 신하.	안팎으로 골육과 조정을 이간하고 어지럽히는 신하.
	적신 (賊臣)	권세로 나라의 큰일을 이용하여 집안의 권세를 높이고, 당파를 지어 부유하게 만드는 신하.	권력자의 명을 빙자하여 자신과 권세를 높이는 신하.
	망국신 (亡國臣)	사악하게 권력자에 아첨하여 옳지 않은 길로 이끌고, 권력자의 눈과 귀를 가리며, 그 말이 권력자가 있을 때와 없을 때가 다르고, 흑백과 시비를 가릴 줄 모르는 신하.	기회가 되면 이 모든 것을 권력자에게 떠넘겨 타국과 백성들이 권력자의 죄악을 다 알게 하는 신하.

'육정육사'는 지금으로 보자면 고위 공직자들의 유형을 우선 크게 바른 신하와 사악한 신하 두 부류로 나눈 다음, 다시 각각 여섯 유형씩 모두 열두 유형으로 세분한 것이다. 각각의 유형은 그 순서가 곧 우열을 나타내는 것으로 보인다. 즉, '육정'의 맨 앞에 위치한 '성신'이 가장 이상적이고 바람직한 신하며, '육사'는 다 좋지 않은 신하들이지만 그나마 '구신'이 '망국신'보다는 훨씬 낫다고 볼 수 있다.

  '육정'에 대한 설명은 생략하고 '육사'에 집중하여 분석해본다. 우선 '육사'에 나열된 여섯 종류의 불량한 신하들의 특징을 보면 전형적인 간신들이다. 유향은 '간신'을 따로 분류하긴 했지만, 이는 후대 연구자들처럼 간신이란 존재를 하나의 역사현상으로 규정하여 그 범위를 확장하는 데까지 인식이 미치지 못했기 때문이다. 유향은 먼저 신하로서 지켜야 할 도리와 자세에 대해 이렇게 말한다.

  "신하된 도리는 임금의 명령에 복종하고, 임금이 맡긴 일에 대해 다 처리한 다음 보고하는 것으로서 모든 일을 감히 멋대로 처리해서는 안 되며, 한 개인에게만 멋대로 충성해서도 안 되고, 멋대로 자기의 지위를 높이려 해서도 안 된다. 반드시 국가에 이익이 되도록 해야 하며, 임금에게 도움이 되어야 한다. 그래야 그 신분은 존중을 받을 수 있고, 자손도 자리를 지킬 수 있다."

  이렇기 때문에 나라의 녹을 먹는 공직자라면 '육정'을 본받아 명예를 누려야지 '육사'처럼 살아 치욕을 당해서는 안 된다고 경고한다. 현명하고 유능한 신하는 '육정'의 원칙에 따라 일하며, '육사'를

통렬히 비판해야 한다. 그래야 권력자의 자리가 탄탄해지고 나라
가 제대로 다스려진다. 이런 공직자라야만 살아서는 권력자와 백
성의 사랑을 받고 죽어서도 그리워하는 명예로운 사람이 될 수 있
다고 말한다.

유향은 〈신술〉 편에서 중국에서 가장 오래된 정치학 교과서이
자 유가의 경전의 하나인 《상서(尚書)》〈태서〉 편의 다음 대목을 인
용하고 있는데, 간신에 대한 대응 또는 처벌과 관련하여 이 대목이
특히 눈길을 끈다.

"아랫사람에게 빌붙어 윗사람을 속이는 자(부하망상附下罔上)는 죽
이고, 윗사람에게 붙어 아랫사람을 속이는(부상망하附上罔下) 자도
처벌한다. 나라의 큰일에 함께하여 듣고도 백성에게 이로움을 주
지 못하는 자는 물러나게 한다. 높은 자리에 있으면서 어진 이를
추천하지 못하는 자는 내쫓는다."

유향이 인용한 '부하망상'와 '부상망하'는 간신의 전형적인 간행이
다(이에 대해서는 제3부 '간신학─수법편'에서 상세히 알아보았다). 유향은 이
런 자들은 죽이거나 처벌해야 한다고 했고, 이는 간신에 대응하는
강력한 대응책의 하나로 주목된다. 그러면서 유향은 다음과 같이
덧붙이고 있다.

"이렇게 하는 것은 선을 권장하고 악을 축출하기 위함이다. 그래
서 '유능한 사람을 상하게 하는 자는 나라의 해악이고, 착한 사람을

감추는 자는 나라의 참소이며, 죄 없는 사람을 모함하는 자는 나라의 도적이다'라 한 것이다."

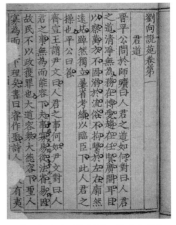

《설원》 속의 다양한 일화는 훗날 소설에도 적지 않은 영향을 주었다는 평이다. 사진은 《설원》의 첫 권인 〈군도〉 편이다.

이상의 대목을 '육사'와 연계시키면 간신에 대한 유향의 인식이 결코 단순하지 않다는 것을 확인할 수 있다. 유향은 조정 신하들의 부류와 유형을 구체적으로 나누어 그 특징을 지적하는 한편 **간신 부류에 속하는 자들을 악으로 규정하여 죽이거나 축출해야 한다는 점을 분명히 했다.** 특히 여기저기 빌붙어 위아래를 속이는 자는 가차 없이 죽이거나 처벌해야 한다는 대목은 간신이 끼치는 해악을 생각할 때 단단히 새겨들어야 한다.

아첨꾼과 모함꾼의 특성을 분석한《논형(論衡)》

중국 역사상 최초의 유물론자로 평가하는 왕충(王充, 27~약 79)은 동한시대의 사상가이자 문학이론가이다. 가난한 집안에서 태어났지만 열심히 학문에 힘을 쏟아 백가사상에 통달하기에 이르렀다. 그 뒤 귀향하여 학생을 가르치며 30여 년에 걸쳐《논형(論衡)》30권 85편

최초의 유물론자 왕충의 사상은 인간의 내면세계를
정확하게 찌르는 직관과 통찰력이 돋보인다.

(현재는 84편)을 저술했다.

《논형》은 소박한 유물주의를 반영하고 있는 대단히 공격적인 저서이고, 이 때문에 왕충은 중국 최초의 유물론자로 인정받는다. 그는 추상적인 선험론을 반대하면서 인간이 지식을 얻기 위해서는 인간의 감관(感官)과 외재하는 객관적 사물이 서로 접촉해야 한다고 주장했다. 즉, 인간과 사물을 직관적으로 파악해야만 제대로 된 지식(정보)을 얻을 수 있다는 것이다. 나아가 이런 직관을 기르기 위해서는 끊임없이 학습하는 것은 물론, 겉으로 드러나는 현상에 대해 항상 의문을 품고 보다 깊이 들어가 그 현상의 이면을 파악해야 한다고 했다.

《논형》의 〈답녕편(答佞篇)〉은 간신에 대한 분석이 돋보이는 한 편인데, 왕충의 이런 인식과 직관이 문장 전체를 관통하고 있는 명문이기도 하다. 〈답녕편〉은 문답 형식으로 당시 관료사회에서 자신의 이익을 위해 남을 해치는 '참인(讒人)'으로 표현된 모함꾼, 아부를 일삼는 아첨꾼, 즉 '영인(佞人)'으로 묘사된 아첨꾼의 두 부류를 소인(小人)의 범주에 넣고 그들의 특징을 전문적으로 분석한 글이다. 제법 길긴 하지만 우선 〈답녕편〉의 전문을 읽고 그 의미를 분석해본다(굵은 글씨는 좀 더 음미해 볼 대목들이다. 아울러 이해를 돕기 위해 간략한 주석도 달았다).

이익과 의리는 서로 모순되며,
정(正)과 사(邪)는 서로 반대된다[1]

어떤 사람이 다음과 같이 물었다.

"현명한 사람은 선왕의 도를 실천하여 높은 관직과 후한 녹봉을 얻을 수 있을 텐데 하필 교묘한 아첨으로 부귀를 얻으려는 것은 무엇 때문인가?"

"교묘한 아첨꾼이 도를 실천하여 부귀를 얻을 수도 있지만 굳이 아첨으로 관직과 녹봉을 얻으려는 자의 욕심을 막을 수는 없다. 힘써 농사를 지으면 곡식을 얻을 수 있고, 교역에 힘쓰면 재물을 얻을 수 있다. 그러나 **훔치고자 하는 사사로운 마음은 막을 수 없다.** 예의(禮義)에 맞게 관직에 나아가고 물러가는 것은 누구나 존중한다. 그러나 예의를 어기는 자는 많고 의리를 존중하는 자는 드물다. **사심과 탐욕으로 정신과 의지가 혼란에 빠지기 때문이다.** 아첨꾼과 현명한 사람이 같은 재능을 가졌다 해도 아첨꾼은 탐욕 때문에 스스로 망한다. 도둑이 농부나 상인과 같은 재주를 가졌다 해도 도둑은 사욕 때문에 스스로 법망에 걸려들고 만다."

1]《논형(論衡)》〈답녕편(答佞篇)〉의 전문이다. 이 글이 갖는 의미가 크기 때문에 전문을 소개하는 한편 필요하면 주석까지 달아 이해를 도왔다. 역주는 《논형주석(論衡注釋)》(中華書局, 1979)을 참고했다.

"아첨꾼과 현명한 사람의 재능이 같다면 그 행동도 같아야 할 텐데, 어째서 유독 아첨꾼만 탐욕 때문에 망한다고 하는가?"

"부귀는 누구나가 바란다. 비록 군자라 해도 바라는 감정은 있다. 군자는 인내와 예의로 사욕을 예방하고 욕심을 억제하기 때문에 도를 지킬 수 있는 것이다. 도를 지키면 화를 당하지 않는다. 소인은 닥치는 대로 탐욕을 부리고 예의를 어기기 때문에 정당하지 못한 수단으로 아첨하는 것이다. 정당하지 못한, 구차한 아첨은 죄다. 현명한 사람은 군자이며, 아첨꾼은 소인이다. 군자와 소인은 그 마음 씀씀이와 행동이 다르며 행동 준칙이 다르다."

"아첨꾼과 나쁜 말로 사람을 해치는 모함꾼은 같은 부류인가?"

"모함꾼과 아첨꾼은 모두가 소인으로 같은 부류이지만 재주가 다른 자들이다. 그들은 모두 시기와 질투의 본성을 갖고 있으나 수단과 동기는 같지 않다. 모함꾼은 입으로 사람을 해치며, 아첨꾼은 일로 사람을 위협한다. 모함꾼은 자신의 의견을 감추지 않지만, 아첨꾼은 동기를 숨긴다. 모함꾼은 속이지 않지만, 아첨꾼은 음모를 꾸민다. 그렇기 때문에 군주가 모함꾼을 멀리하고 어진 이를 가까이할 수는 있지만, 현명한 사람과 아첨꾼은 구별하지 못한다."

이때 누군가가 추궁하듯 묻는다.

262

"그렇다면 군주가 아첨꾼은 끝내 알아낼 수 없다는 말인가?"

"아첨꾼을 본래는 식별할 수 있으나 군주가 왕왕 식별하지 못할 때가 있다는 말이다. 어리석고 무능한 군주는 현명한 사람을 알아보지 못한다. 현명한 사람을 알아보지 못하면 아첨꾼도 못 알아본다. 오직 성현만이 아홉 가지 도덕 기준으로 그 행동을 시험하고, 일을 시켜 그 결과로 말을 살핀다. 행동이 아홉 가지 도덕 기준에 맞지 않고, 말이 결과와 일치하지 않으면 그 사람은 아첨꾼이다. 아첨꾼을 앎으로써 현명한 사람을 알고, 현명한 사람을 앎으로써 아첨꾼을 아는 것이다. **아첨꾼을 알면 현명한 사람은 저절로 발견되고, 현명한 사람을 알면 아첨꾼은 저절로 찾아진다.** 현명한 사람과 아첨꾼의 행동은 다르지만 똑같은 도덕 기준으로 시험하며, 마음 씀씀이는 다르지만 결과로 관찰하는 것이다."

"9덕의 법이 만들어진 지는 오래되었다. 배운 사람치고 됫박으로 양의 많고 적음을 재고, 저울로 물건의 무겁고 가벼움을 다는 것처럼 자신의 견해를 밝히지 않는 사람이 없다. 그런데 영토를 가지고 임금 자리에 앉아 있는 사람 밑에는 어째서 툭하면 사악하고 아첨하는 자들이 생기며 어째서 어리석게 그들에게 속는 화가 발생한단 말인가?"

"**됫박 자체가 정확하지 못한 것이 문제가 아니라 잴만한 것이 못 되는 곡물을 재려는 것이 문제이다. 저울 없는 것이 문제가 아니라 달 만한 것이 못 되는 것을 달려는 것이 문제이다.** 군주 자리에 있는 자는 모두 9덕으로 그 사람의 행동을 시험하고, 일의 결과로 그 사람의 감정을 헤아릴 수 있다. 그런데도 혹해서 그것을 못 보는 것은 제대로 살필 수 있는 능력이 없기 때문이다. **제대로 살필 줄 모르는 사람은 있어도, 검증하고 시험할 수 없는 행위는 없다. 제대로 살필 줄 모르는 사람은 있어도, 식별할 수 없는 동기는 없다.**"

"행동이 9덕에 부합하지 않고 일을 처리하는 능력을 검증할 수 없는 자라면, 다름 아닌 아첨꾼이다. 어리석어 남다른 지혜도 없고 현명하지도 못하며, 현명한 사람이라면 당연히 세울 공적도 없고, 현명한 사람이라면 당연히 갖추고 있는 행동도 갖추고 있지 못하다면, 아첨꾼이라 할 수 있는가?"

"재능·행동, 그리고 공적이 미치지 못하고 따르지 못할 수 있다. 혹 지혜가 따르지 못할 수도 있고, 재능에는 수십 수백 배 차이가 날 수도 있다. 그러나 행동의 준칙은 당연히 같아야 한다. 현명한 사람과 아첨꾼의 행동은 확실히 다르다. 좋은 것은 좋은 것이며, 나쁜 것은 나쁜 것이다. 한 사람의 실제(덕행)와 명성이 아주 좋아도, 일처리의 결과는 성공할 수도 실패할 수도 있다. 시비에 대한 견해는 매우 합당할지 모르나, 일처리의 효과는 좋을 수도 나쁠 수도 있다. **말은 도에 부합하는데 행동은 그와 어긋나고, 명성은 높은 데 실제 행동(덕과 품성)은 형편없는 자, 그런 자가 바로 아첨꾼이다.**"

"행동이 9덕에 부합하면 현명한 사람이고 그렇지 않으면 아첨꾼이라고 한다면, 세상의 일반적인 몸가짐을 가진 사람을 모두 아첨꾼이라 할 수 있는가?"

"몸가짐이 나쁜 자는 모두 악인이다. 악인 중에서도 반역자를 무도하다고 한다. 악인 중에서도 위선자를 아첨꾼이라 한다. 성왕(聖王)이 형벌과 법령을 제도로 정비했다면 아첨꾼은 악인 속에 들어갈 것이다. 성왕이 상으로 장려하면 현명한 사람은 선인에 들어갈 것이다. 현명하고도 깨끗한 사람은 선인 중에서도 으뜸이며, 현명한 사람 중에서도 성스러운 존재다. 악인 중에서도 큰 아첨꾼은 악인의 우두머리다. 그래서 **'현명한 사람은 선으로 살피고, 아첨꾼은 악으로 관찰한다'**고 했다. 선악의 시비가 가려지면 현명한 사람과 아첨꾼은 절로 드러난다."

"아무리 총명해도 보지 못할 때가 있고 듣지 못할 때가 있으며, 일을 하다 보면 잘못을 저지를 때가 있다. 그런데 지금 옳으면 현명한 사람이고 그르면 아첨꾼이라 한다면, 현명한 사람과 그렇지 못한 자의 실체를 제대로 파악하지 못한 것 아닌가?"

"총명해도 보지 못하고 듣지 못할 때가 있고, 일을 하다 보면 잘못을 저지르는 것은 보통 사람들의 결점이다. 그렇기 때문에 고의로 저지른 잘못은 그 죄가 작아도 엄벌에 처하고, 모르고 저지른 잘못은 그 죄가 크다 해도 용서하는 것이라 했다.[2] 성군은 범죄의 동기

2] 이 구절은 《상서(尚書)》〈대우모(大禹謨)〉에 보인다.

를 살펴 고의로 죄를 지은 자는 엄벌하고, 실수로 잘못을 저지른 사람은 너그럽게 용서한다. 그러므로 **고의로 죄를 지은 자는 가중처벌하고,** 무의식에 죄를 지은 자는 벌을 가볍게 해주는 것은 옥리(獄吏)라도 처리할 수 있으며, 현명한 사람은 한번 보면 의심하지 않는다.”

　“말과 행동에 공적이 없으면 아첨꾼이라 할 수 있는가? 소진(蘇秦)이 6국을 설득해 6국이 연합해서 진나라에 대항하는 합종책(合縱策)을 약속하자 강력한 진나라가 감히 함곡관(函谷關) 동쪽을 넘보지 못했다. 이에 맞서 장의가 연횡책(連橫策)을 내세우자 6국이 감히 함곡관 서쪽을 공격하지 못했다. 6국이 합종을 약속하자 진이 두려워하고 6국은 강해졌다. 3진[3]이 연횡책을 내세우자 진이 강해지고 천하는 약해졌다. 공적이 뚜렷하면 역사책에 기록되거늘 설사 현명한 사람이라 해도 어찌 그들을 뛰어넘을 수 있겠는가? 태사공 사마천은 현인들에 대한 많은 기록을 남겼는 바, 소진과 장의에 대한 것도 있지만 그들을 비난하는 말은 없고 공적이 명실상부한 것이 현인과 다를 바 없는 것처럼 되어 있다.”

　“한 개인이 세운 공적의 크기에 근거해서 그가 덕이 있고 현명한가 여부를 판단할 수 없다. 이는 마치 **한 개인의 명성으로 그의 실제 품성을 단정할 수 없는 것과 같다.** 소진과 장의는 곤경에 빠진 사람

3] 전국시대 한·조·위 세 나라를 가리키는 말이다. 진이 망한 뒤 항우가 이 지구를 진나라 출신으로 항복한 세 명의 명장, 즉 사마흔(司馬欣)·장한(章邯)·동예(董翳)에게 각각 나누어 주었기 때문에 '3진'이라고도 한다.

이 곤경에서 빠져나갈 수 있도록 도와준 사람들이었다. 혼란한 세상에서 군주의 심리를 헤아려 합종이니 연횡이니 하는 술수를 부린 자들이다. 그때 상황에서는 후직(后稷)이나 설(契)이라 해도 비교될 수 없고, 우(禹)나 고요(皐陶)라 해도 공적을 비교할 수 없다. 음양이 조화를 이루고, 비바람이 적시에 내리고 불며, 오곡이 풍성하게 무르익고, 도적이 근절되며, 사람들은 겸손과 양보를 일삼을 수 있는 것은 집집마다 도덕의 이러한 공적을 숭배하기 때문이다. 명록(命祿)[4]이 귀하고 아름다우며, 나라를 다스리는 방략이 통하는 것은 도덕에 의해 이루어지는 것이 아니다. 태사공이 공적을 기록한 것은 후대에 더욱 떠받들도록 하기 위해서이다. 지난날의 성취를 기록할 때는 그 공적이 두드러지게 보이도록 하기 마련이며, 탁월한 인물을 널리 수록하기 마련이다. 소진과 장의의 사적도 그 때문에 열거된 것이다. 이로써 본다면 아첨꾼은 권모술수와 유세로 공적을 세우려는 자라고 말할 수 있다. 그러고도 공적이 없으면 아첨꾼이라 할 수 없다."

이때 누군가가 추궁하듯 말했다.

"악한 자들 중에 공적을 세운 자를 아첨꾼이라 한다. 공적을 세울 수 있는 자는 재능과 지식이 높다. 먼 곳까지 생각하는 자는 의리와 어짊에 의존하여 대현(大賢)을 혼란스럽게 한다. 그렇기 때문

4】한 개인의 빈부와 귀천을 결정하는 신비한 역량으로, 왕충이 제기하고 있는 사상이다.

에 '각녕(覺佞)5)' 편에서 '군주가 변론을 좋아하면 아첨꾼의 말이 날카로워진다. 군주가 치장을 좋아하면 아첨꾼의 말이 화려해진다'고 하지 않았나. **마음과 뜻이 우연히 군주의 뜻에 맞아 군주가 그를 좋아하다 보니 그의 잘못을 보지 못할 수 있는데, 어떻게 그 위선을 알고 간사스러운 행동을 알아챈단 말인가?"**

"그것은 무능력하고 어리석은 군주의 경우다. 재능은 떨어지고 지혜는 어둡다면 가려져 보이지 않는다. 현군이나 성군은 제대로 잘 살핀다. 이는 마치 도마 위에 놓인 마른고기를 보듯, 손바닥의 손금을 보듯, 바둑판 위의 바둑돌을 헤아리듯, 수레를 끄는 말을 이끌 듯 물고기와 자라가 연못 깊이 숨어 있다면 그것을 낚으려는 자는 연못의 근원을 안다. 짐승이 산속에 숨어 있다면 사냥꾼은 산의 맥을 본다. **아첨꾼이 다른 사람과 다른 행동을 하고 다니는 데도 세상이 그것을 보지 못한다면 그것은 어리석은 군주이거나 재능이 모자라는 사람이기 때문이다."**

이때 또 누군가가 반문한다.

"군주가 변론을 좋아하면 아첨꾼의 말이 날카로워지고, 군주가 치장을 좋아하면 아첨꾼의 말이 화려해진다. **아첨꾼의 말과 행동이 군주의 마음과 서로 맞아떨어지는지 무슨 방법으로 알아챈단 말인가?"**

---

5) 《논형》의 없어진 편명으로 추정하고 있다.

"〈문왕관인법(文王官人法)〉[6]에 보면 '지난날 했던 말에 근거하여 앞으로의 행동을 가늠하고, 장차 하는 말을 듣고 지난날의 행동을 반성하며, 겉으로 드러나는 현상을 보고 감추어진 행동을 시험하고, 그 내면을 살펴 외면을 가늠한다'라고 했다. 그렇기 때문에 위선으로 고상함을 가장하는 자를 알 수 있고, 가식으로 진실을 꾸미는 자를 가릴 수 있으며, 진실하고 소박하며 선한 자를 얻을 수 있고, 충성과 절개를 지키는 자를 볼 수 있다. **인간 본래의 성격은 가릴 수 있는 것이 아닌데 군주가 굳이 가리려 하기 때문에 아첨꾼이 군주의 비위를 맞추는 것을 배우는 것**이다. 인간 본래의 재능은 꾸밀 수 있는 것이 아닌데 군주가 굳이 꾸미려 들기 때문에 아첨꾼이 군주의 비위를 맞추려 욕심을 내는 것이다. 군주가 사치하면 자신을 화려하게 꾸미고, 군주가 검소하면 자신을 꾸미지 못한다. 오늘날의 절조는 옛날과 다르며, 조정에서의 행동과 집안에서의 행위는 구별된다. 마을에서의 행적을 살피면 조정에서의 행동을 밝힐 수 있고, 부모를 모시는 행동을 살피면 임금을 모시는 절조를 잘 알 수 있다. **안과 밖, 명과 실이 서로 일치하지 않는 것은 결국 드러나기 마련이고, 간사스러운 행동도 발각되기 마련**이다."

"사람의 행동이란 영원불변일 수 없다. 형세의 변화를 참작하여 적당한 조치를 취하는 것이다. 성실한 사람도 때로 사람을 속일 수 있고, 정직한 사람도 때로는 정직하지 못할 수 있다. **한 사람이 적절**

6】《대대례기(大戴禮記)》의 〈문왕관인(文王官人)〉 편을 말한다.

간신 —— 간신론 奸臣論   269

한 계책을 실행하기 위해서는 전후 행동이 다를 수 있다. 상황에 적응하기 위해서는 사람에 따라 다른 말을 할 수 있다. 유학과 관련된 책의 기록에는 권변(權變)이 한 종류만 있는 것이 아닌데, 지금 **오직 한 사람의 평소 일관된 언행만으로 그를 살피는 것은 실제와 어긋나는 것이 아닌가?**"

"현명한 사람이나 아첨꾼 모두에게 적절한 계책이 있을 수 있다. 그러나 현명한 사람의 계책은 좋은 결과를 낳지만, 아첨꾼의 계책은 도리에 어긋나 나쁜 결과를 낳는다. 따라서 **현명한 사람의 계책은 일과 나라를 위한 것이며, 아첨꾼의 계책은 자신과 자기 집안을 위한 것이다.** 그 계책의 결과를 보면 현명한 사람이냐 아첨꾼이냐를 논할 수 있고, 그 동기를 살피면 정사(正邪)를 말할 수 있다."

"아첨꾼은 남을 헐뜯기 좋아한다는 데 사실인가?"

"아첨꾼은 남을 헐뜯지 않는다. 헐뜯는 사람이 있다면 그것은 모함꾼이다. 어째서 그런가? **아첨꾼은 이익을 구하기 때문에 남을 헐뜯지 않는다.** 자신에게 이득이 되는데 왜 헐뜯겠는가? 또 자신에게 이득이 되지 않는데 남을 헐뜯는 것은 무익하다. 꾀와 술수로 이익을 추구하며 득을 취한다. 그와 함께 다른 사람이 벼슬하는 것을 질투하여 다른 사람을 위협하고 해친다. 그러나 남을 위협할 때도 헐뜯지 않고, 남을 해칠 때도 박대하지 않는다. 치켜세우며 위협하기 때문에 남은 모른다. 후하게 대하면서 해치기 때문에 남이 의심하지 않는다. 따라서 아첨꾼이 사람을 위협해서 위기에 빠뜨려도 원망하지 않으며, 사람을 해쳐 낭패에 빠뜨려도 원수로 삼지 않는다. 이는 아첨꾼이 자신의 속뜻을 잘, 그리고 아주 교묘하게 숨기기 때문이다. 남을 헐뜯으면 그 사람도 헐뜯기 때문에 여러 사람이 그를 멀리하고 선비들은 따르지 않게 된다. 그렇게 해서야 어떻게 사회에서 기반을 닦고 군주로부터 이득을 얻을 수 있겠는가?"

"그럼 아첨꾼은 일반 사람들 앞에서 남을 헐뜯는 것이 아니라 지방관7) 앞에서 헐뜯는가?"

"아첨꾼은 다른 사람을 이용해 지방관을 속이지 지방관 앞에서 남을 헐뜯지 않는다."

"그렇다면 아첨꾼은 어떻게 하는가?"

"**아첨꾼은 남을 헐뜯을 때도 그 사람을 치켜세우며, 남을 위협할 때도 겉으로는 그를 안심시킨다.** 어떻게 헐뜯고 위협하는가? 가령 갑(甲)이 행동이 고상하고 지혜로워 명성이 자자해 지방관이 불러들여 자신을 능가할 염려가 있다면, 아첨꾼은 고의로 갑(甲)이 배척당하게 하면서도 그에 대한 나쁜 말은 하지 않는다. 반대로 늘 겉으로는 그를 크게 칭찬한다. 그리하여 그를 추천하는 자가 많아져서 지방관이 그를 기용하고자 아첨꾼에게 어떠냐고 의견을 묻는다. 그러

---

7) 여기서 말하는 지방관이란 군(郡)의 장관을 말한다.

면 아첨꾼은 틀림없이 이렇게 대답한다. '갑은 유능하기 때문에 불러 기용하는 것이 마땅하다. 왜 그런가? 갑은 현(縣)에 머무르고 싶어 하지 않는다. 전에 하는 말을 들었는데 군(郡)으로 들어오고 싶어 했다. 군에 있으면 주(州)로 가기를 바랄 것이다. 뜻이 높은 사람의 행동은 보통 사람과는 달라, 먼 곳을 바라보는 마음을 갖고 있으며, 가까운 곳에는 마음이 없는 법이다. 재주를 낮추어 기용하면 불만을 품거나 병을 핑계로 나오려 하지 않을 것이다. 그를 낮은 직위에 기용하는 것은 현명한 사람을 손상하는 것이 된다. 그렇지 않으면 지방관의 위세와 명성에 손해를 입히는 꼴이 된다. 지방관의 명예가 떨어지는 까닭은 부하로 삼기 좋다고 모조리 부하로 부리기 때문이다. 지방관이 자신을 낮추어 그를 기용한다면 가능하겠지만, 스스로를 낮출 수 없다면 그를 기용하는 것은 이롭지 못하다.' 그런 사람을 기용하는 것은 양쪽 모두에 이익이 없으며, 그를 버리는 것은 양쪽 모두에 손해다. 지방관은 그의 뜻이 너무 높지 않을까 걱정하여 아첨꾼의 말을 믿고는 결국 그를 기용하지 않고 버리게 된다."

"아첨꾼은 자신의 남다른 재능과 대단한 지혜에만 의지해 일반 사람의 심리를 관찰하고 달래는가? 아니면 선생이 있어 법식을 배우는가?"

"아첨꾼은 자신의 재능으로 남을 속이지만 군주에게 유세할 때는 일련의 권술로 군주를 움직여야 한다. 이는 마치 능력 있는 장수가 자신의 용맹으로 사람을 압도하고 전투에 임해서는 병법으로 군대의 진격을 지휘해야 하는 것과 같다. 술수는 종횡(縱橫)[8]이며 선생은 귀곡자(鬼谷子)[9]이다. 이런 기록이 있다. 소진과 장의가 귀곡 선생에게 종횡술을 배웠는데, 귀곡 선생은 땅을 파 구덩이를 만든 다음 '들어가라. 들어가서 말로 나를 울게 만들 수 있다면 제후로 봉해질 실력을 갖춘 것이다'라고 했다. 소진은 구덩이 안으로 들어가 귀곡 선생으로 하여금 옷자락이 젖도록 눈물을 흘리게 만들었다. 장의는 그렇게 하지 못했다.[10] 소진은 조나라 재상이 된 뒤 다시 6국의 재상을 겸하게 되었다. 신세가 처량해진 장의가 소진을 찾았다. 소진은 장의를 아래 자리에 앉히고, 밥도 노복들과 함께 먹게 했으며, 여러 차례 장의를 꾸짖어 장의를 성나게 하여 그로 하여금 진나라로 가 진나라를 돕도록 만들려고 했다. 분함과 원한을 품고 장의는 마침내 서쪽 진나라로 들어갔다. 소진은 몰래 사람을 시켜 장의에게 많은 예물을 주어 진나라로 가도록 했다. 한참 뒤에야 이 사실을 안 장의는 '그가 쳐놓은 그물에 빠졌구나. 나는 몰랐다. 이것이 바로 내가 소진을 따르지 못하는 점이리라'며 감탄했다.[11] 깊은 지혜로부터 술수가 나오고, 변화무상한 권모로부터 날카롭고 기발한 묘책이 나온다. 따라서 그 몸이 존경을 받고 부귀영화를 누리며 세

8】소진·장의의 합종·연횡술을 대표로 하는 것으로 제자백가에서 '종횡가'를 말한다.
9】전국시대의 은사(隱士)로 초나라 사람이라고 한다. 귀곡(鬼谷)에 은거했기 때문에 귀곡자로 불렸으며, 유세가 소진과 징의, 군사가 손빈과 방연 능이 그에게서 종횡술을 배웠다고 한다.
10】이런 이야기가 어디서 나왔는지는 알 수 없다.
11】이상은 《사기》〈장의열전〉에 나오는 이야기다.

상의 영웅·호걸이 되는 것이다. 깊이 있는 권모와 고명한 술수의 깊고 얕음은 병행할 수 없고, 그 명암을 동시에 알 수 없는 것이다."

"아첨꾼은 갖은 수단과 방법으로 높은 명성을 얻어 자신을 높인 다고 하던데 그런가?"

"아첨꾼은 이익과 권력을 탐내지, 갖은 수단과 방법으로 좋은 명 성을 얻어 자신을 높이려 하지는 않는다. 권력을 차지해 중요한 자 리에 오르면 이름은 절로 높아진다. 아첨꾼의 이러한 행위는 소인 들에게는 칭찬받지만, 군자는 가치 없는 것으로 여긴다. 어째서 그 런가? 이익과 의리는 서로 모순되며, 정(正)과 사(邪)는 서로 반대 된다. 의리는 군자를 움직이며, 이익은 소인을 움직인다. 아첨꾼은 커다란 이익과 눈에 띄는 명성을 탐내며, 군자는 자신을 낮추어 처 신하지 못하면 자신을 제대로 지키기 어렵다. 사회의 모든 아첨꾼 은 모두 끝이 좋지 못해 자신의 몸도 제대로 지키지 못하는데, 무슨 수로 명성을 얻을 수 있단 말인가? 옛날 상고시대 사람들의 행적을 보면, 존귀한 자리를 버리고 자신의 품성을 수양한 사람도 있고, 물욕을 버리고 명성을 추구한 사람도 있었다. 역사 기록을 보면 백 성자고(伯成子高)12)는 나라 일을 버리고 농사를 지었으며, 어릉자(於 陵子)13)는 벼슬을 마다하고 채소밭에 물을 주며 살았다. 근래에 난

---

12) 전설시대 요임금 때의 제후로 알려진 인물이다. 《장자(莊子)》 〈천지(天地)〉 참고.
13) 전국시대 제나라 사람인 진중자(陳仲子)를 말한다. 산동성 추평(鄒平) 동남쪽의 능에 숨어 지내고 있었는데 초나라 왕이 그를 재상으로 초빙했다. 진중자는 이를 거절하고 다른 곳으로

능(蘭陵)[14]의 왕중자(王仲子)[15], 동군(東郡)[16]의 석려군양(昔廬君陽)[17]은 병을 핑계로 자리를 버리고 다시는 군주의 부름에 응하지 않았다. 이들이야말로 훌륭한 명성을 지켰다고 할 수 있다. 도(道)로 관직에 나가도 안 되며, 도로 몸을 바쳐서도 안 된다. 의리로 자리를 사양해서도 안 되며, 의리로 명성을 세워서도 안 된다. 아첨꾼은 이익을 탐내기 때문에 후환은 생각하지도 않고 그저 자신의 부귀만을 추구하다가 목숨까지 잃는 화를 당한다. 그런데 훌륭한 명성이라니 무슨 소리인가? 의리와 도덕은 내팽개치고 절조와 행동은 욕을 보는데, 자신을 높인다는 말은 또 무슨 소리란 말인가?"

"대녕(大佞)은 쉽게 알 수 있는가? 또 소녕(小佞)은 쉽게 알 수 있는가?"

"대녕은 쉽게 알 수 있지만 소녕은 알기 어렵다. 왜냐? 대녕은 재질이 뛰어나기 때문에 그 하는 짓이 쉽게 드러나지만, 소녕은 재능이 떨어지기 때문에 남겨 놓은 흔적을 살피기가 쉽지 않다. 그러면 어떻게 밝힐 수 있는가? 사례들을 살펴보아도 작은 도둑은 알아채기 어

도망가 채소밭을 가꾸며 살았다고 한다. 《사기》〈노중련추양열전〉 참고.
14】지금의 산동성 조장시(棗莊市) 동남쪽에 있었던 옛 현.
15】왕망(王莽) 때 병을 핑계로 벼슬에 나가지 않았던 왕량(王良)을 말한다. 《후한서》〈왕량열전〉 참고.
16】지금의 산동성 서남, 하남성 동북에 있었던 군.
17】후한 광무제 때 간의대부(諫議大夫)를 지내다 병을 핑계로 사직한 뒤 다시는 나오지 않았던 인물로, 색로방(索盧放)이라고도 불렀다. 《후한서》〈독행전(獨行傳)〉 참고.

렵지만 큰 도둑은 쉽게 알 수 있다. 성이나 읍을 공격하거나 습격하여 약탈하면 그 일이 일어나는 즉시 발각되어 사람들이 모두 도둑이라는 것을 알게 된다. 그러나 낮은 담에 구멍을 뚫고 고양이처럼 민첩하게, 쥐새끼처럼 몰래 물건을 훔치면 누구인지 어찌 알겠는가?"

이때 누군가가 반문한다.

"대녕의 간사한 짓은 그 정도가 깊어 사람을 혹하게 만들고 어지럽게 만든다. 그런데 **대녕을 쉽게 알아챌 수 있다면 어째서 군주들은 쉽게 알아채지 못하는가?** 《상서》에서도 '사람을 안다는 것은 현명한 일인데, 오직 임금에게만 그것이 어렵다'[18]라고 했다. 요·순과 같은 위대한 성군시대에도 환(驩)·두(兜)와 같은 대녕이 있지 않았나? 위대한 성군도 대녕을 알기 어렵다면 대녕들은 성군조차 두려워하지 않을 것인데, 이들을 쉽게 식별할 수 있는 방법은 없나?"

"아래로부터 아첨꾼을 식별하는 것과 위로부터 아첨꾼을 식별하는 두 가지가 있다. 위로부터 아첨꾼을 식별하고자 하면 대녕은 알기 어렵고, 소녕은 알기 쉽다. 아래로부터 아첨꾼을 식별하고자 하면 대녕은 알기 쉽고, 소녕은 알기 어렵다. 어째서 그런가? **대녕은 재질이 뛰어나기 때문에 그 말이 화려하다. 화려함을 빌어 군주의 위세에 비위를 맞추기 때문에 군주는 속으로 결코 그를 나무라지 못하며, 군주의**

18】《상서》〈고요모〉편 참고.

지혜로움으로도 때때로 알아채지 못하는 것이다. 그러나 소녕은 재질이 보잘것없기 때문에 대답에 허술함이 많고 파탄을 일으키기 쉽다. 군주가 조금만 정신 차려도 그 동기를 쉽게 알 수 있다. 그렇기 때문에 대녕은 알기 어렵고, 소녕은 알기 쉽다는 것이다. **지붕이 새는 쪽은 위쪽이지만 그것을 알아보는 사람은 아래에 있다. 많이 새면 아래 있는 사람이 쉽게 볼 수 있지만, 적게 새면 잘 못 본다.**

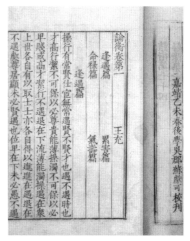

《논형》은 가식과 위선으로 가득 찬 기존의 지식과 지식인, 그리고 그들의 학문을 신랄하게 비판한 도발적인 저술이다. 사후 영혼의 존재를 부정하고, 인간의 육신이 죽으면 정신활동도 사멸한다는 무신론(無神論)을 내세워 당대는 물론 그 뒤로도 오랫동안 엄청난 비난을 샀다. 그런 만큼 〈답녕편〉의 분석도 아주 구체적이고 치밀하다.

어떤 사람이 '옹(雍)은 어질지만 말재주가 없습니다'라고 하자, 공자는 '말재주가 무슨 소용이 있느냐? 달변으로 사람을 대하면 자주 남에게 미움을 산다'고 했다.[19] 잘못된 주장을 제기해 농민과 상인을 번거롭게 하고, 아래 사람에게 손해를 입혀 윗사람에게 이익이 되게 하며, 백성을 수고롭게 해서 군주를 기쁘게 한다. 윗사람에게 손해를 입혀 아랫사람에게 이익이 되게 하는 것은 충신의 주장이며, 그 반대는 아첨꾼의 행동이다. 계씨(季氏)[20]는 노나라 공실보다

19】《논어》〈공야장(公冶長)〉편 참고. 옹은 공자의 제자인 염옹(冉雍)을 가리킨다. 옹은 자가 중궁(仲弓)이었다.

20】계강자(季康子)를 말한다. 춘추시대 노나라의 대부로 신흥 지주계급을 대표했다.

부유했는데, 구(求)도 계씨를 위해 세금을 거두어들여 재물을 늘였다. 그러자 공자는 '내 제자가 아니다. 너희는 큰북을 울려 성토해도 괜찮다'라고 했다.[21] 세금을 거두어들이면서도 계씨는 그 잘못을 몰랐고, 백성들이 모두 반대하는 것도 몰랐다."

〈답녕편〉의 분석

이상 〈답녕편〉 전문을 읽어 보았다. 소인의 부류에 속하는 아첨꾼과 모함꾼은 본질적으로 간신의 특징을 고스란히 갖고 있는 자들이다. 따라서 이들의 특징을 중심으로 간신과 관련시켜 좀 더 분석해보자.

왕충은 간신과 같은 존재, 즉 소인을 아첨꾼과 모함꾼으로 크게 나누었다. 그런 다음 이 둘의 공통점과 차이를 분석해내면서 이런 자들 사이에도 크고 작은 구별, 즉 '대녕'과 '소녕'이 있다고 했다. 나라를 어지럽히는 거물급 모함꾼과 아첨꾼이 있는가 하면 보잘것없어 보이는 잔챙이들도 있다는 것이다. 이들의 언행에서 오는 차이 때문에 자잘한 모함꾼과 아첨꾼들을 가려내기 힘들다는 점도 빼놓지 않고 지적한다. 아첨꾼과 모함꾼의 이런 차이를 분석한 부분은 대단히 치밀하고 통찰력이 넘친다. 이런 지적에 유의하여 글

21】《논어》〈선진(先進)〉 편 참고. 구는 공자의 제자 염구(冉求)를 말한다. 계씨의 가신(家臣)으로 일했다.

을 읽다 보면 오늘날 우리 주위에 이런 자들이 넘쳐난다는 놀랍고도 흥미로운 사실도 확인할 수 있을 것이다.

왕충은 '아첨꾼'들의 특성을 1)권력과 지위를 훔치기 위해 남을 속이고 군주와 상급자들의 비위를 맞추는데 온 힘을 다하며, 2)다른 사람을 해치기 위해 겉으로는 남을 치켜세우고 잘 대해주면서 뒤에서 위기에 빠뜨려 해치며, 3)위장에 능수능란하여 '남이 알지도, 의심하지도 못하게' 한다는 등을 지적하고 있다. 또 어리석은 군주(리더)일수록 이런 자들을 제대로 가리지 못하며, 특히 현명한 인재를 알아보지 못하면 이런 자들을 당연히 못 가려낸다는 점도 잊지 않고 있다.

그러나 왕충은 '아첨꾼'들은 동기가 불량하여 오로지 '자기 몸과 사리사욕'만을 꾀하기 때문에 아무리 교묘하고 음흉해도 그들의 정체를 간파할 수 있다고 지적하면서, 그들의 말로는 결코 좋을 수 없다는 경고를 잊지 않고 있다. 물론 이런 자들이 득세하여 나라를 어지럽히기 전에 미리 예방하고 통제하는 것이 가장 중요하다.

왕충의 분석과 통찰력이 너무 치밀하고 실제에 부합하고 있어 더 이상의 언급은 사족이 될 것이다. 아무쪼록 문장 전체를 꼼꼼히 읽기를 권한다. 관련하여 문장 중에 나오는 간신을 가려내는 방법을 언급한 대목을 한 번 더 강조할 겸 다시 인용해둔다.

"지난날 했던 말에 근거하여 앞으로의 행동을 가늠하고, 장차 하는 말을 듣고 지난날의 행동을 반성하며, 겉으로 드러나는 현상을 보고 감추어진 행동을 시험하고, 그 내면을 살펴 외면을 가늠한다."

이후 기록들과 간신

이제 이상의 내용들을 전체적으로 간략하게 정리한 다음 《논형》 이후의 역사서와 전적들에 보이는 간신의 존재와 그에 대한 인식 등을 살펴보고자 한다.

《시경》에서 사마천까지

서주시대의 《시경》, 춘추시대의 《좌전》을 필두로 동한 시기 왕충의 《논형》에 이르기까지 약 1천 년에 걸쳐 간신을 언급하고 있는 역대 기록들을 검토해보았다. 간신은 《관자》의 '칠신칠주'에서 여러 신하들 중 하나로 지목되어 분류된 이래 여러 전적들에 끊임없이 언급되었다. 간신 부류에 해당하는 여러 종류의 사악한 신하들을 가리키는 다양한 용어들이 출현하고 있음도 확인할 수 있었다. 다만 《관자》처럼 여러 신하들 중 한 종류로만 취급되었을 뿐이다. 유향의 《설원》〈육정육사〉에서는 신하들을 크게 정(正)과 사(邪)의 두 부류로 나눈 다음 그 아래로 여섯 종류의 좋은 신하와 나쁜 신하로 세분했다.

왕충의 《논형》〈답녕편〉에 오면 소인 부류로서 모함꾼(참인)과 아첨꾼(영인)을 구별하여 이들의 특징을 아주 상세히 분석하기에 이르렀다. 특히 왕충은 겉으로 드러나는 이들의 특징뿐만 아니라 그 특징이 내포하고 있는 내면의 모습까지 간파할 수 있어야 한다는 점을 분명히 지적했다. 이는 간신을 가려내는 구체적인 방법을 마련할 때 충분히 참고해야 할 점이다. 이 부분은 간신에 대한 인식·분석·분별·방법을 논의할 때 다시 언급될 것이다.

간신을 하나의 역사현상으로 처음 인식한 사람은 사마천이다. 사마천은 간신의 존재와 그들이 끼치는 해악을 3천 년 역사 속에서 명확하게 인지하고 그 심각성을 확인했다. 특히 겉으로 화려해 보이는 자기 당대 곳곳에 잠복해 있는 위기와 이 위기를 부추기는 간신들과 권력자의 어리석은 행태를 감지했고, 이에 대한 경계와 경고의 차원에서 〈영행열전〉과 〈혹리열전〉 및 〈유림열전〉을 마련했다.

〈영행열전〉은 후대 〈간신열전〉의 선구가 되었다는 점에서 큰 의미를 갖는다. 여기서 사마천은 열심히 착하게 노력해서 좋은 관리가 되는 것보다 권력자에게 잘 보여 출세하고 부귀를 얻는 것이 쉽기 때문에 간신의 길을 걷는다고 지적했다. 이는 권력자와 간신의 관계가 숙주와 기생충의 관계임을 정확하게 파악한 지적이다. 〈영행열전〉에 수록된 아첨꾼들의 해악 정도가 후대 간신들의 해악보다는 덜 하지만 권력자의 총애를 믿고 교만방자하게 행세한 것이나 조정의 기풍을 타락시킨 점 등은 간신이 끼치는 전형적인 해악으로 충분히 참고할 만하다.

〈혹리열전〉은 법을 가혹하게 집행한 관리들의 행적을 구체적으로 폭로한 특별한 기록이다. 여기에 수록된 혹리들이 모두 간신은 아니지만 시간이 흐를수록, 즉 사마천 당대인 무제시대로 올수록 타락을 거듭하여 전형적인 탐관과 간신으로 변질하는 과정을 적나라하게 폭로하고 있다. 이들이 법을 악용하여 권력자에 아부하고, 사리사욕을 채우는 모습은 간신의 전형을 적나라하게 보여준다.

그 수법 또한 간신의 전형적인 수법이다. 사마천은 이들이 간행을 보다 효과적으로 실행하기 위해 여러 악법을 만든 사실도 빼놓지 않고 수록했다.

간신의 존재와 간신현상에 대한 사마천의 심각한 인식은 《사기》 곳곳에 주옥과 같은 명언명구의 형식으로 깊이 새겨져 있다. 이런 인식을 종합해보면, **사마천은 간신과 그 현상을 확고부동하게 나라의 안위, 나라의 흥망, 백성의 고통과 직결시키고 있음**을 확인할 수 있다. 이는 그 이전까지는 누구도 보여주지 못한 심각한 역사인식이었고, 사마천 이후 간신에 대한 경각심은 한층 더 깊어질 수밖에 없었다.

사마천 이후 간신에 대한 인식

1. 두 번째 정사 《한서(漢書)》의 인식

사마천 이후 간신에 대한 인식을 알아보려면 우선 《사기》에 이은 두 번째 정사인 반고(班固, 32~92)의 《한서》(총 100권)를 살피지 않을 수 없다. 《한서》는 《사기》의 체제인 기전체를 그대로 물려받았을 뿐만 아니라 한나라 때의 역사는 대부분 《사기》의 기록을 참고하지 않을 수 없었기 때문이다.

먼저 드는 질문은 《한서》에도 《사기》와 같은 〈영행열전〉이나 〈혹리열전〉 같은 기록이 있을까? 반고는 《사기》의 영향에서 크게 벗어나지 않았다. 〈영행전〉(권93)을 비롯하여 〈혹리전〉(권90), 〈순리전〉(권89), 〈유림전〉(권88)까지 똑같이 마련했다. 다만 〈유림전〉이 맨 앞에 배치된 것이 차이가 있다. 내용에는 큰 차이가 있지만 우리의 주제가 아니기 때문에 별도의 설명은 생략한다. **반고의 〈영행전〉에서 주목할 것은 끝부분 논평**이라 할 수 있는 '찬왈(贊曰)'이다. 여기서 반고는 **간신과 권력자의 관계, 간신과 조정, 간신과 국가 쇠퇴의 관계 등에 대해 비교적 날카로운 진단**을 내리고 있다. 다소 길긴 하지만 그 부분을 우리말로 옮겨 본다. 가능한 의역했다.

"**부드럽고 예쁜 얼굴로 사람의 마음을 잘 헤아리는 일은 여색만 가능한 것이 결코 아니라 남자도 마찬가지로 사람의 마음을 움직일 수 있다.** 적유, 굉유, 등통, 한언이 받았던 총애는 다 다르지만 특히 동현이 받은 총애가 가장 컸다. 동현은 그 아비와 아들이 모두 공경의 자리에 올랐으니 그들이 얻은 부귀와 벼슬은 다른 대신들과 비교할 수 없을 정도였다. 그러나 **이들의 출세는 올바른 길이나 상식적인 규정에 따른 것이 결코 아니었다. 그들의 사회적 지위는 그들의 직무나 능력과는 한참 동떨어진 것이었고, 모두 좋게 끝나지 않았다.** 그들이 받은 총애가 도리어 그들을 해쳤다.

서한 왕조 전체를 통해 원제와 성제 때 나라의 힘이 쇠퇴해지기 시작하여 애제와 평제 때 오면 각종 모순이 폭발하여 그 붕괴의 기세가 엎질러진 물과 같아 수습할 수 없었다. 황제는 병으로 자식을 얻지 못해 자리를 전하지 못하고, 권력을 농단하는 소인배 신하들이 그 틈에 나라를 보좌하는 자리에 올라 조정을 멋대로 주물렀다. 삼공이 있었지만 힘이 없었고, 중요한 대신들도 권력을 갖지 못해 나약했다. **황제가 세상을 뜨면 간신들이 조정의 권력을 오로지 하여** 동현은 목을 매달아 죽게 하고, 정명과 부희는 유배당했다. 재난은 심지어 황태후에까지 미쳐 퇴위당해야만 했다. **이런 감당할 수 없고 수습할 수 없는 잘못된 국면을 초래한 근본적인 원인은 돼먹지 못한 자를 가까이하고, 재능 없는 자를 기용한 데 있다.** 그래서 공자는 '사람에게 손해를 끼치는 세 종류의 친구가 있다'고 했다. **천자라는 존엄한 황제, 국군이라면 감정에 따라 벼슬을 주어서는 안 된다.** 원인은 대개 이 때문이다."

반고의 인식은 사마천의 그것에서 벗어나지 않는다. 간신의 존재와 그 현상에 대한 인식의 심각함 정도는 사마천의 그것에 한참 못 미친다. 따라서 이 문제에 관해 크게 언급할 것은 없다. 다만 두 번째 정사에 사마천에 이어 〈영행전〉과 〈혹리전〉 등을 수록한 것은 상당한 의미를 갖는다. 《한서》 이후의 정사 편찬 과정에서 이 점에 유의하지 않을 수 없었고, 결국 〈간신열전〉이 마련되는 결과로 이어졌

《한서》는 《사기》를 본받아 간신과 관련한 〈영행전〉 등을 마련하긴 했지만, 간신에 대한 인식의 심각성에서는 《사기》에 미치지 못한다. 〈식화지〉 부분이다.

기 때문이다. 반고의 '찬왈' 내용을 간략하게 요약해 보면 이렇다.

여자만 미색으로 권력자의 사랑을 차지하는 것이 아니라 남자, 즉 간신도 표정과 얼굴을 꾸며 권력자의 심기를 헤아려 그것에 맞추면 얼마든지 총애를 얻을 수 있다. 그들의 능력과는 전혀 상관없이. 간신이 부귀를 얻는 과정은 결코 정상적인 통로가 아니다. 국력

이 쇠퇴하면 간신이 설치고, 최고 권력자가 죽으면 간신이 권력을 주물러 감당할 수도 수습할 수도 없는 재난이 닥친다. 이런 현상이 일어나는 근본적인 까닭은 자질이 돼먹지 않은 자를 가까이하고, 능력이 안 되는 자를 기용했기 때문이다. 권력자는 개인의 감정으로 누군가를 가까이하거나 자리를 주어서는 안 된다.

2.《한서》의 이후 간신 관련 기록을 남긴 정사들

《사기》〈영행열전〉, 〈혹리열전〉과《한서》〈영행전〉 이후 간신 관련 기록을 남긴 정사의 목록은 다음과 같다.(편찬 시기 순서)

《송서(宋書)》〈은행전(恩倖傳)〉

《남제서(南齊書)》〈행신전(倖臣傳)〉

《위서(魏書)》〈은행전〉

《북제서(北齊書)》〈은행전〉

《남사(南史)》〈은행전〉

《북사(北史)》〈은행전〉

《신당서(新唐書)》〈간신열전〉(상·하)

《송사(宋史)》〈영행열전〉, 〈간신열전〉(4권)

《요사(遼史)》〈간신열전〉(2권)

《원사(元史)》〈간신열전〉

《명사(明史)》〈간신열전〉〈영행열전〉

《한서》〈영행전〉 이후《송서(宋書)》〈은행전(恩倖傳)〉이 나오기까지 그 사이에 편찬된 정사로는 《삼국지(三國志)》와 《후한서(後漢書)》가 있다. 이 두 정사에는 간신 관련 기록은 마련되어 있지 않다. 그러다 남조 양나라의 심약(沈約, 441~513)이 편찬한 《송서》에 〈은행전〉이 마련됨으로써 간신 관련 기록이 다시 등장했다. 이후 《신당서》에 와서 〈간신열전〉이 마련되기 전까지는 모두 〈은행전〉이란 이름이었고, 이는 《사기》〈영행열전〉과 《한서》〈영행전〉의 답습이었다.

《신당서》에 이르러 비로소 〈간신열전〉이 마련되었는데, 그 배경에 대해서 알아보기에 앞서 '정인(正人)'과 '소인(小人)', 즉 간신을 가려내는 방법을 언급한 《신당서》〈이덕유전(李德裕傳)〉의 한 대목을 먼저 인용해본다.

"정인(正人)은 소인(小人)을 사악하다고 하고, 소인 역시 정인을 사악하다고 합니다. 이를 어떻게 가려내겠습니까? 사물을 빌어 비유해보겠습니다. 소나무나 전나무는 그 어떤 것에도 기대지 않고 저 홀로 푸르고 당당하게 자랍니다. 그러나 칡의 넝쿨은 그렇지 못해 다른 나무에 빌붙지 않으면 살지를 못합니다. 정인은 소나무나 전나무처럼 오로지 한마음으로 군주를 섬길 뿐이지, 다른 도움을 바라지 않습니다. 그러나 사악한 자는 칡의 넝쿨처럼 패거리가 있어 서로 감싸주고 속여야만 합니다. 군주가 이를 가릴 줄 알면 홀리지 않습니다."

이덕유는 사악한 소인배의 특징을 기생하지 않으면 안 되고, 또 패거리를 지어 서로 감싸고 위아래를 속여야만 존재할 수 있다고 지적했는데, 이는 간신의 특징과 정확하게 일치한다. 그리고 《신당서》〈간신전〉의 마지막 논평 부분에서는 "나무가 썩으려면 벌레가 생기고, 나라가 망하려면 요사스러운 자들이 생겨난다"고 지적하여 간신을 나라의 멸망과 연계시키는 한편 "나라를 다스리는 사람으로서 경계하지 않을 수 없다"고 강조했다.

《신당서》를 시작으로 〈간신열전〉이 정사에 편입되었다. 《신당서》 편찬을 주도한 구양수의 초상화이다.

《신당서》는 송나라 진종(眞宗)과 인종(仁宗) 때 사람인 송기(宋祁, 998~1061)와 구양수(歐陽修, 1007~1072)가 편찬을 주도한 당나라의 역사서다. 당나라 역사서는 《신당서》에 앞서 오대시기인 940년에서 945년에 걸쳐 편찬된 《당서》, 즉 《구당서》가 있었다. 간신과 관련한 기록은 《구당서》에는 없다. 그러던 것이 송나라에 와서 간신전이 마련된 까닭은 무엇일까? 송나라 때 와서 정사 목록에 간신전이 마련된 배경은 대체로 다음 몇 가지로 요약할 수 있다.

첫째, 기원전 221년 진시황의 전국 통일 이후 황제를 정점으로 하는 전제주의가 끊임없이 강화되었고, 송대에 이르러 이를 바탕으로 하는 관료체제가 완전히 굳어졌다. 사대부 집안의 자제들은 이 관료체제에 편입되는 것 외에 출세할 수 있는 다른 길이 없었다. 간신 출현의 기반은 곧 관료체제였다.

둘째, 관료체제를 더욱 확고하게 만든 것은 과거라는 인재선발의 방법인데, 이것이 완전히 제도로 굳어졌다. 관료가 되기 위해서는 이제 과거를 통하지 않고는 거의 불가능해졌다. 그런데 과거에 급제할 확률은 그야말로 낙타가 바늘구멍 들어가기보다 더 어려웠다. 정확한 통계는 아니지만 과거가 극성을 부린 송나라의 경우 한 해에 과거에 응시하는 사람의 수가 최소 10만 명 이상이었다고 한다. 급제자 수는 400명 정도였다. 경쟁률이 최소 250대 1이었다. 이렇게 해서 관료사회에 진입하면 그 자리를 지키기 위해 애를 쓸 수밖에 없었고, 바로 이런 상황이 간신을 대량으로 길러냈다.

셋째, 중앙은 물론 모든 지방을 포함한 전국의 모든 일이 관료를 통해 행사되는 관료사회에서 관료는 임명권자인 황제에 대한 존재로서 그 가치와 지위가 결정되었다. 황제의 눈에 들기 위해 온갖 행태가 난무했고, 자연스럽게 간신이 대거 출현했다.

넷째, 송대에 극성을 부린 당쟁이 간신에 대한 관심을 높였다. 당쟁에서 당파는 자신들의 선명성을 부각시키기 위해 상대 당파를 간신으로 몰아붙였다. 이 때문에 원대에 편찬된 《송사》〈간신전〉에는 왕안석(王安石) 같은 개혁가들이 버젓이 수록되어 있을 정도였다.

다섯째, 지엽적이긴 하지만 문화와 사상 방면에서 유교의 영향력이 심화되면서 성군을 숭상하는 풍조가 만연했고, 그 반대급부로 폭군과 간신에 대한 경각심을 강조함으로써 간신의 존재가 일반화되었다. 이런 풍조는 사대부, 즉 관료들이 비대해진 황제의 권력을 제약하고 통제하기 위한 방법의 하나이기도 했다. 즉, 황제에게 성군의 자질을 끊임없이 상기시키면서 황제의 총애를 받고 있는 신하를 간신으로 지목하여 공격한 것이다.

이상과 같은 배경 아래에서 송대에 편찬된 《신당서》에 〈간신전〉

이 마련되었다. 다만, 대부분의 간신을 못난 황제, 특히 왕조 말기의 폭군이나 혼군과 짝을 짓는 인식의 한계는 뚜렷했다. 다시 말해 간신은 언제 어디서나 존재할 수 있는 하나의 보편적이면서 특수한 현상이란 점에까지는 인식이 미치지 못했으며, 특히 전성기에도 간신은 엄연히 존재한다는 사실에도 주의하지 못하고 있다.

송은 전례 없이 강화된 관료체제를 바탕으로 작동하는 나라였다. 또 철저히 문관 위주의 관료체제였다. 이 때문에 국력은 문약(文弱)으로 흘렀고, 여기에 못난 제왕들이 계속 출현하면서 간신이 양산되었다. 당쟁은 간신현상을 부추기는 작용을 했다. 이런 점을 인식한 사대부들은 역사서에 급기야 〈간신전〉을 마련하여 경각심을 북돋우고자 했다. 위에서 지적한 대로 간신이란 존재와 간신현상에 대한 심각한 인식 수준에까지는 이르지 못했지만 〈간신전〉의 마련은 이후 거의 모든 정사에 〈간신전〉이 들어가게 되는 디딤돌을 놓았다는 점에서 큰 의의를 갖는다 하겠다. 참고로 당시 군자와 소인(간신)에 관한 인식을 대표하는 구양수(歐陽修)의 〈붕당론(朋黨論)〉에 관해 간단하게 소개해둔다.

송 인종(仁宗) 경력 3년인 1043년, 참지정사 범중엄(范仲淹) 등은 송이 직면한 정치·경제적 모순을 해결하기 위해 '경력신정(慶曆新政)'이라는 개혁 정치를 제안했다. 이 개혁에는 "상과 벌을 명확히 하여 요행을 바라는 심리를 배제하고, 과거와 관리 선발에 세심한 주의를 기울이고 나라의 땅에 대한 세금 징수를 고르게 해야 한다"는 내용이 들어 있었다. 대신 부필(富弼)도 비슷한 건의를 제출했는데, 조정의 일부 말 많은 무리들이 이를 빌미로 범중엄 등이 '붕당'

을 만든다고 아우성을 쳤다. 의심이 많았던 인종은 범중엄 등을 처벌하기로 결정했다.

당시 간관으로 있던 구양수는 '붕당'이라는 죄를 씌워 범중엄 등을 처벌하는 것에 극구 반대했다. 구양수는 몇 차례에 걸쳐 "두연(杜衍), 부필(富弼), 한기(韓琦), 범중엄 등은 천하가 알아주는 유능한 인재들로 그들이 무슨 죄를 지었다는 이야기를 들은 적이 없다"며 인종에게 직간했다. 또 〈붕당론〉이라는 글을 써서 사람마다 친구가 있기 마련인데 군자는 공명정대한 도로 친구를 사귀고 소인배는 이해관계로 친구를 사귄다고 지적하면서, 군자들 간의 사귐은 보호해주어야 한다는 논리를 제기했다. 〈붕당론〉은 나아가 용인 사상에 참신한 내용을 주입한 글이기도 했다. 이 글에서 구양수는 이렇게 말했다.

"붕당론은 옛날부터 있었는데 다행히 군주가 군자와 간신을 구별하면 그만이다. 무릇 군자는 군자끼리 같이 모이고, 소인은 소인끼리 같이 모이니 이는 자연스러운 이치다."

구양수가 보기에 붕당을 이루는 것은 결코 나무랄 일이 아니며 관건은 군자와 소인(간신)을 가릴 수 있느냐에 달려 있다는 것이다. 소인배 친구는 진정한 친구가 아니라 위선적 친구다. 그 까닭을 구양수는 다음과 같이 분석한다.

"소인배가 좋아하는 것은 이익이요, 탐내는 것은 재물이다. 공동의 이익을 놓고 잠시 무리를 끌어들여 친구로 삼는 것은 위선이다. 그래서 이익을 눈앞에 두면 달려들어 다투거나 이익이 사라지면 서로 멀어진다. 심지어는 서로를 해치는데 형제 친척이라도 인정사정없다."

"군자는 그렇지 않다. 군자는 도의와 충성, 그리고 신의를 지키고자 하며 명예와 절개를 중시하여 자신을 수양하기 때문에 같은 길을 걸으면 서로에게 이익이 된다. 나라를 다스릴 때도 한마음으로 서로를 끝까지 돕는다. 이것이 군자의 붕당이다. 따라서 **군주는 소인배들의 위선적 붕당을 물리치고, 군자의 진정한 붕당을 기용하면 천하는 얼마든지 다스려질 수 있다.**"

구양수는 역사의 경험과 교훈을 예로 들면서 이렇게 분석했다. "주 무왕의 신하 3,000명이 전부 하나의 큰 붕당이었기에 주 왕조가 흥성"했고, "동한 헌제(獻帝)는 천하의 이름난 지사들을 '당인(黨人, 붕당)'으로 지목하여 전부 가두었기에" 한 왕조가 크게 혼란에 빠지고 황건(黃巾) 봉기가 일어났던 것이다. 동한은 뒤늦게 이를 깨닫고 당인을 풀어주었지만 때는 이미 늦었다. 당 말기 소종(昭宗) 때 조정의 명사들을 전부 죽이거나 황하에 던져버렸는데, 당 왕조는 그로부터 얼마 뒤에 완전히 망가져 패망했다.

사람을 쓰는 용인 문제를 붕당에서 출발해서는 물론 안 된다. 당연히 유능한 인재를 기용하는 것으로부터 시작해야 한다. 그러면 유능한 군자들이 서로 붕당을 지을 것이고, 이들을 기용하면 나라는 흥성할 수 있다. 붕당을 무조건 나쁘다 하여 억압한다면 나라는 쇠퇴할 수밖에 없다. 구양수의 논리는 상당히 심오하고 설득력이 넘친다. 인종은 그의 충고를 듣지 않고 구양수마저 붕당으로 몰아 배척했다.

군자들의 모임은 사회에 유익하지만, 소인배 간신 무리는 나라를 망친다. 구양수는 의리와 이익을 경계선으로 삼아 군자와 소인(간신)을 구별했지만, 사실 오늘날 가치관으로 보면 군자도 굳이 이익을 외면할 필요가 없다. 정당하게 이익을 얻으면 된다. 자신과 세상 모두에 이익이 되는 것은 결코 모순되지 않는다.

우리 사회는 오랫동안 당파 문제에 알레르기 반응을 보여 왔다. 조선시대 당파가 남긴 부정적 영향 때문이다. 이런 점에서 구양수의 붕당론은 참고할 가치가 크다. 당쟁이라는 역사적 콤플렉스에서 벗어날 수 있는 방법을 제시하고 있기 때문이다. 패를 짓되 건전하게 나와 조직 모두에 이익이 될 수 있는 방향으로 이끌 수 있으면 된다. 이것이 역사의 힘이다.

참고 자료로 《신당서》 이후 편찬된 몇몇 정사의 〈간신전〉 서문을 소개하는 것으로 《한서》 이후 정사들의 간신에 대한 인식과 〈간신전〉에 대한 검토를 마무리한다. 먼저 《송사》 〈간신전〉의 서문이다.

"《역(易)》에 이르기를 '양괘에 음이 많고, 음괘에 양이 많구나'라 했다. 군자가 많아도 소인이 힘을 쓰고 일을 벌이면 그 모습은 음(陰)이 주도하는 것처럼 보인다. 소인이 많아도 군자가 힘을 쓰고 일을 벌이면 그 모습은 양(陽)이 주도하는 것처럼 보인다.

송나라 초에는 오성(五星)이 다 모여들어 수많은 인재가 나올 길조를 보였다. 그러나 송나라가 끝날 무렵에는 현철(賢哲) 못지않게 간사한 무리 역시 많았다. 나라가 번성할 때는 군자가 정권을 잡고 소인은 명령에 따르기 때문에 근심 또한 적었다. 그러나 쇠퇴기에 이르면 소인이 득세하여 교활한 음모로써 임금의 눈과 귀를 막고, 국시(國是)를 바꾸어 버린다. 충직한 인물을 해치고, 선량한 사람들을 버린다. 군자는 물러나 초야에 묻혀 있어도 난을 피할 수가 없다. 국가에 있어서 정사(正邪)의 변별은 신중하지 않을 수 없다."

다음은《요사(遼史)》〈간신전〉의 서문이다.

"《춘추(春秋)》는 치켜세울 것은 치켜세우고, 깎을 것은 깎는 포폄(褒貶)의 원칙 아래 선악을 함께 기록하여 권할 것은 권하고, 징계할 것은 징계했다. 그래서 사마천과 반고는 영행(佞幸)과 혹리(酷吏)에 관한 기록을 남겼고, 구양수(歐陽修)는 간신에 대한 기록을 남겨 군주와 신하로 하여금 경계와 귀감이 되게 했다. 이는 천지 성현의 마음이고, 국가 안위의 기틀이며, 혼란을 다스리는 원칙이다."

다음은《금사(金史)》〈영행전〉의 서문이다.

"세상에 어떤 것을 지나치게 좋아하는 자치고 해를 끼치지 않은 자는 없었다. 용은 천하의 으뜸가는 신(神)이다. 그 용이 지나친 욕망을 품으면 인간에게 당한다. 인군(人君)도 마찬가지다. 기호를 지나치게 쫓아서는 안 된다. 정벌·사냥·토목·신선 등은 모두 아첨배 간신들이 임금의 마음을 사는 수단으로 사용할 수 있다."

　다음은 《원사(元史)》〈간신전〉의 서문이다.

　"옛날에 역사를 기록하는 사람은 선악을 함께 기록하여 권고와 징계로 삼게 했다. 공자가 《춘추》를 고친 것은 이 때문이다. 난신적자(亂臣賊子)의 일이라도 기록하지 않은 것이 없었다. 초(楚)나라 사관을 도올(檮杌)이라 한 것도 악한 자로 하여금 두려워 감히 함부로 하지 못하게 경계하기 위해서였다. 그 뒤 역사가들이 혹리·영행·간신·반역 열전을 지은 것은 잘한 일이라 하겠다. 원나라의 역사를 보면 잘한 것에 대해서는 상세하게 기록하면서 악을 기록하는 데에는 소홀했다. 이는 당시 사람들이 꺼리는 바가 있어 솔직하게 기록하지 않았기 때문이다. 그러나 간교한 무리는 교활한 재주와 술수로써 부귀를 얻고, 위신과 복을 훔친다. 처음에는 백성에 해독을 끼치고, 나라를 그릇된 방향으로 인도하여 끝내는 몸과 집을 망치기에 이른다. 그 대체적인 행위들이 실록 편년 중에 여기저기 흩어져 있는 것은 역시 《춘추》의 뜻이 아직 남아 있어서이다. 이에 그 행적이 특히 두드러진 자를 골라 순서대로 기록하고 '간신전'이라 이름 지어 후세의 거울로 삼고자 한다."

　끝으로 《명사》〈간신전〉의 한 대목이다.

"(간신은) 반드시 권력을 훔쳐 농단하고 패거리를 지어 난을 일으키며, 종묘사직을 어지럽히고 충직하고 선량한 사람을 마구 해치며, 그 마음 씀씀이와 행적이 악하기 짝이 없고 평생 몰래 도적질한다."

간신과 간신현상에 대해 상당히 깊은 인식을 했음에도 〈간신열전〉은 사마천 사후 약 1천 년이 지나서야 출현했다. 그사이 간신에 관한 경계의 목소리가 없었던 것은 아니지만 서한 이후 수많은 왕조가 교체되고, 그 와중에 숱한 간신들이 출현했음에도 간신현상에 대한 본격적인 인식과 경계는 많이 늦었다고 할 수밖에 없다. 이는 결국 간신과 왕조 체제의 최고 권력자가 공생관계였음을 뜻한다. 다시 말해 왕조 체제에서는 간신에 대한 경각심과 그 방비책이 근본적으로 한계가 분명했다. 이 점은 우리가 '간신의 해악과 교훈, 그리고 방비책'에서 지적한 바 있다.

이상 역대 전적들에 기록되어 있는 간신 관련 문장과 대목들을 검토해 보았다. 검토를 통해 확인했듯이 역대 기록들의 간신에 대한 인식에는 한계가 뚜렷했다. 그리고 그 한계는 불가피했다. 그 까닭은 대체로 다음 몇 가지로 요약된다.

첫째, 기록들과 연관된 시대와 체제가 모두 전제 왕조 체제의 산물이라는 사실이다. 우리가 앞에서 여러 차례 지적하고 강조했듯이 간신과 권력자는 기생충과 숙주의 관계다. 절대 권력을 한 몸에 쥐고 있던 왕조 체제의 권력자와 간신은 공생의 관계였을 때가 아주 많았다. 체제의 속성상 어쩔 수 없는 한계였다.

둘째, 이 왕조 체제를 지배했던 독존적 통치 이데올로기로서 유교의 한계를 들지 않을 수 없다. 상하 위계질서, 남녀 불평등, 충효, 장유유서(長幼有序) 등을 앞세운 유교의 이념으로는 간신이라는 역사현상을 근절할 수 없었다. 게다가 유가 경전을 시험과목으로 하는 과거제가 출세의 거의 유일한 통로로 정착함으로써 왕조 체제와 과거제가 간신을 길러내는 두 원천이 되었다.

셋째, 간신열전 등을 수록한 역대 역사서의 편찬이 왕조 체제의 국가와 그 왕조에서 녹을 먹는 유교의 사상과 이념에 충실한 관리들이 주도했다는 사실이다. 당연히 간신을 철저하게 분석하고 응징하고, 나아가 역사적으로 평가하기에는 역부족이었다.

이상과 같은 뚜렷한 한계를 갖고 있었음에도 불구하고 역대 기록들, 특히 사마천과 같은 진보적 역사가들은 간신이 한 나라의 흥망에까지 영향을 끼친다는 사실을 비교적 정확하게 인식하고 있었다는 점은 높이 평가해야 할 것이다. 따라서 **지금 우리는 선각자들이 보여준 간신과 간신현상에 대한 정확한 인식과 날카로운 분석을 바탕으로 보다 심각한 인식과 연구를 통해 이 한계를 돌파**해야 한다. 간신과 간신현상을 정확하게 인식하고, 이들을 방비하고, 나아가 이들을 응징할 수 있는 이론적 무기를 갖추는 일이 시급하다. 그래야만 이들의 발호를 막고, 국민들이 누려야 할 권리를 되찾을 수 있다. 이것이 곧 공평과 공정으로 나아가는 길이며, 이것이 바로 정의를 실현하는 일이다. 이 책무가 우리 어깨를 무겁고 침통하게 누르고 있다.

간신 방비를 위한 선현들의 검증법에 대한 분석

간신과 관련한 역대 기록들을 검토해 보았다. 몇 차례 언급했듯이 간신과 그 현상에 대한 과거의 인식과 대책은 충분치 못했다. 왕조 체제에서의 방비책은 추운 겨울날 언 발에 오줌 누는 식의 미봉책(彌縫策)에 지나지 않았다. 그럼에도 불구하고 선현들이 남긴 사람을 관찰하는 방법, 인재를 가려내는 검증법, 특히 간사한 자를 알아낼 수 있는 시험 등을 잘 분석해보면 간신에 대한 방비책을 마련하는 데 참고할만한 가치는 충분하다. 무엇보다 간신의 심리와 그들의 간행에서 나타나는 특징을 간파하는 데 큰 도움이 된다. 대표적인 몇 가지를 소개하여 참고 자료로 삼고자 한다.

간신 방비의 기본이자 원칙인 '공사분별(公私分別)'을 강조한 관중(管仲)

춘추 초기의 걸출한 정치가 관중(기원전 723~기원전 645)은 당시 최고의 경세가(經世家)였다. 그는 중국 역사상 거의 처음으로 상업의 중요성을 강조한 경제 전문가이기도 했다. 그가 남긴 것으로 전하는 《관자》는 제자백가의 선구로 평가받고 있으며, 관중 역시 제자백가의 선도자로 유가·법가 등 여러 학파에서 조종(祖宗), 즉 '백가종사(百家宗師)'로 받든다. 《관자》는 《한서》〈예문지〉에 따르면 도가류로 분류되어 있지만, 그 내용을 분석해보면 도가와 법가 두 사상을 주로 하여 병가·종횡가·음양가·유가의 이론이 섞여 있는 종합적인 성격을 띤 저술이다. 모두 86편인데 10편은 목록만 있고 내용은 잃어버렸다. 가장 이른 내용은 춘추 말기이고 대부분 전국 중후기로 보인다. 가장 늦은 것은 한나라 초기에 나왔을 가능성이 있다.

《관자》 86편 중 〈임법〉과 〈추언〉 두 편에는 통치자의 공사분별을 강조한 대목들이 눈길을 끈다. 공사분별은 누가 뭐라 해도 간신을 예방하는 가장 기본이 되는 원칙의 하나이기 때문이다. 먼저 공사분별에 관해 잠깐 살펴보고 〈임법〉과 〈추언〉의 관련 대목을 소개한다.

국가와 기업을 비롯한 모든 조직을 건전하게 유지하는 여러 요인들 중 가장 심각하고 중대한 하나를 들라면 망설임 없이 '공사분별' 또는 '공사구분'을 들겠다. 이 문제는 인간의 이기적 본능과 관련이 있기 때문에 더더욱 중요하다. 개인의 이기심이 극대화되면 탐욕으로 변질되고, 모든 일을 사리사욕을 앞세워 처리한다.

탐욕에 뿌리를 둔 사리사욕은 많은 사람들을 끌어들이고 해친다. **탐욕과 사리사욕이 집단화되면, 간신이 패거리를 지어 간행을 저지르면, 개개인뿐만 아니라 그 집단 전체가 부패하고, 나아가 인간으로 지켜야 할 최소한의 도덕과 윤리도 깡그리 무시당한다.** 그 결과 조직과 나라가 망한 사례는 수도 없다.

이 때문에 역사상 많은 사람들이 사심(私心)을 억제하는 일에 큰 노력을 기울였다. 이에 역사상 '공사구분'을 실천한 몇 가지 사례를 통해 이 문제가 갖는 의미와 중요성을 생각해보고자 한다.

요·순의 정권 이양 '선양(禪讓)'의 의미

중국 역사상 최고의 성군(聖君)으로 꼽히는 요임금은 통치 말기에 자신의 후계자를 물색하기 시작했다. 《사기》의 첫 권인 〈오제본기〉에 실린 이 대목을 한번 보자.

요가 "장차 누가 내 일을 계승할 수 있겠는가?"라고 묻자 방제(放齊)라는 신하가 "적장자 단주(丹朱)가 사리에 밝고 명석합니다"라며 요임금의 아들 단주를 거론했다. 그러자 요임금은 "아니오! 그 애는 덕이 없고 다투기를 좋아하여 쓸 수가 없소"라며 다른 사람을 추천하라고 했다. 환두(驩兜)가 공공(共工)을 추천했지만, 말만 번지르르하게 하고 행동은 바르지 못하다며 다시 추천하게 했다. 우여곡절 끝에 당시 가장 큰 문제였던 황하의 홍수를 다스릴 치수사업의 전문가로 곤(鯀)이 요임금의 한 차례 거부 끝에 다시 추천을 받아 기용되었다. 그 역시 9년이 지나도록 성과를 내지 못했다.

재위 70년에 접어든 요임금은 다시 후계자를 추천하게 했고, 이렇게 해서 마침내 민간의 홀아비 순(舜)이 발탁되었다. 요는 순에게 자신의 자리를 순조롭게 물려주기 위해 두 딸을 시집보내 순의 덕을 살폈고, 나라 안팎

'요순선양'의 고사는 이상적 전설의 차원에만 놓여 있지 않다. 거기에는 지금 우리가 간절히 원하는 리더의 모습과 리더가 가장 중요하게 실천해야 할 '공사분별'이란 기본이 의미심장하게 함축되어 있다. 그림은 '요순선양'을 나타낸 한나라 때의 벽돌 그림이다.

의 일을 차례대로 맡겨 그의 통치력을 시험했다. 순은 실질적인 임금의 역할을 약 20년 동안 해냈고, 요는 죽기 전에 완전히 자리와 권력을 이양했다. 역사에서는 이를 가장 이상적인 권력 이양이라는 뜻의 '선양(禪讓)'이라 부른다.

요임금은 순에게 권력을 이양할 당시를 회고하면서 자신이 순에게 권력을 넘겨준 이유에 대해 이렇게 판단했다.

"순에게 넘겨주면 천하가 이롭고 단주만 손해를 보면 되지만, 단주에게 넘겨주면 천하가 손해를 보고 단주 한 사람만 득을 보기 때문이었다."

그러면서 요임금은 이렇게 단호히 일갈했다.

"종불이천하지병이리일인(終不以天下之病而利一人)."
"천하가 손해를 보면서 한 사람을 이롭게 할 수는 결코 없다!"

그리고는 끝내 순에게 천하를 넘겨주었다. 순임금은 서른에 요에게 발탁되어, 쉰에 천자의 일을 섭정했고, 쉰여덟에 요가 세상을 뜨자 삼년상을 지낸 다음 예순한 살에 요를 이어 정식으로 제위에 올랐다. 그리고 그 역시 치수사업을 성공적으로 이끈 우(禹)에게 살아 정권을 넘기고 세상을 떠났다.

이상이 수천 년 동안 잔양받아온 상고시대 이상적인 권력 이양 방식인 '선양'의 고사이다. 이 고사의 키워드는 누가 뭐래도 '공사분별'이다. 이런 확고한 공사분별의 자세에 입각하여 요임금은 단호한 어조로 자기 아들 한 개인의 이익을 위해 천하가 손해 볼 수 없다고 잘라 말했던 것이다.

'문경지교(刎頸之交)'의 메시지

기원전 3세기 초 전국시대 조(趙)나라는 서방의 초강대국 진(秦)나라의 동진을 막아내는 방파제 역할을 힘겹게 해내고 있었다. 당시이 두 나라를 실질적으로 이끌었던 인물은 백전노장 염파(廉頗)와 외교관 인상여(藺相如)였다.

염파는 평생 수많은 전투를 치르면서 조나라를 지탱해온 무장 중의 무장이었다. 인상여는 어느 날 갑자기 등장하여 진나라의 무리한 요구를 훌륭한 언변과 용기로 막아낸 공과 외교에서 조나라의위신을 지켜냄으로써 파격적인 승진을 거듭한다. 숱한 난관을 헤치며 많은 공을 쌓아온 염파로서는 이런 인상여가 못마땅했다. 그래서 인상여를 만나면 혼쭐을 내겠다며 큰소리를 치고 다녔다. 이런 염파를 인상여는 계속 피해 다녔다.

인상여 집안의 식객과 노비들은 자기 주인이 염파에 비해 조금도떨어질 것이 없는데도 염파를 피해 다니는 것에 불만을 품었다. 인상여는 그렇지 않아도 나라 사정이 어려운데, 자신마저 염파와 다투었다간 나라를 멸망으로 이끌지 모른다며, 자신이 염파를 피하는 진심을 털어놓았다. 이 말을 전해 들은 염파는 소인배처럼 인상여를 시기하고 질투했던 자신이 부끄러워 한쪽 어깨를 드러내고

'문경지교'는 위기에 놓인 나라를 지켜내기 위해서 공사분별이 얼마나 중요한가를 잘 보여주는 고사이다. 인상여가 자신을 오해하여 가는 곳마다 자신을 비난하고 다니는 염파의 무례를 참아낼 수 있었던 것은 그의 몸과 마음이 보다 높은 차원, 즉 '공사분별'의 실천에 놓여 있었기 때문이다. 사진은 자신의 잘못을 깨우친 염파가 인상여를 찾아가 '웃통을 벗고 가시나무를 진 채 잘못을 비는', 즉 '부형청죄(負荊請罪)'의 모습을 나타낸 그림이다.

'가시나무를 짊어진 채 인상여를 찾아 잘못을 사죄'하기에 이른다 (여기서 '가시나무를 지고 죄를 청하다'는 '부형청죄負荊請罪'의 고사가 나왔다). 두 사람은 '생사를 같이하는 친구'가 되었다. 이상이 '관포지교'와 더불어 최고의 인간관계를 나타내는 '문경지교(刎頸之交)'의 고사다.

　인상여는 식솔들에게 당시 풍전등화의 위기에 처해 있는 상황에서 조나라를 지탱하고 있는 염파와 인상여가 갈등하고 싸우면 '호랑이 두 마리가 엉켜 싸우는(양호공투兩虎共鬪)' 것과 같아 둘 다 치명상을 입을 수밖에 없다고 하면서, '나라의 급한 일이 먼저이고 사사로운 원한은 나중이다(선국가지급이후사구야先國家之急而後私仇也)'고 했다. 우리에게도 너무나 친숙한 '선공후사(先公後私)'라는 성어가 여기서 나왔다.

'목숨을 내놓아도 아깝지 않은 우정'이란 뜻을 가진 '문경지교'라는 고사를 관통하는 키워드 역시 '공사분별'이었다.

'관포지교(管鮑之交)'의 진정한 가치

감동적인 우정을 나타내는 또 하나의 고사성어 '관포지교'도 단순히 우정 이야기가 아니다. 당시 제나라의 혼란스러운 정치적 상황 때문에 각기 다른 주군을 모셨던 관중(管仲)과 포숙(鮑叔)은 어쩔 수 없이 군주 자리를 다투는 관계가 되었다. 결국 포숙이 모신 환공(桓公)이 승자가 되어 제나라의 군주로 등극했다. 이 과정에서 관중은 자신이 모시는 공자를 군주로 만들기 위해 환공에게 활을 쏘아 죽이려 했다. 화살이 환공의 혁대를 맞추는 바람에 실패했고, 이 일

'관포지교' 고사는 감동의 연속이다. 우정(friendship)에서 출발한 두 사람은 동료의식(fellowship)으로 국사에 임하면서 서로를 인정하며 따르는 팔로십(followship)을 발휘함으로서 개인 간의 우정을 백성과 나라를 위하는 공사분별의 자세로 승화시켰다. 그 결과는 '부민부국'이었다. 사진은 관중기념관에 조성되어 있는 '관포지교' 전시관 입구의 모습이다.

로 환공은 관중에게 깊은 원한을 품고는 관중을 잡아 온몸을 찢어 젓갈을 담그겠다고 이를 갈았다.

이 과정에서 관중의 친구 포숙은 관중의 목숨을 살렸을 뿐만 아니라 자신에게 돌아올 재상 자리를 관중에게 양보하는 참으로 고귀한 정신을 발휘했다. 이후 관중은 40년 넘게 재상 자리를 지키면서 제나라의 국정을 이끌었다. 제나라는 부민부국(富民富國)을 이룩하고 춘추시대 제후국의 선두에 올랐다.

40년 동안 견마지로(犬馬之勞)를 다했던 관중이 중병이 들어 일어나기 힘들게 되었다. 걱정이 된 환공은 문병차 관중을 찾아 관중의 후임을 의논했다. 누구나 포숙을 추천할 것으로 예상했지만 관중은 놀랍게도 포숙을 추천하지 않았다. 소인배들이 포숙에게 관중의 처사에 불만을 터트리며 이간질하자 포숙은 "내가 사람 하나는 잘 보았다. 내가 그러라고 그 사람을 그 자리에 추천한 것이다"라며 소인배들을 물리쳤다. 이 얼마나 감동적인 공사분별의 자세들인가!

사마천이 꿈꾸었던 '성(聖)'스러운 리더와 공사분별

앞에서 보았다시피 사마천은 《사기》 첫 권에서 가장 이상적인 '성군(聖君)', 즉 성스러운 통치자의 모습을 생생하게 그려내고 있다. '성군'에서 '聖'이란 글자는 '耳+口+王'의 세 글자를 합성한 것이다. 쉽게 풀어보자면 '백성의 목소리에 귀를 잘 기울이고' '말은 가려서 하는' '임금'이 '성군'이란 뜻이 된다. 사마천은 이런 통치자를 두고 '사리분별'에 밝다고 말한다. 민심을 제대로 헤아리고 함부로 말하지 않는 사리분별에 밝은 통치지가 공사분별할 수 있다는 것이다. 요임금이 그랬고, 순임금이 그랬다. 그런 통치자를 '성군'으로 보았다.

요와 순이 역사상 실존 인물이냐 아니냐의 문제가 아니다. 사마천은 사리분별에 밝고 그것을 기초로 하여 공사분별을 실천할 줄 아는 통치자에 대한 자신의 소망을 요와 순임금에게 투영시켰다. 그런 통치자라야 백성과 나라를 제대로 이끌 수 있다고 보았기 때문이다.

'공사분별'하라고 해서 무조건 사심을 버리라는 것이 아니다. 공(公)을 먼저 고려하는 공심(公心)을 확립하라는 말이다. 성군 요임금인들 아들에게 자리를 물려주고 싶지 않았을까? 사심(私心)이 터럭만큼도 없었을까? 포숙인들 제나라 재상 자리에 눈꼽 만큼도 욕심이 없었겠는가? 자신의 마음을 몰라주며 자신을 헐뜯고 다니는 염파에게 인상여는 전혀 섭섭함이 없었을까? 이들은 모두 그런 사사로운 감정은 뒤로 밀쳐놓고 백성과 나라를 위하는 마음, 즉 공심을 앞세웠고 그것을 몸소 실천했을 뿐이다.

'공사분별'의 실천은 '노블레스(noblesse) 오블리주(oblige)'를 이끌어낸다. 즉, 백성들의 존경을 받음으로써 '고귀'한 인격의 소유자로 거듭나고, 그 존경과 고귀함을 다시 백성을 위한 노력과 봉사로 되돌림으로써 공인로서의 의무를 다하게 되는 것이다.

지금 우리 사회를 온통 뒤엎고 있는 힘 있는 자, 즉 온갖 부류의 간신들의 공통점인 사사로운 욕심, 즉 사욕과 탐욕의 문제를 뿌리 뽑지 않으면 우리의 미래는 없다. 국민들의 냉정한 판단과 선택만이 이 문제를 풀 수 있는 해답이 될 것이다. 단단히 각오하여 공사분별의 자세를 확실하게 되찾아야 한다.

관중의 '공사분별' 정신

앞서 간신 관련한 기록들을 검토하면서 관중이 비교적 일찍 간신에 주목했음을 알 수 있었다. 그는 '간신'을 일곱 유형의 신하들 중 하나로 지목했다. 관중의 이런 인식은 그가 남긴 것으로 전하는 《관자(管子)》 곳곳에서 확인할 수 있다. 특히 간신을 방비하기 위한 가장 중요한 자세이자 원칙의 하나인 '공사분별'과 관련한 의미 있는 대목들이 눈에 띈다. 간략하게 해당 대목들 몇 개만 인용해둔다. 먼저 〈임법(任法)〉 편에 이런 대목이 있다.

"부애인불사상야(夫愛人不私賞也), 오인불사벌야(惡人不私罰也)."
"누군가를 좋아한다고 해서 사사로운 정으로 상을 내려서는 안 되며, 누군가를 미워한다고 해서 사사로운 원한으로 벌을 내려서는 안 된다."

그러면서 관중은 원칙과 법으로 일에 임해야 한다고 강조한다. 이어 〈추언(樞言)〉 편에서 관중은 사사로운 애정과 시혜가 증오와 원한의 원인이 될 수 있음을 지적한다.

"애자증지시야(愛者憎之始也), 덕자원지본야(德者怨之本也)."
"사사로운 애정은 왕왕 미움과 원한의 출발점이 되며, 사사로운 은혜 또한 왕왕 원망의 뿌리가 된다."

애정이 되었건 은혜가 되었건 균형을 찾지 못하면 제3자의 원망을 사게 된다. 또 애정과 은혜를 베풀어 놓고 돌아오는 것이 자기 마음을 만족시키지 못할 때도 원망하는 마음이 생긴다. 다 사사로운 마음에서 애정과 은혜를 베풀고 받았기 때문이다. 위정자가 사사로운 인연에 매여 공정심을 유지하지 못하면 나랏일 전체가 흔들리게 된다. 나라를 이끌 인재를 기용하는 인사(人事) 문제에서는 더 그렇다.

역사는 여실히 보여준다. 모든 권력과 정권의 성패가 '공사분별'에 달려 있었다는 사실을. 멀리 갈 것도 없이 우리 지난 정권들의 처절한 실패의 근본적인 원인이 어디에 있는가를 보면 된다.

역사는 잘 보여준다. 성공한 리더는 '공사분별'에 엄격했고, 그것을 기초로 나라가 발전했다는 사실을. 우리 사회 병폐의 뿌리를 파고들면 예외 없이 공과 사에 대한 무분별, 즉 사사로운 욕심과 만나게 된다. 그 사욕이 나라와 국민을 병들게 만들고 간신을 길러낸다. '관포지교'의 고사를 비롯한 역사상 뜻깊은 사례들은 권력자와 정권에게 철저한 '공사분별'의 정신만이 백성과 나라를 부강하게 만든다는 사실을 감동적으로 전하고 있다. 이는 달리 말해 **'공사분별' 정신과 자세야말로 간신을 방비할 수 있는 최소한의 기본 원칙**이기도 하다.

마무리의 의미로 《여씨춘추(呂氏春秋)》에 '사욕이나 사심을 없애라'는 뜻을 가진 〈거사(去私)〉 편의 한 대목을 소개한다.

"사구불급공(私仇不及公), 호불폐과(好不廢過), 오불거선(惡不去善)."

"사적 원한이 공적인 일에 개입되어서는 안 되는 바, 좋아한다고 해서 잘못을 감출 수 없고, 미워한다고 해서 잘한 행동을 없앨 수 없다."

강태공의 팔징법(八徵法)

앞서 간신과 관련한 기록으로서 《육도》의 '육적칠해'를 검토하면서 제대로 된 인재를 검증하는 방법으로 '팔징법'을 소개한 바 있다. **'팔징법'**은 인재의 자질을 알아보는 방법이긴 하지만 그 내용을 보면 겉과 속이 다른 자, 즉 **간신이 보이는 특징을 간파하는 방법을 포함하고 있어 충분히 음미할 만**하다. '팔징법'은 주 무왕과의 대화에서 나왔는데 그 대목을 먼저 인용한다.

무왕이 태공에게 물었다.

"임금이 군사를 일으키려고 할 때에는 반드시 뛰어난 인재를 골라 뽑아서 훈련을 시키고자 합니다. 인재의 자질이 뛰어난지 아닌지를 알려면 어떻게 해야 합니까?"

태공이 대답했다.

"대체로 사람으로서 그 **겉모습과 속마음이 서로 같지 않은 자가 열다섯 종류** 있습니다. 1)겉모양은 어진 사람 같은데 속은 어질지 않은 자가 있습니다. 2)겉으로는 온화하고 선량하게 보이면서 실제로는 도둑질하는 자가 있습니다. 3)겉모습은 공경하는 척하면서 마음은 교만한 자가 있습니다. 4)겉으로는 겸손하고 근신하는 척하면서 속에는 공경하는 마음이 없는 자가 있습니다. 5)세심하고 주의력이 깊어 보이지만 사실은 그렇지 않은 자가 있습니다. 6)겉으로는 중후한 듯이 보이지만 실은 성의 없는 자가 있습니다. 7)꾀를 잘 부리면서도 결단력이 없는 자가 있습니다. 8)과감한 것 같으면서 실은 무능한 자가 있습니다. 9)매우 근신하는 것 같지만 믿음이 없는 자가 있습니다. 10)얼빠진 것 같지만 사실은 충실한 자가 있습니다. 11)성격이 이상하고 언동이 과격하지만 일을 맡기면 효과를 내는 자가 있습니다. 12)겉으로는 용감하게 보이지만 속은 비겁한 자가 있습니다. 13)삼가는 척하면서 오히려 남을 얕잡아 보는 자가 있습니다. 14)엄하고 냉정하게 보이면서도 오히려 고요하고 성실한 자가 있습니다. 15)기세는 허약하고 외형은 못생겼으나 밖에 나가면 못 가는 데가 없고 못 이루는 일이 없는 자가 있습니다. 그러므로 온 천하가 천시하는 것을 성인은 귀하게 여기는 것이 있습니다. 평범한 사람은 이런 것을 모릅니다. 뛰어난 식견이 아니면 그 한계를 알지 못합니다. 이것이 사람의 겉모습과 속마음이 서로 맞지 않은 경우들입니다."

강태공은 사람의 겉모습과 속마음이 서로 맞지 않는 경우를 무려 열다섯 가지나 꼽았다. 강태공이 꼽은 열다섯 가지 경우를 오늘날 그대로 적용하기에는 무리다. 그러나 1)~4)까지는 간신들이 보여주는 전형적인 행태에 해당한다는 점에서 소홀히 보아 넘길 수 없다.

강태공의 이 말에 무왕은 그렇다면 겉 다르고 속 다른 사람을 어떻게 알아볼 수 있냐고 재차 물었고, 여기서 강태공은 여덟 가지 검증법, 즉 '팔징법'을 제안했다. 중복되지만 '팔징법'을 다시 한 번

나열해본다.

① 문지이언이관기상
(問之以言以觀其詳, 어떤 문제를 내어 그 이해의 정도를 살핀다)

② 궁지이사이관기변
(窮之以辭以觀其變, 자세히 꼬치꼬치 캐물어 그 반응을 살핀다)

③ 여지간첩이관기성
(與之間諜以觀其誠, 간접적인 탐색, 또는 간첩으로 충성 여부를 살핀다)

④ 명백현문이관기덕
(明白顯問以觀其德, 솔직담백한 말로 그 덕행을 살핀다)

⑤ 사지이재이관기렴
(使之以財以觀其廉, 재무관리를 시켜 청렴과 정직 여부를 살핀다)

⑥ 시지이색이관기정
(試之以色以觀其貞, 여색을 미끼로 그 품행[정조]을 살핀다)

⑦ 고지이난이관기용
(告之以難以觀其勇, 어려운 상황을 만들어 그 용기를 살핀다)

⑧ 취지이주이관기태
(醉之以酒以觀其態, 술에 취하게 하여 그 자세를 살핀다)

강태공의 '팔징법'으로는 간신과 간신현상을 막기에는 당연히 역부족이다. 다만 간신 여부를 가려낼 수 있는 기본적인 방법은 대체로 다 나와 있다고 할 수 있어 나름 참고할만하다. '팔징법'은 비교적 일찍 사람을 판별하는 구체적인 방법을 제시했다는 점에서 상당한 의미가 있다. 인재는 물론 간신을 가려내는 방법에 대해서는 강태공 이후로도 많은 사람들이 그 나름의 의견을 제시했다.

이극(李克)의 실용적 인간관

전국시대 초기 중원의 강대국 위(魏)나라는 문후(文侯, 기원전 472~기원전 396)라는 명군을 맞이하여 국력을 더욱 키워 나갔다. 문후는 정치·경제 전문가 이극(李克)을 비롯하여 행정 전문가 서문표(西門豹), 군사 전문가 오기(吳起) 등 기라성 같은 인재를 전격 발탁하고 위나라를 개혁하여 전국 초기 초강대국으로 끌어올렸다.

전국시대 각국은 너나 할 것 없이 개혁경쟁에 뛰어들었다. 국가의 존망이 걸린 약육강식의 시대적 상황에서 개혁은 불가피했다. '변법개혁'으로 대변되는 치열한 경쟁의 시대가 열린 것이다. 변법개혁은 주로 정치가들이 주도했다.

이극은 전국시대 변법개혁을 주도한 인물들 중 독특한 위치에 있다(이극은 기록에는 이리李悝로 많이 나오며, 기원전 455년에 태어나 기원전 395년에 세상을 떠났다). 그는 다른 개혁가들과는 달리 경제 전문가였기 때문이다. 모든 개혁조치를 실행하기 위한 원칙으로 이극은 '법치'를 내세웠고, 이를 이론으로 다듬어 《법경(法經)》으로 구체화하기도 했다.

이극에 대한 자료는 아주 드물다. 그저 기원전 5세기 말엽 진(晉)나라에서 관리를 지냈고, 진(晉)나라가 한(韓)·조(趙)·위(魏)로 분열된 뒤로는 위나라에서 재상을 지냈다는 정도다.

빈약한 기록을 종합해보면 경제개혁을 기조로 한 그의 개혁정치는 두 가지로 압축된다. 우선 그는 쌀값이 너무 높으면 소비자에게 피해가 돌아가고, 반대로 쌀값이 너무 낮으면 농민에게 피해가 돌아간다고 지적하면서 '평적법(平糴法)'을 창안했다. 이 법은 쌀값을 어느 정도 선에서 통제하여 소비자와 농민 모두를 만족시키는 것이었다. 다음으로 그는 토지를 최대한 활용할 것을 주장했다. 이는 자연조건으로서 토지가 갖는 잠재력에 인간의 주관적 능동성을 보태어 개발한다면 최대의 효율을 끌어낼 수 있다고 본 것이다. 인간의 작용을 중시한 이극의 경제정책과 개혁정치로 위나라는 전국시대 초기 강국으로 등장할 수 있었다.

경제 전문가였지만 정치가로서 이극의 면모도 단편적으로 전한다. 그중 하나로 사람, 특히 인재를 관찰하는 방법을 제시한 대목이 있어 이를 소개한다. 《사기》〈위세가〉의 관련 부분을 중심으로 정리해 보았다.

과거와 평소 때의 언행을 잘 살펴라

언젠가 문후는 이극과 함께 통치에 관한 이야기를 하면서 "선생께서 일찍이 말씀하시길 '집안이 어려워지면 좋은 아내가 생각나고, 나라가 어지러워지면 좋은 재상이 생각난다'고 하셨는데 지금 우리 위나라 재상감으로 위성자(魏成子)와 적황(翟璜) 두 사람이 있는데 누가 적합하겠습니까?"라며 자문을 구했다. 이극은 이렇게 답했다.

"그 문제는 결코 어려운 문제가 아닙니다. 주군께서 마음을 정하지 못하는 것은 두 사람을 자세히 관찰하지 않았기 때문일 따름입니다. 다음 다섯 가지 측면을 통해 두 사람을 판단해 보십시오.

313

첫째, 평소에 어떤 사람과 친한가를 보십시오.

　　(거시기소친居視其所親)

둘째, 부유할 때 어떤 사람과 왕래하는가를 보십시오.

　　(부시기소여富視其所與)

셋째, 잘나갈 때 어떤 사람을 추천하는가를 보십시오.

　　(달시기소거達視其所擧)

넷째, 역경에 처했을 때 어떤 일을 하는가를 보십시오.

　　(궁시기소불위窮視其所不爲)

다섯째, 빈곤할 때 무엇을 취하지 않는가를 보십시오.

　　(빈시기소불취貧視其所不取)

이 다섯 가지 방면을 잘 살피시면 재능과 인품을 갖춘 인재를 얼마든지 찾으실 수 있습니다.”

문후는 기뻐하며 “내가 이미 누구를 재상에 임명해야 할지 마음을 정했소”라고 했다. 자리를 물러난 이극은 집으로 가지 않고 적황의 집으로 갔다. 적황은 궁금증을 참지 못하고 재상 문제를 꺼냈다. 이극은 담담하게 “위성자가 될 것입니다”라고 말했다. 적황의 표정이 바뀌며 이렇게 항의했다.

“솔직히 말해 내가 위성자만 못한 것이 무엇이오? 서하(西河)의 지방 장관을 누구 추천했습니까? 또 왕께서 업(鄴) 지방의 치안과 수리 문제를 걱정하시기에 제가 서문표(西門豹)를 추천했지요. 왕께서 중산(中山)을 정벌하실 때는 악양자(樂羊子)를 장수로 추천했고,

중산을 정복한 뒤 관리할 사람이 마땅치 않아 그대를 추천하지 않았습니까? 또 왕자께 좋은 스승이 없어 제가 굴후부(屈侯鮒)를 추천했습니다. 대체 내가 위성자에 비해 어디가 모랍니까?"

적황의 거센 항의에도 이극은 조금도 당황하지 않고 문후가 재상에 대해 자문한 과정을 다 밝힌 다음 이렇게 말했다.

"당신이 그 당시 나를 추천한 것이 사사로이 당파를 지어 높은 자리와 후한 녹봉을 얻기 위해서였습니까? 이런 점에서 당신은 위성자와 비교가 안 됩니다. 위성자가 추천한 복자하(卜子夏), 전자방(田子方), 단간목(段干木) 이 세 분은 주군께서 스승으로 모시는 분들이고, 당신이 추천한 다섯 사람은 그저 주군의 신하들일 뿐입니다."

이극의 반박에 적황은 고개를 떨구며 "내가 정말 모자란 소인배입니다. 말도 안 되는 것으로 선생을 욕보였습니다. 선생의 제자가 되어 가르침을 받들고자 합니다"라며 사죄했다.

이극은 재상감을 묻는 문후에게 평소 제대로 살피지 않았다고 지적한 다음 정면으로 답을 주지 않고 다섯 가지의 객관적 기준을 던져 문후 스스로가 결정하게 했다. 적황의 항의에 대해서는 먼저 재상 추천의 전 과정을 알려서 자신에게는 사심이 없음을 밝힌 다음, 이번에는 자신의 관점을 전혀 감추지 않고 곧이곧대로 따져 물음으로써 적황의 승복을 끌어냈다.

인재는 어느 날 갑자기 느닷없이 튀어나오지 않는다. 타고나는 존재가 아니라 훈련되고 단련되어야 한다. 이극은 이런 점을 정확하게 인식하여 평소 사람을 잘 관찰해야만 그가 인재인지 아닌지를 가릴 수 있다고 했다. 중국 중화법제공원에 조성되어 있는 이극의 석상이다.

이 사례는 상황에 따라 상대에 따라 논점과 논리, 그리고 방법을 달리하여 좋은 결과를 끌어낸 이극의 언변이 우선 돋보인다. 물론 그가 제시하고 있는 사람에 대한 다섯 가지의 관찰법은 지금 상황에서도 얼마든지 적용해 볼 수 있는 대단히 실용적인 관점이다. **강태공의 팔징법이 어떤 문제를 던져 그 반응을 살피는, 시험에 주안점을 둔 것이라면, 이극은 평소 그 사람을 잘 관찰하는 데 중점을 두고 있다.** 시험의 경우에는 시험의 대상이 상황에 따라 얼마든지 자신의 본모습을 감출 수 있지만, 평소의 언행을 차분히 관찰하여 그 사람을 판단할 경우 그 진면목에 더 가깝게 접근할 수 있다는 장점이 있다. 이런 점에서 이극의 관찰법은 대단히 실제적이고 실용적이라 할 수 있다.

인재 식별법 14개 조항

약 2,400년 전 이극은 인재를 식별하는 방법으로 위의 다섯 가지 관철법을 제시하여 이 방면에서 선구적인 이론을 제기했다. 이극 이전의 강태공을 비롯하여 이후 많은 사람들이 이와 비슷한 방법들을 끊임없이 제시했다. 앞으로 좀 더 검토하겠지만 그에 앞서 이들이 제시한 **시험의 방법과 관찰법을 종합한 결과 대체로 아래 열네 개의 항목으로 정리**할 수 있었다. 참고로 먼저 제시해둔다.

① 벼슬살이 등 잘나갈 때 그가 무엇을 존경하는 사람인가를 보아라.

② 귀하고 권력이 있을 때 그가 어떤 사람을 기용하는가를 보아라.

③ 부유할 때 그가 어떤 사람을 대우하는지를 보아라.

④ 남의 말을 듣고 그가 어떻게 하는가를 보아라.

⑤ 한가할 때 그가 무엇을 좋아하는가를 보아라.

⑥ 그와 친해진 다음 그의 언어가 단정한지 여부를 보아라.

⑦ 그가 뜻을 얻지 못하고 있을 때 그가 무엇을 받아들이고 받아들이지 않는가를 보아라.

⑧ 가난하고 낮은 자리에 있을 때 무엇을 하지 않는가를 보아라.

⑨ 그가 좋아하는 것으로 그가 평소의 태도를 유지하느냐 여부를 보아라.

⑩ 즐겁고 기쁠 때 함부로 자신을 풀어놓는가를 보아라.

⑪ 화가 났을 때 스스로 통제할 수 있는가를 보아라.

⑫ 겁을 먹었을 때 스스로 버틸 수 있는가를 보아라.

⑬ 슬플 때 자제할 수 있는가를 보아라.

⑭ 곤란하고 힘들 때 그 의지를 바꾸는가를 보아라.

이상 열네 가지 항목 중에는 강태공과 이극이 제기한 방법론 상 당수가 포함되어 있고, 앞으로 검토할 다른 관찰법도 비슷하다. 위

는 이런 이론과 항목들을 종합하여 정리하여 참고로 먼저 제시해
둔 것이다.

장자(莊子)의 '식인구법(識人九法)'

후기 도가의 대표적 인물인 장자(莊子, 기원전 약 369~기원전 280)의
언어는 은유와 비유로 가득 찬 빈정거림이 돋보인다. 사유 방식이
란 면에서는 상대주의를 절대화하여 신비한 궤변주의로 바꾸고 있
다. 《장자》의 매력도 바로 여기에 있다.

장자는 인간의 마음이 외부와 끊임없이 접촉하고 어울리는 바람
에 헛된 환상에 사로잡히고, 그에 따라 여러 종류의 인간이 나타난
다고 한다. 그의 언어는 추상적이고 난해하긴 해도 부질없이 외계
에 끌리지 말고 자연의 섭리에 따라 살라는 충고는 의미심장하다.

《장자》〈열어구(列禦寇)〉 편을 보면 장자의 이런 기본 사상과는 다
소 이질적인, 사람을 인식하는 아홉 가지 방법이 제시되어 있어 눈
길을 끈다. **'식인구법(識人九法)' 또는 '구징지설(九徵之說)'로 부르는 이 방법
은 사람을 어떻게 식별하고 어떻게 관찰할 것인가에 대한 비교적 정교한 방
법론**으로 깊은 인상을 준다. 간신의 정체를 드러내게 할 수 있는 상
당히 구체적인 방법론으로서도 충분히 참고할만하다.

《장자》에서 이 대목은 공자가 제시한 것으로 나온다. 《논어》〈위
정〉 편을 보면 "행동을 보고, 그 까닭을 살피고, 어떤 일에 만족하
는지를 살피면 그 사람을 충분히 평가할 수 있다. 어찌 자신을 감

출 수 있겠는가"라는 공자의 말이 나온다. 공자 역시 사람에 대한 평가에 고심했던 흔적이 역력한데, 《장자》는 아마 《논어》의 관련 대목을 근거로 장자 이후 도가 계통에 속하는 사람이 공자의 이름을 빌려 좀 더 상세히 풀이한 것이 아닐까 한다.

사람의 속마음을 헤아리기란 하늘을 예측하기보다 어렵다

《장자》의 관련 대목은 먼저 사람의 속마음을 헤아리는 일이 얼마나 어려운가를 강조한 다음, 그 속마음을 살피기 위한 아홉 가지 방법을 제시하고 있다. 문장이 길지는 않지만 그 안에 담긴 속뜻이 꽤 의미심장하기 때문에 항목을 나누고, 그에 해당하는 역사 사례 및 해설을 덧붙이는 방식으로 이 문장을 심도 있게 분석하고자 한다. 먼저 사람의 속마음을 헤아리기가 얼마나 힘든 일인가에 대한 원문의 부분을 옮겨 본다. 편의상 번호를 붙여 읽기를 도왔다.

"사람의 마음은 산과 강보다 위험하며, 하늘을 알기보다 헤아리기 어렵다. 하늘은 봄가을의 따뜻함과 서늘함, 여름 겨울의 더위와 추위, 아침저녁의 밝음과 어두움 등 일정함을 보이지만 사람은 두터운 겉모습으로 감추고, 마음 씀씀이를 깊이 숨긴다. 그래서 겉모습은 ①단정한 듯 보이지만 마음이 게으른 자가 있고, ②무슨 일에건 뛰어난 것 같지만 실은 어리석은 자가 있고, ③신중해 보이지만 조급한 자가 있고, ④확고해 보이나 야무지지 못한 자가 있고, ⑤마음이 꽤 넓은 듯 보이지만 실은 옹졸한 자가 있다. 그러므로 바른

도리를 좇을 때는 마치 타는 목마름으로 물을 찾듯이 맹렬한 자도 자신의 뜻대로 되지 않으면 그 바른 도리를 내팽개치기를 마치 불에 델까 봐 겁이 나 불에서 도망치듯 잽싸다."

장자의 인간관은 냉소적이다. 다만 〈열어구〉편 공자의 이름을 빌린 아홉 가지 식별법은 다른 편들과 성격과 내용이 다르다. 인재 식별을 위한 방법론으로 참고할 가치가 충분해 보인다. 장자의 초상화이다.

그리고 바로 이어 아홉 가지의 식별법, 즉 '식인구법'을 제시한 다음 "이 아홉 가지를 시험하여 결과가 나오면 인간의 우열은 절로 가려진다"고 끝을 맺고 있다. '식인구법' 이 부분 역시 일련번호를 붙여 원문과 함께 해석 및 비교적 상세한 해설과 역사 사례를 더했다. '식인구법'은 상당히 구체적인 방법론이다. 제대로 활용할 경우 그 사람의 능력은 물론 지조까지 살필 수 있기 때문이다.

사람을 아는 아홉 가지 방법 '식인구법'

1. 원사지이관기충(遠使之而觀其忠)

"먼 곳에 심부름을 보내 그 사람이 충성하는가를 관찰하라."

사람이 통제권에서 멀어지면 몸과 마음이 풀어지기 쉽다. 거기에 권력과 재부를 가져다줄 수 있는 자리라면 여러 가지 유혹에 흔들리기 쉽다. 이렇게 해서 간신의 길로 빠져 나라와 백성들에게 해를 끼치는 자들이 많이 생겨났다. 변절하고 타락한 간신들은 권력자 앞에서는 열심히 하는 척하지만 리더가 보지 않으면 일은커녕 사욕을 채우는 데만 열을 올린다. 따라서 먼 곳으로 보내 그 충성심을 살피려면 그에 대한 감시와 감찰이 함께 따라야 할 것이다.

당나라 헌종(憲宗)은 환관의 추대로 즉위했다. 이 때문에 환관 출신의 간신들이 나랏일에 간여하는 일이 비일비재했다. 강직한 지방관 이강(李絳)은 글을 올려 환관의 행태를 강력하게 규탄했다. 글을 본 헌종은 "어찌 이렇게 지나칠 수 있나"며 크게 화를 냈다. 이강은 자신의 뜻을 굽히지 않으며, 자신이 환관들과 일면식도 없는 관계지만 주상과 백성을 위해 이렇게 말하지 않으면 사직에 하나 도움이 될 것이 없다고 했다. 이강의 진심을 알게 된 헌종은 이강을 불러 크게 칭찬하며 위로했다. 헌종은 환관의 추대로 황제가 되었지만 이강의 직언을 받아들인 예에서 보다시피 비교적 통치를 안정적으로 이끌었다. 쇠퇴해가던 당나라에 반짝 중흥의 기운이 돌았다.

2. 근사지이관기경(近使之而觀其敬)

"가까이에 불러들여 써 보고 언제까지 공경함을 잃지 않을 지를 관찰하라."

이런 일화가 전해온다. 스스로를 국수로 칭할 정도로 바둑을 좋아하고 잘 두었던 고관대작이 있었다. 식객들 중 바둑 실력이 그보다 뛰어난 사람이 있었다. 하루는 두 사람이 대국을 가졌는데 고관대작은 진땀을 흘리며 끙끙댈 정도로 이 식객에게 눌리고 있었다. 식은땀을 흘리며 전전긍긍하는 모습을 본 식객은 속으로 쾌재를 부르며 일부러 악수를 두어 주인의 실수를 유도한 다음 통쾌하게 승리를 거두었다. 그리고는 고함을 지르며 기뻐 날뛰었다.

평소 통 크게 식객들을 대하고 너그럽게 사람을 대하던 주인인데 이 바둑에서의 한 차례 패배에 상당한 자극을 받았다. 주인은 다시는 그 식객과 바둑을 두지 않았을 뿐만 아니라 일부러 그를 멀리했다. 식객은 영문을 모른 채 찬밥 신세로 전락하여 그저 많은 식객들 중 한 사람으로 경력을 끝냈다.

식객은 주인을 가까이 모시면서 취해야 할 가장 기본적인 처세법을 잊었다. 더욱이 이 식객은 남에게 이기길 좋아하는 성격이었고, 이를 누르지 못하고 이기기 위해 꼼수까지 써가며 드러내놓고 승리에 집착했다. 나아가 승리의 기쁨에 들떠 주인의 심기를 아랑곳하지 않는 무모함까지 드러냈다. 요컨대 주인의 자존심을 크게 다치게 한 것이다.

한 사람의 내면을 제대로 살피기 위한 여러 방법 가운데 하나로 리더의 신변 가까이에 두라는 이 방법은 상당히 의미가 깊다. 구체적으로는 그 사람을 자주 오래 가까이에서 구속 없이 함께하라는 것이다.

사람은 누구나 자존심을 갖고 있고, 또 정도는 다르지만 상대에게 이기고 싶어 하는 심리도 있다. 따라서 인간관계에서 수시로 곳곳에서 상대방의 자존심을 중시할 줄 알아야 한다. 상대의 자존심을 중시하려면 자신의 심기를 단속할 줄 알아야 한다. 리더가 되었

건 참모가 되었건 이런 인간의 속성에 대한 통찰이 필요하다. 참모
는 자신의 자존심과 승부욕 등을 통제할 줄 알아야 하고, 리더는
참모가 이런 통제력을 갖추고 있는지를 정확하게 간파해야 한다.

3. 번사지이관기능(煩使之而觀其能)

"번거로운 일을 시켜 봐서 그 능력을 관찰하라."

상황이 복잡할 때 그 사람을 보내 처리하게 하여 그 능력을 보라
는 것이다. 리더가 성공하기 위한 여러 조건들 가운데 가장 중요한
것이 인재라는 점은 누구나 인정한다. 그렇다면 유능한 인재를 알
아보는 것이 관건이다. 그 인재의 유능함 여부를 살펴야 하고, 구
체적으로는 복잡하고 번거로운 일을 맡겨 그 능력을 보아야 한다.
단, 맡기는 일이 실제와는 동떨어진 엉뚱하거나 황당무계한 것이
어서는 안 된다. 그것은 시험이 아니라 인재를 괴롭히는 일이기 때
문이다.

4. 졸능문언이관기지(卒能問焉而觀其知)

"갑자기 질문을 던져 바로 답을 할 수 있을 만큼 박식한지를 관찰
하라."

지식이 해방된 시대를 살고 있다. 과거에 비해 지식의 중요성과
비중이 훨씬 떨어졌다. 그럼에도 불구하고 인간과 사물에 대한 기
본 지식은 여전히 필수적이다. 나아가 엄청난 양의 지식을 간결하
게 요약하여 그 핵심을 파악하는 지적 능력은 더욱더 필요해졌다.
이 항목은 바로 이 점을 지적하고 있다.

지식은 양도 중요하지만 질은 더 중요하다. 전혀 준비가 안 된 상황에서 갑자기 문제를 제기하여 인재의 지식과 학식 및 임기응변을 관찰하는 시험은 매우 유효하다. 단, 이 방법이 제대로 작용하려면 던지는 질문이 상황과 문제의 핵심을 제대로 찔러야 하며, 인재의 능력을 정확하게 탐지할 수 있는 수준 높은 것이어야 한다.

5. 급여지기이관기신(急與之期而觀其信)

"급한 약속을 해서 그것을 지킬 수 있는가를 관찰하라."

전국시대의 개혁가 상앙(商鞅)은 진나라로 건너와 개혁을 주도했다. 진나라의 상황을 살핀 상앙은 "법이 제대로 지켜지지 않는 것은 위에서부터 법을 어기기 때문"에 백성들이 법 집행을 믿지 않는다고 보았다. 이것이 결국 개혁의 성패와 직결된다고 인식했다. 상앙은 백성들의 믿음을 얻기 위해 성 남문 앞에 나무 기둥을 세워놓고 '이 기둥을 북문으로 옮기는 사람에게는 300냥을 상으로 준다'고 했다. 백성들은 이를 비웃었다. 하루 뒤 상앙은 상금을 더 올렸다. 한 젊은이가 일삼아 기둥을 북문으로 옮겼다. 기다리고 있던 상앙은 그 자리에서 상금을 주었다. 이 소식은 빠르게 전국으로 퍼져 나갔다. 진나라 백성들은 정부의 법 집행에 신뢰를 갖게 되었고, 개혁은 빠른 속도로 큰 성과를 거두었다.

현실 생활에서 '믿음과 약속'을 제대로 지키고, 상대로부터 '믿음과 약속'을 얻기란 생각만큼 쉽지 않다. 직원·친구·동료에게 먼저 약속해놓고 금세 잊어버리는 일이 적지 않다. 하물며 급한 일이 주어졌을 때 이를 지켜나가는 일은 더더욱 쉽지 않다. 이것으로 사람을 식별하라는 위의 방법은 귀중한 것이라 할 수 있다.

6. 위지이재이관기인(委之以財而觀其仁)

"재산 관리를 맡겨 이익에 눈이 팔려 사람의 도리를 지키는지 여부를 관찰하라."

예나 지금이나 돈 문제는 예민한 부분이다. 인간이 이기적인 동물이기 때문에 더욱 그렇다. 황금만능의 풍조가 판을 치는 오늘날에는 더더욱 그렇다. 인재를 시험하고 판단할 때 돈과 관련한 일을 맡겨 그 청렴 여부를 살피는 일은 매우 효과적인 방법이 될 수 있다. 예로부터 "청백리는 백성의 그림자(모범)요, 탐관오리는 백성의 적이다"라고 했다.

명나라 때 관리 하나가 뇌물을 받아 챙기다가 발각되자 우물에 몸을 던져 자살했다. 황제 주원장(朱元璋)이 이 일을 보고 받은 뒤 신하들에게 "저자가 돈이 가져다주는 이익만 알았지 그 해로움은 몰랐구나. 그저 이익만 사랑하고 자기 몸은 사랑할 줄 몰랐으니 이보다 더한 어리석음이 어디 있나"라고 했다.

돈의 유혹에 빠지지 않으려면 작은 일에도 조심하고 삼가야 하지만 동시에 담이 커야 한다. 그래야 작은 유혹이나 뇌물 공세를 당당히 공개하고 자신의 입장을 확실하게 인식시킬 수 있다. '파리와 모기는 깨지지 않은 달걀은 물지 않는다'는 속어가 있다. 아무런 까닭 없이 어떤 발생하지 않는다는 뜻이다. 그 몸이 바르고 당당하면 나쁜 기운은 저절로 달아나고, 마음에 탐욕이 없으면 뇌물을 먹이려는 자들이 술수를 부리지 못한다.

역대로 간신들치고 돈을 밝히는 '탐재(貪財)'에서 자유로운 자는 없었다. 돈 관리를 보면 그 어떤 방법보다 직접적으로 그 본색을 알 수 있다.

7. 고지이위이관기절(告之以危而觀其節)

"내가 위기에 처했다고 알려 언제까지 절개를 지키는가를 관찰하라.

어려울 때 진정한 친구가 보인다고 했다. 사마천은 "집안이 가난해지면 현명한 아내가 생각나고, 나라가 어려워지면 좋은 재상이 생각난다"고 했다. 사람의 의지와 진가는 어렵고 위험한 상황에 처했을 때 제대로 드러나는 법이다.

나라와 백성이 위기에 빠졌을 때 목숨을 걸고 뛰어들었던 지사들의 절개를 역사가 잊지 않는 까닭도 그 절개가 개인의 명예를 위한 것이 아닌 수많은 사람들을 위한 공심(公心)의 발현이었기 때문이다. 이런 사람들이 세상을 옳고 바른쪽으로 이끄는 것이다. 이런 인재를 세상은 필요로 한다.

반면 친구와 백성, 나라가 위기에 처했을 때 이를 외면하거나 나아가 일신의 영달을 위해 친구와 백성과 나라를 팔아먹는 자들이 있다. 역사는 이런 자들을 간신, 매국노 등으로 부르며 침을 뱉는다. 우리 주위에는 위기 때 절개를 지키는 사람보다 절개를 헌신짝처럼 내다 버리는 자들이 더 많다. 권력과 돈의 유혹에 빠져 친구를 해치고, 동포를 죽이고, 나라를 파는 자들도 많았다. **사람을 판별하는 방법의 하나로 그의 절개를 살피는 일은 대단히 중요**하다.

북송시대의 개혁 정치가 범중엄(范仲淹, 989~1052)은 〈악양루기(岳陽樓記)〉라는 시에서 "천하의 근심을 먼저 걱정하고, 천하가 즐거워진 다음 즐거워하리라"라는 명언을 남겼다. 이 대목은 '중국정신'의 일부가 되어 중국 문명의 찬란히 빛나는 보배와 같은 정신유산으로 남아 있다는 평을 듣는다. 송나라 때의 대학자 주희(朱熹)는 범중엄을 유사 이래 천하 최고의 일류급 인물이라고 칭찬한 바 있다. 또 현재 14억 중국을 이끌어 가고 있는 시진핑 국가 주석은 범중엄의 이 구절을 종종 인용하여 젊은 학생들에게 이 구절을 인생의 이상적 목표와 정치적 포부로 삼으라고 권하고 있다.

정의감으로 무장한 굳센 절개는 젊은 시절부터 단련하지 않으면 쉽게 갖추기 힘든 자질이다. 평소 역사 속의 사례들을 통해 자신의 심지를 단단히 굳히는 공부가 필요하다. 이것이 내 안의 '간성(奸性)'을 통제하는 훈련이자 간신을 방비하는 가장 기본이 되는 방법이기도 하다.

8. 취지이주이관기태(醉之以酒而觀其態)

"술에 취하게 해서 술 때문에 절도를 잃지 않는가를 관찰하라."

술은 사람의 몸과 마음을 풀어놓게 만드는 마법의 액체다. 이 때문에 일부러 술자리를 만들어 상대를 취하게 한 다음 그 사람의 실언 등 실수를 유도하는 일도 많았다. 역대로 술자리 때문에 신세를 망친 사람은 부지기수였고, 술자리로 천하의 운명이 바뀐 경우까지 있었다. 예를 들어 초한쟁패 당시 홍문(鴻門)에서 벌어진 술자리에서 항우는 유방을 얼마든지 죽일 수 있었지만 그렇게 하지 못했다. 결국 다 잡았던 천하의 패권을 잃고 자결하고 말았다.

일부러 만든 술자리는 서로의 수가 오가는 자리이기도 하다. 상대의 표정·언행·특성·심리 등을 파악하는 좋은 기회이기 때문이다. 하지만 술자리는 기본적으로 서로를 이해하고 좋은 관계로 발전시키는 긍정적인 자리가 되어야 한다. 술에 취해서 범한 작은 실수를 꼬투리 잡아 상대를 공격하거나 무시해서는 안 된다. 큰 실수나 추행 같은 치명적인 언행이 아니라면 충분히 이해하고 넘길 수 있어야 하고, 오히려 그 사람을 더 잘 알고 이해하는 기회로 삼아야 할 것이다.

송 태종 때의 일이다. 공수정(孔守正)이란 신하가 하루는 태종을 모시고 술을 마셨다. 기분이 좋아 술을 많이 마신 공수정은 태종 앞에서 왕영(王榮)과 변방을 지킨 공을 서로 다투었다. 말싸움이 지나쳐 큰 소리가 났고, 결국 신하의 예를 잃는 지경에까지 이르렀

송 태종은 술이 사람에게 미치는 영향을 잘 알았던 군주였다. 그래서 신하들의 사소한 실수를 추궁하지 않았다.

다. 태종을 모시던 자가 두 사람을 엄한 벌로 다스려야 한다고 했지만, 태종은 두 사람을 집으로 돌려보냈다. 이튿날 술에서 깬 두 사람은 황급히 입궐하여 태종에게 사죄했다. 태종은 "짐도 취해서 무슨 일이 있었는지 기억이 나지 않소이다"라며 웃어넘겼다.

술에 취하게 해서 그 사람의

언행을 살피는 것은 인재를 감별하는 좋은 방법의 하나이긴 하지만, 어디까지 그 사람의 자질을 살펴야지 일부러 약점을 잡거나 실수하게 만들겠다는 의도로 자리를 만들어서는 안 된다.

9. 잡지이처이관기색(雜之以處而觀其色)

"여러 사람들 틈에 넣어 그 기색을 살핀다."

일부러 사용해서는 안 되는 방법이다. 물론 그 사람의 생활 모습을 통해 이런저런 불량한 점들이 발견되고 확인된다면 관계 유지를 심각하게 고려해야 한다.

예로부터 이런 말이 전해온다. '영웅도 미인의 관문을 넘기 어렵다.' 사람이 살면서 여러 관문을 맞이한다. 금전의 관문, 권력의 관문, 여색의 관문이 그중 대표적인 관문들이다. 이런 관문들을 돌파할 수 있느냐 여부는 한 사람의 자질을 평가하는 기본적인 기준이 될 수 있다. 여기서 여색의 관문이 정상적인 남녀관계를 반대하는 것은 결코 아니다.

여불위의 '사이비(似而非)'론과 '팔관육험(八觀六驗)'

우리는 앞에서 간신과 관련한 역대 기록을 검토하면서 여불위가 지적한 '육척사은'에 대해 알게 되었다. '육척사은'은 권력자의 친인척과 측근들을 가리키는 용어인데, **간신이 득세하면 거의 예외 없이 이**

'육척사은'이 함께 설치며 나라를 망치기 때문에 특별히 경계할 필요가 있다. 지금 우리 현실을 놓고 볼 때 '육척사은'에 대한 여불위의 경고는 대단히 의미심장하다.

여불위가 자신의 문객들을 동원하여 편찬한 《여씨춘추》는 간신과 관련하여 '사이비'에 대한 경각심을 특별히 강조하고 있는 점이 눈길을 끈다. 그 '사이비'를 가려내기 위한 방법론으로 '팔관육험'을 제시했다. 이제 이 두 주제를 놓고 분석한 다음, 이것이 간신을 가려내는 데 얼마나 어떤 계시를 줄 수 있을지 생각해보겠다.

옥처럼 보이는 돌에 유의하라

여불위는 인성의 약점을 정확하게 간파했던 사람이다. 천하를 두루 다니며 사업을 벌여 거상이 되었던 그의 경력으로 미루어 볼 때 인간의 속성을 누구보다 잘 파악했을 것이다. 특히 자초(子楚)를 왕으로 세우기 위해 진나라 왕실의 실세들을 찾아가 로비를 벌이는 장면은 이런 여불위의 진면목을 잘 보여준다. 그중에서도 왕위 계승자인 안국군(安國君)이 가장 총애하는, 그렇지만 자식이 없는 화양(華陽) 부인의 마음을 흔들어 자초를 양자로 맞아들이게 하는 일련의 과정은 정말이지 절묘하기 짝이 없다. 여불위는 화양 부인을 직접 공략하지 않고 화양 부인의 언니를 비롯한 친인척들을 찾는다. 그리고는 당신들이 누리고 있는 지금의 부귀영화가 다 어디로부터 오는지, 그리고 그 부귀영화의 원천인 화양 부인이 자식도 없는 상황에서 안국군의 총애를 잃을 경우를 생각해라며 화양 부인의 가족들 심경을 마구 흔들어 놓았다. 가족들은 그 길로 화양 부인을 찾아가 울며불며 안국군의 후계자로 자초를 양아들로 맞아들이라고 설득한다. 이 대목에서 여불위는 "미모가 시들면 사랑도 시드는 법(색쇠이애이色衰而愛弛)"이라는 말로 이들의 마음을 어지럽혔다. 상대의 심리를 공략하는 면에서 여불위는 천하의 고수였다.

여기 소개하는 〈의사(疑似)〉라는 글은 제목 그대로 '사이비(似而非)'란 뜻이다. 군주가 선비를 선택할 때는 신중에 신중을 거듭해야 함을 강조하는 글이다. 요컨대 '사이비(간신)'에 현혹되어 진짜를 놓치거나 버리는 어리석음을 저질러서는 안 된다는 것이다. 아울러 사이비의 위험성을 적절히 지적한다. 수많은 사람을 겪은 거상 여불위의 사람 보는 관점과 안목을 여실히 감상할 수 있는 문장이다.[22]

【사람이 크게 미혹되는 데에는 반드시 사물 중에 서로 비슷한 것이 있기 때문이다. 옥을 다루는 장인은 옥처럼 보이는 돌 때문에 곤혹스러워하고, 검을 감별하는 사람은 오나라의 보검인 간장(干將)처럼 보이는 검 때문에 곤혹스러워하며, 현명한 군주는 지식이 해박하고 말을 조리 있게 잘해서 통달한 자처럼 보이는 사람 때문에 곤혹스러워한다. **나라를 망칠 군주는 지혜로운 것처럼 보이고, 나라를 망칠 신하는 충성스러운 것처럼 보인다.** 서로 비슷한 사물, 이것은 어리석은 자가 크게 미혹되는 까닭이지만, 성인이 더욱 깊이 성찰하는 까닭이기도 하다. 그러므로 묵자(墨子)는 명주실을 누이는 것

22】〈신행론(愼行論)〉'의사(疑似)' 편의 일부 내용을 쉽게 고쳤다.

을 보고 울었던 것이니, 이는 명주실이 노란색이 될 수도 있고 검은색이 될 수도 있기 때문이었고, 양자(楊子)는 갈림길을 보고 울었던 것이니, 이는 그 길이 남쪽이 될 수도 있고 북쪽이 될 수도 있기 때문이었다.

주(周)나라는 풍호(酆鎬) 땅에 자리 잡아서 견융(犬戎) 오랑캐와 가까이 있었다. 그래서 제후들과 약속을 하고는, 큰길에 높은 보루를 쌓아 그 위에 북을 설치해 놓고서 먼 데서나 가까운 데서 서로 전하여 (북소리를) 들을 수 있게 하였다. 오랑캐의 도적 떼가 쳐들어올 경우, 북을 울려 서로에게 알려 주면 제후들의 군대가 모두 와서 천자를 구하게 한다는 것이었다.

한번은 오랑캐의 도적 떼가 쳐들어왔는데, 유왕(幽王)이 북을 두드리자 제후의 군대가 모두 모여들었다. 포사(褒姒)가 심히 즐거워서 깔깔대고 웃으니, 유왕이 이를 흐뭇하게 여겼다. 유왕은 포사를 웃겨 주려고 여러 차례 북을 두드렸고, 제후의 군대는 그때마다 모두 달려왔지만 도적 떼는 보이지 않았다. 나중에 오랑캐의 도적 떼가 정말로 쳐들어왔을 때, 유왕이 북을 두드렸지만 제후의 군대는 오지 않았다. 유왕의 몸은 여산(麗山) 기슭에서 죽어 세상 사람들의 웃음거리가 되고 말았다. 이것은 (가 보아도) 도적 떼가 없었던 일 때문에 진짜 도적 떼를 놓쳐 버린 사건이다.

현자는 작은 선(善)으로 큰 선을 불러올 수 있고, 어리석은 자는 작은 악(惡)으로 큰 악을 불러올 수 있다. 포사가 (나라를) 패망하게 만든 것은 곧 유왕으로 하여금 작은 즐거움을 좋아하게 함으로써 큰 멸망을 불러오게 한 것이었다. 그러므로 몸뚱어리는 갈기갈기 흩어지고,

삼공(三公)과 구경(九卿) 등의 신하들은 모두 달아나버렸으니, 이것이 바로 포사가 죽은 까닭이고, 평왕(平王)이 동쪽으로 도읍을 옮기게 된 까닭이며, 진(秦) 양공(襄公)과 진(晉) 문후(文侯)가 천자를 잘 모셨다 하여 땅을 하사받은 까닭이다.

양(梁)나라의 북쪽에 여구부(黎丘部)라는 고을이 있고, 이곳에 괴이한 귀신이 있었는데, 이 귀신은 남의 자손과 형제들의 모습을 잘 흉내 내었다. 이 고을의 노인 중에 저자에 갔다가 취하여 돌아오는 사람이 있었는데, 여구의 귀신이 노인의 아들 모습을 흉내 내어 노인을 부축해 오다가 길에서 그를 괴롭혀댔다. 노인이 돌아와서 술이 깬 다음에 그의 아들을 꾸짖어 말하기를 "나는 너의 아비인데, 어찌 자애롭지 않다고 투덜댄단 말이냐? 내가 취했다고 해서 네가 길에서 나를 괴롭히니, 무슨 까닭이냐"라고 하니, 그의 아들이 울면서 머리를 땅바닥에 두드리며 "해괴한 일입니다! 그런 일이 없었습니다. 어제는 동쪽 고을에 있는 사람에게 빚 받으러 갔었으니 물어보셔도 됩니다"라고 아뢰었다. 그의 아비가 아들의 말을 믿고서 말하기를 "저런! 이는 필시 괴이한 귀신의 짓일

대상인이었음에도 불구하고 여불위는 장례외 관련하여 소박한 박장(薄葬)을 주장했고, 실제로 이를 실천했던 것 같다. 그의 실용적인 성격을 잘 보여준다. 사진은 낙양에 남아 있는 여불위의 무덤이다.

게다. 나도 물론 일찍이 이런 일을 들은 적이 있다"라고 하였다.

다음 날 노인은 일부러 다시 저자에서 술을 마시고 귀신을 만나면 찔러 죽이려고 하였다. 다음 날 아침에 저자에 가서 술에 취하였는데 그의 진짜 아들은 아비가 돌아오지 못하면 어쩌나 걱정하다가 마침내 아비를 마중하러 나갔다. 노인은 그의 진짜 아들을 바라보고는 칼을 뽑아서 찔러버렸다. 노인은 귀신이 아들처럼 보이는 것에 미혹된 나머지 그의 진짜 아들을 죽였던 것이다.

무릇 선비처럼 보이는 것에 미혹되어서 진짜 선비를 놓치는 것이 바로 여구 고을 노인의 지혜이다. (사람의 일이 변천하여 온) **자취 안에 있는 사이비는 잘 살피지 않을 수 없다.** 이를 살필 때에는 반드시 적절한 사람을 통해야 한다. 비록 순임금이 시종이 되고, 요임금이 마부가 되며, 우임금이 호위병이 된다하더라도 못 속으로 들어가면 목동에게 물어야 하고, 물속으로 들어가면 어부에게 물어야 하는 법이니 무엇 때문인가? 그들이 이에 관하여 아는 것이 매우 상세하기 때문이다. 무릇 쌍둥이 아들이 서로 비슷하여도 그 어미는 언제나 그들을 구별하는데, 이는 그들에 대해 아는 것이 매우 상세하기 때문이다.】

'팔관육험'

여불위는 권력자 주위의 '육척사은'을 경계할 것을 특별히 강조했는데, '육척사은' 대목 바로 앞에서 사람을 알고 논하기 위한 구체적인 방법으로 '팔관육험'을 제기한다. '팔관육험'은 그 사람이 처해 있었던 상황에서 어떤 언행을 보였는지를 살피고, 또 따로 특정한 상황을 만들어 그 사람의 반응을 살피라는 상당히 구체적인 방법론이다.(〈계춘기季春紀〉 중 '논인論人'의 일부로 내용은 좀 더 쉽게 바꾸었다.)

무릇 사람을 평가할 때는 이렇게 하라.

① 평가받을 사람이 두루 통달한 사람이면 그가 드는 예를 보라.
② 신분이 높은 사람이면 그가 무엇을, 어떤 사람을 천거하는가를 보라.
③ 재물이 많은 사람이면 그가 무엇을 기르고 있는지를 보라.
④ 말을 듣고 그것이 행동과 맞아떨어지는가를 보라.
⑤ 평소 무엇을 숭상하는가를 보았다가
⑥ 임금의 측근에 있는 사람이면 올리는 말을 보고,
⑦ 궁핍한 사람이면 분명하지 않은 재물을 받지 않는가를 보고,
⑧ 신분이 낮은 사람이면 의롭지 않은 일을 하지 않는가를 보라.

① 또한 매우 기쁘게 해서 절개를 바꾸는가를 시험하고,
② 아주 즐겁게 해서 비틀거리는가를 시험하고,
③ 성나게 해서 스스로 절제할 수 있는가를 시험하고,
④ 두렵게 만들어 지조를 지키는가를 시험하고,
⑤ 슬프게 해서 사람됨이 변하지 않는가를 시험하고,
⑥ 고통스럽게 해서 의지를 바꾸지 않는가를 시험하라.

이상 여덟 가지의 관찰 '팔관(八觀)'과 여섯 가지의 시험 '육험(六驗)'이 바로 현명한 군주가 사람을 평가하는 방법이다.

'팔관육험'은 강태공의 '팔징법', 이극의 다섯 가지 관찰법, 장자의 '식인구법'과 크게 다르지 않다. 다만 거듭 강조한 대로 이런 구체적 방법과 '육척사은'을 연계시켜 다음과 같은 결론을 이끌어 낸 점은 높이 평가할 만하다.

"안으로는 여섯 가지의 혈육(아비, 어미, 형, 아우, 처, 자식)과 네 가지의 주위 사람(교제하는 벗, 오랜 친구, 이웃, 가까운 신하), 즉 '육척사은'을 활용하고, 밖으로는 여덟 가지의 관찰과 여섯 가지의 시험, 즉 '팔관육험'을 활용하면, 사람의 진실됨과 거짓, 탐욕스러움과 비천함, 아름다움과 추함 등 어떠한 것도 빠뜨리지 않게 된다. 이는 마치 비를 아무리 잘 피해도 비에 젖지 않는 것은 불가능하다는 것에 비유할 수 있다."

요컨대 '육척사은'에 대해 '팔관육험'으로 검증하면 아무리 비를 잘 피해도 단 한 방울도 비에 젖지 않기란 불가능한 것처럼 이 검증대를 빠져나갈 수 없고, 결국 '사이비', 즉 간신을 가려낼 수 있다는 것이다.

세계 최초의 종합 인물론,
유소(劉劭)의 《인물지(人物志)》

1,800년 전 종합 인물론의 탄생

유소(劉劭)는 삼국시대 위(魏)나라 한단(邯鄲) 출신의 사상가이자 정치가이다. 나고 죽은 해는 알 수 없다. 대체로 2세기 말에 태어나 3세기 초반에 활동했던 것으로 추정한다. 자는 공재(孔才)라 했다. 여러 방면의 책들을 두루 섭렵한 박학다식하고 통찰력이 뛰어난 인재였다. 벼슬로는 건안 연간(196~220)에 태자를 보필하는 태자사인(太子舍人)과 비서랑(秘書郞)을 역임했다. 그 뒤 위 명제(明帝) 때(227~239)는 진류(陳留) 태수를 지냈으며 관내후(關內侯)로 책봉되었다.

유소는 황제의 명을 받들어 관리들의 성과를 시험하는 〈도관고과(都官考課)〉 72조를 썼다. 남긴 저서로는 《법론(法論)》과 자신의 학문·경험·실천 등을 종합한 대표작 《인물지》가 있다. 당시 **유소가 처했던 사회적 지위와 축적된 풍부한 사회 자료는 유소로 하여금 인재 문제에 대해 깊이 사색하게 만들었고, 그 결과 《인물지》라는 귀중하고 풍성한 학술적 성과를 창출**할 수 있었다.

《인물지》는 인재를 포함하여 사람을 식별하고 인재를 기용하는 방법론을 상당히 구체적으로 기술하고 있다. 속된 말로 '**인간 감별법**'을 **전문적으로 제시한 최초의 책**이다. 특히 사람을 볼 때 나타나는 오류와 허점, 편견과 착각 등 이른바 '인식의 오차 구역'도 빼놓지 않고 지적하고 있는 점 등은 매우 돋보인다. 이 방면에서는 단연

人物志卷上
魏 散騎常侍劉邵撰
涼 儒林祭酒劉昞注
九徵一
流業三
體別二
材理四

九徵第一
人物之本 出乎情性 情性之理 甚微而玄 非聖人
其孰能究之哉

《인물지》는 중국 역사상 최초의 종합적이고
체계적인 인물론이라 할 수 있다.

선구이자 본격적이고 체계적인 인물론이라 할 수 있다. 이 때문에 《인물지》를 사람을 살피는 분야의 경전이라는 뜻의 《관인경(觀人經)》이란 별칭으로 부르며 높이 평가하기도 한다. 물론 지금 보면 삼국 분쟁기라는 시대적 특성에서 오는 한계가 없지는 않지만 1,800년 전의 이론이란 점을 감안한다면 대단한 책이 아닐 수 없다.

유소의 《인물지》는 총 3권에 〈구징(九徵)〉, 〈체별(體別)〉, 〈유업(流業)〉, 〈재리(材理)〉, 〈재능(材能)〉, 〈이해(利害)〉, 〈접식(接識)〉, 〈영웅(英雄)〉, 〈팔관(八觀)〉, 〈칠류(七謬)〉, 〈효난(效難)〉, 〈석쟁(釋爭)〉의 12편으로 나뉘어져 있다. 각 편 요지의 현대적 의미를 간략하게 소개해둔다.

1. 구징(九徵)

유소가 인재를 살펴 식별하고 인물을 품평하는 기본 원리 아홉 가지를 말한다. 징(徵)은 인간의 외모나 기운 등을 통해 드러나는 그 무엇이란 뜻인데, 외모나 기운 등에 속하는 것이 아홉 가지라는 것이다. 이 아홉 가지란 신(神)·정(精)·근(筋)·골(骨)·기(氣)·색(色)·의(儀)·용(容)·언(言)을 가리킨다. 오늘날로 보자면 정신·육체·기운·표정·용모·언어 등을 가리킨다. 이 아홉 가지로 사람의 내재적 성격의 특징을 안다는 것이다. 이를 통해 그 사람에 관한 정보를 얻는다는 뜻이다.

2. 체별(體別)

사람은 서로 다른 모습과 성격을 갖고 있다. 이를 체별이라 한다. 이 체별은 사람의 장단점과 연결되어 있다. 노자(老子)는 "사람을 아는 것을 지혜라 하고, 스스로를 아는 것을 현명이라 한다. 남을 이기는 자를 힘 있다 하고, 스스로를 이기는 자를 강하다 한다"라고 했다. 사람의 일생에서 가장 강한 상대는 다름 아닌 자신이다. 누구든 자신을 인식하고 자신을 이해하는 일은 대단히 어렵다. 하물며 자신의 장단점을 인식한 다음 한 걸음 더 나아가 장점은 살리고 단점을 피하며, 자신을 긍정하고, 결점을 바로잡고, 자신을 개선하는 일은 더욱더 어렵다.

3. 유업(流業)

'유업'은 쉽게 말해 재능과 성격에 따른 서로 다른 직업을 말한다. 이 직업에 따라 서로 다른 인격유형을 나눌 수 있다는 것이다. 그러나 리더는 이런 직업의 한계를 뛰어넘을 수 있어야 한다. 오늘날 남다른 능력을 가진 탁월한 리더들 상당수가 큰 권력을 꽉 움켜쥐고 크던 작던 매사를 혼자 처리하려 한다. 한 사람의 능력이 아무리 강하도 그 정력은 한계가 있을 수밖에 없다. 모든 일을 어떻게 다 잘 처리할 수 있겠는가? 성공하는 리더는 권력을 내려놓고 인재들로 하여금 자신의 재능을 한껏 발휘하게 하여 모든 일을 원만하게 처리한다.

4. 재리(材理)

'재리'는 재능과 이성의 결합으로 이해할 수 있다. 한 나무에 똑같은 잎사귀가 둘 있을 수 없고, 완전히 똑같은 두 사람이 있을 수 없다. 재능은 다 다르고 세상사 이치도 달라야 의미가 있다. 사람은 누구나 자기만의 장점과 단점을 갖고 있다. 출발점이 다르면 얻어내는 결론도 다르다. 거칠고 쓸모없는 것은 걸러내고 그 정수만 취할 수 있어야 진실 되고 객관적인 결론을 얻을 수 있다.

5. 재능(才能)

사람을 아는 목적은 사람을 쓰기 위해서이다. 사람을 제대로 기용하지 못하면 그 목적을 달성하지 못할 뿐만 아니라 더 큰 인재 낭비를 초래한다. 큰 재목을 작은 곳에 쓰는 것은 안타깝고 아쉬운 일이며, 작은 재목을 큰일에 쓰는 위험천만이다. 사람을 알아 제대로 임용하고, 장점은 살리고 단점을 피하여 그 역량에 맞게 자리를 주어 그 재능을 다하게 해야 한다.

6. 이해(利害)

쓸모가 있느냐 쓸모가 없느냐는 상대적이다. 사람은 그 재능과 바탕이 다 달라 장점도 있고 단점도 있다. 인재가 정치를 하거나 관직에 나가고자 할 때 유리한 측면도 있지만 불리한 면도 있을 수 있다. 인재가 모든 일에서 다 자신의 능력을 발휘하는 것은 아니기 때문이다. 이해관계를 잘 따지고 살펴야 하는 까닭이다.

7. 접식(接識)

'접식'은 사람을 접촉하여 안다는 뜻이다. 사람을 아는 일은 중요하지만 동시에 어려운 일이다. 마음은 같아도 외모는 다 다르고, 외모는 비슷해도 그 내심은 큰 차이가 난다. 옛사람들은 늘 '유능함은 알 수 없고, 사람은 알기 쉽지 않다'고 탄식했다.

8. 영웅(英雄)

유소의 영웅관인 '영재(英才)'와 '웅재(雄才)'로 표현되는데, '영'이나 '웅'의 소질과 관계되어 있다. 이 영웅관은 오늘날처럼 경쟁이 격렬한 사회에서도 여전히 실용적인 면을 갖고 있다. 그는 리더에게 덕과 재주를 겸비하고 문무를 함께 갖춘 '겸재(兼才)'는 소수이므로 사람을 인식할 때 완전무결에 집착하지 말라고 경고한다.

9. 팔관(八觀)

유소의 인재관에서 핵심을 이루는 부분이다. 팔관은 인재의 성품을 감정하는 방법으로 성정의 변화에 근거하여 다각도로 종합적으로 진실한 상황을 살피라고 권한다. 인성에는 바른 것과 그렇지 못한 것이 섞여 있음에 주의하라는 것이다. 예를 들어 일반적으로 너그럽고 어진 성품은 자애로움에서 나온다고 생각하지만, 사실 자애롭다고 다 너그럽고 인자한 것은 아니다. 이런 상황이 나타나는 원인은 개인의 사욕과 성격상의 약점 때문이다. 이로써 추론하자면 성품의 소질이 재능보다 훨씬 더 중요하다. 소질에 큰 결함이 있으면 재능은 자신과 남을 해치는 것이 된다. 리더는 **재능을 중시하는 것 외에 인재의 도덕 수양이란 문제에도 주의**해야 한다.

10. 칠류(七謬)

사람을 감정할 때 나타날 수 있는 일곱 가지 오류가 있다. 한 사람의 명예를 살필 때 나타나는 편견의 오류, 사물을 대할 때 나타나는 좋고 싫음의 오류, 마음을 가늠할 때 나타나는 크고 작음의 오류, 소질을 품평할 때 나타나는 설익고 조숙함의 오류, 인재의 유형을 가릴 때 나타나는 동일성의 오류, 인재의 재능을 논할 때 나타나는 긍부정의 오류, 기발한 인재를 살필 때 나타나는 진정 기이한 인재인가 빈 인재인가 헷갈리는 판단의 오류가 그것이다(이 부분은 바로 다음 글에서 따로 분석해 보았다).

11. 효난(效難)

인재를 얻는 어려운 점을 말한다. 세상에서 가장 힘든 일 가운데 하나가 물살을 거슬러 가는 것이고, 세상 사람으로 독특한 식견보다 귀한 것은 없다고 한다. 사업에서 무엇인가를 성취하려는 사람으로 인재를 선발할 때 나이나 선후배 따위를 따지지 않는다. 멀리 내다보는 리더는 늘 젊은 사람에 주목한다. 외모로 사람을 취하거나 완벽한 사람에 집착하는 것에 반대한다.

12. 석쟁(釋爭)

다투지 않음으로써 다툰다. 인간관계를 처리할 때 지켜야 할 원칙의 하나가 서로 공격하지 않고 다투지 않는 것이다. 이를 실천하려면 먼저 공격하지 않고 다투지 않는 것이 가져다주는 이익과 싸움으로 초래되는 피해를 인식해야 한다. 겸손과 양보는 번영과 진보의 현재이다. 싸워 이기는 것은 파괴와 폐쇄라는 험한 길이자 소인배의 잘못된 길이다. 한 걸음도 떼기 힘들다. 윈-윈할 줄 알아야 한다.

《인물지》의 주요 논점

이상 12편을 통해 유소는 인재 연구의 의의, 인재 식별, 인재 등용, 인재 심리 등과 같은 문제에 대해 심도 있는 논의를 진행하고 있다. 이를 좀 더 살펴본다.

첫째, **인재 연구의 의의**에 관해서다. 유소는 《인물지》 서문에서 "성현의 미덕은 지혜에 있고, 지혜의 귀중함은 사람을 알아 기용하는 데 있다"고 말한다. 성현의 미덕·지혜, 사람을 알고, 사람을 쓰는 문제가 단계적으로 정리되어 있음을 볼 수 있다. 유소는 사람을 알아야 그 사람에게 맞는 여러 가지 일을 맡길 수 있고, 나아가서는 나라를 다스리고 안정시키는 대업을 이룰 수 있다고 본다. 고대 군왕과 성인들의 일화를 사례로 들면서 그들 모두가 인재를 구하는 데 힘을 다했고, 성공적으로 인재를 기용했다고 말한다.

유소는 물질의 근원으로부터 출발하여 사람의 성격 및 겉으로 드러나는 것들에 대해 탐구하고 토론하고 있다. 그는 혈기를 가진 동물이면 모두 음양이란 원소를 가지고 있는 바, 금·목·수·화·토 5행으로 그 형태가 구성된다고 했다. 인간 역시 만물의 영장으로서 이런 원소로 구성되었다. 이런 원소들의 조성 상황이 조화를 이루고 중화되어야만 한 인간의 총명함이 비로소 기초를 얻게 되는 것이다. 이런 해석은 지금 보면 비과학적이고 엄밀하지 못하지만, 유소가 물질의 존재와 구성이란 각도에서 인간의 본질과 인재의 품성을 연구한 것은 소박한 유물주의적 관점으로 1,800년 전이라는 시차를 감안한다면 아주 진보적인 인식이 아닐 수 없다.

유소는 이를 기초로 하여 겉으로 드러나는 인간의 표현 방식을 신(神)·정(精)·근(筋)·골(骨)·기(氣)·색(色)·의(儀)·용(容)·언(言)의 9개 방면으로 나누었는데 이것이 바로 〈구징〉이다. 이를 오늘날로 보자면 겉으로 나타나는 한 사람의 모습을 정신·육신·기운·안색·용모·언어로 나누어 살핀 것이다. 그리고 이로부터 생겨나는 **인간의 서로 다른 행위와 전문적 장점을 연구하고 이를 통해 인재를 식별하는 〈팔관〉과 〈칠류〉를 제기**한다. 이런 논리적 방법은 상당히 과학적이며 유물론적 방법과 부합한다는 평이다.

둘째, **인재를 어떻게 식별할 것인가 하는 문제**다. 유소는 우선 사람을 겸덕(兼德), 겸재(兼材), 편재(偏材)의 세 가지 유형으로 크게 분류했다. 말하자면 덕행이 고상한 사람, 덕과 재능을 겸비한 사람, 덕행이 나쁜 사람으로 나눈 것이다. 이 중 **덕과 재능을 겸비한 사람이 가**

장 고상하다고 분명하게 밝히고 있으며, 동시에 다른 유형의 사람에게도 그 나름의 장점과 용도가 있다고 보았다. 이어서 인재를 아래와 같이 총 열두 부류로 개괄하면서 그들 모두가 나름대로 작용을 발휘할 수 있다고 했다.

① 청절가(淸節家) : 덕이 고상하다.

② 법가(法家) : 법 제정에 능하다.

③ 술가(術家) : 기지가 넘치고 임기응변에 능하다.

④ 국체(國體) : 삼재를 겸비하고 있다.

⑤ 기능(器能) : 사무를 처리할 수 있다.

⑥ 장부(藏否) : 시비 판단을 잘한다.

⑦ 기량(伎倆) : 기예에 능하다.

⑧ 지의(智意) : 의문 풀이에 능하다.

⑨ 문장(文章) : 저술에 능하다.

⑩ 유학(儒學) : 수양에 독실하다.

⑪ 구변(口辯) : 대응을 잘한다.

⑫ 웅걸(雄傑) : 대담하여 군대를 맡길 수 있다.

그렇다면 한 사람의 재능과 장점을 어떻게 가려내는가? 이와 관련하여 유소는 〈팔관〉이란 방법을 제기하고 있는데 이미 우리가 이미 앞에서 살펴본 강태공, 이극 등의 방법을 좀 더 심화시킨 것이라 할 수 있다.

① 그가 어떤 사람들을 돕고 어떤 사람을 착취하느냐를 관찰하여 그 사회적 지위를 이해한다.

② 희로애락 같은 감정 변화를 통해 그 사람의 고유한 품격을 이해한다.

③ 기질을 관찰하여 장래의 사업과 명성을 추단한다.

④ 그 사람의 동기를 관찰하여 공정한 비판인가 아니면 허물을 공격하는 것인가를 이해한다.

⑤ 그가 경애하는 것을 관찰하여 그 감정의 소통과 막힘을 이해한다.

⑥ 동기를 살펴 그 사람이 뜻하는 방향과 취향을 이해한다.

⑦ 장단점과 우열 두 방면을 함께 살핀다.

⑧ 총명한 정도를 살펴 그의 식견을 요해한다.

'팔관'의 조항들이 서로 중복되는 점이 없는 것은 아니지만 조리가 분명한 것만은 틀림없다. 둘째 조항의 감정의 변화를 통해 한 사람의 성격이 갖는 본질을 파악해야 한다는 것, 일곱째 조항의 장단점와 우열을 함께 봐야 한다는 것은 대단히 발전적 관점이자 변증법적 사상의 면모를 보이고 있다. 넷째 조항인 동기를 살펴 그 사람의 비판이 공정한가 여부를 살피라는 말은 오늘날 흔히 말하는 선거 등에서 일쑤 나타나는 '네거티브'에 대한 판단을 바로 가리키는 것 같다.

유소는 이 '팔관' 외에도 '오시(五視)'를 제기하고 있다. **'팔관'의 '관(觀)'**이 크게 본다는 뜻이라면, **'오시'의 '시(視)'는 상세하게 관찰하는 것을 뜻**

한다. '오시'란 다음과 같다.

① 평소 때 심신이 안정되어 있는가를 본다.
② 잘나갈 때 그 행하는 바를 본다
③ 부귀할 때 누구와 어울리는지를 본다.
④ 궁색할 때 그 행위를 본다.
⑤ 가난할 때 무엇을 취하는가 본다

이 중 넷째의 '궁(窮)'이란 앞길이 막막하다는 뜻이다. 이럴 때 사람은 이런저런 실수를 쉽게 범하기 때문에 그 언행을 잘 살피면 그 사람의 진면목을 간파할 수 있다는 것이다. **'오시'는 인재가 다양한 환경 속에서 어떻게 처신하는지를 살펴야 한다는 뜻**을 포함하고 있으며, 이는 '팔관'에 비해 한 단계 심화된 인식이다.

그렇다면 '팔관'과 '오시'만으로 충분히 인재를 식별할 수 있는가? 유소의 대답은 부정적이다. 그는 **관찰 과정에서 흔히 일어날 수 있는 편차와 착각을 일곱 개 조항으로 종합**했는데, 그것이 바로 **'칠류'**다. 유소는 관찰자가 편견을 가지면 재능의 높고 낮음, 품성의 우열, 인재 완성의 빠르고 늦음 등에 대해 편차가 생긴다고 보았다. 예컨대 인재를 표창하고 질책할 때 나타나는 가상에 대해 상세하게 논의하면서 어떤 자는 은혜와 매수로 집권자를 기쁘게 함으로써 좋은 명성을 얻으며, 어떤 자는 도움을 받을 수 없는 곤궁한 처지라 그 재능이 억압당하는 경우가 있다고 지적한다.

인재 식별은 아주 복잡한 일이다. 유소 역시 이 일이 아주 어렵다고 말한다. 그는 재목 만 명 중에서 좋은 재질을 가진 한 사람을 만나기 어렵다고 말했다. 그는 자신의 이론이 완벽하다고 생각하지 않고 실제를 강구한 아주 신중한 인물이었다. 어쨌든 **'팔관'과 '오시', 그리고 '칠류'는** 간신을 가려내는 내는 비교적 과학적이고 구체적인 방법으로서의 그 의미가 적지 않다. 이 방법들을 **서로 교차시켜 보다 정교하게 적용하면 한 사람의 보다 구체적이고 입체적인 진면목을 드러낼 수 있다.**

예를 들어 '팔관'의 '그가 어떤 사람들을 돕고 어떤 사람을 착취하느냐를 관찰하여 그 사회적 지위를 이해한다'는 첫 항목과 '오시'의 '잘나갈 때 그 행하는 바를 본다'를 서로 겹쳐 보라는 것이다. 지금 그 사람이 잘나가고 있는데 다른 사람을 잘 돕고 있는지, 아니면 다른 사람을 착취하고 있는지를 살피면 그 사람의 진면목이 더 잘 드러날 것이다.

셋째, **어떻게 인재를 등용할 것인가 하는 문제**다. 군주와 신하 속에서 인재는 무엇으로 구별하는가? 유소는 그 관건은 군주는 재질이 있는 사람을 식별하여 제대로 등용하고, 신하는 구체적인 재능을 잘 발휘하는 데 있다고 했다. 그래서 유소는 이렇게 말한다.

"신하(인재)는 자신을 등용하는 데에 능하고 군주(리더)는 다른 사람을 등용하는 데에 능하며, 신하는 말을 하는 것에 능하고 군주는 말을 듣는 것에 능하며, 신하는 행동에 능하고 군주는 상벌에 능하다."

여기서 유소는 군주와 집권자에 대해 사람을 제대로 등용할 줄 알고, 경청할 줄 알고, 적절하게 상벌을 내릴 줄 알아야 한다고 요구하고 있는데, 오늘날로 말하자면 리더의 리더십이자 인재의 재능에 속한다. 그렇다면 군주는 어떻게 인재를 등용하는가? 유소는 당연히 재능에 따라 등용해야 한다고 말한다.

"사람마다 재질이 다르고 재능도 서로 다르다. 따라서 능력에 따라 관직을 주어야 하되 신중하지 않으면 안 된다."

이와 관련하여 유소는 상당히 의미심장한 예를 하나 들고 있다. 사람들은 흔히 소를 삶는 가마에 닭을 삶아서는 안 되고, 큰 재능을 가진 사람은 작은 일을 해서는 안 된다고 생각한다. 그러나 실제로는 소를 삶는 가마에 닭을 삶을 수 있으며, 큰 인재도 작은 일을 할 수 있다. 물론 이는 상황 논리라 할 수 있고, 인재 등용이란 각도에서 문제를 본다면 큰 재목을 사소한 곳에 쓰는 일종의 낭비라 할 것이다. 하지만 상황에 따라서 얼마든지 가능하고, 필요하면 그렇게 할 수도 있다는 것이다.

유소는 《인물지》에서 전문적으로 〈영웅〉이란 편을 남겼다. 그는 '영(英)'과 '웅(雄)'을 두 가지 개념으로 분류하여 "총명한 것을 영, 담력이 뛰어난 것을 웅"이라 한다고 했다. 남달리 총명하여 '영'의 자질을 갖고 있으면서도 '웅'의 담력이 없다면 총명함을 실현할 수 없고, 그 반대로 담력만 크고 총명함이 없다면 그 '웅'은 맹목적 용맹으로 큰일을 해낼 수 없다. **사람을 등용할 때는 반드시 '영'과 '웅' 두 가**

지 소질을 결합하고 조화시켜야 한다. 유소는 한나라 초기의 일화를 예로 들면서 장량(張良)은 "총명하고 계책에 뛰어나며, 영명하고 식견이 넓고 기지가 출중한" '영'이라고 할 수 있고, 한신(韓信)은 "힘이 세고 용맹하게 행동하며 지혜롭게 일을 판단하는" '웅'이라고 할 수 있다고 했다. "때문에 '영'은 승상이 될 수 있었고, '웅'은 장군이 될 수 있었던 것이다."

그러면서 '영'과 '웅' 두 자질을 모두 겸비한 걸출한 인물이라면 유방(劉邦)과 항우(項羽)를 들 수 있다고 했다.

넷째, **인재 심리에 대한 연구다.** 《인물지》는 사람의 성격으로부터 출발하여 서로 다른 품격과 심리를 분석했고, 다양한 취향에서 출발하여 사람의 사회적 행위를 분석하고 있어 인재 심리학 저서로서도 손색이 없다. '팔관'의 한 대목에서 유소는 인간의 감정에는 다음과 같은 '육기(六機)'가 있다고 했다.

① 욕망이 만족 되면 기뻐하고,
② 재능을 발휘하지 못하면 분노하고,
③ 자기 자랑을 하면 혐오를 자아내고,
④ 겸손한 태도로 가르침을 청하면 기뻐하고,
⑤ 다른 사람의 단점을 사방에 퍼뜨리면 성내게 되며,
⑥ 자만에 빠져 자신의 장점으로 다른 사람의 단점을 공격하면 더 큰 원한을 사게 되고 심지어는 타인에게 살기를 품게 만든다.

따라서 사람을 등용하는 자는 인재의 심리를 잘 파악하여 그들의 기분을 유쾌하게 해야만 재능을 충분히 발휘할 수 있다.

유소는 또 **인재 간의 다툼과 시기나 질투 문제**에 대해서도 연구했는데, 지금 보아도 대단히 정확하고 충분히 경청해야 할 대목이다. 유소는 군자라면 자신에게 엄격하고 남에게는 관대하되 경쟁심과 질투심을 가져서는 안 된다고 말한다. 자신의 공로와 재능을 뻐기고 다니는 것은 다른 사람을 능멸하는 것이 된다. 그러면 앞서 가는 사람은 해치고, 공을 세운 사람은 비방하고, 패배한 사람을 보면 다행이라고 여기는 풍토가 조성될 것이다.

서로 질투하고 단점을 들추는 일은 상대의 입을 빌려 자신을 헐뜯는 것과 다를 바 없으며, 남의 손을 빌려 자신의 뺨을 때리는 것이나 마찬가지다. 남들이 자신을 깔본다고 생각하거나 남이 나보다 낫다고 원망하는 사람도 있다. 사실 이런 심리는 일종의 비관으로 쓸데없는 짓이다. 자신이 정말 천박하다면 남이 자신을 경시하는 것은 사실이므로 억울할 것이 없다. 반대로 재능이 있는데 남이 몰라주는 것이라면 그것은 자기 잘못이 아니다. 남이 자기보다 수준 높고 앞서 있다면 그것은 자신의 능력과 실력이 높은 수준에 오르지 못했다는 증거이니 질투하고 원망할 필요가 어디 있는가? 유능한 인재 두 사람 사이에 모순과 갈등이 생길 경우 양보하는 사람이 현명한 사람이다.

관련하여 좋은 역사 사례가 있다. 전국시대 조나라를 대표하는 두 명의 대신이었던 염파(廉頗)와 인상여(藺相如)가 자리를 다툰 적이 있다. 인상여는 수레를 돌려 염파를 피함으로써 넓은 마음을 보여주었다. 동한 시대의 대장군 구순(寇恂)이 넓은 아량을 발휘하여 가복(賈復)과 다투지 않음으로써 가복을 감동시켰다. 진정한 인재는 가슴이 넓어 타인을 용납할 수 있고 겸손하게 양보할 수 있는 사람이다.

전체적으로 유소의 《인물지》는 인품의 좋고 나쁨과 재능의 우열을 상당히 체계적이고 과학적이면서 깊이 있게 기록하였다는 평가를 받고 있다. 이 때문에 이 책은 자신을 수양하려는 사람들과 인재를 발탁하고 기용하는 관리들이 실제로 참고했다고 한다. 《인물지》는 고대 중국에서 인재와 관련한 유일한 전문서다. 이론에만 주로 치우쳐 분쟁기였던 삼국시대의 정치 형세와 왕성했던 인재 상황 등에 대해 소홀한 면이 없지는 않지만, 이런 저서가 출현했다는 사실은 번성했던 삼국의 인재 문제를 의식 형태라는 측면에서 반영하고 있다고 할 수 있다. 《인물지》는 당시로서는 대단히 정련된 인재론이자 개괄이라 할 것이다.

우리의 주제인 **간신과 관련해서는** 앞서 언급한 대로 '**팔관**', '**오시**', '**칠류**', '**육기**' 부분을 참고하여 실제 상황에 적용할 수 있다. 여기서 여러 가지 편견과 선입견 때문에 사람을 제대로 보지 못하는, 즉 인식의 오차 구역은 간신을 제대로 가려내지 못하게 하는 장애물이다. 이 점을 지적한 '칠류'는 그래서 더 가치가 있다. 이 부분을 좀 더 다루어본다.

인식(認識)의 오차구역(誤差區域)을 극복하라
– 인재를 식별할 때 나타날 수 있는
일곱 가지 오류에 대한 분석

소개한 대로 역사상 최초의 종합적이고 체계적인 인물론 저서인 《인물지》 12편 중에는 '칠류(七謬)'가 있다. '칠류'는 사람을 알고자 할 때 흔히 나타나는 일곱 가지의 오류를 말한다. 이를 현대적 용어로 '인식의 오차 구역' 정도로 풀이할 수 있다. 유소는 이런 오류의 종류와 그것이 나타나는 원인 및 그 폐단을 지적하고 있다. **간신의 진면목을 제대로 파악하지 못해 권력을 주고 나라를 망친 숱한 사례들은 이 '칠류'의 심각성을 잘 반영**하고 있다. 순서대로 이 일곱 가지의 오류를 소개하고 그 원인을 분석해본다.

① 한 사람의 명성을 살필 때 공평성을 잃어버릴 수 있다.

② 사람이나 사물을 접할 때 자신의 좋고 싫음의 차이 때문에 곤혹스러움을 느낄 수 있다.

③ 누군가의 심리를 헤아리려 할 때 상황의 크고 작음을 분별하지 못하는 착오를 범할 수 있다.

④ 사람의 소질을 품평할 때 성숙한지 대기만성인지를 구별하기 어렵다.

⑤ 인재의 유형을 판별할 때 자신과 같은 유형에 속하면 그로 인해 판단에 영향을 받을 수 있다.

⑥ 타인의 재능을 논평할 때 키울 것이냐 누를 것이냐의 두 가지 상

반된 현상이 나타날 수 있다.

⑦ 기이하고 기발할 인재를 관찰하면서 왕왕 그 인재가 정말 뛰어
난 것인지 아니면 속 빈 강정 같은 것인지 분별하는 것을 소홀
히 할 때가 있다.

이상과 같은 **오류가 발생하는 근본적인 원인**을 따져보면 대체로 다
음 몇 가지가 있다.

① 귀만 믿고 눈을 믿지 않기 때문이다. 이럴 경우 누가 뭐라고 하
면 스스로 따지고 분석해 보지 않고 그냥 무턱대고 믿게 된다.

② 개인의 주관적 애증이 끼어들어 객관적으로 냉정하게 평가를 내
리지 못하기 때문이다. 일반적으로 사람들은 자기와 같은 유형
의 사람을 좋아하는 반면 자신과 다른 유형의 사람은 싫어한다.

③ 표면적 현상만 보고 깊게 이해하려 하지 않기 때문이다.

④ 단편적으로만 관찰하고 전면적으로 분석하지 않기 때문이다.

⑤ 정지된 상태로 문제를 대하고 사물의 변화 발전을 고려하지 않
기 때문이다.

⑥ 개인적 은원(恩怨) 때문에 평가를 일부러 과장하거나 깎아내리기
때문이다.

⑦ 자신의 사상과 시야에 얽매여 특별한 재능을 가진 사람이나 자
신을 뛰어넘는 인재를 이해할 수 없기 때문이다.

'칠류' 중 첫 번째 오류인 '한 사람의 명성을 살필 때 공평성을 잃

는' 편견에 빠지는 오류에 대해 좀 더 살펴본다. 우리가 **사람을 인식할 때 그 사람에 관한 소문, 즉 유명세 따위에 잘못 이끌려 사실과 맞지 않는 오차를 빚는 경우가 많다.** 이는 엄연한 현실이고, 가장 흔히 보는 첫 번째 오류이기도 하다.

잘 모르는 낯선 사람을 이해하고자 할 때 우리가 가장 흔히 사용하는 방법은 사방팔방으로 이 사람의 상황을 수소문하는 것이다. 그러나 이렇게 얻은 정보는 참고할 수 있을 뿐이지 100% 믿을 수 없다. 이런 정보 자체가 인식의 오차 구역을 만들어내기 때문이다. 이런 오류를 피하기 위해 우리는 '관찰'과 '시험'이라는 두 방면에 더 많이 신경을 써야 한다. '관찰'은 증거를 조사하는 것으로, 이런 저런 정보를 들은 뒤 진지하게 더 많이 더 깊게 조사하여 사실 여부를 밝혀 그 진상을 확정하는 것이다. '시험'은 말 그대로 일을 맡겨 그 능력의 여부를 헤아리는 것이다. 이렇게 해야 인재를 제대로 가려낼 수 있다.

두 번째 오류인 '사람이나 사물을 접할 때 자신의 좋고 싫음의 차이 때문에 느끼는 곤혹스러움'도 한번 분석해보자. 사람은 누구나 선량한 사람을 좋아하고 사악한 사람을 미워한다. 그러나 인성의 좋고 나쁨은 주관적 관점 때문에 오도될 수 있어 착은 사람을 나쁜 사람으로, 나쁜 사람을 착한 사람으로 인식하기도 한다. 또 **누구나 장점과 단점을 갖고 있는데 때로는 사악한 사람의 장점에 혹해서 그에게 호감을 갖기도 한다.** 반대로 선량한 사람의 단점에 집착하여 그를 무시하고 내버리기도 한다.

유소가 제시한 이 '칠류'는 오늘날에도 여전히 존재한다. 각계각층의 리더를 포함한 우리 모두는 사람을 인식할 때 발생하는 어려움의 원인과 그 과정에서 의식적으로든 무의식적으로든 흔히 오류를 범할 수 있다는 사실을 이해하고 교훈을 기꺼이 받아들여야만 망망대해 속에 떠다니는 인재를 감별해내서 나와 사회에 유용한 인재로 활용할 수 있다. 문무를 갖춘 이런 인재를 얻으면 개인의 사업은 물론 국가는 호랑이에 날개를 달게 된다.

역사는 너무 잘 보여준다. 어느 시대가 되었건, 어느 나라가 되었건, 어떤 리더가 되었건 인재를 잘 살펴 기용해야만 번영했고, 소인배 간신이 뜻을 얻으면 쇠퇴하거나 망했다는 사실을! 만약, 내 조직과 내 나라가 침체에 빠지고 인심이 흩어져 있다면 사람을 식별하고 인재를 기용하는 방면에 문제가 없는지 철저하게 점검해야 한다. 지금 목격하고 있는 **간신현상의 뿌리를 캐다 보면 결국 사람을 제대로 보지 못한 치명적 실책과 오류를 확인**할 수 있기 때문이다. **간신은 '칠류'와 같은 인식의 허점과 오류를 집요하게 파고드는 존재들**이라는 사실을 잊지 말아야 한다. 이런 오류의 함정에 빠지지 않으려면 무엇보다 '차가운 이성(理性)에 굴복할 줄 알아야' 한다.

사람에 대한 착각을
방지하는 방법

'칠류' 문제를 오늘날 현실에 맞게 좀 더 논의해본다. 옛말에 '사람을 썼으면 의심하지 말고, 의심되면 쓰지 말라'고 했다. 충직함과 성실은 사람을 쓰는 근본이고, 그 사람을 임용했으면 믿어야 한다. 지나치게 완벽함을 추구해서는 안 된다. 그렇게 하면 사람을 잃기 쉽고 효과를 거두기도 어렵다.

그럼에도 불구하고 무작정 사람을 믿어서는 안 된다. 겉으로 드러나는 모습만 가지고 섣불리 판단하여 선입견이나 편견을 가져서도 안 된다. 여기서는 **사람과 인재를 식별함에 있어서 저지르기 쉬운 착각이나 착오에 대해 좀 더 알아보고 그 방지법을 함께 생각하고**자 한다.

1. 외모로 사람을 판단해서는 안 된다

공자는 제자들 중 못난 외모 때문에 자우(子羽)를 잘못 보았고, 화려한 말솜씨 때문에 재여(宰予)를 잘못 보았다고 스스로를 반성한 적이 있다. 성인으로 추앙 받는 공자조차 외모로 사람을 판단하는 우를 범했던 것이다.

겉모습만 보아서는 그 본질을 제대로 살필 수 없다. 사람의 외모로는 그 능력을 헤아릴 수 없다. 외모가 보잘것없고, 심지어 아주 못생겼어도 천하의 뛰어난 인재일 수 있고, 반대로 누가 보아도 수려한 외모를 자랑하는 사람이 '금옥기외(金玉其外), 패서기중(敗絮其中)' 같은, 즉 '껍데기는 금옥이나 속은 말라비틀어진 솜덩이'와 같을 수 있다. 외모로만 사람을 취하면 실제로 재능이 뛰어난 진짜 인재를 놓치는 결과를 낳을 수 있다.

외모와 표정 등으로 그 사람이 이해하려는 것은 '사람을 아는' '식인(識人)' 방법의 보조 수단이다. 따라서 그것을 절대화하여 '식인'을 외모로만 사람을 취하는 것으로 변질시키면 인재를 잘못 알아볼 뿐만

외모는 마음의 눈을 가린다. 따라서 육신의 눈에 들어오는 외모에 현혹되어서는 안 된다. 안영은 못난 얼굴에 난쟁이에 가까운 외모를 갖고도 제나라는 물론 국제적으로 명성을 떨쳤다.

아니라 인재를 잃는다. 외모로 사람을 평가하거나 판단하지 말라는 경고는 누구나 알고 있음에도 불구하고 여전히 많은 사람들이 외모에 홀려 사람을 잘못 보거나 판단하는 어리석음을 저지르고 있다. 경계해야 할 일이다.

역사상 폭군의 대명사로 꼽히는 하나라의 걸(桀)임금과 은나라의 주(紂)임금은 보무(步武)도 당당한 뛰어난 외모의 군주들이었다. 이들은 남의 말을 듣지 않을 정도로 아는 것이 많았고, 자신의 잘못을 얼마든지 덮을 만큼 말재주도 뛰어났다. 힘도 남달랐다. 그러나 이들은 호화사치와 방탕한 생활에 온갖 폭력적 수단으로 백성들의 삶을 해쳤고, 결국 자신과 나라를 망쳤다.

이와는 반대로 춘추시대 초나라의 재상 손숙오(孫叔敖)는 듬성듬성한 머리카락에 왼팔이 오른팔보다 긴 5척 단신의 추남이었다. 그럼에도 그는 수십 년 동안 장왕을 보좌하여 장왕을 당대 최고의 군주로 거듭나게 했고, 초나라를 강대국으로 성장시켰다. 역시 춘추시대 제나라의 명재상 안영(晏嬰)도 다른 사람들이 비웃을 정도로 난쟁이에 가까운 단신에 못생긴 추남이었지만 국제 외교무대에서 강대국을 상대하여 제나라의 자존심을 거뜬히 지켜냈다.

사람의 외모는 그 사람의 선악이나 능력과는 필연적 관계가 없다. 못생겼어도 얼마든지 덕과 능력을 갖춘 군자인 사람이 있고, 옥처럼 아름답게 생긴 사람도 덕 없고 재주 없는 소인일 수 있다. 1995년 중국 〈동방시보(東方時報)〉는 고등학교 시험에서 우수한 성적에도 불구하고 외모가 못생겼다고 탈락한 한 학생의 사연이 보도되어 전국을 들끓게 한 적이 있다. 21세기를 앞두고 있던 중국에서 이런 황당한 일이 버젓이 벌어져 많은 사람을 착잡하게 만들었다.

2. 독단(獨斷)과 전횡(專橫)은 금물이다

리더는 많은 사람의 의견을 앞장서서 구해야지 독단과 전횡은 절대 금물이다. 리더의 능력을 가늠하는 관건은 인재들을 제대로 안배하여 그들의 능력을 자극하는 한편 좋은 의견을 언제 어디서든 경청할 수 있느냐에 달려 있다. **리더십이 떨어지는 리더를 보면 매사에 남의 말에 귀를 기울이지 않는 공통점**을 보인다. 타인의 의견을 경청하는 능력은 성공하는 리더의 두드러진 특징이다.

앞서 예를 든 폭군의 대명사 걸과 주임금의 공통점 역시 다른 사람의 말에 전혀 귀를 기울이지 않고 독단과 전횡을 일삼았다는 것이다. 주임금은 자신을 비판하는 백성들을 향해 자신을 태양에 비유하며 태양이 사라질 수 있겠냐고 큰소리를 쳤다. 백성들은 '저놈의 태양은 언제나 없으지려나! 내가 저놈의 해와 함께 죽으리라'며 저주를 퍼부었다.

독단(獨斷)은 독재(獨裁)를 낳고, 독재는 독점(獨占)을 낳는다. 이 '삼독(三

하나라의 마지막 임금 걸은 뛰어난 외모, 남다른 지식, 말재주, 힘을 다 갖춘 인걸이었다. 하지만 자신에게 도취되어 독단과 전횡을 일삼다 자신과 나라를 망쳤다.

獨)'은 그대로 '삼독(三毒)'으로 변질되어 리더 자신과 조직을 망친다. 사람과 인재를 파악할 때도 이 독단과 전횡은 절대 경계해야 한다. 가능한 많은 사람의 의견에 귀를 기울여 다양한 견해를 교차 대조한 다음 이를 다시 자신의 생각과 판단에 대조하여 최선의 결론을 얻어야 한다. '독단'과 '전횡'은 사람의 눈을 가릴 뿐만 아니라 이성적 판단도 가로막아 결국 사람을 잘못 보게 만들기 때문이다. 그 틈으로 간신이 비집고 들어온다. 간신에게는 비집고 들어오지 못할 틈은 없다.

3. 시기와 질투심을 철저히 경계하라

전국시대 위나라의 장수 방연(龐涓)은 스승 귀곡자(鬼谷子) 밑에서 동문수학한 손빈(孫臏)의 재능을 몹시 시기하고 질투했다. 끝내는 손빈을 모함하여 그를 불구로 만들었다. 다리를 잘린 손빈은 아무 것도 모른 채 그래도 자신의 목숨을 살려준 방연에게 감사하며 병법서를 써주려 했다. 그러다 방연의 흉계를 알게 되었고, 미치광이를 가장하여 위나라를 탈출하여 조국 제나라로 왔다.

손빈은 제나라 군대의 자문 역할인 군사(軍師)가 되었고, 20년 가까이 복수의 칼날을 갈았다. 손빈은 계릉(桂陵) 전투에서 방연을 한 차례 물리치면서 방연의 전술과 심리를 완벽하게 파악했다. 이어 마릉(馬陵) 전투에서 절묘한 유인술로 방연을 사지로 몰았고, 방연은 스스로 목숨을 끊었다. 그런데 죽는 순간까지도 방연은 "내가 오늘 이 촌놈을 유명하게 만들어 주는구나"라며 손빈을 질투했다.

시기와 질투는 인간의 본능에 가깝다. 건전한 정신을 가진 사람은 이런 시기와 질투를 자기 발전의 자극으로 삼는다. 간신 소인배는 자기보다 뛰어난 인재에 대해 시기하고 질투하는 것은 물론 음모 따위로 해친다.

지나친 질투심은 어느 경우를 막론하고 자신과 다른 사람에게 해롭다. 해롭기만 한 이 정서를 자기 마음속에서 제거해야 하는데 다음 몇 가지 방면에서 노력하면 효과를 거둘 수 있다.

첫째, 시기·질투의 위험과 해로움을 인정하라. 시기나 질투는 백해무익한 심리다. 이런 감정에 휘말리면 한 걸음도 앞으로 나아가지 못할 뿐만 아니라 주위 사람들의 손가락질을 받는다. 리더라면 더더욱 이런 감정을 제거해야 한다.

둘째, 사사로운 생각을 극복하라. 현실적으로 자기 가족이나 개인적으로 가까운 사람에게는 질투를 느끼지 않는다. 이들의 성취와 성공은 좋게 받아들인다. 회사 동료들에 대해서는 그렇지 못하다. 조금이라도 자신을 앞지르면 시기하고 질투한다. 가족이나 친인척은 '자기 사람'으로 간주하는 사사로운 생각 때문이다. 사사로운 생각을 극복하면 자신과 남에게도 유익하고 시기와 질투심을 없애는 기초가 된다.

시기와 질투를 극복하기란 매우 어렵다. 그러나 분명한 사실은 이를 극복한 사람만이 성공했다는 것이다. 방연은 죽는 순간까지 손빈을 질투했다. 그림은 방연이 최후를 맞이한 마릉 전투의 모습이다.

셋째, 자신을 인식하라. 마음에 질투가 존재한다는 것은 스스로가 먼저 그렇게 생각하기 때문이다. 아무리 감추려 해도 질투의 표현은 이런 심리를 반영한다. 질투심이 생기면 스스로를 정확하게 평가할 줄 알아야 한다. 그런 다음 자신의 장점을 한껏 발휘하고 분수에 맞게 노력한다면 성과를 거둘 수 있다. 또 자기보다 훨씬 뛰어난 재능을 가진 사람, 그래서 현재 자신의 힘으로는 뛰어넘을 수 없는 인재를 허심탄회하게 인정할 줄도 알아야 한다. **자신과 다른 사람에 대한 정확한 평가는 심리적으로 질투나 시기와 싸워 이기는 무기다.**

넷째, 입장을 바꿔 놓고 생각해봐라. 중국 속담에 '마음과 마음을 비교한다'는 것이 이 이치다. 심리학에서는 이를 '심리의 위치를 바꾼다'고 한다. 질투심이 자신도 모르게 생기면 "만약 내가 성공했을 때 다른 사람들의 이런 질투심을 어떻게 받아들이고 견딜까"를 생각해라. 이렇게 입장을 바꿔 보는 사유는 고혹스러운 질투 심리에서 벗어나는 데 아주 도움을 준다.

철학자 베이컨은 "인류의 모든 욕망 중에서 질투심이야말로 가장 완강하고 오래가는 감정이다"라고 했다. 시기나 질투심과의 싸움은 분명 힘겨운 싸움이다. 이를 극복하는 힘은 외부의 도움을 받을 수 없고 오로지 자신의 마음으로 조정해야 한다. 이런 정서는 자신을 해친다는 사실을 정확하게 볼 줄 알아야 한다. 질투와 시기는 고민의 근원이다.

시기와 질투심을 극복하면 사람이 제대로 보인다. 특히 시기와 질투로 사람을 모함하고 해치는 간신의 행위가 한눈에 들어온다.

4. 쩨쩨하게 굴지 말라

'담이 작은 사람은 장군이 될 수 없다'는 속담을 '쩨쩨하면 지도자가 될 수 없다'는 말로 바꾸어 쓰는 경우가 많다. 충분히 일리 있는 말이다. 리더나 회사가 쩨쩨하면 사기가 떨어지고, 나아가 충성심도 떨어진다. 출퇴근 시간을 지나치게 따지거나, 회사 기물을 사용하면서 자기 돈을 내게 하는 등과 같이 쩨쩨하게 굴면 조직에 대한 향심력(向心力)은 점점 사라지고 이심력(離心力)만 커질 뿐이다.

담대한 리더 주위에는 사람들이 몰리고, 언제나 그와 어울리려 한다. 리더가 자리에 없어도 맡은 바 일을 기꺼이 한다. 속이 좁고 쩨쩨한 리더 밑에서 일하는 사람은 그가 자리에 없으면 일도 게을리하고 삼삼오오 몰려서 그를 흉본다. 심하면 술판까지 벌이며 리더를 성토한다.

쩨쩨한 리더에게는 예외 없이 간신이 들러붙는다. 쩨쩨한 리더일수록 자신을 치켜세우는 사람을 가까이한다. **그 쩨쩨함이 간신에게는 절호**

의 기회이자 파고들 틈이 된다. 물론 통 크게 행동하라고 해서 무슨 일이든 대충대충 설렁설렁 넘어가라는 말이 결코 아니다. 리더는 늘 매의 눈으로 사람을 관찰할 줄도 알아야 한다.

5. 가볍게 사람을 믿지 말라

이런 일이 있었다. 갑은 친구의 소개로 자칭 타칭 '천재'로 불리는 젊은이를 소개받았다. 소개장에서 친구는 절대 신임할 수 있는 인재로 나를 믿는 만큼 이 사람을 믿을 수 있을 것이라고 호언장담했다. 갑은 이 '천재'를 회사에서 가장 중요한 기획부서에 배정하여 회사 전반의 기획을 맡겼다. 갑은 얼마 뒤 해외 출장을 떠났고, 한 달 뒤 회사로 돌아왔다.

회사로 돌아온 갑은 기획부서의 일이 올 스톱 되어 있고, '천재'는 말도 없이 회사를 나갔다는 사실을 확인할 수 있었다. 이 '천재'는 어떤 기획도 내지 않았고, 기존의 기획서를 읽고 이해하지도 못하는 '천재(?)'였던 것이다. 갑은 탄식에 탄식을 내뱉었다.

이 사례는 **인재를 판단할 때는 반드시 전면적으로 살펴야 한다**는 교훈을 남겼다. 인상으로, 막연한 추천으로 사람을 기용했다가는 크게 낭패를 보고 회사는 큰 손해를 입는다. 갑은 친구의 추천만 믿고 대충 사람을 보고 뽑았던 것이다. 갑이 사람을 기용하기에 앞서 아래 일곱 가지 인재 판단의 방법에 근거했더라면 그런 결과를 나오지 않았을 것이다.

① 주도면밀한 기획은 은은한 웃음 속에서 싹이 트고, 멀고 깊은 계

산은 차분한 자태 속에서 그 모습을 드러낸다고 했다. 여유와 차분한 자세, 멀리 깊게 내다보는 안목이 있는지 잘 살펴야 한다.

② 계산했으면 그 결과 내놓아야 한다. 바로 눈앞의 일에 대해서도 계산해야 하고, 미래에 대한 계산도 있어야 한다. 물질적 이익도 계산해야 하고, 정신적 효과, 예를 들어 우정, 신용, 사업 확장 이후의 계기 등등에 대해서도 계산해야 한다. 기업의 이익과 사회적 이익을 함께 계산할 줄 알아야 한다. 요컨대 한 문제의 여러 방면을 계산해야 한다.

③ 내 쪽의 이익도 계산하고 상대와 합작자의 이해도 계산해야 한다. 상대에게 돌아갈 좋은 점, 특히 투자자와 합동 경영자에게 돌아갈 좋은 점을 잘 계산해야 한다.

④ 큰 곳에 착안하고 작은 곳에서 착수한다. 깨를 볶았으면 수박도 품을 수 있어야 한다.

⑤ 용감하게 책임진다. 사람들은 해명에는 관심이 없다. 약속한 시간에 물건을 넘겨야지 해명은 소용없다. 제시간에 물건을 넘기지 못하면 어떤 해명도 쓸모가 없다.

⑥ 영원히 더 잘해야 한다. 성숙한 인재는 모든 일에 정성을 다하고 하는 일마다 더 잘해낸다.

⑦ 무슨 일을 하던 마음을 써야 한다. 성공한 사람은 진지한 태도로 모든 일을 대한다. 경쟁이 격렬한 비즈니스에서는 어떤 일이든 마음을 써야 할 가치가 있다.

이상 인식의 오차 구역으로서 사람을 평가하고 기용할 때 저지르기 쉬운 일곱 가지 오류인 '칠류'의 문제를 오늘날 현실에 맞게 풀어 보았다. 간신과 관련해서 '칠류' 문제는 더욱 심각하다. 간신이 끼치는 해악이 너무 크기 때문이다. 철저하게 이 오류를 극복할 수 있어야 한다. **'칠류'는 일곱 가지 허점이기도 하다. 비어 있는 틈이란 우리의 방심(放心)이다.** 방심하다가 당한 일이 얼마나 많았는가? 당한 교훈에서 배우지 못하고, 대비하지 못하고 또 당하면 미래는 없다. **간신은 우리의 방심을 먹고 사는 해충**이다. 우리가 더 잘해야 한다. 그러려면 실력이 있어야 하고, 유능해야 한다. 공부하고 분석하고 연구해야 한다.

사람을 아는 데도 난이도가 있다
- 충절의 화신 제갈량(諸葛亮)의 인재 식별론

'실패한 영웅' 제갈량, 이런 평가가 옳은 것일까? 제갈량은 자기 당대에 통일은 불가능하다는 점을 분명히 알고 있었다. 그래서 나온 것이 '천하삼분' 주장이다. 그리고 그는 죽는 날까지 혼신의 힘을 다했다. 그의 사인(死因)은 잘 알다시피 과로(過勞)였다.

제갈량은 사람을 쓰는 데 있어서도 완벽하지 못했다. 허점이 적지 않았다. '읍참마속(泣斬馬謖)'은 이의 단적인 예에 지나지 않는다. 하지만 적어도 그가 살아 있는 동안 간신은 권력 핵심에 접근하지 못했다. 여기서는 제갈량이 사람을 어떻게 보았으며, 인재를 어떻게 가려냈는가에 대해 살펴보고자 한다. 그에 앞서 제갈량에 대한 역사적 평가를 한번 짚어보면서 과연 그는 사람에 대해 어떤 생각을 가졌을까? 이런 질문을 던져보자.

한 인물에 대한 역사적 평가의 환원점과 제갈량

역사상 인물 평가의 기준은 많은 변화를 겪는다. 시대적 상황과 의식 수준의 차이에 따라 적지 않은 편차가 있다. 그러나 모든 인물 평가에는 조금 어려운 말로 '궁극(窮極)의 환원점(還元點)'이란 것이 있다. 그것은 그 인물이 어떻게 살았느냐와 직결된다. 이런저런 결점과 실패에도 불구하고 한 인간이 인생 전반에 걸쳐 어떤 철학과 소신을 가지고, 그것을 지키기 위해 얼마나 애를 썼느냐가 평가의 한 축이 될 것이고, 그가 견지했던 철학과 소신이 옳은 길이었느냐 여부가 또 다른 한 축이 된다. 옳고 그름은 도덕과 윤리의 차원에 놓이며, 그 구체적 내용은 도덕과 윤리의 질을 결정한다. 이는 매우 예민하고 애매한 기준 같아 보이지만 실제로는 아주 단순명료하다. 윤리와 도덕은 인간에 내재된 악을 제어하는 최소한의 제방이자 최후의 보루이기 때문이다. 그리고 그가 그 과정에서 보인 언행과 실적은 그 윤리와 도덕을 평가하는 가장 실질적인 잣대가 된다. 요컨대 그 사람의 과거가 평가의 알파요 오메가이다. 다시 말해 **한 사람의 평가는 어떤 방법과 원칙을 들이대든 간에 궁극적으로 그의 과거 언행과 업적으로 돌아가서 이루어진다**는 것이다.

한 인물이 평생 거짓말하지 않으려고 노력하며 살았고, 대체로 그것을 지켰다고 해도 그가 다른 방면에서 남다른 업적을 남기지 못했다면 역사적 평가를 받기는 힘들다. 작지 않는 권력을 쥔 사람이 남을 속이지 않고 정직하게 살면서 자신의 신조를 많은 사람에게 전파하여 감화시키고, 그의 그런 행동이 모범이 되어 큰 존경을 받아 후대에 적지 않은 영향을 미쳤다면 역사적 평가의 대상이 될 수 있을 것이다. 철학과 소신의 내용이 넓고 깊은 실천으로 담보되어야 한다는 의미다.

인물에 대한 역사적 평가는 생전과 사후의 평가에서 적지 않은 편차가 발생할 수 있다는 점에서 미묘하다. 이를 단순하게 몇 가지 경우의 수로 나누어 보면 다음과 같이 정리될 수 있을 것도 같다.

① 생전과 사후 모두 좋은 평가를 받는 경우
② 생전과 사후 모두 나쁜 평가를 받는 경우
③ 생전에 나쁜 평가를 받았으나 사후에 좋은 평가로 바뀌는 경우
④ 생전에 좋은 평가를 받았으나 사후에 나쁜 평가로 바뀌는 경우

이 경우들도 딱 부러지게 구분되지 않고 서로 뒤섞여 다음과 같은 변수가 더 발생할 수 있다.

⑤ 생전엔 별다른 평가가 없다가 사후에 재평가되는 경우(흥미로운 경우)
⑥ 생전에도 큰 관심의 대상이 되었다가 사후에 관심과 평가의 방향이 바뀌어 새로운 논의와 평가를 유발하는 인물(가장 매력적인 경우)

⑦ 세상이 어지럽고 혼탁할 때마다 청량제나 등대 같은 역할을 하는 부가가치가 큰 인물(생명력이 가장 긴 경우)

⑧ 오늘날에는 거의 모든 정보가 공개되고 있기 때문에 불과 얼마 전까지만 해도 대단히 높은 평가를 받다가 하루아침에 모든 평가가 뒤집어지거나 그 반대인 상황이 수시로 발생한다. 사람에 대한 평가가 어느 때보다 즉각적으로 이루어진다. **한 사람의 평가에 대한 기준과 유형 등에 심각한 변화가 일어나고 있음**에 유의할 필요가 있다.

① ②는 재론의 여지가 없지만 이 평가에 속하는 인물은 시대의 관심도에 따라 수시로 등장하여 교훈적 역할을 할 때가 많다. 이 유형에 속하는 인물들은 평가 기준의 질적 향상과 다양화에 따라 ⑤로 진화하는 경우가 많다. 그리고 ①에 속하는 인물은 ⑦에 속하는 인물과 중복되는 경우가 적지 않다. ③ ④는 고정된 것이 아니라 왕왕 뒤바뀐다. 즉, 좋은 평가에서 나쁜 평가로 바뀐 다음, 또는 나쁜 평가에서 좋은 평가로 바뀌는 등 평가가 완전히 고정된 것이 아니라 상황에 따라 바뀌는 경우가 적지 않다는 뜻이다. 삼국시대 조조(曹操)와 같은 인물이 대표적이다. ⑤ ⑥에 속하는 인물은 상당히 매력적인 논쟁을 유발한다. 이 경우는 평가 당시의 시대적 관심이나 평가 기준에 혼란이 발생할 때 많이 나타나며 ③ ④와 겹치는 수가 많다. ⑧은 오늘날 우리 주위에서 얼마든지 볼 수 있고, 수시로 나타난다. 대개 큰 선거가 있으면 이런 평가의 현상이 두드러진다.

'역사의 평가'를 받는 인물이라면 어떤 경우에 속하든 시대의 관심도와 상황에 따라 평가는 유동적이다. 그럼에도 불구하고 역사적 인물 평가에 있어서 '궁극적 환원점'이란 절대 기준은 살아 있다. 이는 그 인물이 인간의 존엄한 존재가치를 구현했으냐 여부다. 그의 행적이 인간이란 존재가치에 부합했느냐 그것을 벗어났느냐다. 예컨대 자신이 가진 **권력이나 권한을 다수를 위해 공적으로 사용하지 않고, 자신의 부귀영화나 권력 유지를 위해 사적으로 남용한 결과 많은 사람들의 존엄성을 짓밟았다면 아무리 뛰어난 업적을 많이 남겼더라도 그런 사람은 역사적으로 좋은 평가를 받을 수 없고, 또 받아서도 안 되는 것이다.** 반대로 이런저런 실수와 단점이 있고, 또 삶의 과정에서 적지 않은 실패를 했더라도 평생 타인의 존엄성에 상처를 주지 않으면서 사심 없이 다수의 공익을 위해 헌신하여 실패와 단점을 상쇄하고도 남을 행적을 남겼다면, 그는 충분히 긍정적인 역사 평가를 받을 수 있다. 이 기준은 자칫 사람들의 가치판단을 강요할 수도 있는 이데올로기적 윤리·도덕의 기준과는 다른 차원이다.

이런 점에서 만고의 충절로 불리는 제갈량은 '세상이 어지럽고 혼탁할 때마다 청량제나 등대 같은 역할을 하는 부가가치가 큰 인물(생명력이 가장 긴 경우)'로서 늘

'읍참마속(泣斬馬謖)'에서 보다시피 제갈량은 결코 완벽한 인간이 아니었다. 그럼에도 불구하고 이상과 현실 둘다를 포기하지 않았던 그의 인재관은 충분히 재평가하고 재창출할 가치가 있다. '읍참마속' 장면이다.

역사의 부름을 받고 있다. 조금 과장해서 말하자면, 제갈량은 거의 영구적인 평가의 원칙이자 모범적 사례로 역사의 소환장을 받고 있다. 이런 점에서 그의 인재관의 일면을 살펴보는 일은 나름 상당한 의미를 가지지 않을까 한다.

이상을 포기하지 않았던 제갈량의 인간관

재상이면서 정책을 만들어내는 자리에 있었던 제갈량은 인재 이론을 실제와 연결시키는 것을 아주 중시했다. 역사에 전하는 제갈량의 《편의십육책(便宜十六策)》에는 〈치인(治人)〉, 〈납언(納言)〉, 〈고출(考黜)〉, 〈상벌(賞罰)〉 등과 같은 편이 있는데 모두 사람을 잘 살펴서 감식하고 인재를 등용하는 데 유용하다. 제갈량의 또 다른 저작인 《지인(知人)》에서는 사람을 아는 데는 난이도가 있기 때문에 진위를 분별할 줄 아는 안목을 갖추어야 한다고 말한다.

제갈량은 인간의 정황은 매우 복잡하다고 보았다. 사람마다 싫고 좋음이 뚜렷하게 나뉘며, 감정과 외모도 다 다르게 나타난다는 것이다. 보기에는 온순해 보이지만 내면은 교활한 사람이 있고, 겸손해 보이지만 사악한 사람도 있고, 겉으로는 용감해 보이지만 사실은 담력이 작은 사람이 있는가 하면, 노력해서 열심히 일할 사람처럼 보이지만 실제는 충실하지 않는 사람도 있다.

어떻게 해야 이렇게 복잡한 현상을 통하여 인간의 본질을 파악할 수 있을까? 인재를 알아내는 방법이라 할 수 있는 제갈량의 '지인지도(知人之道)'는 다음과 같이 일곱 개 조항을 제시하고 있다.

① 문지이시비이관기지(問之以是非而觀其志)

옳고 그른 것에 관해 물어서 그 뜻을 살피는 것이다. 즉, 시비를 가리는 능력과 장차 가고자 하는 뜻을 보는 것이다.

② 궁지이사변이관기변(窮之以辭辯而觀其變)

궁지에 몰아 그 말을 통해 변화를 관찰하는 것이다. 즉, 첨예한 난제를 제기하여 궁지에 몰고 그의 답변에 어떤 변화가 있으며 임기응변할 수 있는가를 살핀다는 것이다.

③ 자지이계모이관기식(咨之以計謀而觀其識)

계모, 즉 책략 따위를 자문하여 그 식견을 보는 것이다.

④ 고지이화난이관기용(告之以禍難而觀其勇)

위기 상황을 알려 그 난관에 맞설 용기가 있는지 여부를 보는 것이다.

⑤ 취지이주이관기성(醉之以酒而觀其性)

술에 취하게 만들어 그 본성을 보는 것이다.

⑥ 임지이리이관기염(臨之以利而觀其廉)

이익을 제시하여 청렴 여부를 살피는 것이다.

⑦ 기지이사이관기신(期之以事而觀其信)

일을 맡겨 그 신용이 어떤지를 살피는 것이다.

이상을 요약하자면, 지(志)·변(變)·식(識)·용(勇)·성(性)·염(廉)·신(信) 등 7개 방면에서 사람을 살펴야 한다는 것이다. 이와 같은 제갈량의 인재관은 대단히 전면적인 것으로 지금도 충분히 유익할 뿐만 아니라 나름대로 상당한 의미를 갖고 있다.

이 원칙에 근거하여 제갈량은 많은 인재를 선발했으며, 한때 적이었던 인재를 상당수 끌어오는 등 파격적 인재 발탁을 실천했다. 강유(姜維)는 원래 위나라의 장수였다. 제갈량이 북벌 때 기산(岐山)으로 출병하자 강유는 천수(天水) 지역의 태수에게 핍박을 받아 제갈량에게 투항했다. 제갈량은 강유를 "일에 충실하고 생각이 주도면밀한 것이 많은 사람이 그에 미치지 못한다"며 높이 평가했다. 또 "군대 일에 민첩하여 담이 크고 병법을 깊게 이해하고 있다. 이 인재는 마음에 한 왕실의 부흥을 담고 있는 재능을 함께 겸비한 사람이다"라고도 했다.

그 당시 강유의 나이 스물일곱에 불과했지만 제갈량은 후주 유선(劉禪)에게 그를 봉의장군 양정후에 봉하도록 요청했다. 얼마 뒤 다시 정서장군으로 승진시켰고, 결국에는 제갈량을 이어 전군을 통솔하게 되었다. 강유는 여러 면에서 제갈량만큼 성과를 거두지는 못했지만 제갈량의 뒤를 이은 촉의 대들보임에는 틀림없었다.

제갈량은 부하들의 장단점을 잘 살펴 각자의 특징과 재능에 맞게 추천했고, 사람들은 그의 인사를 공평하다고 인정했다. 제갈량의 상벌을 두고 '벌을 받아도 결코 원망하지 않았다'고 평가한 것도 이런 인재 기용의 원칙과 무관하지 않을 것이다.

제갈량의 인재관과 용인 원칙은 중국의 전통적 인재론의 틀에서 크게 벗어나지 않는다. 다만, **제갈량은 재능과 덕을 겸비한 인재, 그중에서도 인품을 제대로 갖춘 인재를 더 선호**했다는 사실에 주목할 필요가 있다. 삼국이 치열하게 다투었던 현실적 상황을 고려한다면 덕이나 품행에서의 일부 결점은 재주로 충분히 덮고 넘어갈 수 있었

제갈량의 사상과 철학을 한데 모은 《제갈량문집》.

고, 실제로 조조는 인격적 결함보다는 능력을 더 중시하는 인재 기용책을 선호했다. 이 점에서 혹자는 제갈량이 현실보다는 이상을 너무 좇은 것 아니냐고 비판하기도 한다. 하지만 제갈량은 자신의 이론을 현실에 적용하여 두루 실천했다는 점에서 이론의 효용성을 크게 높이고 있다. 제갈량의 이론과 실천 사례는 능력 위주, 실적 위주만 내세운 결과 온갖 부작용과 폐단만 양산하고 있는 조직이나 국가에 시사하는 바가 적지 않다.

제갈량의 인간에 대한 인식은 다분히 이상적이다. 그러나 그의 인간관에 간신이 끼어들 틈은 없어 보인다. 맑고 바로 비치는 거울과 같기 때문이다. 실제로 제갈량은 거울과 같은 마음으로 군주와 동료들을 대했다. 이런 점을 감안하고 그가 제시하고 있는 사람에 대한 식별법을 음미하면 그 값어치가 충분히 드러날 것이다. 무엇보다 사람은 '**인품(人品)을 갖추어야 한다**'는 주장은 지금 우리 현실을 놓고 볼 때 **뼈에 사무치는 꾸짖음**에 다름 아니다.

문득 춘추시대 정나라의 정치가 정자산의 "나는 배운 다음 벼슬한다는 말은 들었어도, 벼슬한 다음 배운다는 말은 듣지 못했다"는 일갈이 제갈량의 목소리와 함께 메아리가 되어 심금을 울린다. **돼먹지 못한 자에게 벼슬(권력)을 쥐어 주면 그 권력은 그 크기만큼, 아니 그**

보다 훨씬 더 큰 위력을 가진 무기가 되기 때문이다. 정자산이 말하는 '배운 다음'이란 곧 '인간이 된 다음'이란 뜻이다.

《정관정요(貞觀政要)》의 〈논택관(論擇官)〉

리더와 역사공부

간신을 막는 가장 중요하고 핵심적인 방법은 끊임없는, 그리고 제대로 된 공부다. 역사공부는 필수 중의 필수다. 역사공부의 필요성은 물론 당위성을 가장 잘 인식했던 통치자로 당 태종이 있다.

거울이 없으면 자신의 모습을 비추어 볼 수 없다. 통치자는 자신의 잘잘못을 백성을 통해 비추어 보아야 한다. 또한 과거 역사를 거울로 삼아 나라의 흥망성쇠에 대한 통찰력을 얻을 수 있어야 한다. 이를 동감(銅鑒), 인감(人鑒), 사감(史鑒, 또는 고감古鑒)의 '삼감(三鑒)'이라 한다.

중국 역사상 최고의 명군(明君)으로 평가받는 당 태종 이세민(李世民)은 누구보다 역사를 중시했던 군주였다. 역사의 평가를 두려워했다. 이 때문에 그는 늘 과거 역사를 공부하며 자신의 통치행위를 반성했다. 그래서인지 태종은 누구보다 남의 충고를 잘 받아들였다.

그는 자신의 통치기 전반을 통해 신하들과 함께 나라 다스리는 일을 격의 없이 상의했다. 조정에서는 누구든 과감하게 직언하는 풍조가 마치 바람처럼 일어났다. 이런 현상은 한 사람에게 권력이 집중되었던 봉건적 전제정치 역사에서는 아주 드문 일이었다. 이세민은 대신들에게 자주 이렇게 말했다.

"인욕자명(人欲自明), 필수명경(必須明鏡) ; 주욕지과(主欲知過), 필자충신(必藉忠臣)."

"사람이 자기 모습을 보려면 반드시 맑은 거울이 있어야 하고, 군주가 자신의 잘못을 알려면 반드시 충직한 신하에 의지해야 한다."

이 말은 그가 적극적으로 간언을 구하고 받아들일 자세가 되어 있음을 잘 보여준다. 이세민은 신하들에게 할 말이 있으면 역린(逆鱗)을 건드리는 것을 두려워 말고 용감하게 발언할 것을 독려했다. 그는 제왕과 신하를 물과 물고기의 관계로 보아, 한마음으로 덕행을 함께하고 더불어 천하를 다스리고자 했다. 제도적으로도 언로를 보증했다. 대소 관원들의 직간 중에 취할 것은 취하고, 서로 연구하고 토론하며, 전횡과 폐정을 방지하기 위해 몇 가지 주요한 조치를 취했다.

중국 역사상 최고의 명군으로 평가받는 당 태종 이세민.

《신당서(新唐書)》〈위징전(魏徵傳)〉에 보면 당나라 태종은 동으로 만든 거울(동감)로는 의관을 반듯하게 잡고, 과거의 거울(사감)로는 왕조의 흥망과 교체를 알고,

사람 거울(인감)로는 자신의 잘잘못을 밝힌다고 했다. 위징이 죽자 자신의 잘잘못을 비춰 볼 수 있는 거울 하나를 잃었다며 슬퍼했다. 삼감은 '삼경(三鏡)'이라고도 쓰는데, 어느 경우나 이 세 거울을 나라를 다스리고 심신을 바로잡는 기준으로 삼았다는 점에서는 일치한다. 지난 역사와 백성을 통해 통치의 득실과 잘잘못을 비춰 보는 리더만이 성공한 리더로 남아 있다는 사실을 알아야겠다.

봉건시대 최고의 통치 철학서 《정관정요》

당 태종의 이러한 깨어 있는 인식은 그의 통치철학을 잘 담고 있는 《정관정요》에 잘 드러나고 있다. 당나라 초기의 역사가 오긍(吳兢, 670~749)이 편찬한 《정관정요》는 618년 건국된 당나라 왕조의 기틀을 마련한 태종 이세민의 통치 철학을 기본적으로 담고 있다. 주요 내용은 최고 통치자인 군주의 자질과 인재 등용의 지침 등으로 치세술(治世術)의 명저로 손꼽힌다. 《정관정요》는 모두 10권 40편으로 구성되어 있으며, 태종이 당시 정치가들 위징(魏徵), 방현령(房玄齡), 두여회(杜如晦), 왕규(王珪) 등과 나눈 대화의 내용을 책문(策問), 쟁간(爭諫), 의론(議論), 주소(奏疏)로 분류하여 편찬했다. 각 권의 구체적인 내용은 다음과 같다.

제1권 : 군주가 갖추어야 할 자질과 통치의 근본에 관한 논의.
제2권 : 유능한 관리의 임명과 간언(諫言)의 중요성.
제3권 : 군주와 신하가 거울로 삼아야 할 계율, 관리 선발, 봉건제.

제4권 : 태자와 여러 왕들을 경계시키는 내용.

제5권 : 유가에서 강조하는 인(仁)·충(忠)·효(孝)·신(信) 및 공평함
에 대한 문답.

제6권 : 절약과 사치, 겸양.

제7권 : 유학·문학·역사.

제8권 : 백성들의 생활과 밀접한 관련이 있는 농업·형법·부역·
세금 등을 논의.

제9권 : 외교 문제인 정벌과 변방 안정책.

제10권 : 군주는 순행이나 사냥 등에 있어 신중해야 됨을 강조.

《정관정요》는 요·순시대부터 당나라 태종에 이르는 시대의 변
화, 즉 지난 역사를 한눈에 볼 수 있도록 구성되어 있다. 즉, 과거와
현재의 변화상을 서로 비교·관찰함으로써 밝은 미래로 나아갈 수
있는 발판을 제시한다. 그 주요 내용은 통치자의 인재 등용을 통한
정의사회 구현을 강조하고, 통치자와 백성들을 연결시켜 주는 고
리 역할로서의 관리의 의무, 민의를 중시하는 통치 등을 강조하면
서, 이러한 목표로 나가기 위한 구체적인 방안을 제시하고 있다. 이
책에 수록된 역사적 사건은 대부분 그것이 일어난 연도는 물론이
고 달과 날짜, 또는 태종과 신하들이 논의한 연도까지 분명하게 기
록하고 있다. 대부분 문답 형식의 쉬운 표현으로 이루어졌으나, 상
소문의 경우는 경전의 어구를 종횡으로 인용하고 미사여구의 사용
으로 난해한 부분 또한 적지 않다. 그 서술 방식은《구당서(舊唐書)》,
《신당서(新唐書)》,《자치통감(資治通鑑)》,《당회요(唐會要)》등과 비교

해서 보다 깊이가 있고 상세하며 체계가 갖추어져 있다는 평이다.

모든 계층 사람들의 행위를 파악하라

간신을 분별하는 방법과 관련하여 《정관정요》의 제3권 제7편 〈논택관〉의 마지막 부분 요점을 소개한다. 당 태종은 인재의 중요성을 누구보다 제대로 인식했다. 이런 인식의 핵심으로 그는 무능한 관리 수만 명이 뛰어난 관리 하나만 못하다고 보았다. 그러려면 **평소 신하의 행위를 잘 살펴야 한다고 주장하면서, 귀족부터 비천한 자에 이르기까지 모든 계층의 사람들을 살피라고 제안**한다. 그 대목을 먼저 인용해 본다(번역문은 김원중 옮김, 《정관정요》를 참고하여 일부 표현을 바꾸었다. 관찰 항목에 대해서는 편의상 번호를 붙였다).

【현재 신하 가운데 품성과 덕, 청렴, 재능이 뛰어난 사람이 매우 적은 까닭은 대부분 그들에게 엄하지 않은 것을 요구하고, 심혈을 기울여 연마시키지 않았기 때문입니다. 충직함과 공정함으로 나라를 위해 그들을 장려하고, 원대한 이상으로 그들을 독려하며, 각자에게 직책을 주면 자기주장을 펼칠 수 있습니다.

① 권문귀족들의 경우는 그들이 추천하는 사람을 관찰하고
② 부유한 사람이라면 그들이 어떤 물건을 쌓아놓고 있는지 살피고
③ 평민들이라면 그들이 좋아하는 일을 관찰하고

④ 공부하는 사람들이라면 그들이 한 말(문장)을 관찰하고

⑤ 빈곤한 사람은 그들이 받는 물건을 살피고

⑥ 비천한 사람들이라면 그들이 하지 않는 일을 관찰해야 합니다.

그런 다음 그들의 장점에 따라 뽑아서 쓰고, 그들의 재능을 심사하여 기용하며, 그들의 장점으로 단점을 가립니다.】

그러면서 보다 구체적인 방법으로 우리가 앞쪽에서 살펴본 바 있는 유향의 〈육정육사〉를 제시한 다음 이렇게 마무리하고 있다.

【《예기(禮記)》〈경해(經解)〉에 '저울을 그곳에 걸면 무게를 속일 수 없다. 장인이 직선을 긋는 도구를 그곳에 두면 곧음과 굽음을 속일 수 없다. 그림쇠와 직각자가 그곳에 설치되면 둥글고 네모난 것을 속일 수 없다. 군자가 예의에 밝으면 간사함으로 그를 속일 수 없다'고 했습니다. 이러면 신하의 진실과 거짓을 알기 어렵지 않습니다. 또 예의 규범으로 그들을 대하고, 법을 집행하는 수단으로 그들을 제어하며, 좋은 일을 하면 상을 받고 나쁜 일을 하면 징벌을 받는다면 어찌 감히 그곳에 이르려고 하지 않겠습니까? 어찌 감히 나라를 위해 힘쓰지 않겠습니까?】

〈논택관〉의 요지는 저울과 곧은 자처럼 군주가 똑바르면 간신에게 휘둘리지 않는다는 것이다. 이는 당 태종이 "근원이 흐리고서야 어찌 물줄기가 맑기를 바라겠느냐"라고 한 말과 정확하게 일치한다.

〈논택관〉에서 가장 주목되는 곳은 사람(인재)을 살핌에 있어서 실제 정치를 담당하는 조정의 신하들뿐만 아니라 평민은 물론 비천한 사람들까지 살피라는 대목이다. 이는 상하 귀천을 가리지 않고 인재라면 누구든 기용할 수 있다는 당 태종의 철학과 일치한다. **이 부분은 특히 간신과 관련해서는 간신이 단순히 관료층 안에만 존재하는 것이 아니기 때문에 주목된다.** 이 점을 좀 더 분석해보겠다.

① 고위 관직을 차지하고 있는 권문귀족의 경우는 그들이 어떤 사람을 추천하는가를 살피라는 말은 나라를 다스리는 인재들을 염두에 두고 있다. 제대로 된 인재를 추천하는지를 잘 보라는 뜻이다. 그렇지 않고 자신과 가까운 무능한 사람을 추천한다면 이런 자는 간신이 될 가능성이 크다. 신종 간신 부류로 분류한 전형적인 '관간(官奸)'과 '정간(政奸)'을 비롯하여 권력층을 이루고 있는 다양한 간신 부류들을 대입시켜 보면 된다.

② 부유한 자들의 경우는 어떤 물건을 쌓아두고 있는가를 보라고 했는데, 이는 부자가 쌓아 놓은 물건이 오로지 자신의 이익 또는 사치 향락을 위한 것인지 아니면 정상적인 매매나 다른 사람들에게 나눠주기 위한 것인지를 살피라는 뜻으로 보인다. 이는 상인들로서 권력과 결탁하여 간행(奸行)을 일삼는 '간상(奸商)'을 염두에 둔 것으로 볼 수 있다.

③ 평민들이라면 그들이 좋아하는 일을 관찰하라는 지적은 백성들의 동향과 민심을 살피라는 뜻으로 이해할 수 있다. 신종 간신 부류로 분류한 '민간(民奸)'을 대입시키면 되겠다.

④ 공부하는 사람들이라면 그들이 한 말(문장)을 관찰하라는 대목은 지식인들이 퍼뜨리는 말이나 문장이 자신의 출세를 위한 '곡학아세(曲學阿世)'인지, 나라와 백성을 위하는 마음에서 나온 것인지를 살피라는 뜻으로 받아들일 수 있다. 신종 간신 부류의 '학간(學奸)'에 해당하는 대목이다.

최고의 명군 당 태종의 통치철학을 담고 있는 《정관정요》는 군주의 자질과 인재의 등용에 관한 내용이 주를 이루지만 간신을 살피고 이를 방지하는 방법에 관한 의미 있는 인식과 내용도 적지 않다. 도판은 《정관정요》 〈논택관〉 첫 부분이다.

⑤ 빈곤한 사람은 그들이 받는 물건을 살피라는 지적은 사람이 어려워지면 옳지 않은 행동을 하거나 부정한 돈 따위를 받기 쉽기 때문에 그 부분을 잘 보라는 뜻이다. 신종 간신 부류의 하나로 옳건 그르건 무조건 한쪽만 광적으로 지지하는 ○○○ 부대 등을 대입시켜 보면 되겠다.

⑥ 비천한 사람들이라면 그들이 하지 않는 일을 관찰하라는 부분은 이런 사람들은 아무 일이나 가리지 않고 하기가 상대적으로 쉽기 때문에 그런 일을 하지 않는 올바른 사람이 있는가를 잘 살피라는 뜻으로도 이해할 수 있다. 포털, SNS, 유튜브 등을 통해 간행을 일삼고 있는 신종 간신 부류들이 이에 해당한다.

이상 간신과 관련하여 《정관정요》 〈논택관〉 마지막 부분을 집중 분석해보았다. 《정관정요》를 꼼꼼하게 읽어보길 권한다.

최초의 간신(奸臣)은?

간신의 원형(原型)들

간신의 행적을 문자로 남긴 기록들을 검토하고, 이런 기록들 속에 단편적 또는 비교적 상세히 남아 있는 간신을 가려내고 인식하고 방비하는 데 도움을 주는 내용들을 살펴보았다. 이제 본격적으로 역사상 실존했던 주요 간신들의 행적을 다룬 제2부 '간신전-인물편'과 간신의 실로 다양한 수법과 엽기 변태적 천태만상을 다룬 제3부 '간신학-수법편'에 대한 검토로 넘어가고자 한다. 그에 앞서 제1부 '간신론-이론편'의 마지막으로 조금 가벼운 마음으로 기록에 남은 역사 시기 최초의 간신과 초기 간신들은 어떤 자이며, 어떤 '간행'을 남겼는지 살펴본다. 워밍업 정도로 생각하면 좋겠다. 주로 춘추(春秋)시대 이전을 다루고 있는 《사기》 초기 기록들을 중심으로 간략하게 소개한다.

참고로 춘추시대를 역사책에서는 동주(東周)시대라 부르는데, 시작은 대체로 기원전 770년으로 보지만 끝난 해에 대한 견해는 여럿이다. 이 책에서는 진(晉)나라가 한(韓)·조(趙)·위(魏) 세 나라로 나뉘어 진(秦)·연(燕)·초(楚)·제(齊)와 함께 7웅을 이루어 전국(戰國)시대가 시작되는 기원전 403년까지로 본다(여기에 등장하는 사람 이름과 땅 이름 등의 한자가 어렵기 때문에 특별한 경우가 아니면 한글로 썼음을 미리 밝혀 양해를 구한다).

춘추 이전에 해당하는 《사기》의 기록은 권1 〈오제본기〉, 권2 〈하본기〉, 권3 〈은본기〉와 권4 〈주본기〉의 일부다. 〈오제본기〉는 전설시대 다섯 제왕, 즉 황제·전욱·곡·요·순의 사적을 다루고 있고, 요와 순의 사적이 대부분을 차지한다. 다음 〈하본기〉는 중국 역사상 최초의 국가이자 왕조인 하(夏)나라의 역사 기록인데, 최근 중국은 이 하나라의 건국 연도를 기원전 2070년으로 확정했다(하나라 건국 연도를 둘러싼 논쟁은 이 글의 내용과는 관련이 없으므로 논외로 한다). 따라서 그 앞 기록인 〈오제본기〉의 연도는 기원전 2070년 이전으로 알기 쉽게 약 5천 년 전으로 생각하면 된다. 다음으로 〈은본기〉는 두 번째 국가이자 왕조인 은(殷)의 역사다. 은은 학계에서는 대체로 상(商), 또는 상은(商殷)으로 부른다. 상은 첫 도읍의 지명이고, 은은 마지막 도읍의 지명이다. 중국 학계는 상의 건국 연도를 기원전 1600년으로 확정했다.

다음 〈주본기〉는 세 번째 국가이자 왕조인 주(周)나라의 역사 기록이다. 앞 두 왕조보다 상대적으로 많은 양의 사료가 남아 있어 분량이 긴 편이다. 주의 건국 연도는 기원전 1046년이다. 이 주나라가 기원전 771년, 내분과 융이라는 외적의 침입으로 일시적으로 망했다가 그 이듬해인 기원전 770년 도읍을 낙양으로 옮겨 명맥을 유지한다. 그래서 기원전 770년과 도읍지의 위치를 기점으로 그 전을 서주, 그 이후를 동주라 부른다. 공자가 편찬한 《춘추》가 대체로 동주 시기와 가깝기 때문에 동주시대를 춘추시대라고도 부르는 것이다. 동주 시기의 역사는 《춘추》 외에 《좌전(左傳)》이라는 훌륭한 역사 기록이 있기 때문에 간신에 대한 정보도 이를 통해 얻을 수 있다. 여기서는 동주 이전 시기, 즉 오제·하·상·서주 시기의 역사에 단편적으로 흔적을 남기고 있는 초기 간신들의 모습과 행적을 살펴보겠다.

'면유퇴방'이란 말로 간사한 자를 경계했던 순임금의 인식은 간신에 대한 방비와 예방에 의미 있는 인식의 틀을 제공하고 있다.

먼저 〈오제본기〉를 살펴본다. 요임금 이전 고양씨와 고신씨의 후손으로 세상에 이익을 주는 팔개와 팔원라는 각각 여덟 명씩 16명의 인재가 있었다고 한다. 그러나 이들은 요임금 때는 기용되지 못하다가 순임금에 의해 기용되었다.

반면 제홍씨의 후손으로 인간이 덜된 **혼돈**이란 후손이 있었는데, 그는 남의 의로운 일은 감추고 자신의 간사한 짓은 비호하면서 흉악한 일을 잘 저질렀다. 소호씨의 후손인 **궁기**는 믿음을 저버리고 충직함을 꺼리며 나쁜 말을 꾸미고 다녔다. 전욱씨의 후손으로 **도올**은 가르침도 받아들이지 않고 무엇이 좋은 말인지도 몰랐다고 한다. 진운씨에게는 음식을 탐하고 재물을 밝히는 **도철**이 있었다. 순은 이 '사흉(四凶)' 집안을 멀리 사방 변방으로 내쫓았다.

이상 실존 여부는 확실치 않지만 **'사흉'의 행적에서 우리는 간신의 특징이자 공통점 상당수를 확인**할 수 있다. 즉, 다른 사람의 장점은 감추고 자신의 나쁜 짓은 감싸면서 흉악한 짓을 서슴지 않고, 나쁜 말을 꾸미고 다니며, 남의 충언은 받아들이지 않고, 음식과 재물을 탐했다. 이들이 저지른 간행의 수단과 방법은 기록에 없지만 이미 **약 4천 수백 년 전부터 간신의 전형적인 특징이자 공통점 상당수가 나타난다**는 점이 주목된다.

순임금은 이 밖에도 22명의 인재들에게 각기 다른 업무를 분장하게 했다. 그중 여론을 모아 통치자에게 전하는 자리인 '납언(納言)'에 용이란 인물을 임명하면서 "용! 짐은 사람을 홀리는 교묘한 말과 도덕과 신의를 파괴하는 것을 싫어하오. 그대를 납언에 임명하니 밤낮으로 짐의 명령을 전달하되 신의를 지키도록 하시오"라고 당부한 대목도 눈길을 끈다.

〈하본기〉에는 간신으로 지목할 만한 인물은 기록되어 있지 않다. 다만, 순임금이 장차 하나라 시조가 될 우와 대신 고요 등과 통치자의 자질 등을 놓고 한바탕 대토론을 벌인 다음 "내게 잘못이 있다면 바로잡도록 도와야 할 것이오. 앞에서 아부하고 등 뒤에서 비방하여서는 안 될 것이오"라는 대목이 눈에 띈다. 여기서 '**면유퇴방(面諛退謗)**'이란 유명한 사자성어가 비롯되었는데, 간신의 가장 전형적인 특징을 절묘하게 지적한 성어라 할 것이다.

참고로 〈오제본기〉에는 '간(奸)'이란 글자 대신 '간(姦)'이란 글자가 두 차례 나오는데 모두 간악한 짓이란 뜻으로 쓰이고 있고, 간신을 가리키는 표현은 보이지 않는다.

〈하본기〉에 간신은 등장하지 않지만 간군(奸君)이라 할 수 있는 왕들은 보인다. 하나라 말기의 **제공갑**은 귀신 흉내를 즐기며 음란했다. 또 그는 용을 기르는 별난 취향을 보였고, 용이 죽자 그 고기까지 먹는 엽기적인 행각을 보였다. 그리고 수천 년 동안 끝없이 거론되는 폭군의 대명사 마지막 왕 **걸**이 있다. 그는 정사에 힘쓰지 않고 폭력으로 백성을 해치고 사치와 음탕함으로 빠져 살다가 결국 나라를 망쳤다. 폭군과 혼군의 상징인 '주지육림(酒池肉林)'은 걸이 창안한 것이라 한다.

걸은 특히 간군(奸君)에게서 나타나는 전형적인 특징의 하나인 과대망상(誇大妄想)까지 보였는데, 다름 아닌 자신을 태양에 비유한 것이다. 태양이 없어지지 않는 한 자신도 끄떡없다는 망상이었다. 백성들은 "저 태양은 언제 없어지나. 우리가 저놈과 함께 죽으리라"며 한탄했다고 한다. 이런 과대망상 증세는 간신들에게도 일쑤 나타나는 특성이다. 걸의 이런 폭정과 사치 방탕, 그리고 과대망상은 상나라 마지막 왕은 주에게 고스란히 전이되었다. 망국의 군주 걸·주의 이런 특성은 군주체제 하의 간군들에게서 나타나는 전형으로 자리 잡았다. 참고로 과대망상의 중국식 표현은 '자대심리(自大心理)'다. '자신을 크게 여기는 심리'인데, '자대'는 《사기》 〈서남이열전〉에 보이는 '(조그마한) 야랑국이 (세상 넓은 줄 모르고) 자기 나라가 가장 크다고 여긴다'는 '야랑자대(夜郞自大)'에서 비롯되었다.

〈은본기〉는 언급한 대로 마지막 왕인 주임금의 폭정이 많은 비중을 차지하고 있다. 이런 주임금이 총애한 신하들로 비중과 오래, 그리고 숭후호란 세 사람(간신)의 간략한 행적이 기록되어 있는데, 그 행적은 간신들의 특성을 그대로 보이고 있다.

먼저 비중은 주임금이 국정을 맡길 정도로 신임했는데 아부를 잘하고 사리사욕을 밝히는 자였다. 이 때문에 나라 사람들이 그를 멀리했다. 오래는 남을 헐뜯기를 잘하여 제후들을 이간질시켜 제후들이 더욱 멀리했다. 주임금은 이런 자들을 중용한 반면 충직한 신하들의 말을 듣지 않았다. 숭후호 같은 자는 서백 창(훗날 주 문왕)이 주임금의 폭정에 한숨을 쉬는 모습을 보고는 이를 주임금에게 고

자질하여 유리성에 7년이나 갇혀 있게 만들었다. 이상 세 사람 역시 간신들의 전형적인 특징이자 공통점인 아부, 사리사욕, 헐뜯기, 고자질 등을 보여주고 있다.

〈주본기〉에는 간신으로 볼 수 있는 인물로는 여왕 때의 **영이공**이란 자와 유왕 때의 **괵석보**가 있다. 여왕과 유왕은 이런 자들을 중용한 탓에 여왕은 왕의 자리에서 쫓겨났고, 유왕은 융의 침공을 받아 목숨을 잃고 나라가 일시적으로 망하는 결과를 초래했다.

영이공은 재물과 각종 이익을 밝혔던 간신으로, 여왕이 나라의 부를 독점할 수 있게 도왔다. 대부 예량부가 "보통 사람이 이익을 독차지해도 도적이라 부르거늘 왕이 그러면 왕을 따르는 사람이 적어진다"고 충고했지만 여왕은 끝내 영이공을 기용하여 정권을 장악하게 했다. 여왕은 또 자신을 비방하는 여론을 탄압하기 위해 위나라 무당을 불러 감시하게 했다. 이 때문에 사람들은 길에서 만나면 눈짓으로 뜻을 나누었다. 여왕이 비방을 잠재웠다고 큰소리를 치자 소공은 "백성의 입을 막는 것은 물(홍수)을 막는 일보다 심각하다"고 직언했지만 역시나 듣지 않았다. 기원전 841년 여왕은 결국 나라 사람들에 의해 쫓겨나 외지에서 쓸쓸히 죽었다(기원전 841년은 문헌에 처음으로 기록된 구체적인 연도이다. 이후 사건들에 대한 명확한 연도가 기록되기 시작했다. 이 해를 역사에서는 공화共和 원년이라 한다. 소공과 주공 두 사람이 함께 정권을 담당했다고 해서 이렇게 불렀다고 하지만 다른 설도 있다).

유왕은 총애하는 포사를 웃기려고 봉화놀이를 일삼다가 외부의 견융과 결탁한 신후의 공격을 받아 피살되고 나라가 망했다. 이때

여왕과 유왕은 간군(혼군)과 간신의 관계가 떼려야 뗄 수 없는 숙주와 기생충의 관계이자 이란성쌍생아 관계의 원형임을 보여준다. 사진은 유왕이 포사를 웃게 하려고 봉화를 피웠던 여산 봉수대이다(섬서성 서안시 임동).

가 기원전 771년이고, 이듬해 평왕이 도읍을 낙양으로 옮겨 망한 주나라를 재건했다. 기원전 770년을 기점으로 그 이전을 서주, 그 이후를 동주라 부른다. 또 공자의 《춘추》가 대체로 이때부터 시작되므로 동주를 춘추라 부르기도 한다. 이에 대해서는 앞서 언급한 바 있다.

유왕이 나라를 망치는 데 일조한 자로서 괵석보가 있었다. 그는 간사하고 아부를 잘하며 이익을 밝혔다. 이 때문에 백성들이 모두 원성이 높았지만 유왕은 아랑곳하지 않았다. 괵석보 역시 간신들의 공통된 특징인 간사, 아부, 사리사욕을 보이고 있다.

이상 《사기》 기록을 중심으로 전설시대부터 서주까지 간신의 공통된 특성과 전형을 보여준 자들에 대해 간략하게 살펴보았다. 구체적인 간행과 그 간행을 이루기 위한 구체적인 수단과 방법은 기록에 나타나 있지 않지만 **간신의 특성과 공통점 상당수를 확인**할 수 있었다. 즉 **간사, 아부, 탐욕, 사리사욕, 이간질, 고자질, 헐뜯기 등**이 그런 것들이었다.

또 한 가지, 앞으로 지겹도록 보게 되겠지만 간신과 간군(또는 혼군)의 관계에 대한 인식이다. 간신은 권력을 탐하는 존재다. 최고 권력자는 간신의 주된 집중 공략의 대상이 될 수밖에 없다. 어리석은 군주, 즉 간군과 혼군은 이런 간신이 집요한 공략에 쉽게 넘어간다. 무엇보다 서로의 이해관계가 맞아 서로 자발적으로 마치 한 몸처럼 간행을 저지른다. 이런 점에서 **간군(혼군)과 간신의 관계는 숙주와 기생충의 관계이자 이란성쌍생아와 같다.** 이 점을 단단히 기억하고 있어야 한다.

하나의 역사현상이자 사회현상으로서 간신의 존재에 대한 인식은 이때까지 나타나지 못하고 있다. 다만, 순임금이 언급한 '면유퇴방'에 대한 경각심, 바른 여론 수렴을 위한 납언이란 자리의 마련 등은 간사한 자들에 대한 기본적인 경계심은 일찍부터 있었다. 이런 점은 간신에 대한 방비와 예방을 위한 의미 있는 인식으로 받아들일 필요가 있다.

기원전 770년 동주시대부터는 《사기》는 물론 《사기》의 바탕이 되는 《좌전》, 《춘추》를 비롯하여 제자백가의 저술을 통해 상당히 많은 간신들의 모습이 나타난다. 또 간신을 하나의 유형으로 파악하여 분석을 가하고 그 폐해에 대해 경고하는 여러 저술들도 나타났다. 이에 관해서는 우리가 앞에서 꽤 길게 살피고 분석하여 간신이란 존재의 구체적인 실체에 좀 더 접근한 바 있다.

기록에 나타난
최초 간신의 전형(典型)

다음으로 기록에 나타난 최초의 간신으로, 훗날 하나의 현상으로서 간신이 갖춘 여러 특징을 보여준 인물을 간략하게 소개한다. 간신에 대한 정의 부분에서 잠깐 언급했던 춘추시대 진(晉)나라 양설부(羊舌鮒)가 그 주인공이다. **양설부는 간신에서 가장 공통적이고 많은 비중을 차지하는 '탐관형(貪官形)' 간신**이기도 하다.

몇 차례 언급했듯이 **모든 탐관이 100% 간신은 아니지만, 모든 간신은 100% 탐관이다.** 이 때문에 우리는 간신의 가장 두드러진 특징을 '사탐일무(四貪一無)'로 정의한 바 있다. 다시 상기하자면, '사탐'이란 탐욕(貪慾)이라는 본성을 바탕으로 권력을 탐하는 탐권(貪權), 자리를 탐하는 탐위(貪位), 재물을 탐하는 탐재(貪財), 여색을 탐하는 탐색(貪色)이 그것이다. '일무'란 부끄러움을 모르는 '무치(無恥)'다.

기록상 간신으로서 최초의 인물인 **양설부는 이런 간신의 전형적인 특징인 '사탐일무'의 상당 부분을 잘 보여주고 있다.** 그의 간신 행적, 간행을 통해 이 점을 확인해보자(양설부의 행적은 《좌전》의 노나라 성공成公, 양공襄公, 소공昭公 때의 기록에 흩어져 있다. 일일이 밝히지는 않았다. 본문의 내

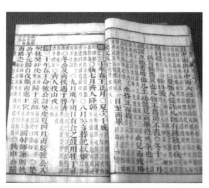

기록상 최초의 탐관형 간신의 행적을 기록하고 있는 《좌전》.

용은 《中國歷代貪官》 pp.1~10을 참고하여 필자의 집필 기준에 맞추어 요약·정리한 다음 《좌전》의 기록과 대조했다).

출신의 콤플렉스, 성격 형성에 영향

양설부는 춘추시대인 기원전 6세기 서북방 진(晉)나라 평공(平公, 재위 기원전 557~기원전 532)과 소공(昭公, 재위 기원전 531~기원전 526) 때의 인물이다. 약 100년 전 진나라를 패주국으로 끌어올렸던 문공(文公, 기원전 약 697~기원전 628) 시기의 명장이었던 양설투극(羊舌斗克)의 후손으로, 말하자면 명문가 출신이었다. 양설부는 적자가 아닌 서자 출신이었고, 그의 출생에는 다음과 같은 우여곡절이 있었다.

양설부의 아버지 양설직은 정부인의 노복을 총애하게 되었다. 정부인은 남편의 총애에도 불구하고 엄격하게 노복을 단속하여 서로 접촉하지 못하게 했다. 이 때문에 부부 사이가 나빠졌다. 식구들이 그렇게까지 할 것 있냐고 하자 정부인은 이렇게 말했다.

"아름다운 산과 깊은 연못은 용과 뱀이 사는 곳이다. 그 여자가 매우 예쁘긴 하지만 행실이 바르지 못하다. 나는 그녀가 용이나 뱀을 길러 너희들을 해치고 가족에게 해를 가져오지 않을까 걱정이 되어 엄격하게 단속하는 것이다. 이 정도 일이 내게 무슨 방해가 되겠느냐!"

그럼에도 정부인은 어쩔 수 없다는 듯이 남편과 노복의 동침을

진 평공은 남방의 강국 초나라와 싸워 승리하는 등 문공 때 이룩했던 패업을 회복하는 등 위세를 떨쳤지만 집권 후기에는 무리한 토목사업 등으로 권력이 여섯 집안인 6경에게 넘어가는 등 난맥상을 보였다. 도면은 진 평공과 그 당시 악사(樂師)로서 직언을 잘했던 사광(師曠)의 모습이다.

허락했고, 노복은 양설호(羊舌虎)에 이어 이 글의 주인공인 양설부를 낳았다.

이렇게 양설부는 진나라 명문가 자손으로 태어났다. 이런 그의 출신 배경은 귀족 집안의 자제가 가지는 교만한 기질의 형성과 함께 서자 출신이라는 심리적 콤플렉스에서 벗어나지 못했을 것이라는 추측을 가능케 한다. 권세와 부귀, 그리고 서자라는 이 복합적인 환경에서 양설부는 성장했고, 이는 훗날 그의 탐욕스럽고 잔인한 성격을 형성하는데 나름 영향을 미쳤다.

시련(試鍊)의 시기

양설부의 친형인 양설호는 기록만 놓고 볼 때는 양설부와 많이 달랐던 것 같다. 양설호는 준수한 외모와 남다른 용기로 당시 진나라의 실세인 육경(六卿)의 한 사람이었던 난영(欒盈)의 신임과 총애를 받았다. 이로써 양설 집안의 위세는 더욱 높아졌다.

기원전 552년, 진나라는 단연(澶淵, 지금의 하남성 복양시濮陽市)에서

13개 제후국들과 회맹을 가졌다. 당시 주자(邾子)라는 작은 나라가 노나라가 비어 있는 틈을 타서 노나라를 공격했다. 진나라는 노나라를 도와 주자국에 대한 토벌에 나섰고, 그 군대를 양설부가 이끌게 되었다. 양설부는 주자국을 정복하는 승리를 거두었고, 노나라 실권자 계무자(季武子)는 양설부에게 크게 감격했다. 양설부의 위세는 한껏 올라갔다.

그런데 이듬해인 기원전 551년, 뜻하지 않게 진나라에 내란이 터졌다. 문제는 양설 집안의 후견자와 같은 난영이 축출당한 일이었다. 난영은 초나라로 망명했다. 실권자 범선자(范宣子)는 난영을 반역자로 규정하는 한편 난영의 측근 10명을 죽였다. 이 10명 중에 양설부의 친형인 양설호가 포함되었고, 양설 집안사람들도 연루되어 옥에 갇혔다. 양설부가 아직 귀국하지 못한 상황에서 벌어진 일이었고, 양설부는 노나라에 몸을 맡겼다. 얼마 전 은혜를 입은 노나라 계무자는 양설부를 보호했다. 얼마 뒤 양설부를 포함한 양설 집안사람들도 사면을 받았지만 과거처럼 중책을 맡지는 못했다. 이로부터 양설부는 20년 넘게 시련의 세월을 보내지 않으면 안 되었다.

다시 바뀐 정국

그로부터 약 20년이 지난 기원전 532년, 진 평공이 죽고 이듬해 소공이 즉위하면서 정국이 적지 않은 변화를 맞이했다. 한선자(韓宣子)가 집권하면서 양설 집안사람들이 다시 중용되기 시작한 것이다. 양설부도 군대 일을 맡게 되었다.

기원전 529년 한선자는 진나라의 패주 권위를 과시하기 위해 제후들과 평구(平丘, 지금의 하남성 봉구현封丘縣 동쪽)에서 회맹했고, 양설부는 군인과 전투마를 포함한 무려 30만 대군을 훈련시키며 그 위세를 과시했다. 병권을 쥔 양설부는 의기양양(意氣揚揚)했고, 마침내 그의 안에 잠재되어 있던 간성(奸性)이 서서히 드러나기 시작했다.

군대를 이끌고 제후국들에게 위세를 과시하던 양설부는 위(衛)나라를 지나면서 공개적으로 재물을 요구했다. 위나라가 이를 거절하자 양설부는 군마를 먹인다는 핑계로 군사를 풀어 풀과 나무를 베는 등 소란을 떨었다. 위나라는 사신에게 맛난 음식과 질 좋은 비단을 가지고 양설부의 배다른 형인 양설힐(羊舌肹)에게 보내 도움을 청했다. 양설부의 탐욕스러운 성격을 잘 알고 있던 양설힐은 위나라 국군의 명의로 비단을 양설부에게 갖다 주라고 권했다.

위나라 사신은 양설힐의 말대로 비단을 양설부에게 갖다 바쳤고, 양설부는 바로 예물을 받아들이는 한편 사신이 떠나기도 전에 군대를 철수시켰다. 당시 비단은 대단히 비싼 물품이었고, 양설부는 일부러 핑계를 만들어 재물을 긁어냈다. 탐욕스러운 본성을 유감없이 드러낸 사건이었다.

본격화된 양설부의 간행

맛을 들인 양설부는 가는 곳마다 소동을 떨며 제후국들에게 뇌물을 강요했다. 양설부의 탐욕을 헤아린 제후국들은 뇌물 공세로 양설부의 만행을 피했다. 양설부는 10여 개 제후국을 굴복시키고 뇌물을 챙겼다. 기원전 529년 당시 진나라가 주도한 평구(平丘) 회맹에 정작 참석해야 할 노나라가 오지 않았다. 진 소공과 한선자는 이것이 못마땅했고, 이를 눈치챈 양설부는 제멋대로 노나라 상경(上卿) 계평자(季平子)를 체포했다. 노나라는 양설부의 탐욕을 잘 알고 있었기 때문에 비단과 먹을 것 등 후한 예물을 보냈다. 양설부는 아랫사람에게 이를 받게 하고 계평자는 풀어주지 않았다.

계평자는 과거 내란으로 귀국하지 못한 채 오갈 데 없는 신세였던 양설부를 지켜준 계무자의 손자다. 이런 계평자를 억류했으니 이는 말 그대로 배은망덕(背恩忘德)이었다. 양설부는 한술 더 떠 계평자를 진나라로 압송해갔다. 노나라 국군이 직접 계평자의 석방을 요청하기 위해 진나라의 국경인 황하까지 왔지만 입국을 거절당했다.

이 무렵 진나라와 초나라의 갈등이 격화되어 쌍방의 관계가 긴장되었다. 초나라는 진나라의 우방인 진(陳)과 채(蔡) 두 나라를 없애며 진나라를 압박해왔다. 진나라로서는 동방의 우방 노나라의 도움이 급했다. 그러나 노나라의 귀족 계평자를 억류하고 있는 상황이라 이 문제를 해결하지 않을 수 없었다.

그런데 뜻밖에 계평자는 귀국을 거부하며 자신의 억류는 노나라를 모욕한 것이니 진나라가 공개적으로 사과할 것을 요구했다. 난감해진 한선자는 진나라 조야의 존경을 받고 있는 숙향(叔向)에게 자문을 구했다. 숙향은 양설부에게 결자해지(結者解之)하게 하라고 조언했다.

한선사의 명령을 받은 양설부는 난감했지만 따를 수밖에 없었다. 여기서 간신 양설부의 솜씨가 발휘되었다. 그는 계평자를 찾아가 과거 자신이 계무자에게 입은 은혜를 거론하며 그 때문에 자신은 두 번째 생명을 얻었다며 눈물까지 흘렸다. 계평자는 가증스러운 양설부의 위장을 간파하지 못하고 그를 믿었다. 양설부는 이뿐만 아니라 돌아가지 않을 경우 진나라는 계평자를 황량한 황하 주변에 평생 억류시키려 한다는 협박까지 하면서 계평자를 얼렀다.

계평자는 교활한 양설부에게 농락당해 두려움에 떨면서 노나라로 돌아갔다. 이렇게 문제를 해결한 양설부는 의기양양 한선자에게 자신의 공을 떠벌였고, 한선자는 그를 진나라 사법을 총책임진 대리사구(代理司寇)에 임명했다. 양설부라는 늑대가 날개를 다는 순간이었다.

극성스러운 간행과 최후

나라의 사법권을 손에 넣은 양설부의 간행은 이제 거칠 것이 없었다. 그는 권력과 법을 한껏 악용하여, 파리와 구더기가 오물을 찾듯 재물에 대해 끝없는 탐욕을 드러냈다. 그 무렵 한선자는 오랫동안 해결되지 않고 있는 토지 소송사건을 양설부에게 처리하게 했다. 많은 땅이 걸려 있는 이 사건은 양설부의 탐욕을 더욱 부추겼다. 그런데 이 사건이 양설부의 수명을 단축할 줄은 아무도 예상치 못했다.

사건의 경위는 이랬다. 당시 국제적으로 큰 물의를 일으킨 하희(夏姬)의 성추문이 터졌다. 그녀는 많은 나이에도 불구하고 빼어난 미모와 남다른 수완으로 "살삼부일군일자(殺三夫一君一子), 망일국양경(亡一國兩卿)"하는 놀라운 성과(?)를 남겼다. 그녀는 "남편 셋,

임금 하나, 자식 하나를 죽이고, 한 나라와 두 명의 경(귀족)을 망하게 하며" 국제적으로 큰 악명을 떨쳤다.

이 하희 사건에 깊숙이 개입하여 그녀를 마지막으로 차지한 인물은 초나라 귀족 신공(申公) 무신(巫臣)이었다. 그는 이 때문에 초나라에 살지 못하고 진나라로 망명했고, 그 두 아들 형후(邢侯)와 옹자(雍子) 등도 함께 망명했다. 옹자는 진나라에 건너와 조국 초나라와의 전투에서 패전 상황을 역전시키는 등 전공을 세워 많은 땅을 받았다. 그런데 형후와 옹자는 초나라에 있을 때부터 사이가 좋지 않았고, 진나라에 망명해서도 서로 싸우다 결국 땅을 놓고 소송을 벌이기에 이르렀다.

이런 상황에서 양설부가 이 두 형제의 소송을 처리하게 된 것이다. 옹자는 양설부의 성격을 파악하여 잽싸게 딸과 뇌물을 바치며 결탁했다. 양설부는 불문곡직(不問曲直) 옹자 편을 들었다. 허망하게 땅을 빼앗긴 형후는 치밀어 오르는 울화를 참지 못해 옹자를 죽이고, 내친 김에 양설부까지 죽여버렸다. 탐욕의 화신 간신 양설부는 이렇게 어이없게 목숨을 잃었다. 그러나 양설부의 최후는 이것이 끝이 아니었다.

끝나지 않은 간신의 최후

양설부가 죽자 그때까지 그가 저지른 간행이 속속 드러났다. 이로써 사건이 더 복잡해졌다. 한선자는 양설부의 형 양설힐을 불러 어떻게 사건을 처리했으면 좋겠냐고 의견을 물었다. 양설힐은 이런 해결책을 내놓았다.

"그 세 사람은 모두 당연히 죽을죄에 해당합니다. 형을 죽인 형후는 사형에 처하고, 이미 죽은 두 사람은 그 시신을 다시 잘라 저잣거리에 내걸어야 합니다."

한선자가 의아해하며 그 까닭을 묻자 양설힐은 이렇게 답했다.

"옹자는 남의 땅을 빼앗고도 뇌물이란 방법으로 정직함을 팔았습니다. 양설부는 법을 팔아 사익을 취했고, 형후는 사람을 함부로 죽였습니다. 이들의 범죄 정도는 모두 엄중합니다."

양설힐은 하 왕조의 법관 고요(皐陶)가 제정한 형전을 끌어다 "자신의 악행을 미화하는 것을 '혼(昏)', 탐욕으로 공직을 그르치는 것을 '묵(墨)', 거리낌 없이 사람을 죽이는 것을 '적(賊)'이라 합니다. 고요의 형벌을 따르십시오"라고 했다. 한선자는 양설힐의 말에 따랐다. 이렇게 해서 양설부와 옹자의 시신은 토막이 나서 저잣거리에 전시되었다.

기록으로 남은 최초의 본격적인 탐관형 간신 양설부는 이렇게 죽어 시신이 토막 나고 나아가 저잣거리에 내걸리는 치욕스러운 두 번의 최후를 맞이했다. 기록은 이런 양설부의 간행을 '**탐묵(貪墨)**'이란 두 글자로 평가했다. '탐묵'이란 훗날 탐관에 대한 형벌의 하나이자 탐관오리를 가리키는 용어가 되었다. 최초의 탐관형 간신 양설부가 이 죄목으로 처형당했기 때문이다.

최초의 간신에 대한 평가와 분석

훗날 공자(孔子)는 이 사건을 두고 숙향의 일처리를 칭찬하는 한편 "양설부는 '뇌물이면 뇌물', '속임수면 속임수', '탐욕이면 탐욕'의 '삼악(三惡)'을 한 몸에 지닌 자로 죽음으로도 모자란다"고 평가했다. **공자의 이 평가는 탐관형 간신 양설부에 대한 최초의 역사적 평가로서 의미가 있다.** 물론 하나의 역사적 존재이자 역사현상이란 측면에서 보자면 부족한 점이 많은 평가이다. 이런 관점에서 양설부의 간행이 보여준 특성을 좀 더 분석해보고자 한다.

먼저 **간신의 출신과 성장 과정에 주목**해야 한다. 과거는 현재의 그림자이고 미래의 나침반이기 때문이다. 그 과거는 대체로 출신과 성장 과정에 다름 아니다. 이런 점에서 막강한 양설부의 집안과 서자 출신에서 오는 콤플렉스는 그의 간성(奸性) 형성에 일정한 영향을 주었을 것이다.

다음으로 양설부의 **행적에서 보이는 특징**은 역사상 간신이 보이는 보편적 특성과 많이 겹친다. 간략하게 정리해보면 이렇다. 먼저, 공자가 지적한 '삼악', 즉 뇌물과 속임수, 그리고 탐욕이 있다. 다음으로 출신과 성장 과정의 **콤플렉스로 형성된 삐뚤어진 성격**이다. 그리고 이 성격 중 가장 중대한 것이 **탐욕(貪欲)**이었고, 이는 양설부를 탐관형 간신으로 규정한 가장 큰 요인이다. 다음으로 권력자의 눈치를 보고 심기를 헤아려 비위 맞추는 약삭빠른 요령, 양설부의 이런 간성과 권력이 만나 드러난 **자기과시(自己誇示)**를 들 수 있다.

이 밖에 양설부의 간성에서 보이는 특징으로 노나라 권력자 계평자를 체포하고 억류한 **배은망덕(背恩忘德)**, 계평자를 회유하는 과정에서 보여준 **위선(僞善)**과 **위장(僞裝)** 등도 간신의 전형적인 특징들에 속한다. **양설부는 권력을 가지면 함께 나타나는 여러 간성들을 한 몸에 장착한 탐관형 간신의 모습**을 보여주었다. 물론 후대에 나타난 전형적인 간신의 특성과는 적지 않은 차이를 보이고 있다는 점도 지적하지 않을 수 없다.

끝으로 양설부의 최후는 많은 것을 생각하게 한다. 최초의 탐관형 간신으로서 그는 자신의 권력과 권력자의 총애만 믿고 무모하고 무리하게 법을 집행하다 죽임을 당했다. 뿐만 아니라 죽은 다음 그 시신이 잘리고 저잣거리에 내걸리는 더할 수 없는 치욕까지 당했다. 역사적 평가도 신랄했다. 이런 점에서 그는 **역사법정의 냉혹한 기둥에 못 박힌 최초의 간신**이기도 했다. 역사의 경고와 경계가 이처럼 냉혹하다는 사실을 잊지 말아야 한다.

'간신전'에 편입된 최초의 인물은?

우리는 앞서 간신과 관련한 역대 기록들을 검토하면서 《신당서》에 와서 〈간신전〉이 처음 마련되었고, 그 배경에 대해서도 언급한 바 있다. 《신당서》가 편찬된 시기는 송나라 때였고, 당시 정치상황이 역사서에 본격적으로 〈간신전〉을 넣게 되는 현실적 동기로 작용했다고 했다. 중복되기는 하지만 다시 한 번 〈간신전〉이 정사에 편입되게 된 배경을 요약하자면 이렇다.

송은 전례 없이 강화된 관료체제를 바탕으로 작동하는 나라였다. 또 철저히 문관 위주의 관료체제였다. 이 때문에 국력은 문약(文弱)으로 흘렀고, 여기에 못난 제왕들이 계속 출현하면서 간신이 양산되었다. 당쟁은 간신현상을 부추기는 작용을 했다. 이런 점을 인식한 사대부들은 역사서에 〈간신전〉을 마련하여 경각심을 북돋우고자 했다. 위에서 지적한 대로 간신이란 존재와 간신현상에 대한 심각한 인식 수준에까지는 이르지 못했지만 〈간신전〉의 마련은 이후 거의 모든 정사(正史)에 〈간신전〉이 들어가게 되는 디딤돌을 놓았다는 점에서 적지 않은 의의를 갖는다 하겠다.

이렇게 《신당서》 권223 열전 제148에 〈간신전〉이 마련되었고, 거기에는 이제 소개할 허경종(許敬宗)을 포함하여 **이의부**(李義府), 부유예(傅游藝), **이임보**(李林甫), 진희열(陳希烈), **노기**(盧杞) 최윤(崔胤), 최소위(崔昭緯), 유찬(柳璨)까지 모두 9명의 간신이 수록되었다(굵은 글씨는 간신을 다룬 대부분의 책에 빠지지 않고 소개되는 거물급 간신들을 나타낸다).

《신당서》에 〈간신전〉이 처음으로 마련되기는 했지만 간신에 대한 인식의 깊이는 충분치 못했다. 간신을 하나의 역사현상으로 인식하지 못한 것은 물론이다. 그저 〈간신론〉 후기에 "나무가 썩으려면 벌레가 생기고, 나라가 망하려면 요사스러운 자들이 생산된다"는 정도의 인식에 머물고 있다. 다만 **정부가 주도하여 편찬하는 이른바 정사에 〈간신전〉이 마련되었다는 사실은 적어도 간신에 대한 경각심을 국가 차원에서 가졌다는 점에서 적지 않은 의의를 갖는다고 하겠다.**

《신당서》〈간신전〉에 처음 이름을 올린 간신은 허경종이다. 그의 간행은 뒤이어 나타나는 이의부나 이임보 등에 비하면 그 정도가 약하긴 하지만 〈간신전〉 맨 처음에 이름을 올렸다는 사실 자체가 의미가 있기 때문에 그의 간행을 간략하게 소개할까 한다. 허경종과 이의부가 〈간신전〉의 맨 앞을 차지한 것은 이미《구당서》편제를 보아 예견된 수순이었다.《구당서》열전에 허경종과 이의부가 나란히 실려 있기 때문이다. 이의부, 이임보, 노기 등에 대해서는 별도로 살펴볼 것이고, 먼저 허경종의 행적을 간략하게 정리해 본다.

혼란기의 행적

허경종은 수 왕조(581~618) 때인 592년에 태어나 당 왕조(618~907) 초기인 672년에 죽었다. 80세까지 장수를 누린 보기 드문 간신이기도 하다. 그가 태어나 활동한 시기를 보면 수 왕조에서 당 왕조로 넘어가는 교체기로 이른바 난세였다. 대체로 20대까지는 수 왕조였고, 이후 죽을 때까지는 당 왕조였다. 시간의 길이로 보자면 당 왕조에서 약 반세기 가까이 일한 셈이다.

수 왕조에서는 당연히 망국의 제왕 양제(煬帝, 569~618)를 모셨고, 각지의 군웅들이 일어나 혼전을 벌였을 때는 이밀(李密, 582~619)이 이끌고 있던 당시로서는 가장 강했던 와강군(瓦崗軍)에 투항했다. 618년 와강군은 우문화급(宇文化及)과 왕세충(王世充)에게 패했고, 이밀은 당으로 귀순했다. 이때 허경종도 당에 귀순했다. 이후 허경종은 당 왕조를 세운 고조(高祖)부터 태종(太宗), 고종(高宗), 무측천

(武則天)까지 네 명의 권력자를 보필했고, 고종과 무측천을 모신 기간이 가장 길었다. 고종은 649년부터 683년까지 재위했는데, 재위기간 내내 실권은 무측천이 휘둘렀다. 허경종이 실제로 간행을 저지를 수 있었던 데는 무측천이란 존재가 있었기 때문이다. 고종이 즉위한 649년은 허경종의 나이 53세였고, 80세 죽을 때까지 27년 동안 고종(실은 무측천)을 모셨다(허경종이 당 왕조에서 일한 기간은 모두 54년이니 그 절반을 고종과 무측천을 모셨다).

허경종이 당나라에 귀순했을 때의 나이가 26세였다. 그가 수 왕조에서 벼슬했을 때가 대업(大業) 연간인 605년에서 618년 사이로 15세에서 26세까지였다. 대체로 20세 이후 5,6년 정도이고, 618년 수 왕조가 망하자 바로 이밀에게 투항했지만 바로 그해에 와강군이 패해 이밀과 함께 당 왕조로 귀순했다. 이밀 밑에서 일한 시간은 몇 달에 지나지 않았다.

그런데 이밀에게로 투항하기 전, 허경종의 아버지 허선심(許善心)은 쿠데타를 일으킨 수 왕조의 장군 우문화급에게 굽히길 거부하다 피살당했다. 일부 기록에 따르면 당시 허경종은 우문화급 앞에서 춤을 추며 애걸복걸하여 간신히 목숨을 건졌다고 한다. 이후 허경종은 바로 이밀에게 투항한 것으로 보인다.

허경종은 20대 때 수 왕조의 멸망과 혼란한 세상을 목격했다. 26세 때 아버지가 피살당하는 충격적인 일까지 겪었다. 기록을 사실대로 믿는다면, 그는 아버지가 피살될 당시 쿠데타를 일으킨 우문화급에게 목숨을 구걸했고, 우문화급의 비위를 맞추기 위해 그 앞에서 춤까지 추었다. 그가 간신의 길을 걷게 된 데에는 20대의 이런 경험이 크게 작용했을 개연성은 충분하다 하겠다.

그의 행적을 전체를 놓고 볼 때 허경종에게는 천하대세를 보는 안목은 부족했던 것 같다. 겉으로 드러나는 눈앞의 전력만 보고 바로 이밀에게 투항한 것이 그 근거이다. 물론 젊은 나이에다 아버지의 피살로 인한 충격과 목숨을 보전하는 데 급급했기 때문에 당시 형세를 정확하게 분석하고 판단할 만한 여력이나 여유가 없었을 것이다. 그럼에도 불구하고 그는 이세민(李世民, 훗날 태종)이 이끄는 당의 세력에 주목하지 못했다. 그리고 이밀이 패하자 허경종은 바로 당나라로 귀순했다.

태종 때의 행적

당 왕조에서 허경종의 행적은 태종(재위 626~649) 때부터 본격화되었다. 그의 나이 34세부터 57세까지 23년 동안이다. 당 태종은 진왕(秦王)으로 있을 때 허경종의 명성을 듣고 그를 불러 학사(學士)로 삼은 바 있다. 당시 천하의 인재들을 목이 마른 듯 구하고 있던 진왕은 수 왕조에서 벼슬을 한 허경종을 받아들이지 않을 이유가 없었다. 게다가 허경종의 아버지 허선심은 우문화급에게 끝까지 맞서다 죽임을 당하지 않았던가.

황제로 즉위한 태종은 634년, 42세의 허경종을 역사편찬을 담당하는 저작랑(著作郞) 겸수국사(兼修國史)에 임명했고, 이어 중서사인(中書舍人)으로 승진시켰다. 636년 태종의 정비인 장손황후(長孫皇后)가 세상을 떠났다. 발상하는 날, 허경종은 별생각 없이 태자의 스승이

자 명망가 구양순(歐陽詢)의 누추한 외모를 보고 크게 비웃었다. 이 일로 허경종은 홍주도독부(洪州都督府) 사마(司馬)로 좌천되었다. 허경종에게 닥친 사소한 시련이었고, 얼마 뒤 겸수국사로 복귀했다.

643년, 51세의 허경종은 고조 때의 《무덕실록(武德實錄)》과 태종 때의 《정관실록(貞觀實錄)》 등의 편찬을 마무리했고, 잇따라 승진했다. 태자를 모시는 자리까지 얻었다. 645년, 태종이 고구려 정벌에 나서자 허경종은 조정에 남아 국정을 주관하는 중책을 맡았다. 이후로도 허경종은 태종의 신임을 얻으며 승승장구했다.

고종 때의 행적

647년, 태자가 황제로 즉위하니 이가 고종이다. 기록상 이때부터 허경종의 간행이 드러나기 시작했다. 허경종은 예부상서라는 높은 벼슬을 뒷배 삼아 딸을 시집보내면서 금은보화를 갈취했고, 이 일로 정주자사(鄭州刺史)로 좌천을 당했다. 그러나 652년 허경종은 60의 나이로 다시 조정으로 복귀했다.

허경종의 본격적인 간행은 654년 고종이 왕 황후를 폐하고 무소의(武昭儀, 훗날 무측천)를 세우는 일에 적극 나서면서 시작되었다. 당시 허경종은 고종의 심기를 헤아려 무소의를 황후로 세우자고 거듭 주장했지만 원로인 장손무기(長孫無忌) 등의 반대에 부딪쳤다. 결과적으로 허경종은 무소의의 심복이 되었고, 다시 예부상서 자리로 복귀할 수 있었다.

왕 황후 폐위 문제가 시간이 끌며 해결될 기미가 보이지 않자 허

경종은 조정에서 "천자가 황후를 세우고자 하는데 누가 감히 헛소리를 할 수 있겠냐"며 공개적으로 선언했다. 이에 힘을 얻은 고종은 마침내 왕 황후를 폐하고 무소의를 황후로 세웠다.

이어 허경종은 간신 이의부 등과 결탁하여 무소의 옹립에 반대했던 장손무기, 저수량(褚遂良) 등을 무

〈간신전〉에 처음으로 이름을 올린 허경종 초상화.

고하여 외지에서 죽게 만들었다. 이 일련의 일로 허경종은 657년 마침내 최고 자리인 시중(侍中)으로 승진하고, 겸수국사 자리도 유지했다. 그 뒤로도 허경종은 승진을 거듭하여 조정에서 맞설 사람이 없는 최고 권력자가 되었다.

하경종의 간행

이상 허경종의 행적을 간략하게 정리해보았다. 허경종은 태자 때부터 모셨던 고종이 즉위하면서 출세를 향한 탄탄대로를 확보했고, 여기에 고종의 의중을 잘 헤아려 무소의(훗날 무측천)를 황후로 옹립하는 데 큰 역할을 함으로써 그 대로(大路)를 거침없이 달렸다. 그리고 이때부터 그의 간행이 본격화되었다.

허경종의 간행에서 가장 두드러진 것은 국사를 편찬하는 자리를 이용하여 자기 멋대로 내용을 고치거나 왜곡했다는 사실이다. 이

에 대해서는 바로 아래에서 따로 살펴보겠다. 허경종 간행의 또 다른 큰 특징은 자리를 이용하여 거액의 뇌물을 챙겼다는 점이다. 심지어 뇌물을 준 집안사람의 기록은 좋게 써주고, 자신이 미워하는 집안사람의 기록은 나쁘게 썼다.

이렇게 직위를 악용하여 챙긴 막대한 재물로 허경종은 호화롭고 사치한 생활을 한껏 즐겼다. 화려한 집과 늘어선 누각 위로 말이 달릴 정도였다. 여색도 탐했고, 술과 오락도 빠질 수 없었다. 그의 집에는 매일 같이 술자리가 벌어졌고, 각지의 기녀들이 불려왔다. 이런 그의 방탕한 생활은 그 아들 허앙(許昻)에까지 대물림되었다. 허경종은 아내가 죽은 뒤 아내의 시비였던 우씨(虞氏)를 후처로 맞아들였는데, 아들 허앙은 이 후처, 즉 계모와 간통을 저질렀다. 이 사실을 안 허경종이 황제에게 청하여 아들을 영남으로 유배 보냈다.

672년 허경종은 80세의 나이로 죽었다. 태상시(太常寺)에서 그의 시호를 놓고 논의가 벌어졌을 때 박사 원사고(袁思古)는 시호를 좋지 않은 뜻의 '무(繆)'로 하자는 의견을 냈으나 허경종 손자의 항의에 부딪쳐 '공(恭)'으로 결정되었다. 당 태종의 무덤인 소릉(昭陵) 옆에 묻혔다.

역사서 편찬을 악용한 드문 간행

허경종의 간행에서 가장 두드러진 점은 잠깐 언급한 대로 역사서 편찬을 책임진 자리를 악용하여 자신의 호불호에 따라 사실을 왜곡하거나 조작했다는 것이다. 몇 가지 사례를 들어 본다.

허경종의 아버지 허선심이 우문화급에게 죽임을 당할 당시 내사

사인(内史舍人)으로 있던 봉덕이(封德彝, 훗날 당의 재상까지 지냄)는 직접 그 일을 목격했다. 그는 사람들에게 "선심이 죽을 때 경종은 춤을 추어 목숨을 구걸했다"고 말했고, 이를 자료로 삼았다. 허경종은 이에 큰 불만을 품고 봉덕이의 열전을 편찬할 때 봉덕이의 악행을 잔뜩 기록했다. 물론 무고(誣告)였다.

딸을 전구롱(錢九隴)에게 시집보낼 때 허경종은 많은 재물을 받았고, 이에 대한 보답으로 전구롱의 공적을 잔뜩 보탰다. 또 아들을 위해 명망 높은 위지경덕(尉遲敬德)의 손녀를 아내로 삼게 하면서 많은 뇌물을 받았고, 그 뒤 위지경덕의 열전을 편찬하면서 그 잘못을 다 숨기고 태종이 지은 〈위풍부(威風賦)〉를 위지경덕에게 내린 것으로 바꾸어 실었다(〈위풍부〉는 원래 장손무기長孫無忌에게 내린 글이다).

방효태(龐孝泰)는 일찍이 군대를 이끌고 고구려 원정에 나선 적이 있다. 당시 고구려 장수는 방효태가 담이 작고 연약하다는 것을 알고 기습을 가해 격파했다. 허경종은 방효태에게 뇌물을 받고는 방효태가 여러 차례 적을 격파하고 수만 명을 포로로 잡았다고 과장하면서, 장수로서는 소정방과 방효태가 가장 용감하다고 칭찬을 아끼지 않았다.

옳고 그름, 잘잘못을 뒤바꾼 허경종이 간행이 이랬다. 사가로서 갖추어야 할 자격은 손톱만큼도 갖추고 있지 못했다. 남송시대의 이름난 역사학자 원추(袁樞, 1131~1205년)는 국사원 편수관으로 있을 때 《송사(宋史)》〈간신전〉에 장돈(章惇)을 집어넣었다. 같은 고향 사람에다가 나이도 많은 장돈은 원추를 찾아가 자신의 오명이 후세에 전해지지 않도록 '문장을 고쳐' 달라고 부탁했다. 원추는 정색을 하며 이렇게 거절했다.

"자후(子厚, 장돈의 자)께서 재상으로 계실 때 나라를 저버리고 군주를 속였습니다. 저는 사관으로서 그것을 감출 수 없습니다. 차라리 고향 사람을 저버릴지언정 천하의 바른 논의를 저버릴 수 없습니다."

당시 사람들이 모두 그의 정직함에 감탄하며 '훌륭한 옛 사관을 부끄럽게 하지 않는구나'라고 칭찬했다. 비슷한 상황에서 허경종은 그렇게 하지 않았다. 이 때문에 《구당서》의 〈허경종전〉을 보면 허경종을 두고 "국사를 편찬하는 일을 맡으면서 아부와 왜곡을 일삼았으며", "좋은 일은 과장하고 나쁜 것은 감추었다"고 평가했던 것이다.

일화 하나와 정리

허경종과 관련한 일화 한 가지를 소개하고 〈간신전〉 최초의 인물 허경종을 마무리한다. 당 고종이 태산(泰山)에 제사를 지내고 돌아오는 길에 복양(濮陽)을 지나게 되었다. 도중에 고종이 두덕현(竇德玄)에게 "복양 지방을 왜 제왕의 땅이라고 부르는 게요"라고 물었다. 갑작스런 질문에 두덕현은 대답을 못 했다. 이때 허경종이 "신이 조금 아옵니다만"하며 나섰다. 허경종이 전설 속의 제왕 전욱(顓頊)이 복양 땅에 살았던 고사를 청산유수처럼 한바탕 늘어놓자 고종은 칭찬을 아끼지 않았다. 물러 나온 허경종은 의기양양하게 "대신이라

간신 허경종의 뒷배는 고종과 무측천이었다.
무측천의 초상화이다.

면 학문이 깊어야 하는 법, 그 정도도 대답하지 못하면 나 같으면 부끄러워 견딜 수 없을 게야"라며 우쭐거렸다.

허경종의 일생과 위 일화에서 보다시피 **간신은 그 나름 특별한 재주를 갖고 있다.** 특정한 분야의 전문가적 재능까지 가진 간신도 적지 않다. 허경종은 문장으로 태종의 눈에 들어 역사서 편찬의 책임자가 되었다. 그는 이 자리를 이용해서 자신의 사사로운 욕심을 채우고 역사적 사실을 왜곡했다. 또 이의부와 같은 간신들을 잘 이용하여 자신의 정치적 목적을 달성하면서 자신의 정체를 숨기는 교활함도 갖추고 있었다. 간신을 얕보면 큰코다친다. 간신에 대한 경계심을 늦추어서 안 되는 까닭도 이 때문이다.

허경종은 그다음에 등장하는 이의부나 이임보 같은 간신에 비하면 그 간행의 정도가 상대적으로 약했다. 하지만 **당나라시대 본격적인 간신들의 출현을 알리는 신호탄으로서 그의 간행은 충분히 주목하고 분석할 만하다.** 〈간신전〉에 그의 이름을 처음 올린 의미도 여기에 있을 것이다.

필자가 가지고 있는 간신을 직접 다룬 관련 중국 책 다섯 종류를 조사해서 그 이름을 가장 많이 올린 순서대로 간신들의 이름을 나열해둔다. 역대 간신들을 다 수록하지는 못했지만 대표적인 간신들은 대체로 다 들어 있다. 이 중에는 간신 여부를 두고 논란이 있는 인물들도 있다. 이런 인물은 따로 분석하지 않았다. 또 탐관으로 지목된 인물들 중 뚜렷한 간행을 보인 인물들만 이 명단에 올렸다. 시대순이며 괄호 안에 활동했던 나라 이름을 밝혔고, 한자 병기는 생략한다. 총 98명이고 굵은 글씨는 제2부 《간신전 – 인물편》에 수록된 18명의 간신들이다.

– 5회 : **조고(진) 양기(동한) 양소(수) 이임보(당) 노기(당) 채경(북송) 진회(남송) 엄숭(명) 위충현(명)** 이상 9명

– 4회 : 석현(서한) **동탁(동한, 삼국) 우문호(북조, 주) 이의부(당) 양국충(당)** 구사량(당) 왕보(송) **황잠선(남송) 가사도(남송) 온체인(명) 화신(청)** 이상 11명

– 3회 : 백비(춘추, 초) 완전부(남조, 송) 이보국(당) 어조은(당) 만사설(남송) 야율을신(요) 소유(금) 아합마(원) 왕진(명) 왕직(명) **유근(명)** 최정수(명) 오배(청) 이상 12명

– 2회 : 황호(삼국, 촉) 여법량(남조, 제), 시문경(남조, 진) 심객경(남조, 진) 이주영(북조, 위) 화사개(북조, 제), 목제파(북조, 제), 우문화급(수) 무삼사(당) 정원진(당) 전령유(당) 여혜경(북송) 동관(명) 합마(원) 초방(명) 주연유(명) 마사영(명) 완대월(명) 이상 15명

– 1회 : 역아(춘추, 제) 수조(춘추, 제), 개방(춘추, 제), 도안고(춘추, 진), 근상(전국, 초), 여불위(진), 심이기(서한), 단초(동한) 염현(동한) 후람(동한) 장양(동한) 후경(남조, 양) 사마신(남조, 진) 공범(남조, 진) 원의(북조, 위) 육영훤(북조, 제) 고아나굉(북조, 제) 우세기(수) 배온(수) 색원례(당) 내준신(당) 주흥(당) 원재(당) 왕흠약(북송) 정위(북송) 채확(북송) 주면(북송) 양사성(북송) 이언(북송) 장방창(북송) 왕백언(남송) 한탁주(남송) 정대전(남송) 장효걸(요) 야율연가(요) 소십사(요) 소이(금) 양충(금) 이통(금) 서지국(금) 노세영(원) 상가(원) 철목질아(원) 삭사감(원) 박불화(원) 호유영(명) 전영(명) 이유성(명) 조길상(명) 석형(명) 조문화(명) 이상 51명

마지막 싸움이 되길 간절히 바라면서

2023년 8월 20일 일요일 오후 5시 15분, 200자 원고지로 약 5천 장에 달하는 간신 3부작 대장정이 막을 내렸다. 약 2년에 걸친 간신들과의 싸움을 여기서 끝내고자 한다. 또 싸울 일이 없기를 간절히 간절히 바라면서. 지금부터 책이나 글이 아닌 우리 안의 간신들과의 진짜 싸움이 시작될 것이다.

이 2년 동안 나는 우리 사회 곳곳에서 악취를 풍기며 나라를 망치고 있는 간신들을 새삼 확인하면서 역사가 참으로 무섭다며 몸서리를 쳤다. 무엇보다 적당히 타협하고자 하는 비겁함, 이쯤에서 다 포기하고 싶은 나약함과 싸우는 일이 가장 힘들었다. 내 안의 간성(奸性)과 싸우는 일이었다. 가장 화가 나는 일은 우리 안의 간신, 즉 내간(內間)이란 존재였다. 간신과 치열하게 싸워도 힘이 부치고 시간이 모자랄 판인데 우리 내부를 찢고 서로를 헐뜯는 이 내간들은 결코 깨어 있는 우리와 역사의 편이 아니라는 점을 분명히 해둔다. 어쩌면 이들이 첫 청산 대상일지 모른다. 다만, 지금은 다른 간신들과의 싸움이 더 중요하니 잠시 유보해둘 뿐이다.

역사는 그 자체로 뒤끝이다. 청산하지 못한 역사가 지금껏 우리

414

민족의 발목을 세게 붙들고 있다. 친일, 종일, 부일의 역사는 매국과 매국노의 역사이고, 매국노의 역사는 곧 간신의 역사이다. 간신은 하나의 역사현상이다. 간신현상이다. 간신현상은 역사적으로 가깝게는 친일 매국노의 역사와 물려 있고, 가깝게는 지금 우리 현재사와 붙어 있다. 역사는 무섭고, 역사의 평가는 매섭다. 역사의 심판은 인정사정없다. 역사의 평가와 심판은 잠시 유보하는 경우는 있어도 건너뛰는 법은 결코 없다. 역사는 그 자체로 뒤끝이다. 지금 준동하고 있는 간신 떼거리와 간신현상에 대한 청산은 식민잔재, 친일청산과 그 맥을 같이한다. 이참에 한꺼번에 씻어내자.

역사의 시곗바늘은 때로 멈춰 있거나 뒤로 가는 것 같아 보이기도 하지만 그 째깍거림에는 엄청난 동력과 추진력이 내재되어 있다. 때가 되면 그 째깍거림은 거대하고 엄청난 굉음과 함께 우리의 역사를 힘차게 앞으로 밀어 올린다. 이제 그때가 다 되었다.

끝으로 앞서도 잠깐 언급했지만 다시 한 번 강조한다. 국민으로부터 간신 집단과 간신 카르텔을 박멸할 힘이 주어진다면 가장 먼저 이 '간신 카르텔 정권'을 확실하게 단죄하는 특별법 제정이 반드시 이루어져야 한다. 엄정하게 선발된 특별재판소 수사관에게는 수사, 체포, 기소권을 부여하고, 재판관은 국민의 동의를 얻어 정의로운 사람들로 임명해야 한다. 단죄된 자들의 사면, 복권은 불가능해야 한다.

거듭 말하지만 간신은 용서의 대상도, 타협의 대상도, 무시의 대상도 아니다. 간신은 처리해야 하고, 처단해야 하고, 처벌해야 하는 악의 근원이기 때문이다. 간신현상의 대물림을 끊기 위해서라도 철저하게 처절하게 단죄해야 한다.

2023년 8월 18일 처음 쓰고 10월 20일 마무리하다.

〰〰

간신 관련 어록

20년 가까이 간신 관련 책을 읽고 공부하고 책을 내면서 이런저런 메모가 꽤 쌓였다. 이를 그냥 버리기 아까워 이번에 한데 모아 부록으로 정리했다. 간신들의 아부성 발언을 비롯하여 간신에 대한 경고·경계·대비·방비 등에 관한 생각들이다.

....

1. '나는 말랐지만 천하가 살찌지 않았는가?'

– 강직한 한휴가 재상으로 임명된 뒤 사사건건 당 현종의 잘못을 지적하며 불편하게 했고, 이에 누군가 왜 한휴를 내치치 않느냐고 묻자 현종이 한 대답이다.

2. '폐하에 대한 일편단심이 가득 차 있을 따름입니다.'

– 불룩 나온 안록산의 배를 보고 현종이 그 배속에는 무엇이 들어 있길래 그렇게 나왔냐고 묻자 안록산이 한 대답이다. 현종은 기분이 좋아 안록산을 나라의 대들보라 칭찬했고, 안록산은 얼마 뒤 반란을 일으켰다.

3. '우리처럼 촌구석에 사는 촌놈들도 진즉에 천하가 어지러워지리라는 것을 알았건만……'

– 안록산의 난으로 피난 가는 현종의 수레를 붙들고 이름 모를 백발노인이 한탄한 말이다.

4. '천하의 다스림은 군자가 여럿이 모여도 모자라지만, 망치는 것은 소인 하나면 족하다.'

– 간신이 끼치는 피해가 얼마나 심각한 지를 잘 보여주는 말이다.(《송사》〈유일지전〉)

5. '벼슬살이에는 세 가지 어려움이 있으니, 첫째 사람을 알기 어렵고, 둘째 애증을 막기 어려우며, 셋째 바름과 위선을 가리기 어렵다.'

– 진나라 유의가 일생 동안의 관직생활과 정치 경험을 마무리하면서 심각하게 내뱉은 말이다.

6. '나라가 어지러워지면 유능한 신하가 생각나고, 집안이 가난해지면 현모양처가 생각난다.'

– 나라를 이끄는 데 있어 충직하고 유능한 인재가 얼마나 귀중한가를 잘 대변하는 사마천의 말이다.

7. '젖을 먹여주는 사람이 곧 내 어미다!'

– 간신들은 자신에게 젖을 주는 사람이 주인이다. 그 젖이 누구 젖이냐, 어떤 젖인가는 아랑곳하지 않는다.

8. '외적이 쳐들어오는 것은 겁나지 않아도 자기 자리 흔들리는 것은 겁난다.'

– 국가와 민족을 판 간신들의 특성을 간파한 말이다.

9. '형벌은 잘못을 응징하기 위한 것이고, 상은 공에 대한 보답입니다. 따라서 상벌은 천하의 것이지 폐하 혼자만의 것이 아닙니다. 어찌 싫고 좋고에 따라 처리한단 말입니까?'

– 송 태조의 무원칙한 인사방식에 대해 대신 조보가 꼬집은 말이다.

10. '옛 제왕들치고 죽어 재가 되지 않은 사람이 어디 있습니까? 요·순과 걸·주가 다시 살아난다 해도 뭐가 다르겠습니까? 폐하께서는 젊고 건강하시니 마음껏 즐기십시오. 단 하루에 천년의 쾌락을 누리실 것입니다. 나랏일은 대신들에게 맡기시면 됩니다. 무엇 때문에 몸소 힘들게 나서십니까? 신경 쓰지 말고 내버려두셔도 그만입니다.'
'인생이란 본디 의지 가지 없는 것인데 제때에 즐기면 그만이지 무슨 걱정이십니까?'
'인생이란 사해가 내 집이요, 태평을 즐겨야 하거늘 세월이 얼마나 남았다고 사서 고생을 한단 말입니까?'
– 북제의 간신 화사개가 무성제 고담을, 역시 북제의 또 다른 간신 목제파가 후주를, 송나라 때 간신 채경이 휘종을 쾌락으로 내몰면서 한 유혹의 말들이다.

11. '휘종이 나라를 잃은 까닭은 오로지 그 개인의 보잘것없는 꾀만 믿고 마음을 한쪽으로만 치우치게 써서 정직한 인물은 배척하고 간신 아첨배를 가까이했기 때문이다. 허무주의에 빠져 백성의 힘을 바닥나게 했다.'
– 《송사》〈휘종기〉에서 북송이 망한 까닭을 지적한 대목이다.

12. '화신이 쓰러지자 가경(청나라 인종)이 배불리 먹었다.'
– 축재의 귀신이자 희대의 간신 화신이 죽자 청나라 재정이 든든해졌다는 말이다.

13. '울지 마라. 내가 재상을 20년 동안 따랐지만 하루아침에 무너

질 줄 누가 알았겠느냐? 늙어서 이런 신세가 되었으니 감옥살이나 형벌은 견디지 못할 것 같으니 차라리 약을 먹고 죽는 것이 가장 좋은 방법 같구나.'

– 간신 가사도의 노예가 되어 지식을 팔다가 가사도의 몰락과 함께 숙청될 처지에 놓인 요형중이 울고 있는 애첩을 달래면서 한 말이다.

14. '이자가 뜻을 이루는 날에는 내 자손이 씨도 남지 않겠구나.'

– 간신 노기를 본 곽자의가 앞날을 예견하며 남긴 말이다.

15. '군주가 물줄기의 근원이라면 신하는 물의 흐름이다. 근원이 흐리면서 흐름이 맑기를 바라는 것은 안 될 말이다. 군주가 속임수를 써놓고 어떻게 신하의 정직 여부를 나무란단 말인가!'

– 거짓으로 신하를 시험해보라는 어떤 자의 얄팍한 제안에 대해 당 태종은 이렇게 나무랐다.

16. '먼저 천하의 근심을 돌보고 천하의 즐거움은 나중에 누려야 한다.'

– 큰 정치가 범중엄의 말이다.

17. '예로부터 사람으로 태어나 죽지 않는 자 누구던가? 일편단심을 남겨 청사를 비추리라!'

– 애국지사 문천상이 투항을 거부하며 남긴 장렬한 시다.

18. '가정아, 가정아! 집 안에 쌀 한 톨 없을 정도로 가난하구나!'

– 어리석은 가정 황제를 욕한 충신 해서의 안타까운 탄식이다.

19. '부디 재상께 이 말을 전해주게. 그해 그곳에서 함께 부추전을 부쳐 먹은 것이 무엇 때문인지 모르시냐고?'

– 형제가 함께 급제하여 명성을 날렸으나 형(송교)은 깨끗하게 살았고, 동생(송기)은 밤낮 기생을 끼고 방탕하게 살았다. 이에 형이 사람을 보내 동생에게 그 옛날 고생하던 때를 잊었냐며 동생을 은근히 나무라자 동생이 비웃으며 한 말이다.

20. '세상의 도가 어렵고 힘들 때는 곧은 자가 먼저 화를 당한다. 그러니 이렇게 하지 않고서 무슨 수로 내 한 몸을 보전하겠는가?'

– 10년간 재상 자리에 있으면서 자기주장 한번 펴본 적 없는 간신 양재사가 높은 자리에 있으면서 왜 그렇게 굽신거리냐는 누군가의 질문에 이렇게 대답했다.

21. '겉모습이 바르지 못하면 그 그림자가 바를 수 없다. 과녁이 분명치 못하면 과녁을 명중시킬 수 없다. 군주가 제대로 다스리지 못하면서 백성이 다스려지질 바란다면 그것은 삐딱한 겉모습을 가지고 바른 그림자를 바라는 것과 같다. 군주가 자신의 행동을 바로하지 못하면서 백성을 바르게 하려는 것은 있지도 않은 과녁을 명중시키려는 것과 다를 바 없다.'

– 군주와 신하, 군주와 백성의 관계에 대해 분석한 남북조시대 소작의 말이다.

22. '그야 황제가 어떤 황제냐에 따라 달라지는 것 아니겠습니까? 둥근 그릇에 물을 담으면 둥글게 되고, 네모난 잔에 물을 담으면 네모난 모양이 되지요.'

원나라 때 영종이 대신 배주에게 당니리 때 명재상이었던 위징과 같이 바른말을 할 수 있는 신하가 있겠냐고 묻자, 배주는 이렇게 대답했다.

23. '폐하께 충고할 권리가 제게는 없습니다. 다만 사관이 오늘 일을 기록할 테니까요.'

— 송태조 조광윤이 사소한 일로 자기의 취미생활을 방해한다며 신하를 때리자 그 신하가 쏘아부친 말이다. 조광윤은 이 말을 들은 즉시 기세를 꺾었다.

24. '소주는 강한의 견고함이 있고, 청주는 바다를 뒤로한 험준한 곳이다. 두 동생께서 그곳에 있고, 나는 여기에 있으니 세 개의 굴이 되기에 족하지 않은가?'

— 휘어진 허리와 헛된 논리로 난세에조차 아부로만 연명했던 간신 왕연이 동생들과 함께한 자리에서 세상이 아무리 어지러워도 자신들은 끄떡없다며 내뱉은 큰소리다.

25. '천하에 이름이 알려져 있고 높은 자리에 오른 자로서, 또 일찍부터 조정에 들어와 머리가 허옇게 셀 때까지 있었던 자가 정사에 간여한 적이 없다는 것이 말이 되는가? 천하가 무너진 것이 바로 너의 죄로다!'

— 실권자 석륵에게 갖은 아부로 자신의 책임을 면하려는 왕연에게 석륵이 던진 일갈이다.

26. '재주도 덕도 없는 아둔한 늙은이일 따름이죠.'

— 거란의 야율덕광이 진을 섬기다 이번에는 자신을 섬기겠다고 나온 풍도에게 '당신이 노자(老子)라면서?'라고 비아냥거리자 간신 풍도는 한술 더 떠 이렇게 말했다.

27. '대인의 맥박이 느린 것을 보니 틀림없이 몸이 불편하시지요?'

— 간신 채경의 아들 채유가 아비를 파면시키기 위해 맥을 짚어 본 다음 한 말이다. 채유는 병을 핑계로 아비를 파면시켰다.

28. '폐하께서 행차하시는 데 눈치를 본다는 것이 말이 됩니까? 농민들의 수확에 방해가 된다면 지나가는 곳의 세금을 조금 줄여주면 그만입니다.'

– 낙양을 순시하고 장안으로 돌아오려는 당 현종에게 추수철이기 때문에 행차를 늦추자는 배요경의 등의 제안에 간신 이임보는 몰래 현종에게 이렇게 꼬드겨 행차를 강행케 했다.

29. '수조라는 자가 넘치는 홍수와 같다면 저는 그 홍수를 막는 둑입니다. 제가 죽고 나면 둑이 더 이상 존재하지 않게 되므로 홍수가 사방으로 넘쳐 재난이 초래될 것이니 그자를 멀리하십시오.'

– 제 환공을 도와 패업을 이루는데 눈부신 공을 세운 관중이 임종을 앞두고 수조와 역아 등 간신들의 발호가 걱정되어 환공에게 당부한 말이다. 그런데도 환공은 '역아는 자기 자식까지 죽여 과인의 입을 즐겁게 해주었으니 이들을 사랑하는 마음보다 과인을 사랑하는 마음이 더 크지 않은가? 그 충성을 어찌 의심한단 말인가?'라며 듣지 않았다. 이 간신들은 환공을 굶겨 죽였다.

30. '전하께서는 하늘나라 사람이십니다.'
'경은 세상 사람이 아니라 신선이오.'

– 간신 뒤에는 못난 군주가 있다. 간신 화사개와 군주 고담이 주고받은 기막힌 대화다.

31. '제가 방금 물속에서 굴원을 만났사온데, 그분이 제게 말하길 나야 초나라 회왕이 하도 무도하여 멱라수에 몸을 던졌지만 너는 성군을 만났는데 왜 여기까지 왔느냐 하더이다.'

– 낭 태송이 한번은 귀신이나 백지 문상을 살한다는 고죄외라는 자에게 불속에다 머리를 박게 했더니 물속에 있다가 나와 한 아부의 말이다.

32. '고기를 낚는 사람이 너무 깨끗해서 물고기란 놈이 감히 물지 못하는 것입니다.'

— 송나라 문제가 낚시를 나갔는데 도무지 고기가 잡히자 않는다며 푸념을 하자 옆에 있던 왕경이란 아첨배가 잽싸게 한 말이다.

33. '폐하께서는 어찌하여 도적 같은 신하 하나를 떼 내어 버림으로써 만백성의 재앙을 돌보려 하지 않으십니까?'

— 악독한 간신 하나의 폐해가 얼마나 큰 것인지 잘 알고 있었던 명나라 때 충신 양계성이 간신 엄숭을 단죄하라며 한 말이다.

34. '황제의 명령이 모두 내 손에서 나가며, 황제가 누구를 기용하거나 무슨 일을 벌이기 위해 조서를 내리면 내가 말한 것과 같다.'

— 간신 황경신이 자신의 위세를 과시하면서 한 말이다.

35. '양한 지방은 국가의 목구멍과 같은 요충지로 악비가 장기간 이 지역을 확보하며 민심을 얻는 날에는 언제든지 조정을 배반할 수 있으니 주의 깊게 방비해야 할 것입니다.'

— 나라가 생사의 기로에 놓여 있는 데도 간신 만사설은 이런 악질 모함으로 악비를 해쳤다.

36. '왕순은 당대의 명사이니만치 폐하께서도 그를 존중하시는 것이 좋을 것입니다. 그러니 주색으로 그를 만나시는 것은 적절치 않은 줄 아옵니다.'

— 왕순을 만나고 싶다는 황제에게 간신 왕국보가 행여 황제가 왕순을 만나기라도 할까 봐 둘러댄 말이다.

37. '이 영록이 만약 터럭만큼이라도 윗사람(광서제)의 마음을 범하려 했다면 하늘이 나를 죽일 것이다.'

'맹서컨대 죽음으로 황상을 지키겠노라!'

– 철석같은 맹서도 간신들에게는 얇은 종이 한 장만 못하다. 영록은 자신의 이 맹서를 야멸차게 내던지고 지사들의 피로 자신의 부귀영화를 물들였다.

38. '신은 본디 덕이 없고 딸자식 역시 재주가 없어 후보에 드는 것은 마땅치 않으니 명단에서 이름을 삭제하는 것이 옳을 줄 아옵니다.'

– 황후 후보 명단을 들고 태황태후를 찾은 희대의 간신 왕망이 일부러 자기 딸의 존재를 드러내기 위해 한 말이다.

39. '폐하께서는 소신을 아끼시어 일을 맡기셨습니다. 한데 여러 사람들이 저를 시기하고 질투하여 모함하는 일은 이번뿐만이 아니었습니다. 원하옵건대 자리를 사퇴하고 후궁 청소라도 하면서 지낼 수 있다면 죽어도 한이 없겠습니다. 모쪼록 가엾게 여기시어 신이 온전히 살아갈 수 있게 해주옵소서.'

– 간신 석현이 살아남기 위해 원제 앞에서 무릎을 꿇고 빌면서 애원한 말이다.

40. '조정에서 여러 신하들이 얼굴 맞대고 논쟁을 벌이는 것이야 폐하께서 아무런 신경을 안 쓰셔도 되지요. 그러나 지금 같이 산책을 하러 나왔을 때 곁에서 수행하는 제가 폐하의 말씀에 고분고분 따르지 않는다면, 폐하께서 아무리 귀하신 몸이라 해도 무슨 재미가 있겠습니까?'

– 산책을 나온 당 태종이 나무 한 그루를 보고 칭찬하자 간신 우문사급이 잽싸게 맞

장구를 쳤다. 이에 태종이 아첨꾼을 멀리하라고 한 재상 위징의 이야기를 꺼내자 우문사급은 이렇게 둘러댔다.

41. '공이시여! 당신께서는 원래 평범한 백성으로, 바른 도를 행함으로써 오늘날 이렇게 재상 자리에까지 오르신 것 아닙니까? 한데 지금 왜 부드럽게 떠받드는 사람을 좋아하신단 말입니까?'
– 명재상으로 이름난 장구령이 듣기 좋은 소리만 하는 소성이란 자를 마음에 들어 하자 그의 꼬마 친구 이필이 이렇게 따끔하게 충고했다.

42. '현명한 군주는 단점을 생각해서 더욱 나아지려 하지만, 어리석은 군주는 단점을 감춤으로써 영원히 어리석어진다.'
– 당 태종의 말이다.

43. '군주가 어떤 말을 해놓고 스스로 옳다고 여기면 경·대부들로서는 감히 그 말을 벗어나지 못한다. 경·대부가 어떤 말을 해놓고 스스로를 옳다고 여기면 서민들은 감히 그 말을 반박하지 못한다. 군주와 신하들이 스스로를 잘났다고 하면 나머지 아랫사람들은 일제히 한목소리로 잘났다고 맞장구쳐야 한다. 그래야만 순종한다고 하여 복이 돌아오지, 거슬렸다간 화를 입기 십상이다. 이렇게 하는 것이 편안하게 잘사는 길이다.'
– 군주와 신하의 미묘한 관계설정에 대한 《자치통감》의 날카로운 지적이다. 명재상 위징이 죽자 당 태종은 '거울 하나를 잃었구나!' 하며 슬퍼했다. 자신의 잘못을 비춰줄 수 있는 거울 같은 신하의 존재가치를 당 태종은 잘 알고 있었다.

44. '임금은 오로지 한마음인데 그 마음을 공략하려는 자는 너무도

많다. 힘으로, 말재주로, 아첨으로, 간사함으로, 임금이 좋아하는 것으로 무차별 공략하여 서로 귀여움을 차지하려 든다. 임금이 조금이라도 해이해져 그중 하나라도 받아들였다가는 당장 위기와 망조가 뒤따른다. 바로 이것이 어려운 점이다.'

'물은 배를 띄울 수도 있지만 배를 엎기도 한다. 백성은 물과 같고 군주는 배와 같으니라.'

– 역시 당 태종의 명언 중의 명언이다.

45. '천하에 이름을 드리울 수 있다면 삼베옷이라도 어떤가? 산천에 생기를 불어넣을 수 있다면 허름한 집인들 무슨 상관인가?'

– 만고의 충절, 제갈량이 남긴 명언이다.

46. '창신(위충현)께서 덕을 닦았기에 어진 짐승이 나타난 것입니다.'

– 기린이 발견되었다는 소식에 황입극이란 자가 간신 위충현에게 아부하기 위해 황제가 내리는 유지에다 이렇게 썼다.

47. '폐하께서 잘못이 있다고 하시면 신이 고치면 되는 것이고, 잘못이 없다고 하시면 그것은 신의 행운입니다. 헐뜯는 자가 누군지는 알고 싶지 않습니다.'

– 측천무후가 적인걸에게 당신을 헐뜯는 자가 있는데 누군지 알고 싶지 않냐고 묻자 적인걸은 이렇게 일침을 가했다.

48. '사람의 마음에 병드는 것치고 사리사욕만큼 심한 것은 없다.'

– 송나라 때 사람 양만리의 기막힌 말이다.

49. '하늘이 알고 땅이 알고 내가 알고 자네가 아는데, 아무도 아는 사람이 없다고?'

— 금덩이를 들고 와 뇌물을 주려는 자에게 청백리 양진(楊震)이 남긴 말이다.

50. '충(忠)'과 '간(奸)'은 국가 민족의 생사존망에 관한 중대한 역사 현상이자 정치적 색채를 띤 도덕 윤리의 범주이다. '충'과 '간'을 판별하는 일은 국가 흥망의 소재가 됨은 물론 백성의 안위와도 관련되며 사업의 성패에도 영향을 마친다.

51. 간신을 살피고 가려 내는 입장과 관점, 즉 계급적 관점, 민족적 관점, 민중의 관점, 역사적 관점, 사회 진보적 관점, 생산발전의 관점을 제기해야 한다. 역사가의 책무가 막중한 까닭이다.

52. 봉건적 사유제는 간신이 생겨나는 토양이며, 봉건 전제정치는 간신을 기르는 산실이고, 썩은 도덕의식은 간신을 키우는 온상이며, 사회적 혼란은 간신을 성장시키는 요람이 된다.

53. 조정에는 썩어빠진 관리들이 금수처럼 녹봉만 축내고 있으며, 이리와 개 같은 무리들이 도를 행한답시고 굴러다니고, 노예와 같이 비굴하기 짝이 없는 자들이 너나 할 것 없이 정치를 주무르고 있다.(《삼국연의》〈제갈량매사왕랑〉)

54. 봉건사회의 잔재를 짧은 시간에 해소하기 위해서는 먼저 우리

사회에 여전히 존재하고 있는 숱한 불합리하고 불공평하며 추악한 현상들을 솔직히 인정해야 한다. 그러한 현상들이란 예컨대 사람들 사이에 존재하는 부정직하고 비정상적인 출세 심리, 명예욕, 부에 대한 추구 욕망 등을 말한다. 이를 인정하고 반성하는 과정이 뒤따른다면 장차 덕과 재능을 겸비한 지도자를 선발하고 인재를 식별하는 데 도움을 줄 것이다.

55. 극단적 이기주의가 고개를 힘껏 쳐들고 있다. 물신숭배와 권력 숭배가 판을 치고, 심지어는 봉건사회의 도덕관에서조차 허용되지 않았던 권력자의 문을 들락거리며 공명과 부귀를 탐하고 탈취하는 추악한 현상이 우리 사회를 병들게 하고 있다. 권력에 맛을 들인 자들이 백성들 짓밟기를 아무렇지 않게 한다. 이 모두가 역사에서 나타났던 심각한 폐해인 이른바 '간신현상'에 다름 아니다. 우리는 이제라도 자신을 냉철하게 돌아보고, 타인을 인식하고 변별하는 능력을 높여 어떤 자가 '간(奸)'이고 누가 '충(忠)'인지를 제대로 가려낼 줄 알아야 한다. 잘못된 현상이 반복되면 역사가 신음하고 다음 세대의 미래가 어둡기 때문이다.

56. 간신들의 죄상은 천하의 종이를 다 모아도 그 행적을 모두 기록할 수 없으며, 동해의 물로 먹을 갈아도 모자랄 판이다.

57. 간신이란? 국가 민족의 이익과 자신의 이익이 충돌할 때 죽을 힘을 다해 자신의 이익만을 꾀하는 자.

58. 간신이란? 외적이 쳐들어오는 것은 겁나지 않아도 자기 자리가 흔들리는 것은 겁을 내는 자.

59. 간신배와 소인배들은 군주의 주위를 맴돌며 군주의 환심을 사기 위해 아첨하고 군주가 자기 멋대로 하고 싶은 것들을 하도록 부추긴다. 군주와 충신 사이를 이간질해 충신을 배척한다. 군주의 뜻을 아주 잘 헤아려 거기에 맞추기 때문에 출세와 부귀영화로 오르는 사다리를 찾게 된다.

60. 간신배들은 윗사람에게는 눈웃음을 치고 꼬리를 흔들며 아첨을 하지만 아랫사람들은 잔혹하게 다룬다. 온갖 뇌물을 받고 사욕추구에만 몰두하는 사회의 기생충이며 백성의 공적(公敵)이 아닐 수 없다.

61. 탐욕스럽지 않은 간신, 사치하지 않은 간신은 없다. 간신배들과 어리석은 군주, 그리고 포악한 관리가 합작해서 백성들에게 저지르는 천하의 대죄는 잔혹한 통치에서 더욱 집중적으로 드러난다.

62. 간신들은 서로 권력을 다투면서 자신들의 야심을 실현시키기 위해 백성을 혼란이라는 깊은 연못으로 서슴없이 떠밀었다.

63. 사회 혼란은 간신 소인배들의 등장을 부추긴다. 또 간신 소인배들은 극렬한 사회 혼란을 만들어내기도 한다. 사회 발전사를 들추어보면 사회 혼란은 예외 없이 간신들에 의해 조성되었거나 가

중되었음을 알 수 있다. 또 간신 소인들의 권력 쟁탈과 상호알력은 사회를 혼란으로 몰아넣는 중요한 원인이 되었을 뿐만 아니라 잔혹한 통치는 늘 민중들의 반발과 저항을 유발시켰다.

64. 간신은 '내가 잘살기만 하면 뒷사람은 어떻게 되든 상관없다'는 악덕 투기꾼이 아닌 자가 없었다. 그들은 그저 일시적인 여론만을 중시하고 자기 한 몸의 공과와 영욕만을 돌본다. 장래가 어떻게 되건, 전체 국면이 어떻게 되건, 그들에게는 근본적으로 문제가 되지 않는다. 따라서 충간(忠奸)의 변별을 위해서는 우리가 역사의 고도(高度)에 서야 하며, 역사라는 날카로운 눈을 갖추어야 한다. 근본을 볼 수 있어야 하며, 미래를 볼 수 있어야 한다. 작은 울타리에서 벗어나 대세를 내려다볼 수 있어야 한다.

65. 인류사회의 역사는 끊임없이 발전하는 역사다. 무거운 역사적 책임감과 사명감은 개인의 높은 도덕과 아름다운 정조(情操)로 체현된다. 역사에 대해 책임감 있는 태도를 갖고 있느냐 없느냐, 역사에 대해 책임 있는 정신을 갖고 있느냐 없느냐는 완전히 한 개인이 어떠한가를 가늠하는 척도가 될 수 있다.

66. 간신은 자신의 짓거리가 사회에 어떤 영향을 미치며, 사회에 어떤 결과를 가져오는지는 개의치 않는다. 그들이 하는 일은 공리(公利)를 위해서가 아니라 오로지 사리(私利)를 위해서다.

부록 2

간신 관련 기존 출간서의 서문 모음

일러두기

필자는 1996년 편저 《사람을 판별하는 지혜》와 1997년 《간신열전》을 출간한 이래 2017년 《역사의 경고 – 우리 안의 간신현상》까지 모두 7종의 간신 관련 저역서를 냈다. 앞서 밝힌 대로 간신에 관한 최초의 기록인 《사기》〈영행열전〉에서 자극을 받아 관심을 가지기 시작했고, 하나의 역사현상으로서 간신현상의 심각성을 인식한 결과물들이었다. 간신과 간신현상을 종합 정리하면서 지금까지 출간한 관련 책에서 밝힌 필자의 인식이 반영된 각 책의 서문과 후기들을 모아 보았다.

간신과 그 현상에 대한 필자의 인식이 지난 25년 동안 어떻게 얼마나 성숙했는가, 또 어떤 한계를 보였는가를 점검·반성하기 위해서이다. 이 또한 역사 기록의 하나라는 생각에서 독자들에게 필자의 이런 인식을 있는 그대로 보여주는 것이 마땅하다고 생각했기 때문이다. 시간순으로 정리하면서 일부 불필요한 인사말이나 잘못된 표현 등 일부를 수정했음을 미리 밝히고 양해를 구한다. 또 개정판을 내면서 서문을 새로 쓰지 않은 경우도 있었다.

2017년 《역사의 경고 – 우리 안의 간신현상》을 낸 다음 필자는 더 이상 간신에 관한 연구와 책은 하지 않아도 되겠다는 아주 심각하고 안일한 착각에 빠졌다. 위대한 촛불혁명을 통해 참다운 민주주의가 어느 정도 실현되었고, 앞으로 상당 기간 민주정권이 나라를 이끌 것으로 판단했기 때문이다. 2022년 3월 9일, 필자의 이런 안일한 인식은 단번에 처절하게 무너졌다. 필자가 말한 반지성 집단, 즉 간신 집단의 총반격과 필자가 내간(內奸)으로 분류한 우리 안의 적을 너무 얕잡아 본 참담한 결과였다.

흔한 말로 자괴감에 빠진 것은 물론 상당 기간 절망감에서 헤어나지 못했다. 간신히 정신을 차리고 반성과 함께 다시 간신이란 이 치명적이고 더러운 주제를 손에 들었다. 다시 읽고 다시 생각했다. 그 결과 청산되지 않은, 청산되지 못한 과거사와 처연한 심경으로 다시 마주했고, 그 과거사가 곧 청산하지 못한 간신과 간신 집단이라는 결론을 또 한 번 절박하게 얻었다. 나아가 간신은 단순히 개별적 존재가 아닌 하나의 특수하면서 보편적인 역사현상임을 새삼 확인했고, 이를 간신현상으로 확실하게 규정하기에 이르렀다.

필자는 여기서 더 나아가 지금 우리 사회에 만연한 각종 신종 간신 부류를 끌어냈고, 이들이 철저하고 심각한 카르텔로 맺어져 간신과 간신현상을 대물림하고 있음도 확인할 수 있었다. 이런 점에서 지난 책들에서 필자가 보여준 한계가 뚜렷한 인식을 독자들에게 있는 그대로 보여주는 것이 필요하다고 판단하여 서문과 후기들을 모았다. 독자들의 질책을 바랄 따름이다.

바로 알고 보아야 바로 세울 수 있다
- 머리말을 대신해서

1

사람을 바로 보는 일은 개인적으로나 국가적으로나 매우 중요한 일이다. 굳이 '인사가 만사'라는 말을 떠올리지 않더라도 그 중요성에 대해서는 많은 사람들이 공감한다. 실제로 사람을 바로 보지 못해 개인의 인생을 망치고, 국가의 대사를 그르친 예는 무수히 많았으며, 지금도 그러한 실수가 반복되고 있다. 사람을 바로 보고 평가하는 일은 매우 심각한 현실적 의의를 가진다. 그렇기 때문에 많은 현명하고 지혜로운 선인들이 사람을 올바로 평가하기 위한 이론을 세우고자 끊임없이 노력해 왔다.

사람을 바로 보는 일의 목적은 두 가지다. 하나는 바른 사람을 제대로 평가하여 기용하는 것이고, 다른 하나는 바르지 못한 사람을 가려내어 그로 인해 생길 근심을 제거하는 것이다. 이 두 가지 목적을 이루기 위해서는 사람을 가늠하고 평가하는 객관적 표준을 세워야 한다.

"전사불망, 후사지사(前事不忘, 後事之師)"《전국책》〈조책〉)라는 말이 있다. "지난 일을 잊지 않으면, 뒷일의 스승이 된다"는 뜻으로 역사의 경험과 교훈의 중요성을 지적한 말이다. 사람을 올바로 평가하기 위한 객관적 표준을 세움에 있어서도 지난 시대의 경험과 교훈은 매우 쓸모 있고 실질적인 지침이 된다. 그러나 역사 속에는 성공한 경험도 있고 실패의 교훈도 있다. 현명하고 충성스러운 인물이 있는가 하면, 간사한 인간들의 추악한 행적도 있다. 전자가 남긴 힘겨운 노력과 업적이 역사의 밝은 면을 구성했다면, 후자가 남긴 죄상과 해악은 역사의 어두운 면을 구성했다.

　진정 과거의 일을 오늘의 교훈으로 되새기려 한다면 역사의 밝은 면만이 아니라 어둡고 부끄러운 면도 정확히 이해해야 한다. 부끄럽다고 해서 자꾸 감추려고만 한다면 똑같은 실수를 반복하기가 쉽기 때문이다. 옛 선인들이 사람을 바로 보기 위해, 특히 간사한 부류의 인간들을 경계하기 위해 표준으로서 제시한 글들을 되새기는 일은 오늘에 적합한, 객관적인 표준을 세우는 데에 도움이 된다. 이를 위해서는 무엇보다도 바로 알아야 한다.

2

　사람이 올바르게 인생을 살아가느냐, 그렇지 못하느냐는 근본적으로 개인의 가치관에 의해 결정된다. 즉 어떤 것을 삶에서 가장 가치 있는 것으로 생각하느냐에 따라 세워지는 목표와 선택하는 수단이 달라지는 것이다.

　가치관을 기준으로 하여 볼 때 역사 속에서 대부분의 간사한 자들은 부귀에 최고의 가치를 두었다. 경제적 부를 얻기 위해 그들은 수단과 방법을 가리지 않았다. 벼슬을 팔고 갖은 악법으로써 백성의 피와 땀을 짜내는 등 국가 재정을 흔들고 백성의 삶을 도탄에 빠뜨렸다. 이렇게 해서 쌓은 부로는 극에 달한 사치와 향락을 누렸다. 부를 얻기 위해서는 권력이 필요했고, 권력을 잡기 위해 간사한 무리들은 군주에게 아첨했다. 아첨으로써 절대 권력자인 군주의 환심을 사고, 그로써 높은 관직에 올랐으며, 군주의 권력에 의지해 갖가지 합법·비합법적인 수단으로 자신의 부를 쌓아 갔다. 군주의 환심을 사기 위해서 그들은 친아들을 죽이고, 아버지를 역적으로 모는 등 천륜을 저버리는 일조차 거리낌 없이 저질렀다.

또한 권력을 잡기 위해서 현명하고 충성스러운 사람을 모함하여 해쳤다. 현명하고 충성스러운 사람들은 간사한 자들의 본질을 꿰뚫고, 그들의 본심과 음모·계략을 세상에 환하게 드러내 준다. 현명하고 충성스러운 사람들의 존재는 그들이 야심을 달성하는 데에 최대의 장애가 될 수밖에 없었다. 간사한 자들의 본질이 이렇기 때문에 그들이 사용하는 수단 또한 극악하고 비열하기 짝이 없었다.

오랜 역사 속에서 간사한 자들의 출신, 성장 과정, 지위는 제각각 달랐고, 그들이 살았던 시대와 객관적 조건도 모두 달랐다. 그러나 그들이 사용했던 수단이 놀랍게도 일치하는 것은 본질이 같기 때문이다. 즉 본질이 수단을 결정한다. 간사한 자들은 '속임'이라는 기초 아래 위선, 위장, 음모, 배신, 이간질, 협박, 유혹 등 갖은 비도덕적이고, 비윤리적인 수단을 서슴없이 사용했다.

부와 권력에의 극단적 추구와 사치, 군주에 대한 아첨, 충신에 대한 모함, 수단의 비열함, 이 네 가지는 간사한 자들의 특징으로서 이러한 특징들은 간사한 자들을 가려내는 중요한 기준을 제공한다.

사람을 올바로 평가하기 위해서는 그 사람의 가치관과 가치를 실현하기 위한 현실적 목표, 그리고 목표를 달성하기 위한 수단을 세밀히 살펴야 한다. 이것은 개인의 품성에 관한 것으로서 개인의 품성은 그 개인이 속한 사회와 밀접한 관계가 있다. 즉 그릇된 품성은 개인에게만 책임이 있는 것이 아니라 사회에도 책임이 있다. 한 사회가 추구하는 가치가 건전하고 올바르며, 목표 설정과 수단의 선택에 있어서도 그릇된 목표와 변칙적인 수단이 통용되지 않는 사회 분위기 아래서는 간사한 자들이 발붙이기 어렵다. 또한 건전한 가치관과 사고방식을 가진 사람이 인정받고 그들이 주도하는 사회라면 설령 간사한 자들이 있다 해도 힘을 쓰지 못할 것이며, 그들의 품성도 바뀔 수 있다. 바로 알았으면 바로 볼 수 있어야 한다.

3

오랜 역사의 흐름 속에서 바르지 못한, 간사한 자들이 끊임없이 출현하는 원인을 탐구해 보면 그것이 개인적 품성 외에도 일정한 역사 발전 단계와 관련이 있으며, 구체적으로는 봉건 군주제의 산물임을 발견하게 된다. 즉, 봉건 군주제는 간사한 자들이 존재할 수 있는 정치적 토양인 것이다.

봉건 군주제 하에서 군주는 누가 뭐라 해도 최고 통치자였다. 군주의 모든 행위는 하늘의 뜻이므로 절대복종만이 있을 뿐이고, 군주의 말은 곧 법이었다. 국가의 모든 기구는 군주가 설치하고 군주가 핵심이 된다. 모든 관리 또한 군주의 지휘와 통제를 받아야 함은 물론이다. 한마디로 말해 국가 기구와 모든 관리는 군주의 의지를 집행하는 도구에 지나지 않는다. 이렇기 때문에 군주의 자질은 국가의 운명을 좌우하는 핵심적 요소였다. 자질이 뛰어난 군주라면 나라가 잘 다스려지고 발전하겠지만, 자질이 부족해 어리석거나 포악한 군주라면 국가 전체에 재앙이 초래된다. 그러나 안타깝게도 전자에 속하는 군주는 대체로 개국 군주에 한정되는 것 같고, 후자가 압도적인 비중을 차지한다. 자질이 부족한 군주는 관리를 선발함에 있어서 국가의 이익을 고려하지 않고, 사사로움으로 처리하는 경향을 보인다. 아첨으로 군주의 환심을 사 높은 자리를 차지하려는 무리들이 생긴다. 봉건 군주제는 간사한 무리들이 자라나는데 유리한 토양이 되는 것이다.

한편, 군주와 재상 간의 보이지 않는 모순과 갈등도 간사한 자들이 자랄 수 있는 기회를 제공해 주었다. 봉건 군주제 하에서 군주는 최고 결정권자이지만 국가 운영에 필요한 전문지식과 기능은 재상의 보좌에 의지할 수밖에 없었고, 바로 그때, 군주 권력과 재상권 간의 고유한 갈등이 일어난다. 봉건사회의 역사는 군주 권력과 재상권 간의 밀고 당기는 기나긴 갈등의 연속이었고, 그 과정에서 일부 권신 및 재상 사이의 내분도 심화되어 간사한 자들에게 권력을 넘볼 수 있는 절호의 기회를 제공했다.

봉건 군주제에서 간사한 자들이 득세할 수 있는 또 다른 요소는 외척과 환관의 존재이다. 황제는 외로운 존재였기 때문에 늘 왕비 및 후궁의 인척이나 좌우 시중들에게 의지하는 경향이 강했다. 일상생활에서 뿐만이 아니라 상하의 의사소통이나 정책 결정에 있어서도 그들을 가까이하지 않을 수 없었다. 바로 이 점이 외척·환관의 발호로 이어져 간사한 무리들이 군주의 눈과 귀를 가리고, 심지어는 군주를 조종할 수 있게 하는 환경을 제공했다. 환관과 외척 중에 간신이 유난히 많았던 것은 이 때문이었다.

이렇게 보면 절대 권력을 특징으로 하는 봉건 군주제는 실로 간신들이 대량으로 자랄 수 있는 가장 좋은 토양이었음을 알 수 있다. 여기에 사회적 폐단과 부패가 심해지는 왕조 말기의 상황이 보태지면 결국 간사한 무리들이 득실거리는 상황이 조성되는 것이다.

따라서 간사한 자들이 득세하지 못하게 하기 위해서는 봉건 군주제를 무너뜨리고, 봉건적 사상과 의식을 청산하는 것이 필수적이다. 바로 알고 바로 보았으면 실천에 옮겨야 한다.

4

전국시대 사람인 순자는 "덕이 있는 자는 나와 일하게 하고, 아첨하는 자는 못 나오게 막아야 한다"고 했다. 사람을 쓰고자 할 때 능력 있고 현명한 인물을 등용하면, 무능하며 투기만 일삼는 간사한 부류는 발붙일 곳이 없게 된다. 간사한 자들이 사라지게 되면 필연적으로 바른 기운이 일어나고, 국가가 발전한다. 유능한 인재의 등용과 간사한 부류의 축출은 정치뿐만이 아니라 경제 등 각 분야에서 지도급에 있는 사람들의 중요한 과제이다. 간사한 자를 가려낸다는 것은 쉬운 일이 아니다. 세심한 관찰과 시간을 필요로 한다. 그들의 행동이 '속임'이라는 기초 위에 이루어지기 때문에 더욱 그렇다.

사람을 대함에 있어서 아첨으로 상대를 치켜 올리는 자는 대체로 바르지 못하며, 바른말을 하는 자는 대체로 순수하다. 일은 하지도 않으면서 연고만 따지고, 인간관계를 맺는 데에만 몰두하며, 정보를 얻기 위해 이곳저곳 기웃거리고, 요직에 있는 사람과 친해지기 위해서만 애쓰는 자들은 큰 잘못이 없을 지라도 대체로 바른 사람은 아니다. 한 가지 주의해야 할 점은 간사한 자라 해서 무능하지만은 않다는 점이다. 역사상 재능이 뛰어나 당대에 이름을 떨쳤던 자들도 적지 않았다. 그러나 이런 자들의 재능은 근본적으로 가치관이 잘못되어 있기 때문에 오히려 더 큰 재앙을 불러올 뿐이다. 사람을 쓰고자 할 때는 재능으로서만 평가해서는 안 된다. 재능과 아울러 그 사람의 품성을 세밀히 관찰해야 한다.

앞서도 말했듯이 간사한 자들이 득세할 수 있는 봉건 군주제의 철저한 철폐와 봉건 의식의 철저한 청산이 필수적이다. 어떤 사람은 말할지 모른다. 봉건시대는 이미 지나간 지 오래된 만큼, 간사한 자들이 자랄 수 있는 토양은 사라졌다고. 안타깝게도 현실을 가만히 들여다보면 사회의 각 분야에서 봉건 잔재와 봉건 의식은 사라지지 않았다. 봉건 군주제가 간사한 자들이 나타날 수 있는 토양이었던 만큼, 지금에도 봉건 군주 체제와 유사한 체제, 또는 봉건 잔재가 청산되지 않은 체제가 유지되고 있다면 간사한 자들은 그것을 딛고 반드시 나타날 것이다. 이 점은 국가를 운영하는 사람이든 기업을 운영하는 사람이든 간에 깊이 생각해야 할 일이다. 정치든, 경영이든, 한 사람의 자질에 의해서 운명이 좌우되는 인치를 제도와 조직을 정비하여 법치로 대체해야 간사한 무리들이 디딜 땅을 잃고 물러갈 것이다.

바로 알지도 못하고 바로 보지도 못한 채 이루어지는 역사 청산이나 역사 바로 세우기는 또 다른 왜곡에 지나지 않는다.

다소 역설적으로 보일지 모르지만 우리는 주로 봉건 군주제 하에서 제기된 이론들을 통해 사람, 특히 지도자급 인물을 바로 보는 지혜를 제시하려 했다. 인간본질에 대한 논의가 예나 지금이나 산뜻하게 결말이 나지 않는 문제이고 보면, 인간을 바로 보는 고전적 이론들을 한 번 훑어보는 것도 괜찮겠다는 소박한 생각에서였다. 최근의 글을 많이 모아보려 했으나 여러 한계 때문에 두서너 편에 그쳤다. 앞으로 보완할 수 있을 것이다.

이 책에 실은 글들은 우리가 역사상 '간신'들의 행적을 추적하고 연구하는 과정에서 나온 성과물이다. 앞으로 이어질 《간신론》, 《간신전》 등과 같은 우리들의 일련의 작업과 관련지어 진지한 관심을 기울여 주길 독자들에게 기대해본다.

1996년 2월
편안한 산에서 엮은이

※2002년 이 책을 개정하여 《간신은 비를 세워 영원히 기억하게 하라》로 다시 냈고, 여기에는 서문이 빠져 있다.

책머리에

애국시인 두보는 장강 절벽에서 세상을 내려다보다 남긴 〈각야
(閣夜)〉라는 시에서 "충신이나 간신이나 모두 다 사람이다. 한 번 죽
어 가면 다 같이 흙이 된다"고 했다. 옳은 말이다. 인간의 삶이란
것이 어차피 죽어 흙으로 돌아가기 마련 아닌가? 그러나 인간의 삶
은 또 한편으로는 어쩔 수 없이 역사 속에 자취를 남기기 마련이
다. 그렇기 때문에 인간은 자신의 삶에 대한 역사의 평가를 두려워
한다. 특히 나라와 국민을 앞장서 이끌고 나가는 사람들에 대한 역
사의 평가는 매섭다. 그들은 살아 있을 때 많은 사람들의 사랑을
받고, 또 많은 특권을 누리며 살기 때문이다. 그 특권이라는 것이
돈이나 남을 억압하는 권력 같은 뜻하지는 않는다. 세상 사람들의
눈과 귀를 늘 자신 쪽으로 당겨 놓고 그들로부터 많은 사랑을 받기
때문이다. 물론 야단도 맞는다. 무엇보다 중요한 것은 그들 자신이
이러한 삶을 기꺼이 추구한다는 사실이다. 그렇기에 지도자급 자
리에 있는 사람들은 역사의 평가를 특히 두려워하고 자신들의 삶
을 갈고 다듬어야 한다. 역사는 양심이다.

현대사에 대한 평가가 제대로 이루어지지 못하는 까닭은 과거사
에 대한 평가가 제대로 이루어지지 못하고 있기 때문이다. 현대사

에 대한 자리매김은 과거사에 대한 자리매김으로부터 시작한다. 현대사회의 다양화로 인해 역사에 대한 평가도 다양할 수 있다는 논리는 어느 한 면에서만 타당할 따름이다. 사회가 다양해졌다고 해서 옳고 그름, 착하고 나쁜 것이 뒤섞이거나 뒤바뀔 수는 없는 것이다. 기준 없고 사심이 개입된 역사 바로잡기는 공허한 메아리이자 허무를 부추길 뿐이다. 그것은 후손들에게 짐을 떠넘기는 짓에 다름 아니다.

역사상 간신들이 존재하지 않았던 적은 단 한 번도 없었다. 역사 자체가 간신들의 '간행사(奸行史)'인 듯한 착각마저 들 때도 있다. 오늘날에도 비슷한 상황은 계속 벌어지고 있다. 그럼에도 불구하고 그들에 대한 평가는 매섭지 못했다. 아니 어떤 때는 평가 기준조차 우왕좌왕했다.

이 책은 역사상 실존했던 간신들을 대상으로 탐구하고 분석한 것이다. 단순한 탐구와 분석에만 머물지 않고 간신을 가려내는 날카로운 잣대도 제시하고 있다. 이 책의 현재적 의의는 이런 점들에서 찾을 수 있을 것 같다. 더욱이 봉건적 요소가 청산되지 못한 채 오히려 뒤틀리고 엉뚱한 쪽으로 발전해 가고 있는 야릇하기 짝이 없는 요즈음 상황에서 이 책은 준엄한 고발서가 될 것이다.

이 책은 기본적으로 《변간신론(辨奸臣論)》(중국인민대학출판사, 1991)을 옮기고 그 위에 다른 자료들을 보태어 편집했다. 중복되는 내용은 적지 않게 뺐다. 원저자에게 송구할 따름이다. 관련 인물들의 초상화는 중국서인 《18대간신》, 《간신전》, 《역대명인도감》 등을 참고해서 삽입했다. 원저서의 내용이 원체 무겁고 딱딱한 편이라 문

장을 여러 차례 다듬었음에도 불구하고 아쉬운 점이 한둘이 아니
다. (이하 생략)

1997년 4월 하늘 아래 편안한 땅에서 김영수

독자들에게 드리는 말씀

쓰레기더미에서 장미는 절대 피지 않는다

지금 독자들이 보고 있는 이 사진은 '당우원적비'라는 비석이다. 이 비석은 중국 광서장족자치구 계림시 칠성산 요광봉 용은암에 있다. 비석의 높이는 1.92m 폭은 1.47m다. 북송 숭녕 3년인 1104년 처음 세웠으니 거의 1,000년이 된 것이다. 모두 309명의 이름만 줄줄이 새겨져 있는 희한한 비석이다. 이 명단에는 사마광, 소식(소동파), 황정견 같은 당대의 내로라하는 명사들이 대거 등장한다. 게다가 309명은 모두 간신배의 명단이다. 황제가 직접 명령을 내려 황궁을 비롯하여 전국적으로 새겨 세우도록 한 비석이다. 이듬해 명령이 취소되어 다 없애고 지금 단 두 개만 남은 아주 희귀한 비석이기도 하다.

이 비석은 훗날 사가들에 의해 간신 중의 간신으로 평가된 당시의 재상 채경이 주동이 되어 세운 것이다. 말하자면 간신배의 우두머리가 당대의 명인 309명을 간신배로 지목하고 그 명단을 돌에다 새겨 비석처럼 세웠다. 간신 채경은 또 다른 간신 여혜경 등과 더불어 신법 개혁파의 거두 왕안석을 도와 개혁을 주도했다. 사마광이나 소동파 등은 왕안석의 신법 개혁을 반대했던 보수세력의 대표들이었다. 왕안석 같은 개혁파의 거목조차 사람을 제대로 보지 못해 채경과 여혜경 등 간신배에 의해 농락당하고 결국은 축출되었다. 그렇다면 간신에게 농락당한 왕안석은 간신인가 아닌가? 시대의 흐름을 명철하게 읽지 못하고 개혁을 집요하게 반대했던 사마광은 충신인가 간신인가?

누가 간신이고 누가 충신인가?

간신은 개인은 말할 것도 없고 국가와 민족의 생산존망과 관련된 중대한 역사현상이다. 수천년 역사에서 간신을 제대로 살피지 못하고 또 적절히 통제하지 못해 자신의 인생을 망치고 나아가서는 국가와 민족을 멸망으로 이끈 예가 적지 않았다. 이 비석은 간신이란 역사현상을 상징적으로 보여주는 '인류사의 묘비명(epitaph)'이다.

간신을 가려내는 일은 국가의 흥망은 물론 백성의 안위와도 밀접하게 관련되어 있다. 역사의 경험이 웅변으로 증명하고 있다. '과거는 미래의 스승이다.' 이렇게 보면 간신을 살피고 구별하며, 나아가서는 간신을 제압하는 일은 심각한 현실적 의의를 갖는다.

지금 우리 사회는 간신과 간신이 되어 가는 인간들이 난사하고 있는 더러운 냄새로 코를 막고 살아야 할 지경이다. 이러한 추악한 현상들에 대해 많은 논의가 이루어지고 있지만 간신이 곧 역사현상이라는 사실에는 눈을 돌리지 못하고 있다. 간신이 역사현상이라는 사실에 주목한다면 우리는 그 현상을 여러 각도에서 분석할 수 있을 뿐만 아니라 그에 대한 바른 대책을 강구할 수 있다. 도덕적 제도적 장치들을 튼튼하게 마련할 수 있다는 말이다. 지금의 도덕 수준과 제도, 그리고 의식 수준으로는 간신들이 뿜는 악취를 결코 제거할 수 없다. 쓰레기더미에서 장미는 절대 피지 않는다.

이 책은 간신이란 역사현상을 전면적으로 분석한 책이다. 이 책을 쓴 두 저자는 모두 역사를 공부한 전문가는 아니다. 표현도 거칠고 문장도 매끄럽지 못하다. 감정에 치우친 부분이 적지 않으며, 특정한 표현들이 되풀이되고 있어 눈에 거슬린다. 하지만 이 책은 열정으로 가득 차 있다. 국가와 민족에 대한 사랑과 자신들이 살고 있는 시대와 역사에 대한 책임감으로 넘쳐난다. 가슴은 프로 머리는 아마추어, 순수 그 자체다. 달리 말하면 건강하고 건전한 사고방식이 어떤 것인가를 잘 보여준다. 우선 자신들에게 엄격한 잣대를 들이댄 다음 간신들을 분석하고 비판한다. 타산지석으로 삼기에 부족함이 없는 책이다. 아무쪼록 이 책이 다가올 큰 시험을 앞두고 있는 우리를 아주 통렬하게 그리고 마구 찔러대길 기대한다.

그리고, 그렇게 해서 우리가 흘린 피 강물 속에서 사람다운 사람과 상식이 통하는 세상이 함께 흘러가길 간절히 기원한다.

'한 나라의 흥망은 그 백성들 책임이다!'(고염무)

2002년 10월 김영수

역사의 비명과 응징

간신의 망령이 어슬렁거리고 있다

《순자》에 보면 공자가 노나라에서 법 집행을 담당하는 사구라는 관직에 취임한 지 7일 만에 조정을 어지럽히던 소정묘를 처형한 이야기가 나온다. 제자들을 비롯한 주위 사람들은 깜짝 놀랐다. 권력을 믿고 설치던 소정묘이긴 했지만 노나라의 유력자이었던 지라 그 파장이 만만치 않을 것이기 때문이다. 가장 먼저 달려온 제자 자공은 "소정묘는 노나라에서 널리 알려진 인물입니다. 선생님께서 정치를 맡으신 지 며칠 되지도 않은 상황에서 그를 죽이시면 어쩌자는 겁니까?"라며 걱정스러운 표정을 지었다. 이에 공자는 다음과 같이 자신의 행동을 설명했다.

"통치자로서 제거해야 할 인물에는 다섯 가지 유형이 있는데 도둑질하는 자는 포함되지 않는다. 첫째가 마음을 반대로 먹고 있는 음험한 자이고, 둘째가 말에 사기성이 농후한데 달변인 자이고, 셋째가 행동이 한쪽으로 치우쳐 있고 고집만 센 자이고, 넷째가 뜻은 어리석으면서 지식만 많은 자이고, 다섯째가 비리를 저지르며 혜

택만 누리는 자이다. 이 다섯 가지 유형의 자들을 보면 모두 말 잘
하고, 지식 많고, 총명하고, 이것저것 통달하여 유명한데 그 안을
들여다보면 진실이 없다는 점에서 공통된다. 이런 자들의 행위는
속임수 투성이며, 그 지혜는 군중을 마음대로 몰고 다니기에 충분
하고, 홀로 설 수 있을 정도로 강하다. 이런 자들은 간악한 무리의
우두머리라 죽이지 않으면 큰일을 저지른다. …(중략)… 꼭 죽여야
할 자는 낮에는 강도짓을 하고 밤에는 담장을 뚫고 들어가는 그런
도둑이 아니다. 바로 나라를 뒤엎을 그런 자를 죽여야 하는 것이
다. 이런 자들은 군자들로 하여금 의심을 품게 하며, 어리석은 자
들을 잘못된 길로 빠뜨린다."

요컨대 공자는 나라와 백성을 해치는 간신을 다섯 가지 유형으로
분류하여 반드시 제거해야 할 대상으로 꼽은 것이다. 공자의 이 논
리를 지금 우리 상황에 대입시킨다 해도 전혀 어색하지 않을 정도
다. 역사의 비명이자, 우리 시대의 불행이라면 불행이다. 지금 우
리 사회 곳곳에서 간신들의 망령이 어슬렁거리고 있다. 정말이지
역사의 무기력을 절감한다.
그러나 무기력하게 손 놓고 있기에는 기회비용이 너무 크고 상처
도 너무 심각하다. 냉정하고 과학적인 분석을 통해 간신의 실체를
정확하게 파악, 철저한 논리로 무장하여 간신 제거를 위한 행동지
침으로 삼아야 할 것이다.

역사의 응징

역사상 숱한 간신들이 나라와 사회를 망치고 백성들에게 더할 수 없는 고통을 가져다주었다. 그들 중 일부는 부귀영화에 천수를 누리며 잘살다 갔다. 사람들은 이런 간신들과 그 덕을 보고 있는 후손들에 대해 치를 떨었다. 하지만 어떤 간신도 역사의 응징을 피하지는 못했다. 역사라는 법정에는 공소시효가 없다. 언제고 그 간행을 밝혀 서슬 퍼런 역사의 법정에 세워 가차 없이 응징하기 때문이다.

또한 대부분의 간신들은 그 악행으로 인해 제명에 죽지 못했다. 부록으로 마련한 중국사 연표와 역대 간신들의 행적을 보아도 알 수 있듯이 간신들 대부분은 피살 아니면 자살로 생을 마감했다. 이보다 더 참혹하게 더러운 삶을 마친 간신들도 적지 않다.

조정은 물론 온 백성을 완벽하게 속이며 동한의 황제를 퇴위시키고 신(新)이란 나라를 건국하여 스스로 황제가 되었던 왕망(王莽)은 농민 봉기군의 칼을 맞고 죽었다. 그리고 그 시신은 난도질을 당해 걸레가 되었다. 자신의 권력욕을 위해 백성을 도탄에 빠뜨린 간행에 대한 응징이었다.

보잘것없는 자질이었지만 잔인한 성격 때문에 무측천에 의해 혹리로 중용되어 수천 명의 조정 신하와 백성들을 해쳤던 내준신(來俊臣)은 남의 집 처자를 약탈하는 등 온갖 불법과 비리를 저질러 천하 사람의 증오의 대상이 되었다. 훗날 처형되어 저잣거리에 시체가 내걸리자 원한에 사무친 사람들이 달려들어 눈알을 파고 살가죽을 벗겨 시신을 뜯어 먹었다. 그래도 분이 풀리지 않은 사람들은 배를 갈라 심장을 꺼냈다.

당나라 희종이 내린 '전충(全忠)'이란 이름을 자기 멋대로 '인왕중심(人王中心)'으로 풀어 제왕이 되고자 했던 간신 주온(朱溫)은 조정대신을 학살하고 황제를 핍박하는 등 온갖 간행을 일삼고 끝내는 대량(大梁)이란 나라를 세워 황제가 되었지만 자기 아들의 칼에 죽었다.

당나라를 멸망 직전까지 몰아넣었던 역신이자 간신배 안록산(安祿山)과 사사명(史思明)은 차례차례 그 아들들의 손에 죽었다.

청 말기 새로운 희망으로 중국 대륙을 휩쓸었던 태평천국 지도자들을 차례로 이간질하고 모함하여 대도살을 자행하여 희망을 절망으로 추락시켰던 위창휘(韋昌輝)는 자신의 야욕을 위해 심지어 자신의 친형까지 '오마분시(五馬分尸)'시킬 정도로 잔인한 간신이었으나 결국 온몸이 찢기고 뼈는 가루가 될 정도로 처참하게 죽었다.

재무관리에 재능을 발휘하여 쿠빌라이의 귀여움을 받은 원나라 때의 간신 아합마(阿合馬)는 온갖 수단으로 백성들의 재물을 빼앗는 등 수단과 방법을 가리지 않고 부정 축재를 하다가 산동 사람 왕저(王著)가 내리친 쇠몽둥이를 맞고 머리통이 산산조각 나서 죽었다.

명나라 때 환관 유근(劉瑾)은 자질이 그런대로 괜찮았던 황제 무종을 주색의 길로 이끌어 심지어 민간 부녀자들까지 겁탈하게 만드는 등 황제의 총애를 믿고 선량한 충신과 인재를 수없이 박해하고 죽였던 간신으로 백성들에게 만 번이나 난도질을 당하고 죽었다.

명장 악비(岳飛)를 모함하여 죽이고 나라를 팔았던 송나라의 매국노 진회(秦檜)와 그 일당은 지금도 악비의 무덤 앞에 무릎을 꿇은 채 역사의 심판을 받고 있다. 지금도 사람들은 진회의 얼굴에 침을 뱉으며 역사의 응징을 실감나게 확인시키고 있다.

간신 현상에 대한 경각심

그렇다! 역사의 평가와 심판은 다소 더딜 수는 있어도 결코 건너뛰는 법은 없다. 문제는 그냥 넘어갈 수 있다는 안이한 역사 인식이 각종 재앙을 불러들이고 있다는 것이다. 역사의 방심이다. 간신들 때문에 역사가 얼마나 아픈 비명을 질렀는지 아는가? 이런 비열하고 천한 자들 때문에 얼마나 많은 선량한 백성들이 오장육부가 다 도려진 채 피를 흘렸는지 아는가? 그리고 그 피가 아직도 마르지 않고 우리들의 태만하고 안일한 정신 속을 통곡하며 흘러 다니고 있는지 아는가?

그런데 수천 년 동안 자행된 간신들의 간행을 자세히 분석해보면 그 수법이나 방법이 거의 천편일률적이라는 사실이다. 도대체 같은 수법에 수천 년 동안 계속 당해왔다는 사실이 믿기지 않을 뿐이다. 왜 그런가? 바로 인성의 약점 때문이며, 제도의 미비 때문이며, 경각심 부족 때문이며, 역사의식과 통찰력 부족 때문이다.

이런 과거를 반복할 수는 없다. 역사는 그 자체로 슬픔이며, 그 자체로 기쁨이며, 그 자체로 분노이며, 그 자체로 통곡이며, 그 자체로 응징이다. 미화될 수 없고 미화되어서도 안 되며, 왜곡될 수 없고 왜곡되어서도 안 된다. 있는 그대로를 보아야 하는 것은 물론, 그 이면을 들여다볼 수 있는 서늘한 통찰력을 지금 우리 시대가 강력하게 요구하고 있다.

이제 오래전에 죽었던 간신들을 다시 살려내서 공소시효 없는 역사의 법정에 세우고자 한다. 그리고 이들의 간행을 통해 지금 우리 주위 곳곳에서 어슬렁거리고 있는 살아 있는 간신들에 대한 경각심을 불러일으키고, 나아가 간신이란 역사적 사회적 현상을 뿌리 뽑을 수 있는 방법을 독자들과 더불어 모색하고자 한다.

지금까지 저자는 간신과 관련하여 두 권의 책을 냈다. 역사상 간신 현상을 간파하고 이들의 위험성을 경고한 글들을 모아 엮은《간신은 비를 세워 영원히 기억하게 하라》는 책과 중국사에 있어서 간신들의 행적을 종합적으로 깊게 분석한《간신론》이란 번역서였다. 두 책 모두 선구적인 작업들이었다(좀 더 자세한 정보는 부록 참고문헌을 참고 바람). 특히《간신론》은 간신 현상을 역사적 사회적 현상으로 인식하고, 간신들의 행동상 특징과 공통점 등을 깊게 분석하여 간신 현상을 막을 수 있는 투철한 역사 인식을 촉구한 지금까지 거의 유일한 간신 이론서라 할 수 있다.

이번에 선보이는 이 책은 앞의 책들에 이어 중국 역사상 가장 대표적인 간신 19명을 선정하여 이들의 간행을 비교적 상세히 소개하고, 이를 통해 간신들에 대한 경각심을 높이는 한편, 우리 역사와 지금 우리 주위에서 벌어지고 있는 온갖 형태의 간신 현상에 대해서도 주의를 게을리 해서는 안 된다는 점을 지적하고자 했다. 가능한 쉬운 글로 독자들의 눈길을 잡아두려 애를 썼지만 부족한 점이 많을 것이다. 독자들의 거리낌 없는 지적을 바란다.

선정된 간신들은 역사상 상대적으로 기록을 많이 남기고 간행을 많이 저지른 인물들로, 역사상 모든 간신들을 대변하는 것은 아니지만 표본은 될 것이다. 아울러 시대의 안배에 신경을 썼다. 청 왕조의 간신이 없는 것은 청 왕조의 간신들 수가 적었을 뿐만 아니라 다른 시대의 간신들에 비해 간행의 정도가 덜했기 때문이다.

이 책이 비록 우리 역사의 간신과 간신 현상을 다룬 것은 아니지만 충분히 타산지석으로 삼을 수 있음은 물론, 나아가서는 인류사를 고통으로 이끌었던 간신 현상에 대한 확실한 인식과 통찰력을 얻을 수 있는 계기가 될 수 있을 것이다. 나라와 백성을 고통으로 몰아가는 간신들에 대한 경각심을 단단히 갖출 일이다. 오늘날 한 나라의 흥망은 권력자는 물론 우리 모두의 책임이기 때문에 더욱 그렇다.

암울한 시대일수록 정직한 지성이 필요하다.

2009년 1월 18일 저자

간신 관련 참고문헌을 남기며

원고를 탈고하면서 이런 안타까운 생각을 했다. 이 책 곳곳에서 저자는 간신은 정말 중요하고 심각한 사회현상이자 역사현상이라는 점을 누누이 지적했다. 이는 역대 역사서들에 간신에 관한 전문적인 기록들이 남아 있는 것만 보아도 쉽게 알 수 있다. 그런데 우리의 상황을 보면 어찌 된 일인지 간신에 관한 연구는 전무하다고 해야 할 정도로 적막하다(기초 사료라 할 수 있는 《고려사》의 경우 간신에 관한 기록이 있기는 하지만 철저히 조선 건국자들의 입장에서 편집되었기 때문에 그대로 받아들이기에는 문제가 많다).

우리 역사에 간신이란 현상과 존재들이 없었단 말인가? 어쩌면 그 어떤 나라보다 많은 간신과 매국노들이 설쳤던 역사를 가지고 있는 지도 모른다. 그럼에도 친일파에 관한 부분적 연구를 제외한다면 우리 역사를 한 없이 부끄럽게 하고 우리를 말할 수 없이 치욕스럽게 만들었던 숱한 간신들에 대한 준엄한 고발서나 변변한 논문 한 편 없는 것이 우리 실정이다. 이것이 우리 역사 인식의 현주소다.

중국의 경우는 1990년대 이후로 간신에 관한 연구서와 대중 역사서가 끊임없이 출간되고 있다. 이에 국내와 중국에서 출간된 간신에 관한 역사서의 목록을 참고로 제시하는 것으로 아쉬움과 안타까운 마음을 토로해본다. 이 참고서들은 본서를 저술하는데 많은 도움을 준 책들이기도 하다.(목록은 연대순으로 정리했다.)

- 《춘추(春秋)》
- 《전국책(戰國策)》
- 《한비자(韓非子)》
- 《여씨춘추(呂氏春秋)》
- 《설원(說苑)》
- 《오월춘추(吳越春秋)》
- 《사기(史記)》의 〈영행열전(佞幸列傳)〉을 비롯한 중국 역대 왕조들이 편찬한 정사 《25사》의 〈영행전〉이나 〈간신전〉은 역대 간신들에 대한 가장 기본적인 자료가 된다. 다만 후대 왕조에 의한 편찬인 만큼 사료 비판이 요구된다.
- 柏楊, 《中國人史綱》, 星光出版社, 1979.(대만의 지성 보양이 감옥에서 집필한 이 책은 과거 왕조 체제에 대한 철두철미 비판적 시각에 서 있는 특별한 중국 통사다. 국내에서는 김영수의 번역으로《맨 얼굴의 중국사》란 제목으로 출판되었다. 간군이나 간신들의 행적에 대한 통렬한 비난이 곳곳에 돋보인다. 1980년대 이후 중국의 신진 역사학자나 대중 사학자들치고 보양의 영향을 받지 않은 사람은 거의 없다고 해도 과언이 아니다).
- 景志遠・黃靜林, 《辨奸臣論》, 中國人民大學出版社, 1991.(이 책은 간신을 역사적 사회적 현상으로 보고 본격적으로 간신을 분석한 책으로 국내에서는 김영수가 2001년《간신론》이란 제목으로 편역해냈다.)
- 畢寶魁, 《奸謀, 奸行, 奸禍 － 中國古代十八大奸臣》, 春風文藝出版社, 1992.(이 책은 역대 간신들 중 18명을 선정하여 간행을 비교적 소상히 소개한 책으로 국내에서 리원길 옮김으로《중국 역사가 뽑은 열여덟 명의 간신들》이란 제목으로 1994년 일부가 출간되었다.)

- 黃德馨,《中國大太監外傳》, 湖北人民出版社, 1988년.

- 高敏主編,《奸臣傳》(上·下), 河南人民出版社, 1989년.

- 張星久·楊果,《中國十奸臣外傳》, 湖北人民出版社, 1992.

- 柴宇球主編,〈奸佞謀略家〉,《謀略家》, 廣西人民出版社, 1993.

- 鄒元初編著,《中國奸臣要錄》, 海潮出版社, 1993.

- 劉定之,《否泰錄》, 北京大學出版社, 1993.

- 吳文光·吳光宇,《貪官之禍》, 廣西民族出版社, 1995.

- 朱創平,《淸朝懲處的高官大吏》, 中國工人出版社, 1997.

- 黃惠賢·金成禮,《中國倡廉反貪史鑑事典》, 四川辭書出版社, 1997.

- 易學金,《國史》, 長江文藝出版社, 2001.

- 김영수 편저,《간신은 비를 세워 영원히 기억하게 하라》, 2001, 아이필드.(간신들에 관한 동서양의 역대 문장들과 정치인이나 기득권층의 변절 행태를 신랄한 어조로 비판한 현대 문인들의 글을 모아 논평한 국내 최초의 간신 관련 책이라 할 수 있다.)

- 史式著,《淸官貪官各行其道》, 重慶出版社, 2004.(청백리와 간신들의 행적을 대비해가면서 날카로운 시각으로 논평한 대중 역사서로 국내에서는 2007년 김영수의 번역으로《청렴과 탐욕의 중국사》로 출간되었다.)

- 夏日新主編,《中國貪官畵像》, 湖北人民出版社, 2007.

- 漁樵耕讀編著,《這樣讀史更有趣》, 中國城市出版社, 2007.

- 潘慧生編著,《中國歷史上的奸與詐》, 中國檔案出版社, 2007.

- 최용범·함규진,《다시 쓰는 간신전》, 페이퍼로드, 2007.(한국사의 간신들을 다룬 유일한 대중 역사서다.)

- 齊濤主編,《中國奸臣的末路》, 齊魯書社, 2008.

간신 지수 측정을 위한 설문조항

• 아래 설문조항은 독자들의 흥미를 유발하기 위해 만들어진 것이다.

• 자신의 내면을 들여다보고 지금까지 자신의 처신과 행동을 되돌아
보며 솔직하게 체크하여 자신의 간신 지수를 확인하기 위한 것이다.

• 총 31항목이고 항목마다 자신의 대답에 따른 점수가 부여되어
있는데, 0점이 가장 낮고 3점이 가장 높은 점수다.

• 전체 점수의 편차는 0점에서 93점(31×3=93)이다.

• 따라서 93점은 지구상 최악의 간신을 의미하는 지수가 될 것이
고, 0점은 간신과는 전혀 관계없는 세상에 둘도 없는 깨끗한 사
람임을 말하는 지수가 될 것이다.

• 즉, 높은 점수일수록 간신에 가까운 성격이나 성향임을 말한다.

• 간신을 가르는 기준 점수는 정확한 기준이 있는 것은 아니지만
2점과 3점에 체크한 항목이 많을수록, 즉 60점을 넘으면 자신을
간신 유형에 가깝다고 보면 되고, 70점에서 80점 사이면 거의 간
신이며, 80점 이상은 간신이 틀림없다고 보면 될 것이다.

• 60점 미만이면 간신은 아니겠지만, 50점대에 와 있으면 자기 자
신을 되돌아볼 필요가 있는 점수대이며, 40점에서 50점대 사이
면 간신과는 거리가 있는 성격으로 보아도 무방하겠고, 40점 미

만이면 세상을 정말 깨끗하게 살려고 노력하는 선량한 사람으로 볼 수 있겠다. 30점 미만이면 청정 인간에 가까우며, 20점대 미만이며 천연기념물에 가까운 사람으로 보면 되겠다.

---

0. 나 하나 잘 먹고 잘살 수 있다면 간신 짓도 서슴지 않을 수 있다.

⓪절대 아니다　①아니다　②그럴 수 있을 것 같다　③그럴 수 있다

1. 대화 중에 대화 내용과는 상관없지만 자신이 잘 알고 있거나 조금이라도 알고 있는 유력자(유명인)를 거론하여 은근히 자신의 관계망이나 능력을 과시하려 한다.

⓪아니다　①어쩌다 그렇다　②대개 그렇다　③거의 그렇다

2. 능력 있는 동료가 승진하면 겉으로는 축하하지만 속으로는 시기와 질투에 사로잡히고 사석에서 은근히 동료의 능력을 깎아내린다.

⓪아니다　①어쩌다 그렇다　②대개 그렇다　③거의 그렇다

3. 술자리에서는 직장이나 상관의 부당한 대우에 대해 분개하며 행동으로 항의할 것처럼 하지만 막상 아무런 행동도 취하지 못하는 것은 물론 직장이나 상사의 눈치를 보며 보신에 급급해 한다.

⓪아니다　①어쩌다 그렇다　②대개 그렇다　③거의 그렇다

4. 공석이든 사석이든 대개 주도권을 쥔 사람의 눈치를 잘 살펴 그의 비위를 맞추려 한다.

⓪아니다　①어쩌다 그렇다　②대개 그렇다　③거의 그렇다

5. 힘 있는 사람에게 붙어 득을 보려는 마음이 있다.

⓪아니다　①어쩌다 그렇다　②대개 그렇다　③거의 그렇다

6. 내 눈에 거슬리거나 앞길에 걸리는 상대는 보복한다.

⓪ 아니다 ① 어쩌다 그렇다 ② 대개 그렇다 ③ 거의 그렇다

7. 출세하거나 힘 있는 자리에 오르면 평소 마음에 들지 않았던 자들에게 반드시 분풀이거나 혼을 내주겠다는 생각을 한다.

⓪ 아니다 ① 그럴 것 같다 ② 그럴 것이다 ③ 반드시 그럴 것이다

8. 자신의 잘못을 감추거나 이해관계 때문에 거짓말을 하고도 가책을 느끼지 않는 경우가 있다.

⓪ 아니다 ① 그런 편이다 ② 갈수록 느는 편이다 ③ 거의 그렇다

9. 나 자신의 잘못을 감추기 위해 동료나 부하 직원들에게까지 잘못에 동참하게 만든다.

⓪ 아니다 ① 그런 생각을 한다 ② 몇 번 있다 ③ 거의 그렇게 한다

10. 무슨 일이 터지면 주판알부터 굴려 내 것부터 먼저 챙긴다.

⓪ 아니다 ① 생각만 한다 ② 눈치를 보면서 그렇게 한다 ③ 그렇다

11. 자신도 모르는 사이에 상관에게 아부하고 있는 경우가 있다.

⓪ 아니다 ① 종종 그렇다 ② 자주 그렇다 ③ 거의 그렇다

12. 출세와 승진을 위해 아내나 처갓집 덕을 봤으면 좋겠다는 생각을 한다.

⓪ 아니다 ① 가끔 한다 ② 자주 한다 ③ 거의 한다

13. 승진을 위해서라면 아부는 물론 뇌물을 쓰는 것도 무방하다고 생각한다.

⓪ 아니다 ① 필요할 때도 있다 ② 그렇다 ③ 반드시 필요하다

14. 자기가 없을 때, 또는 자기를 빼놓고 회식을 하거나 모임을 가지면 불안하고 또 회식 때 오간 이야기는 꼭 알아야 한다.

⓪ 전혀 신경을 쓰지 않는다 ① 신경은 쓰이지만 별다른 행동은 하지 않는다

② 신경이 쓰이고 알려고 한다 ③ 반드시 알아야 한다

15. 명절이나 특별한 날에 상관에게 선물을 보낸다.

⓪ 보내지 않는다 ① 가끔 보낸다 ② 자주 보낸다 ③ 빼놓지 않고 보낸다

16. 동료가 부당하게 해고당하더라도 나만 괜찮으면 상관없다고 생각한다.

⓪ 그렇지 않다 ① 그런 생각을 할 때도 있다 ② 종종 한다 ③ 거의 한다

17. 능력도 없고 덕도 없지만 자기를 예뻐하는 상관이 높은 자리에 오르면 좋다.

⓪ 옳지 않다고 생각한다 ① 상관없다 ② 나쁠 것 없다 ③ 기뻐한다

18. 능력있는 여성 동료들을 괜히 미워하고 헐뜯는다.

⓪ 아니다 ① 가끔 있다 ② 자주 있다 ③ 거의 그렇게 한다

19. 자신의 실력을 키우기 위해 노력하기보다 직장의 분위기나 인간관계 설정에 더 많은 시간과 공을 들인다.

⓪ 아니다 ① 그렇게 하려고 하지만 잘 안 된다

② 그런 편이다 ③ 거의 그렇게 하고 산다

20. 출세와 승진을 위해서라면 가정이나 가족은 희생시키더라도 회사나 상관을 위해 몸과 마음을 바칠 수 있다.

⓪ 아니다 ① 경우에 따라서 ② 그럴 수도 있다 ③ 틀림없이 그렇다

21. 쉬는 날 개인적인 일인데도 상관이 부르면 가족과의 약속은 팽개치고 달려간다.

⓪ 아니다 ① 상황에 따라서 ② 그런 편이다 ③ 반드시 간다

22. 부하 직원들을 개인적으로 부려도 미안하지 않다.

⓪ 부리지 않는다 ① 미안하다 ② 미안할 때도 있다 ③ 미안하지 않다

23. 개인적인 자리에 부하들을 불렀는데 참석하지 않은 부하는 밉다.

⓪ 전혀 아니다 ① 약간은 섭섭하다 ② 미울 때도 있다 ③ 밉다

24. 상관의 부인을 잘 챙기는 부하 직원은 이쁘다.

⓪ 전혀 아니다 ① 싫지는 않다 ② 기분이 괜찮다 ③ 이쁘다

25. 부하 직원들 간의 관계를 파악하여 이용할 필요성이 있다.

⓪ 필요 없다 ① 경우에 따라서는 필요하다 ② 필요하다 ③ 반드시 필요하다

26. 마음에 들지 않는 부하를 괴롭히기 위해 자신에게 주어진 권한을 마음껏 활용할 수 있다.

⓪ 전혀 그렇지 않다 ① 그런 생각을 할 때도 있다

② 간혹 그렇게 한다 ③ 반드시 그렇게 한다

27. 내가 잘못 했어도 부하들이 아니라고 하면 그냥 넘어가거나 잘못이 아니라고 잡아 뗀다.

⓪ 전혀 그렇지 않다 ① 그렇게 하고 싶을 때도 있다

② 간혹 그렇게 한다 ③ 거의 그렇게 한다

28. 내 생각이 옳다고 생각하는데 주위에서 모두 비판하면 모두가 미워지고 비판을 거부한다.

⓪ 아니다 ① 그런 생각이 들 때도 있다 ② 대개 그렇다 ③ 확실히 그렇다

29. 세상사는 능력이 아니라 인간 관계에 의해 좌우된다고 확신한다.

⓪ 아니다 ① 그렇게 생각할 때도 있다

② 거의 그런 것 같다 ③ 틀림없이 그렇다고 확신한다

30. 출세 길이 막히거나 막는다면 그것이 정당해도 누구든 증오할 것이다.

⓪ 아니다 ① 그럴 수도 있다 ② 그런 생각을 많이 한다 ③ 확실히 그럴 것이다

세 번째 개정판을 내며

이 책의 두 번째 개정판(2002, 아이필드. 초판은 《간신열전》이란 제목으로 1997년 출간되었다)은 고 노무현 대통령 취임을 축하하는 선물들 중 하나로 청와대에 들어간 전력이 있다. 국민의 사랑을 먹고 정말이지 기적적으로 국민의 대통령이 된 국가 최고 통수권자에게 아무쪼록 간신배들을 멀리하고 충직한 사람들과 5년 동안 나라를 잘 이끌어 달라는 염원을 담아 보낸 선물이었다.

당시 뉴스를 통해 그 소식을 접한 역자는 이 책이 이제 더 이상 세상의 주목을 받지 않았으면 하는 참으로 나이브한 소망을 가졌다. 노무현 정권은 참으로 파란만장했다. 편견과 오해, 저주와 핍박이 정권 자체를 휘청거리게 만들었다. 수구 기득권층은 권력을 빼앗긴(?) 현실을 견디지 못해 미친 하이에나처럼 물어뜯었다. 탄핵은 그런 광기의 절정이었다.

이들의 집요한 공격과 혹세무민의 언론이 쉴 새 없이 불어대는 나발소리에 취한 세상은 노무현과 그 정권을 '간(奸)'으로 보기 시작했다. 광기에 사로잡힌 세상은 급기야 정의와 도덕 대신 타락한 돈을 선택했다. 양심의 마지노선마저 버린 것 같았다. 자신들의 '간행(奸行)'을 합리화하기 위해 우르르 몰려들어 동참해버린 것이다. 그렇게 해서라도 심리적 평형과 보상을 얻고 싶었을 것이다.

그러나 도덕과 정의를 아예 상실한 정권은 몇 달을 넘기지 못하고 그 정체를 만천하에 드러냈고, 사람들은 망치로 뒤통수를 맞은 듯 퍼뜩 정신을 차렸다. 이 와중에 전직 대통령이 천박한 정권의 핍박을 견디다 못해 스스로 목숨을 끊는 기가 막힌 초유의 사태도 터졌다. 하지만 때는 늦었다. 착시와 집단 광기에 함몰되어 생각 없이 내린 선택이 몰고 온 후과는 엄청났다. 역사와 사회 진보는 한참 뒷걸음질 쳤다.

그러나 아차 하는 순간이 가장 빠른 순간임을 자각하기까지 그리 긴 시간이 필요하지 않았다. 개개인의 자각만이 세상을 바꾸는 근본적인 힘이라는 엄연한 진리가 사회 전반에 스며들기 시작했고, 이제 또 하나의 고비와 결단이 그 자각의 정도를 테스트하기 위해 준비하고 있다.

역자는 이 책의 3차 개정판을 내기에 앞서 '간신'에 관한 대중 역사서 《치명적인 내부의 적, 간신》를 출간한 바 있다. (2009, 추수밭) 중국 역사상 가장 이름난(?) 간신들 19명을 추려 그 행적을 정리한 책이었다. 그 책 서문에서 역자는 우리 사회에 만연한 간신 현상과 온갖 부류의 간신들이 횡행하고 있는 현실을 빗대어 비판하기 위해 그 책을 썼다고 했다. 우리 안의 간신 현상을 측정하는 설문지까지 만들어 간신과 그 사회적 현상에 대한 경각심을 일깨우고자 했다. 하지만 2년이 지난 지금 간신과 간신 현상은 줄어들거나 약화되기는커녕 더 악화되고 더 강화되고 있다. 최소한의 윤리 도덕적 가치 기준마저 내팽개쳐버리는 소위 사회 지도층과 수구 기득권층의 행태는 어찌 보면 살아남기 위한 처절한 마지막 몸부림 같아 측은하기까지 하다. 부정, 부패, 비리, 불공정, 몰가치라는 치명적 바이러스가 선량한 보통 사람에게까지 감염되지 않을까 그것이 두려울 뿐이다.

사회를, 나라를 좀먹는 도덕적 해이와 극단적인 사욕(私慾)의 팽배로 나라가 곧 거덜 날 판이다. 천박한 지역주의와 싸구려 이념 그리고 사심으로 가득 찬 온갖 헛된 약속들만 남발하는 시도층에게 미래를 맡기자니 한숨이 나올 뿐이다. 절망을 넘어 새로운 힘으로 일어서 역사를 진보시켜야 할 절박함이 가슴을 짓누른다. 다음 세대에게 이런 더러운 유산을 쓰레기더미처럼 떠안기지 말아야 할 것 아닌가? 역사 발전과 인간의 격을 퇴행시킨 책임과 그 후과는 엄청날 것이기 때문이다. 그리고 바로 거기에 우리의 간사함이 작용했음을 인정하고 반성해야 할 것이다.

새로이 정신무장을 해야 할 시점이다. 나의 존엄성을 지키고 나아가 사회와 나라의 품격을, 그리고 우리 역사의 진보를 지켜내기 위해서 모두가 자각하고 분노하고 행동해야 할 때다. 그 실천들 가운데 하나로 우리 사회와 내 안에 퍼져 있는 '간(奸)'이란 암세포를 도려내야 한다. 그리고 '간'이란 사회적 역사적 현상에 대한 명확한 인식을 무기처럼 내 안에 장전해야 할 것이다. 나라와 백성에 해악을 끼치는 간신들에 대한 심판과 역사의 준엄한 평가는 그 인식에서 나온다. 그것을 무시하거나 건너뛰었다가는 또다시 이 끔찍한 악순환을 반복해야 하기 때문이다.

세상이 이 책을 또 찾는 것 같아 마음이 편치 않다. 하지만 저자들의 주장대로 간신은 역사적 사회적 현상으로 완전히 박멸할 수는 없다. 건전하고 정확한 역사관과 튼튼한 도덕의식으로 무장하여 악성 바이러스의 창궐을 막을 수 있을 뿐이다. 그런 점에서 이 책은 든든한 백신과 같은 이론서인 셈이다. 우리의 미래를 위해 아프지만 확실한 예방주사를 맞는다는 심정으로 이 책을 읽어주길 바랄 뿐이다. 그때와 마찬가지로 역자는 또 한 번 이 책이 책장 한 구석에서 뽀얀 먼지와 책벌레들에 공격당하면서 영원히 나오지 않길 바랄 뿐이다.

사회적 역사적 현상으로서 간신 문제를 바라보면 오늘날 우리 사회의 모습이 어떤지를 짐작할 수 있다. 그 모습이 어떤지 이 책의 한 대목을 인용해두는 것으로 서문을 마칠까 한다.

"사회질서가 문란해지면 평소에는 뜻을 펴지 못하던 야심가와 음모가들이 우리를 뒤쳐나온다. 이들은 하늘이 내린 기회를 놓치지 않고 나라가 편안할 때는 실현할 수 없었던 자신의 야심과 목적을 실현시켜 나간다. 동시에 이런 때는 사상도덕을 교육시킬 겨를이 없고, 감독기관은 마비되며, 선악 시비가 뒤바뀌고, 사람들의 도덕 수준은 떨어지기 일쑤다. 게다가 각종 파벌과 유언비어가 난무하며, 평소에는 고개를 쳐들지조차 못했던 이단 종교나 사이비종교들의 사악한 교리와 설법들이 위선의 탈을 뒤집어쓰고 여기저기서 설쳐댄다. 행동이 바르지 못한 자들이 생겨날 수밖에 없다. 사슴을 보고 말이라고 우겼던 조고(趙高), 죽어도 죄가 남아 넘쳤던 석현(石顯), 권세를 훔쳐 세상을 어지럽혔던 동탁(董卓), 나라를 팔아 영화

466

를 추구했던 진회(秦檜) 등은 모두 사회혼란의 와중에서 기세를 틈타 간신이 된 자들이다."

　내 안의 간신과 치명적인 간행의 유혹을 물리치는, 한번 제대로 맞으면 평생 유효할 뿐만 아니라 대를 물려서도 유효한 백신을 독자들에게 소개하는 바이다. 제 값을 하리라 확신하는 바이다. 어려운 때에 다시 이 책을 새롭게 단장해준 젊은이들에게 이 책을 바친다.

　　　　　2011년 6월 23일, 7월 26일 장맛비에 4대강을 걱정하며 쓰다

정치를 농락하고 나라를 망치는
권력의 부스러기들부터 솎아내야 할 때

정확하진 않지만 내년 2013년 한 해만 중·미·일을 포함하여 전세계 약 50개 나라의 지도자가 바뀌거나 새로 선출된다고 들었다. 우리도 그중 하나이다. 세계사가 큰 전환기로 접어들 전망이다.

세계사적 전환기에 경제가 장기침체로 접어들고 사회가 병들어가고 있는데도 우리의 소위 지도층에 눌러 앉아 있는 자들은 여전히 야비한 헐뜯기와 낡아빠진 이념논쟁, 그리고 지역감정 부추기 따위에 혈안이 되어 있다. 과정이야 어찌 되었건 수단방법을 가리지 않고 이기기만 하면 된다고 생각하는 무서운 사람들이다. 그 후유증과 그로 인한 국민들의 고통, 국운의 침체, 사회 각계각층의 갈등 따위는 안중에도 없다. 이런 자들에게 역사의식을 기대하기란 애당초 불가능해 보인다.

나라와 국민에 대한 봉사와 사랑은 그만두고라도 최소한의 인성의 도야, 지도자에게 기본적으로 요구되는 자기절제와 수양은 도외시한 채 누군가를 억누르려는 권력욕에만 사로잡힌 탐욕의 덩어리들이 국민들의 건전한 판단력을 흐리게 하고 있다. 이런 자들의 행위야말로 역사에서 말하는 '간행(奸行)', 그 자체다. 국민들은 눈을 부라리고 이들의 '간행'을 꿰뚫고 심판해야 한다. 지도자 하나 잘못 뽑은 결과가 어떤가를 징그럽게 겪고 있지 않은가?

대선의 계절에는 간신들이 유난히 설치기 마련이다. 권력과 돈이 있는 곳이면 어디든 달려가는 자들이 간신이다. 그것도 가장 크고 무거운 권력의 자리를 뽑는 대선이고 보니 더할 것이다. 누가 국민을 우롱하고 국민들의 눈과 귀를 가리려 하는지 잘 보아야 할 것이다. 또 어떤 자가 시비를 뒤바꾸려고 '지록위마(指鹿爲馬)'의 짓거리에 몰두하는지 잘 지켜보았다가 그 손가락을 없애 버려야 할 것이다. 어떤 면에서 대선은 간신들을 처단할 수 있는 절호의 기회가 될 수도 있다.

개정판이라고 하지만 내용은 그대로 두었다. 크게 손볼 곳이 없기도 하지만 큰 선택을 앞두고 미력이나마 큰 선택에 따른 역사적 판단이나 기준을 역대 간신들의 행태를 통해 통찰할 수 있도록 도움을 주었으면 하는 급한 마음이 앞섰기 때문이다. 어려운 여건에서도 잊지 않고 이 책을 새롭게 단장해준 출판사와 편집자에게 감사드린다. 늘 하는 말이지만 이 책이 다시는 세상의 주목을 받지 않길 바랄 뿐……

2012년 10월
백성들의 위대한 심판과 선택을 갈망하면서
저자 김영수

간(奸), 충(忠), 탐(貪) 그리고 치(恥)
– 간신은 엄중한 역사현상이다

'충(忠)'과 '간(奸)'

권력이 생겨나고 그 권력을 차지하기 위한 행위와 마음 씀씀이가 치열하고 치밀해지면서 권력의 정점에 있는 우두머리와 그를 추종하는 자들이 생겨났다. 우두머리 자리는 하나뿐이라 그 자리를 차지하기 위해 온갖 수단과 방법들이 동원되었다. 우두머리가 되려는 자들은 자신의 권력에서 파생되는 작은 권력들과 그 권력들을 지탱해주는 자리와 부의 원천(토지, 재물, 인력과 이것들을 오로지 할 수 있는 특권 따위)을 미끼로 자신을 추종하게 했다. 바로 이 지점에서 '충(忠)'이란 개념이 나왔다. 그리고 이 '충'이 '간(奸)'으로 바뀌는 것은 한순간이었다.

권력의 정점에 오르려는 우두머리는 자신을 추종하는 자들을 효과적이고 조직적으로 조종, 즉 자신에게 충성을 다하게 만들기 위해 소위 명분(名分)이란 것을 조작하여 자신의 추종자들보다 훨씬 많은 수를 차지하고 있는 백성들을 현혹했다. 이렇게 해서 여론을 조작하고 우두머리로서 자신의 이미지를 포장했다. 다수의 추앙을 받는 우두머리, 그래서 다수의 삶에 행복을 선사할 수 있는 우두머리라는 이미지를 확고하게 다지는 이미지 조작 과정이 따랐고, 어용 지식인들은 이를 미사여구로 꾸미고 권위(權威)를 부여했다. 숱한 찬양가들이 경전(經典)으로 포장되어 나왔고, 이 모두를 실질적으로 통제하고 지배하기 위해 법전(法典)도 정비했다.

제왕(帝王)을 정점으로 하는 동양의 전제 왕조 체제는 이렇게 탄생했다. 경이롭게도 그 체제가 수천 년 동안 유지되었다. 물론 왕조 체제에 장점이 없는 것은 아니다. 좋은 자질을 갖춘 통치자와 그에 걸맞는 뛰어난 관료들만 갖추어진다면 백성들은 걱정 없이 살 수 있다. 하지만 권력의 속성은 인성을 파괴하는 강력한 힘을 갖고 있다. 인성의 약점을 한시도 쉬지 않고 공략한다. 좀 더 많은 부와 권력을 누리고 싶은 인간의 탐욕(貪慾)이 이 지점에서 스스로 충돌하면 권력은 '힘의 균형'이란 본질을 잃고 소수나 한쪽으로 쏠리고, 권력의 독점에 따른 각종 폐해들이 속출한다. 통치자는 독재자(獨裁者), 폭군(暴君), 혼군(昏君), 간군(奸君)으로 흐르고 그에 기생하는 자들은 간신(奸臣)들로 바뀐다. 그리고 이를 저지하려는 충직(忠直)한 사람들이 이들과 충돌하여 많은 희생이 따른다. 이 와중에 백성들은 도탄에 빠져 허덕이게 된다.

권력이 사유화되는 바로 그 지점에서 '충(忠)'과 '간(奸)'이 갈리고, '정(正)'과 '사(邪)'도 파생되어 나온다. 쉽게 말해 나쁜 놈과 착한 사람이 갈리고 싸우게 되는 것이다. 물론 착한 사람들이 많이 당하기 마련이다. 착한 사람들이 문제의 본질을 인지하고 이를 해결하기 위해 힘을 합칠 때까지는 적지 않은 시간이 걸리기 때문이다. 그 사이 나쁜 자들이 권력의 유지를 위해 안간힘을 쓰고, 그 안간힘의 여파는 의외로 폭력적이며 파괴력이 강하다. 특히, 착한 사람들이 힘을 합쳐 저항하기 시작하면 희생과 피해는 더 커질 수 있다. 그래서 관건이 되는 이 단계에서 착한 사람들은 문제의 본질을 정확하게 인식하는 것은 물론 희생을 최소화하면서 나쁜 놈들을 확실하게 처단할 수 있는 전략과 전술을 강구해야 한다. 왜냐하면 나쁜 놈들이라 해서 머리가 나쁜 게 결코 아니기 때문이다.

간신들은 영리하고 영악하고 사악하다. 혼군이라고 해서 무작정 어리석고 못났다고만 치부해서는 안 된다. 영악한 간신들이 짜놓은 정교한 틀 안에서 자기 판단 없이 시키는 대로 놀아나기 때문에 착한 사람들에게 미치는 악영향은 상상을 초월할 때가 많다. 아무 생각 없이 아무런 감정 없이 간신들의 지령에 따르기 때문이다. 수백 명, 수천 명을 죽이고도 양심의 가책을 못 느낀다. 그래서 무섭다는 것이다. 우리가 처절하게 겪었고, 지금 이 순간에도 겪고 있지 않은가?

이제, 5천 년 중국 역사상 대표적인 간신들과 혼군들의 행적, 특히 그들의 간행 수법을 소개하려 한다. 반면교사로 삼기에 충분할 것이다. 중국에 비해 우리 역사상의 간신들에 대한 연구는 전무한 편이라 해도 과언이 아니다. 여전히 위세를 떨치는 혈연과 지연, 그리고 학연으로 얽힌 관계망이 자기 조상의 누구를 간신으로 지목해서 비판하는 것을 용납할 수 없게 한다. 여기에 청산되지 못한 왕조 체제의 잔재, 친일 문제, 동족상잔과 분단, 독재 등등 과거사가 우리의 발목을 여러 줄로 단단히 움켜쥐고 있기 때문이기도 하다. 그런데 지금 우리에게 벌어지고 있는 간군과 간신들의 짓거리가 어쩌면 이 모든 문제들을 일거에 청산할 수 있는 절호의 기회를 줄 수도 있지 않을까 하는 생각을 해본다. 현대사에서 이렇게 모든 국민의 마음이 하나였던 적이 있을까 싶다. 이런 상황을 빚어낸 역사적 뿌리와 문제의 핵심을 철저하게 분석하고 반성하여 단숨에 과거의 찌꺼기들을 털어냈으면 한다. 천태만상 요지경 간군, 간신 이야기가 다소나마 도움이 되었으면 한다(이하 내용은 저 앞부분 '간신에 대한 보다 진전된 정의' 부분에서 다룬 내용과 같기 때문에 생략한다).

역사의 법정에는 공소시효가 없다
- 우리 안의 간신현상을 처단하자

2007년 EBS 특별기획 〈김영수의 《사기》와 21세기〉란 32회 TV 강의를 바탕으로 2008년 《난세에 답하다》를 출간했다. 그즈음 대통령 선거가 있었다. 기업인들을 대상으로 한 강의 요청이 적잖이 있었고, 강의 말미에는 으레 누구를 찍어야 하냐는 물음이 뒤따랐다. 기업인들은 잘 알고 있었다, 이명박이란 자의 정체를. 그럼에도 망설여지는 것이 당연했다. 상대가 워낙 시원찮기 때문이었다. 그 물음들에 대한 나의 대답은 한결같았다. 바닷물을 다 마셔봐야 맛을 아냐고? 한 숟갈만 먹어보면 충분하지! 하지만 허망한 대답이었다. 결과는 나라 땅이 망가지고 백성들의 삶은 피폐해졌다. 그리고 5년 뒤, 백성들은 또다시 그 바닷물을 다 마시고 배가 터져야 하는 처참한 지경에 내몰렸다. 급기야 백성들은 그 물을 토해내기로 하고 촛불과 횃불을 높이 치켜들었다.

그런데 지금 또 같은 질문에 직면할 것 같은 예감이다. 수구 저질 언론, 이른바 '언간(言奸)'들이 일제히 반기문이란 노추를 찬양하고 나섰기 때문이다. 민심이 무엇을 요구하는지, 촛불이 어디를 향해 있는지는 또다시 외면하기 시작한 것이다. 만에 하나 이번에 또 바닷물을 마시는 길을 택한다면 이 나라는 끝장이다. 이 노추는 한 숟갈은커녕 손가락으로 한 방울 찍어 먹어볼 것도 없는 자이기 때문이다. 기름장어니 뭐니 하는 비아냥도 과분하다. 몇몇 언행만 봐도 얼마나 천박하고 기회주의자인지 금세 드러난다. 감히 백성들 앞에 뻔뻔하게 나선다면 백성들이 철저하게 그 노후를 결단 내줘야 할 것이다(이 원고를 마무리한 지 한 달 남짓 2월 첫날 이 노추는 귀국 후 약 20여 일만에 정치판을 비난하며 정치 포기를 선언했다).

지금 우리 사회의 소위 지도층이란 자들 내지 집단에게 가장 요구되는 자질을 들라면 주저 없이 도덕성과 염치 그리고 부끄러워할 줄 아는 '지치(知恥)'를 들고, 그중에서도 특히 '지치'를 강조하고 싶다. 부끄러움을 나타내는 '恥'란 한자가 참 오묘하지 않은가? '귀[耳]'와 '마음[心]'이 합쳐진 글자이기 때문이다. 말하자면 부끄러움이란 마음, 즉 양심의 소리를 들을 줄 아는 가장 기본적인 덕성을 가리킨다. 채현국 선생님은 우리 사회 나이든 늙은이들의 행태를 질책하면서 늙으면 지혜로워지는 것이 아니라 뻔뻔해진다고 일갈했다. 그 뻔뻔함의 정체가 다름아닌 부끄러움을 모르는 것이다. 그 결과는 지금 겪고 있는 바대로이다(이 문제에 관해서는 서문을 다시 읽어주길 바란다).

간신은 역사현상이란 점을 누누이 강조했다. 크게 보아 권력자인 흔히 혼군(昏君)으로 표현되는 간군(奸君)과 그 권력에 기생하는 간신(奸臣)이란 이란성쌍생아이자 숙주와 기생충의 관계로 정리되지만 그 현상의 내용을 파고들면 훨씬 복잡해진다. 그리고 간신현상은 이같은 관계가 존재하는 한 어떤 조직에도 어떤 나라에도 나타날 수밖에 없다. 크기와 정도만 다르지 인간 사회의 보편적 현상이기도 하다. 지금 우리가 지긋지긋하게 목격하고 있는 상황 역시 극단적인 간신현상에 다름 아니다.

이 같은 초유의 사태를 초래한 원인을 차분히 따져보면 온갖 간신현상과 직면하게 된다. 우선 모든 간신현상을 파생시키는 몸통이자 거대한 숙주인 '간악한 권력자', 즉 '간군(奸君)'을 금세 확인할 수 있다. 다음 그 아래로 그 숙주에 기생하며 권력을 대행하거나 권력의 부스러기를 주워 먹는 크고 작은 '간신(奸臣)'과 마주친다. 그리고 이 '간군'을 잉태하고 출산한 정치판의 간신 '정간(政奸)'에 주목해야 한다. 이자들이 '간군'의 이미지를 조작하고 백성들을 홀린 주범들이기 때문이다. 이자들이 이렇게 하는 것은 물론 자신들의 자리와 일신의 영달 때문이다. 이들에게 나라와 백성은 뒷전이다.

'간군'과 '간신', 그리고 '정간'이 결합하여 나라의 권력을 농단하면 작게는 백성이 도탄에 빠지고 크게는 나라가 망한다. 우리가 지금 이 때문에 망국 일보 직전까지 몰렸고, 분노한 백성들이 나라를 바로잡기 위해 안간힘을 쓰고 있다. 그런데 이 과정에서 백성들은 간신현상이 단순히 '간군'과 '간신', 그리고 '정간'에만 머무르지 않는다는 새삼 확인하게 되었다. 이 점은 뼈아프고 엄청난 희생이 따랐지만 소중한 자각이라면 자각이라 할 수 있다.

심각하게 확인했듯이 간신현상은 일부에만 머무르지 않는다. '간군'을 칭송하는데 무작정 열을 올렸던 기레기로 대변되는 방송 언론계의 '언간(言奸)', 명예와 자존심은 어디로 갔는지 '간군'과 '간신'에 빌붙어 자리보전에 급급했던 군대의 '군간(軍奸)', 학문은 무슨

476

얼어 죽을 학문이라며 눈썹 휘날리며 '간군'과 '간신'들에 빌붙어 소신은커녕 구차하게 일신의 영달만을 추구한 학계와 학교의 '학간(學奸)', 문제가 터져도 온갖 교묘한 법 논리로 '간군'과 '간신', 그리고 '정간'을 비호하며 그들에게 면죄부를 주는데 급급했던 법조계의 '법간(法奸)', 이 모든 현상을 꿰뚫고 있으면서 자신들에게 득이 된다면 어디라도 달려가 부정하고 부당한 이익을 닥치는 대로 긁어들이는 '상간(商奸)', 하나님과 부처님을 팔아가며 '간군'을 옹호하는 것도 모자라 그를 위해 기도까지 올리는 참으로 기도 안 차는 '목간(牧奸)'과 '승간(僧奸)' 등등 우리 안의 간신현상은 참으로 그 스펙트럼이 넓고 그 영향이 깊다.

그리고 끝으로 하나 더, 참으로 언급하기 싫고 어렵지만 무작정 무조건 '간군'을 비호하면서 끊임없이 우상화하고 권력을 갖다 바친 일부 무지하고 무모한 '민간(民奸)' 또는 '간민'들을 지적하지 않을 수 없다. 그리고 그들은 지금 이 순간에도 나라를 망친 그 '간군'을 감싸고 돈다. 그들이 진즉에 냉철한 판단과 냉정한 결단으로 '간군'과 '간신', 그리고 자기 지역의 '정간'들을 나무라고 심판했더라면 지금과 같은 결과는 초래되지 않았을 것이다. 그런데도 이 '민간'들은 또 '정간'들에 이용당하고 있다.

어둠은 빛을 이길 수 없다
거짓은 참을 이길 수 없다
진실은 침몰하지 않는다
우리는 포기하지 않는다

문득 이런 생각이 들었다. 안휘성 합비(合肥)에 가면 송나라 때의 청백리이자 엄정한 공사분별로 '철면무사(鐵面無私)'라는 만고의 칭송을 받고 있는 포청천(包靑天) 포증(包拯)의 무덤과 관련 유적이 있다. 무덤으로 가는 길에 흥미로운 우물 하나가 있는데 이름 하여 '염천(廉泉)'이다. 나라의 녹을 먹는 공직자나 백성들의 삶과 관련된 공적인 일을 하는 사람들이 이곳에 와서 이 샘물을 마실 경우 청백리는 힘이 더욱 솟구치지만 탐관이나 간신은 배탈이 난다는 전설을 간직한 샘이다. 우리의 간신배들을 모조리 이곳에 데려다 이 샘물을 마시게 하면 어떨까 하고 말이다.

역사는 냉엄하다. 지금의 역사는 더더욱 살벌하다. 모든 언행이 낱낱이 기록되고 기억되는 세상이다. 일부 지배층이 독점했던 문자로 기록된 역사도 그토록 냉엄했거늘 지금과 미래는 어떠하겠는가? 이제 우리 안에 만연한 이 간신현상을 공소시효 없는 역사의 법정이란 쇠기둥에 묶어 처단해야 할 때다. 촛불과 횃불을 높이 치켜든 백성들의 자각이 그것을 명하고 있다. 우리는 다시 시작할 수 있다.

끝으로 결코 다시는 내고 싶지 않았던 간신 관련 책을 또다시 내게 만든 우리의 혼군과 온갖 부류의 간신들에게 역사의 평가는 결코 건너뛰는 법이 없다는 경고를 보낸다. 그리고 어쩌면 우리 모두의 내면에 조금씩은 다 갖고 있는 간신현상에 대해 철저한 성찰을 당부한다.

2016년 12월 27일 09:26 1차 마무리하다
2017년 3월 첫날 일부 고치고 바로잡다

- 《시경(詩經)》
- 《역경(易經)》
- 《논어(論語)》
- 《좌전(左傳)》
- 《춘추(春秋)》
- 《육도(六韜)》
- 《전국책(戰國策)》
- 《국어(國語)》
- 《삼략(三略)》
- 《관자(管子)》
- 《맹자(孟子)》
- 《순자(荀子)》
- 《장자(莊子)》
- 《한비자(韓非子)》
- 《여씨춘추(呂氏春秋)》
- 《회남자(淮南子)》
- 《사기(史記)》
- 《설원(說苑)》
- 《오월춘추(吳越春秋)》
- 《논형(論衡)》
- 《인물지(人物志)》
- 《편의십육책(便宜十六策)》
- 《정관정요(貞觀政要)》
- 《사기(史記)》〈영행열전(佞幸列傳)〉

- 《한서(漢書)》〈영행전(佞幸傳)〉
- 《송서(宋書)》〈은행전(恩倖傳)〉
- 《남제서(南齊書)》〈행신전(倖臣傳)〉
- 《위서(魏書)》〈은행전〉
- 《북제서(北齊書)》〈은행전〉
- 《남사(南史)》〈은행전〉
- 《북사(北史)》〈은행전〉
- 《신당서(新唐書)》〈간신열전(奸臣列傳)〉(상·하)
- 《송사(宋史)》〈영행열전〉, 〈간신열전〉(4권)
- 《요사(遼史)》〈간신열전〉(2권)
- 《원사(元史)》〈간신열전〉
- 《명사(明史)》〈간신열전〉〈영행열전〉
- 《역대명신주의(歷代名臣奏議)》(明, 楊士奇)
- 《中國人史綱》, 柏楊, 星光出版社, 1979.
- 《論衡注釋》, 中華書局, 1979.
- 《中國歷代昏君》, 朱紹侯主編, 河南人民出版社, 1988.
- 《中國大太監外傳》, 黃德馨, 湖北人民出版社, 1988.
- 《廉吏傳》, 周懷宇主編, 河南人民出版社, 1988.
- 《奸臣傳》(上·下), 高敏主編, 河南人民出版社, 1989.
- 《歷史的頓挫:古中國的悲劇—事變卷》, 范炯責任編輯, 中州古籍出版出版社, 1989.
- 《辨奸臣論》, 景志遠·黃靜林, 中國人民大學出版社, 1991.
- 《中國十奸臣外傳》, 張星久·楊果, 湖北人民出版社, 1992.
- 《奸謀, 奸行, 奸禍 − 中國古代十八大奸臣》, 畢寶魁, 春風文藝出版社, 1992.
- 《中國歷代貪官》, 周懷宇主編, 河南人民出版社, 1992.
- 《謀略家》, 〈奸佞謀略家〉, 柴宇球主編, 廣西人民出版社, 1993.
- 《中國奸臣要錄》, 鄒元初編著, 海潮出版社, 1993.
- 《否泰錄》, 劉定之, 北京大學出版社, 1993.
- 《大人物的變態心理》, 戚本禹, 時代文藝出版出版社, 1993.
- 《貪官之禍》, 吳文光·吳光宇, 廣西民族出版社, 1995.
- 《淸朝懲處的高官大吏》, 朱創平, 中國工人出版社, 1997.
- 《中國倡廉反貪史鑑事典》, 黃惠賢·金成禮, 四川辭書出版社, 1997.
- 《國史》, 易學金, 長江文藝出版社, 2001.

• 《간신은 비를 세워 영원히 기억하게 하라》, 김영수 편저, 아이필드, 2001.
• 《간신론》, 김영수 편역, 아이필드, 2002.
• 《淸官貪官各行其道》, 史式著, 重慶出版社, 2004.
• 《추악한 중국인》, 보양 지음, 김영수 옮김, 창해, 2005.
• 《관자》, 김필수 외 옮김, 소나무, 2006.
• 《中國廉吏傳》, 彭勃主編, 中國方正出版社, 2006.
• 《中國貪官畫像》, 夏日新主編, 湖北人民出版社, 2007.
• 《這樣讀史更有趣》, 漁樵耕讀編著, 中國城市出版社, 2007.
• 《中國歷史上的奸與詐》, 潘慧生編著, 中國檔案出版社, 2007.
• 《中國廉政制度史論》, 余華靑主編, 人民出版社, 2007.
• 《청렴과 탐욕의 중국사》, 史式 지음, 김영수 옮김, 돌베개, 2007.
• 《제왕지사》, 보양 지음, 김영수 옮김, 창해, 2007.
• 《다시 쓰는 간신전》, 최용범·함규진, 페이퍼로드, 2007.
• 《中國奸臣的末路》, 齊濤主編, 齊魯書社, 2008.
• 《순자》, 김학주 옮김, 을유문화사, 2008.
• 《치명적인 내부의 적 간신》, 김영수 지음, 추수밭, 2009.
• 《간신론, 인간의 부조리를 묻다》, 김영수 편역, 왕의서재, 2011.
• 《백양중국사》(전3권), 柏楊 지음, 김영수 옮김, 역사의아침, 2014.
• 《정관정요》, 오긍 지음, 김원중 옮김, 휴머니스트, 2016.
• 《역사의 경고―우리 안의 간신현상》, 김영수 지음, 위즈덤하우스, 2017.

간신 지수 측정을 위한 설문조항

- 아래 설문조항은 독자들의 흥미를 유발하기 위해 만들어진 것이다.
- 자신의 내면을 들여다보고 지금까지 자신의 처신과 행동을 되돌아보며 솔직하게 체크하여 자신의 간신 지수를 확인하기 위한 것이다.
- 총 31항목이고 항목마다 자신의 대답에 따른 점수가 부여되어 있는데, 0점이 가장 낮고 3점이 가장 높은 점수다.
- 전체 점수의 편차는 0점에서 93점(31×3=93)이다.
- 따라서 93점은 지구상 최악의 간신을 의미하는 지수가 될 것이고, 0점은 간신과는 전혀 관계없는 세상에 둘도 없는 깨끗한 사람임을 말하는 지수가 될 것이다.
- 즉, 높은 점수일수록 간신에 가까운 성격이나 성향임을 말한다.
- 간신을 가르는 기준 점수는 정확한 기준이 있는 것은 아니지만 2점과 3점에 체크한 항목이 많을수록, 즉 60점을 넘으면 자신을 간신 유형에 가깝다고 보면 되고, 70점에서 80점 사이면 거의 간신이며, 80점 이상은 간신이 틀림없다고 보면 될 것이다.
- 60섬 미만이면 간신은 아니겠지만, 50점대에 와 있으면 자기 자신을 되돌아볼 필요가 있는 점수대이며, 40점에서 50점대 사이면 간신과는 거리가 있는 성격으로 보아도 무방하겠고, 40점 미만이면 세상을 정말 깨끗하게 살려고 노력하는 선량한 사람으로 볼 수 있겠다. 30점 미만이면 청정 인간에 가까우며, 20점대 미만이며 천연기념물에 가까운 사람으로 보면 되겠다.

0. 나 하나 잘 먹고 잘살 수 있다면 간신 짓도 서슴지 않을 수 있다.
⓪ 절대 아니다 ① 아니다 ② 그럴 수 있을 것 같다 ③ 그럴 수 있다

1. 대화 중에 대화 내용과는 상관없지만 자신이 잘 알고 있거나 조금이라도 알고 있는 유력자(유명인)를 거론하여 은근히 자신의 관계망이나 능력을 과시하려 한다.
⓪ 아니다 ① 어쩌다 그렇다 ② 대개 그렇다 ③ 거의 그렇다

2. 능력 있는 동료가 승진하면 겉으로는 축하하지만 속으로는 시기와 질투에 사로잡히고 사석에서 은근히 동료의 능력을 깎아내린다.
⓪ 아니다 ① 어쩌다 그렇다 ② 대개 그렇다 ③ 거의 그렇다

3. 술자리에서는 직장이나 상관의 부당한 대우에 대해 분개하며 행동으로 항의할 것처럼 하지만 막상 아무런 행동도 취하지 못하는 것은 물론 직장이나 상사의 눈치를 보며 보신에 급급해 한다.
⓪ 아니다 ① 어쩌다 그렇다 ② 대개 그렇다 ③ 거의 그렇다

4. 공석이든 사석이든 대개 주도권을 쥔 사람의 눈치를 잘 살펴 그의 비위를 맞추려 한다.
⓪ 아니다 ① 어쩌다 그렇다 ② 대개 그렇다 ③ 거의 그렇다

5. 힘 있는 사람에게 붙어 득을 보려는 마음이 있다.
⓪ 아니다 ① 어쩌다 그렇다 ② 대개 그렇다 ③ 거의 그렇다

6. 내 눈에 거슬리거나 앞길에 걸리는 상대는 보복한다.
⓪아니다 ①어쩌다 그렇다 ②대개 그렇다 ③거의 그렇다

7. 출세하거나 힘 있는 자리에 오르면 평소 마음에 들지 않았던 자들에게 반드시 분풀이거나 혼을 내주겠다는 생각을 한다.
⓪아니다 ①그럴 것 같다 ②그럴 것이다 ③반드시 그럴 것이다

8. 자신의 잘못을 감추거나 이해관계 때문에 거짓말을 하고도 가책을 느끼지 않는 경우가 있다.
⓪아니다 ①그런 편이다 ②갈수록 느는 편이다 ③거의 그렇다

9. 나 자신의 잘못을 감추기 위해 동료나 부하 직원들에게까지 잘못에 동참하게 만든다.
⓪아니다 ①그런 생각을 한다 ②몇 번 있다 ③거의 그렇게 한다

10. 무슨 일이 터지면 주판알부터 굴려 내 것부터 먼저 챙긴다.
⓪아니다 ①생각만 한다 ②눈치를 보면서 그렇게 한다 ③그렇다

11. 자신도 모르는 사이에 상관에게 아부하고 있는 경우가 있다.
⓪아니다 ①종종 그렇다 ②자주 그렇다 ③거의 그렇다

12. 출세와 승진을 위해 아내나 처갓집 덕을 봤으면 좋겠다는 생각을 한다.
⓪아니다 ①가끔 한다 ②자주 한다 ③거의 한다

13. 승진을 위해서라면 아부는 물론 뇌물을 쓰는 것도 무방하다고 생각한다.

⓪ 아니다 ① 필요할 때도 있다 ② 그렇다 ③ 반드시 필요하다

14. 자기가 없을 때, 또는 자기를 빼놓고 회식을 하거나 모임을 가지면 불안하고 또 회식 때 오간 이야기는 꼭 알아야 한다.

⓪ 전혀 신경을 쓰지 않는다 ① 신경은 쓰이지만 별다른 행동은 하지 않는다

② 신경이 쓰이고 알려고 한다 ③ 반드시 알아야 한다

15. 명절이나 특별한 날에 상관에게 선물을 보낸다.

⓪ 보내지 않는다 ① 가끔 보낸다 ② 자주 보낸다 ③ 빼놓지 않고 보낸다

16. 동료가 부당하게 해고당하더라도 나만 괜찮으면 상관없다고 생각한다.

⓪ 그렇지 않다 ① 그런 생각을 할 때도 있다 ② 종종 한다 ③ 거의 한다

17. 능력도 없고 덕도 없지만 자기를 예뻐하는 상관이 높은 자리에 오르면 좋다.

⓪ 옳지 않다고 생각한다 ① 상관없다 ② 나쁠 것 없다 ③ 기뻐한다

18. 능력있는 여성 동료들을 괜히 미워하고 헐뜯는다.

⓪ 아니다 ① 가끔 있다 ② 자주 있다 ③ 거의 그렇게 한다

19. 자신의 실력을 키우기 위해 노력하기보다 직장의 분위기나 인간관계 설정에 더 많은 시간과 공을 들인다.
⓪ 아니다   ① 그렇게 하려고 하지만 잘 안 된다
② 그런 편이다   ③ 거의 그렇게 하고 산다

20. 출세와 승진을 위해서라면 가정이나 가족은 희생시키더라도 회사나 상관을 위해 몸과 마음을 바칠 수 있다.
⓪ 아니다   ① 경우에 따라서   ② 그럴 수도 있다   ③ 틀림없이 그렇다

21. 쉬는 날 개인적인 일인데도 상관이 부르면 가족과의 약속은 팽개치고 달려간다.
⓪ 아니다   ① 상황에 따라서   ② 그런 편이다   ③ 반드시 간다

22. 부하 직원들을 개인적으로 부려도 미안하지 않다.
⓪ 부리지 않는다   ① 미안하다   ② 미안할 때도 있다   ③ 미안하지 않다

23. 개인적인 자리에 부하들을 불렀는데 참석하지 않은 부하는 밉다.
⓪ 전혀 아니다   ① 약간은 섭섭하다   ② 미울 때도 있다   ③ 밉다

24. 상관의 부인을 잘 챙기는 부하 직원은 이쁘다.
⓪ 전혀 아니다   ① 싫지는 않다   ② 기분이 괜찮다   ③ 이쁘다

25. 부하 직원들 간의 관계를 파악하여 이용할 필요성이 있다.
⓪ 필요 없다   ① 경우에 따라서는 필요하다   ② 필요하다   ③ 반드시 필요하다

26. 마음에 들지 않는 부하를 괴롭히기 위해 자신에게 주어진 권한을 마음껏 활용할 수 있다.

⓪ 전혀 그렇지 않다 ① 그런 생각을 할 때도 있다

② 간혹 그렇게 한다 ③ 반드시 그렇게 한다

27. 내가 잘못 했어도 부하들이 아니라고 하면 그냥 넘어가거나 잘못이 아니라고 잡아 뗀다.

⓪ 전혀 그렇지 않다 ① 그렇게 하고 싶을 때도 있다

② 간혹 그렇게 한다 ③ 거의 그렇게 한다

28. 내 생각이 옳다고 생각하는데 주위에서 모두 비판하면 모두가 미워지고 비판을 거부한다.

⓪ 아니다 ① 그런 생각이 들 때도 있다 ② 대개 그렇다 ③ 확실히 그렇다

29. 세상사는 능력이 아니라 인간 관계에 의해 좌우된다고 확신한다.

⓪ 아니다 ① 그렇게 생각할 때도 있다

② 거의 그런 것 같다 ③ 틀림없이 그렇다고 확신한다

30. 출세 길이 막히거나 막는다면 그것이 정당해도 누구든 증오할 것이다.

⓪ 아니다 ① 그럴 수도 있다 ② 그런 생각을 많이 한다 ③ 확실히 그럴 것이다

간신전 奸臣傳

인물편

역대 가장 악랄했던 중국 간신 18명의 행적을
시대순으로 상세히 다룬 '간신 3부작'의 '인물편!'

《간신전-인물편》에 소개된 18명은 모두 중국 역사를 더럽혔던 거물급 간신
이긴 하지만, 그 행적은 지금 우리 사회를 횡행하며 나라를 망치고 있는 다
양한 유형의 간신들과 판박이다. 다만 자료의 한계, 연구의 부족, 현실적 어
려움 등으로 과거 우리 역사의 간신들과 비교할 수 없었다는 점이 아쉬울 따
름이다.

차례

간신학 奸臣學

수법편

역대 간신 100여 명의 엽기 변태적인 간행(奸行)과
기발한 수법만을 따로 모은 '간신 3부작'의 '수법편!'

우리는 저 앞에서 간신의 실로 다양한 간행 수법의 종류를 나열해 보았다.
이제 그 수법의 구체적 사례를 소개하고자 한다. 기본적으로 이 사례들을 필
자 나름대로 분석하고 그 의미를 짚어 보았다. 목적은 이런 수법에 당하지
않는 데 있다. 나아가 이런 수법이 시행되기 전에 방비하고, 시행되었더라
도 초기에 간파하기 위한 강력한 무기 하나를 장착하기 위해서이다. 사례 하
나하나를 살펴보면 알 수 있듯이 간신의 수법은 다음과 같은 몇 가지 특징과
공통점을 보여준다.

첫째, 간신의 수법은 치밀하다. 간신은 단순히 나쁜 자가 아니다. 간신은 사
악할 뿐만 아니라 영악하다. 대부분의 간신이 두뇌가 남다르고 심기는 헤아
리기 힘들 정도로 음흉하다. 따라서 간신이 구사하는 수법은 그 어떤 것보다
치밀하다. 철저하게 분석하지 않으면 간파하기 어렵다.

둘째, 간신의 수법은 악랄하다. 간신은 봐주지 않는다. 동정심이 없고, 심지
어 공감력도 없다. 사이코패스와 소시오패스를 합친 자다. 그러다 보니 그
수법은 악독하다. 상대를 완전히 철저하게 제거할 때까지 물고 놓아주지 않
는다. 간신은 봐주면 안 되는 자다.

셋째, 간신의 수법은 끈질기다. 간신은 권력과 이익을 위해서라면 포기하지
않는다. 아니 포기할 줄 모른다. 수법이 끈질길 수밖에 없다. 우리 역시 끈질
기게 그 수법의 허점을 찾아내고, 물고 늘어져야 한다.

셋째, 간신의 수법은 하나에 그치지 않는다. 간신의 수법은 여러 개의 수법

이 함께 구사되어 복합적이고 입체적이다. 그 수법의 진짜 모습을 파악하기란 여간 힘들지 않다. 잘 살피고 낱낱이 분석할 수 있어야 한다.

넷째, 간신의 수법은 패거리들이 한데 달라붙어 전 방위적으로 구사되기 일쑤다. 이 때문에 처음에는 막기가 힘들다. 섣불리 대응하지 말고 차분히 그 의도, 관련된 자 등을 잘 살핀 다음 대처해야 한다.

다섯째, 간신은 누구와도 손잡을 수 있는 자다. 원수는 물론 필요하다면 외적과도 손을 잡는다. 동시에 잡은 손을 언제든지 뿌리치고 배신할 수 있는 자이기도 하다. 일신의 영달과 권력만이 목적일 뿐이다. 간신이 손을 내민다고 잡아서는 안 된다. 그 손을 잘라야 한다.

이제 간신이 구사하는 수법의 이런 특징들을 사례를 통해 확실하게 인식하여 이 수법에 대처하고 나아가 간신을 제거할 수 있는 사상적으로나 학문적으로 확고한 무기로 장착하고자 한다. 그에 앞서 간신의 수법인 간사모략의 의미에 대해 알아보고 넘어간다.

차례

새우와 고래가 함께 숨 쉬는 바다

간신 — 간신론 奸臣論

지은이 | 김영수
펴낸이 | 황인원
펴낸곳 | 도서출판 창해

신고번호 | 제2019-000317호

초판 1쇄 인쇄 | 2023년 12월 08일
초판 1쇄 발행 | 2023년 12월 15일

우편번호 | 04037
주소 | 서울특별시 마포구 양화로 59, 601호(서교동)
전화 | (02)322-3333(代)
팩스 | (02)333-5678
E-mail | dachawon@daum.net

ISBN 979-11-91215-94-6 (04910)
ISBN 979-11-91215-93-9 (전3권)

값 · 28,000원

Publishing Club Dachawon(多次元)
창해·다차원북스·나마스테